Jornada Java

Antonio Muniz
Bruno Kaufmann
Rinaldo Pitzer Júnior
Rodrigo Moutinho
Sandro Giacomozzi
Tatiana Escovedo

Jornada Java

Unindo práticas para construção de código limpo e implantação que entregue valor ao cliente

✓ Conteúdo criado por 32 pessoas com grande atuação no mercado e experiências complementares

✓ Prefácios escritos pelos Java Champions Bruno Souza e Edson Yanaga, grandes referências no mundo Java

Rio de Janeiro
2021

Copyright© 2021 por Brasport Livros e Multimídia Ltda.

Todos os direitos reservados. Nenhuma parte deste livro poderá ser reproduzida, sob qualquer meio, especialmente em fotocópia (xerox), sem a permissão, por escrito, da Editora.

Editor: Sergio Martins de Oliveira
Gerente de Produção Editorial: Marina dos Anjos Martins de Oliveira
Editoração Eletrônica: Abreu's System
Capa: Rodolfo Colares
Arte final: Trama Criações

Técnica e muita atenção foram empregadas na produção deste livro. Porém, erros de digitação e/ou impressão podem ocorrer. Qualquer dúvida, inclusive de conceito, solicitamos enviar mensagem para **editorial@brasport.com.br**, para que nossa equipe, juntamente com o autor, possa esclarecer. A Brasport e o(s) autor(es) não assumem qualquer responsabilidade por eventuais danos ou perdas a pessoas ou bens, originados do uso deste livro.

J82   Jornada Java : unindo práticas para construção de código limpo e implantação que entregue valor ao cliente / Antonio Muniz ... [et al.]. – Rio de Janeiro: Brasport, 2021.
       520 p. ; il ; 17 x 24 cm.

       Inclui bibliografia.
       ISBN 978-65-88431-21-4

       1. Liderança. 2. Produtividade. 3. Eficiência no trabalho. 4. Java – Programação. 5. Planejamento. 6. Projetos. I. Muniz, Antonio. II. Kaufmann, Bruno. III. Pitzer Júnior, Rinaldo. IV. Moutinho, Rodrigo. V. Giacomozzi, Sandro. VI. Escovedo, Tatiana. VII. Título.

       CDU 65.011.4

Catalogação na fonte: Bruna Heller (CRB10/2348)

Índice para catálogo sistemático:
1. Produtividade / Eficiência / Sucesso / Etc. 65.011.4

BRASPORT Livros e Multimídia Ltda.
Rua Washington Luís, 9, sobreloja – Centro
20230-900 Rio de Janeiro-RJ
Tels. Fax: (21)2568.1415/3497.2162
e-mails: marketing@brasport.com.br
vendas@brasport.com.br
editorial@brasport.com.br
www.brasport.com.br

Jornada Colaborativa

Experiências colaborativas que transformam vidas!

Conectamos pessoas apaixonadas por tecnologia e agilidade, criamos livros colaborativos de alta qualidade e transformamos vidas compartilhando experiências e doando a receita para instituições carentes!

Juntos somos mais inteligentes e já concretizamos várias iniciativas colaborativas (2019 e 2020):

1. Lançamento de oito livros com +400 coautores
2. JornadaSummits com +3.500 participantes em 13 sábados
3. JornadaCast com +50 episódios ao vivo
4. Jornada Learning com +500 participantes em 6 trilhas
5. Jornada Globo Day com 1.380 participantes ao vivo (3.453 inscritos)
6. Doação de R$ 137 mil para 12 instituições carentes
7. Impactamos +20 mil vidas (conteúdos + alimentação)

Tudo começou com um sonho de compartilhar conhecimento através do livro "Jornada DevOps", que foi escrito por 33 pessoas com experiências complementares. A união do time com outras comunidades em várias cidades mobilizou a disseminação de novas experiências.

O experimento dos cinco Summits de lançamento dos três primeiros livros em 2019 uniu mais de 50 empresas e comunidades, permitindo ingressos com valor simbólico e direito a livro para 1.277 pessoas, além da doação de R$ 25 mil para quatro instituições carentes.

O primeiro semestre de 2020 reforçou nosso trabalho colaborativo com 50 voluntários trabalhando intensamente na **Jornada contra a crise**, que arrecadou R$ 100 mil para 10 instituições com 13 sábados para mais de 3.500 participantes *on-line* que receberam 160 palestras de alta qualidade com 25 presidentes, 50 executivos e 80 *experts* em agilidade, tecnologia, inovação e transformação digital.

A **Jornada Learning** iniciou no segundo semestre de 2020 com o objetivo de capacitar pessoas do mercado, captar recursos para lançar os novos livros da Jornada e ceder vaga gratuita para quem está em busca de recolocação com direito a livro, *workshop*, mentoria e camisa da Jornada. Graças ao apoio de várias organizações, disponibilizamos mais de 400 vagas gratuitas para colaborar na recolocação de pessoas que investem em sua qualificação.

Nosso DNA é unir pessoas e tecnologia, aproveitando nossos participantes com perfil multidisciplinar: desenvolvedores, QA, *sysadmin*, arquitetos, *product owners*, gerentes de produtos, *agile coaches*, *scrum masters*, analistas de negócio, empreendedores, gerentes de projetos, psicólogas, executivos, UX, CX, equipes de RH, recrutadores, analistas de marketing, engenheiros, etc.

Livros escritos pela Jornada Colaborativa até o momento:

1. "Jornada DevOps", com 33 coautores e 4 organizadores.
2. "Jornada Ágil e Digital", com 56 coautores e 2 organizadores.
3. "Jornada Ágil de Qualidade", com 24 coautores e 4 organizadores.
4. "Jornada Saudável", com 26 coautores e 7 organizadores.
5. "Jornada Ágil do Produto", com 69 coautores e 4 organizadores.
6. "Jornada DevOps 2ª edição", *best-seller* com 36 coautores e 4 organizadores.
7. "Jornada Ágil de Liderança", com 86 coautores e 5 organizadores.
8. "Jornada do Ágil Escalado", com 64 coautores e 6 organizadores.
9. "Jornada Business Agility", com 48 coautores e 5 organizadores.
10. "Jornada Kanban na prática", com 24 coautores e 5 organizadores.
11. "Jornada Java", com 32 coautores e 6 organizadores.

Juntos somos mais inteligentes e podemos transformar mais vidas, criar amizades e fazer a diferença nas organizações e na sociedade! Entre em nossa Jornada para participar das iniciativas que estejam ligadas ao seu propósito de vida:

<www.jornadacolaborativa.com.br>
<www.jornadalearning.com.br>
<https://www.linkedin.com/company/jornadacolaborativa/>
<https://www.meetup.com/pt-BR/JornadaColaborativa>
<contato@jornadacolaborativa.com.br>

Prefácio por Bruno Souza

Setembro de 2019, primeiro dia do evento Oracle Code One. Estou nos bastidores do *keynote* de abertura. Na frente do gigantesco telão, milhares de pessoas se acomodam, esperando começar o show. Em alguns minutos, subiremos ao palco para falar sobre as novidades de Java.

Aproveito a espera para conversar com Brian Goetz[1], o arquiteto principal da plataforma Java. Falamos sobre os resultados da implantação da cadência de seis meses para novas versões da plataforma Java.

Depois de dois anos, já é possível analisar os resultados. Java 13, a quarta versão de Java nessa nova cadência, seria lançada naquela semana.

Brian estava muito animado: os resultados eram impressionantes. E reconheceu que ele mesmo havia se surpreendido, pois era cético da viabilidade dessa mudança.

Mas... não falávamos dos resultados visíveis, nem de novas funcionalidades. Nossa conversa não era sobre performance nem segurança na nova versão.

Falávamos dos resultados para a equipe.

A nova cadência de Java trouxe redução de estresse, diminuição das incertezas, maior controle. Em vez de reuniões intermináveis, o foco agora é no código. O time trabalha melhor, entrega melhor.

E entrega mais rápido.

Brian me disse que a prova era o fato dele estar ali, tranquilo, participando do evento, curtindo e conversando. Em uma semana de lançamento? Isso seria impensável apenas dois anos antes!

---
[1] Entrevista com Brian na Oracle Code One 2019: <http://jav.mn/jornadajava>.

Para mim, essa é a nova "funcionalidade" mais fantástica na plataforma Java nos últimos anos.

Sempre que você entrega, tem resultados positivos no seu projeto. E estávamos presenciando ali os resultados impressionantes das múltiplas entregas em uma das maiores plataformas de desenvolvimento da história.

Obviamente, você não vai ver na lista de novas funcionalidades "o time está menos estressado"... E isso não vai virar um capítulo em um livro.

Mas...

No fundo, é o que importa!

Quando o time está bem é que as coisas acontecem.

E isso traz resultados que são também fantásticos para os milhões de desenvolvedores Java de todo o mundo, como eu e você.

Não apenas temos acesso a novas funcionalidades mais rápido, mas também não precisamos aprender centenas de modificações todas de uma vez. Podemos ir aos poucos, experimentando melhorias duas vezes ao ano.

Porque, afinal, tem muita coisa massa acontecendo na plataforma Java!

Por isso este livro que você tem em suas mãos é tão importante.

Feitas por um grupo de voluntários, profissionais do mundo Java, que se juntaram para nos trazer o melhor da tecnologia, as páginas a seguir irão nos ajudar a fazer projetos melhores, mais robustos, mas divertidos.

Os capítulos iniciais tratam do básico e mostram a importância de Java e vão ajudá-lo a colocar a tecnologia em perspectiva no seu projeto. Mesmo *devs* experientes vão conhecer as novidades da tecnologia e vão tirar proveito das discussões sobre Java livre e as mudanças de licenciamento.

Depois, vamos ver como é possível evoluir nossos projetos e usar novas tecnologias. Como aplicar a cadência de duas versões por ano de Java no seu projeto? Os capítulos sobre configurações, testes e CI/CD irão nos ajudar a profissionalizar nossos projetos.

Mas vamos ainda mais fundo! Os capítulos sobre a JVM e também as novas arquiteturas como *cloud*, NoSQL e microsserviços vão colocar seu currículo na crista da tecnologia.

Todo esse conteúdo é focado em ajudá-lo a crescer na sua carreira. Quando você está bem e seguro das suas habilidades, seus melhores resultados aparecem.

Porque... Java pode ser nossa ferramenta preferida, talvez a mais importante. Mas acima das ferramentas estão as suas habilidades e a sua responsabilidade como desenvolvedor.

A sua carreira é fundamental!

Assim como a cadência de Java mudou o futuro da plataforma, você manter uma cadência na sua carreira irá mudar a sua vida e seu futuro.

Com esse importante recurso nas suas mãos, não apenas leia. Pratique diariamente. Não se desespere tentando aprender tudo ao mesmo tempo. Mantenha o foco no que importa e saiba aonde você quer chegar na sua carreira.

A cadência. O dia a dia. É isso que faz a diferença.

Siga os passos deste livro. Aplique aos poucos no seu projeto. Discuta com amigos e colegas. Faça uma apresentação do seu capítulo favorito.

Você tem nas mãos o plano ideal para crescer!

Brian Goetz estava cético de quanto a cadência de versões a cada seis meses poderia ajudar o time que faz a JVM. Mas os resultados falam por si só.

Você não precisa duvidar! Aproveite a cadência de Java para criar a SUA cadência de aprendizado e investir na sua carreira.

Assim como Brian, você vai se surpreender com os resultados!

Bruno "Javaman" Souza
Autor, The best developer Job Ever!
Criador do projeto Code4.Life

Prefácio por Edson Yanaga

Em dezembro de 1996 eu ainda era um calouro de Ciência da Computação na Universidade Estadual de Maringá. Estava pensando em me candidatar para uma bolsa de iniciação científica, e numa das conversas com minha então futura orientadora, a Prof.ª Dr.ª Itana, ela me disse para estudar "Java". Eu já programava em Delphi na época e, claro, retruquei dizendo que Delphi era muito melhor, que eu já sabia, que dava para fazer muito mais coisas...

Ela disse: "você vai aprender Java". E ponto.

Foi assim que eu comecei a minha jornada. Como muitos costumam dizer hoje em dia, "naquela época tudo era mato". Nos "primórdios" da internet tudo era muito lento e limitado. Não havia Google, e a informação era bem difícil de ser encontrada. Não havia a enorme quantidade de vídeos, tutoriais e artigos que temos hoje. Imagine ter que aprender uma linguagem nova utilizando o documento de especificação da linguagem em BNF (*Backus-Naur Form*). Foi o que eu tive que fazer. E nem tinha noção do que era orientação a objetos.

Infelizmente a minha jornada foi feita praticamente sozinho. Não tive os materiais nem as pessoas para me ensinar tecnicamente as coisas. E quando você está aprendendo as coisas sozinho, é evidente que a quantidade de percalços que você é obrigado a enfrentar é muito maior.

É por isso que eu fiquei tão feliz com o convite para participar desta Jornada Colaborativa. Ninguém deveria participar dessa jornada sozinho. Se antes o desafio era ter acesso à informação, hoje o desafio é saber qual é a informação correta ou adequada para cada etapa da jornada.

Nos capítulos deste livro você terá a companhia de que precisa. Os capítulos de cada etapa dessa jornada foram criados com um cuidado especial por grandes profissionais da nossa comunidade. Considere que, para cada conceito aprendido, uma dessas pessoas estará lá para dar aquele empurrãozinho ou tapinha no ombro que faz a diferença.

Note que neste livro não se fala somente de Java. Existem vários outros conceitos e ferramentas periféricos que são necessários para se entregar software em produção de modo eficiente. E esses assuntos não foram esquecidos. Programar em uma linguagem de programação é só parte das atividades e obrigações de um desenvolvedor. Lembre-se de que código tem valor zero até ser colocado em produção e utilizado pelas pessoas.

Qual o nosso destino? Software hoje é parte fundamental da nossa economia, da nossa sociedade: da forma como nós interagimos com outras pessoas. A qualidade do software que nós entregamos impacta direta e indiretamente a qualidade de vida das pessoas por ele atingidas. O nosso destino é uma sociedade melhor, alavancada pelas mudanças que o software pode proporcionar. E se desejamos alcançá-lo, nada melhor que fazê-lo bem acompanhado: acompanhado de ideias, de conhecimento e principalmente de pessoas dispostas a não somente fazer a diferença, mas também a ajudar outros amigos a alcançá-lo junto.

Seja bem-vindo então a esta Jornada Colaborativa. A companhia é boa, os amigos abundantes, o tempo escasso e a urgência alta. Mas saiba já de antemão que acima de tudo será gratificante. Bom proveito.

Edson Yanaga
Desenvolvedor Java

Apresentação da Jornada Java

O sonho deste livro começou no *meetup* da comunidade SouJava realizado na SulAmérica no Rio de Janeiro dia 28 de novembro de 2019. Antes de começar o evento, encontrei dois alunos que haviam estudado comigo na graduação e trocamos uma ideia sobre como seria legal ter um conteúdo mais prático de Java para ajudar as pessoas recém-saídas da faculdade e também profissionais interessados em melhorar seus resultados.

Aproveitando a experiência de três livros lançados em 2019, fiquei pensando durante a primeira palestra que seria ótimo iniciar o livro Java e aproveitei o intervalo para convidar o Bruno Kaufmann para liderar esta nova jornada colaborativa. A primeira pessoa que pensei para o time organizador foi meu grande amigo fera em Java Rodrigo Moutinho, que é uma pessoa que admiro desde o livro "Jornada DevOps", pela sua garra e comprometimento quando assume uma missão. Como o time organizador tem um importante papel na escrita colaborativa, pensei em outras pessoas amigas com experiência em Java e duas pessoas que admiro vieram na cabeça e aceitaram o convite de imediato: Sandro e Tatiana. Uma característica muito interessante na Jornada Colaborativa é que um amigo tem total autonomia para indicar pessoas de sua confiança e fiquei muito feliz quando o Moutinho convidou o Rinaldo para nosso time organizador.

A busca pelos coautores foi realizada considerando pessoas que admiramos, vivência na aplicação prática e repertórios complementares, trazendo diversidade de pontos de vista e diferentes níveis de experiência para construir um conteúdo com grande riqueza para nossos leitores.

Gratidão especial para as duas lendas que escreveram nosso prefácio: Bruno JavaMan e Edson Yanaga. Ficamos extremamente motivados quando pessoas tão admiradas e com incrível reconhecimento no mercado entram em nossa Jornada Colaborativa!

Considerando que as empresas dependem cada vez mais de software para sobreviver e prosperar no mercado, temos muito orgulho do resultado incrível que essa galera construiu e temos a convicção de que cada leitor será beneficiado em sua carreira com a aplicação deste suprassumo para desenvolvedores comprometidos em entregar soluções para seus clientes e para a sociedade.

Antonio Muniz
Fundador da Jornada Colaborativa

Como este livro está organizado

Por ser um livro em português, todos os autores deram seu máximo na busca por traduções dos muitos termos técnicos encontrados no mundo Java e de tecnologia. Mas nem todos fazem sentido traduzir. Sendo assim, os termos em inglês ficarão sempre em itálico. Vale lembrar que muitos dos termos possuem a versão em inglês e em português em sua primeira aparição no texto para facilitar ao máximo seu entendimento.

Seguindo a mesma linha dos termos técnicos, siglas sempre serão expandidas em sua primeira citação no texto.

Códigos de exemplo

Sandro Giacomozzi
André Felipe Joriatti

Todos os códigos demonstrados neste livro estão disponíveis em um repositório Git no GitHub (<https://github.com/jornada-java/livro>), onde são separados por parte e capítulo. Fique à vontade para copiar os códigos e rodar em sua máquina assim que for avançando nos capítulos. Se você não conhece Git ou GitHub, não se preocupe, teremos uma parte dedicada a esse assunto. Essa iniciativa visa deixar o código o mais acessível possível para você baixar e já começar a testar os conceitos que acabou de aprender, sem ter que ficar digitando tudo novamente ou tentar copiar e organizar o conteúdo da versão digital do livro.

O mais incrível é que a forma tradicional de errata dos livros se transforma em um *pull request* seu para deixarmos o código cada vez melhor.

Os códigos de exemplo serão demonstrados conforme o bloco de código a seguir:

```
public class AloMundo {
    public static void main(String args[]) {
        System.out.println("Alô mundo!");
    }
}
```

Os exemplos utilizam a língua portuguesa onde possível. Termos técnicos em inglês e palavras reservadas da linguagem permanecerão em sua linguagem original a fim de não gerar confusão ao leitor.

Como uma opção extra de acesso, a seguir, o *QR code* para o repositório:

Sumário

PARTE I.
POR QUE DESENVOLVER SOFTWARE USANDO JAVA?

1. Introdução 2
2. História do Java 4
3. Benefícios da linguagem Java 6
4. Aplicações do Java 9

PARTE II.
INTRODUÇÃO AO JAVA

5. Java na era moderna 12
    Java em múltiplos ambientes e plataformas 13
    Computação em nuvem 13
    Java na computação em nuvem 14
    Cadência de liberação do Java SE 16
    Jakarta EE 17
    MicroProfile 17
    Frameworks para *containers* 18
6. Java é livre? 19
    Java é especificado por comitê! Como assim? 19
    A máquina virtual Java 19
    Juntando as partes 20
7. Sabores de Java: OpenJDK, Oracle e outros 21
8. Licenciamento, atualizações e suporte 23

PARTE III.
JAVA BÁSICO

9. Preparando o ambiente de desenvolvimento................................ 26

10. O primeiro programa em Java.. 28
    Boas práticas de código... 29
    Sintaxe 31

11. IDEs.. 32

12. Declaração de variáveis e tipos de dados..................................... 34

13. Operadores (*if*, *else* e ternários) 38

14. Controle de fluxo (*while*, *for*, *break* e *continue*)........................... 44

15. *Arrays*.. 46
    Instanciando.. 46
    Lendo elementos... 47
    Iterando sobre todos os elementos... 48
    Varargs... 49
    A classe *Arrays*.. 50

16. *Strings*, *input/output* e manipulação de arquivos....................... 52
    String 52
    Input e *output* 54
    Manipulação de arquivos 55
    Lendo o conteúdo de um arquivo.. 57

PARTE IV.
ORIENTAÇÃO A OBJETOS EM JAVA

17. Introdução a orientação a objetos 62
    Paradigmas de desenvolvimento de software........................... 62
    História da orientação a objetos 63
    Orientação a objetos 63

18. Classe 64

19. Objeto... 66

20. Pacote 68

21. Encapsulamento e modificadores de acesso 71

22. Herança 76

23. Polimorfismo... 83

24. Abstração, interfaces e *enum* 85
Interfaces 90
Enum 92

25. Elementos estáticos 96

26. Estrutura de dados, *collections* e *generics* 102
Java Collections 102
    List 103
    Set 105
    Map 107
Iterator e *foreach* 109
Java Generics 111
Evolução do *Java Collections* e *Java Generics* 113

27. Ciclo de vida de um objeto e a classe *Object* 114
A classe *Object* 119
    O método toString() 119
    O método equals() 120
    O método hashCode() 121

28. *Typecasting*, *autoboxing* e *unboxing* 122
Typecasting 122
    Upcasting 123
    Downcasting 126
Autoboxing e *unboxing* 126

29. *Exceptions* 128
Delegando uma *exception* 129
Contendo e manipulando uma *exception* 130
Checked e *unchecked exceptions* 132
Capturando exceções 132
Implementando várias instruções *try-catch* 133
Lançando uma exceção 134
O bloco *finally* 135
Try-with-resources 136
Criando suas próprias exceções 137
Pilha de execução 138
Boas práticas para lidar com exceções 138

PARTE V.
NOVOS RECURSOS DA LINGUAGEM

30. Programação funcional e expressões *lambda* 142
Imutabilidade 144
Funções puras 145
Expressões *lambda* 146

31. Processamento de dados com *Stream* 150
- API *Stream* 150
- Método *default* 151
- *Map* 152
- *Filter* 153
- *Distinct* 155
- *Reduce* 156
- *Sorted* 156

32. Datas 158
- História 158
- Representando uma data 159
- Representando um horário 160
- Representando uma data com horário 160
  - Data com horário e sem fuso horário 161
  - Data com horário e fuso horário 161
  - Data e horário como um instante na linha do tempo 163
- Representando intervalos de data 164
- Representando intervalos de tempo 165
- Convertendo entre formatos antigos 166
- Formatando datas e horários 166
  - Utilizando formatos ISO 8601 predefinidos 167
  - Utilizando estilos Java predefinidos 168
  - Utilizando um estilo personalizado 168
  - Formatando *Date* e *Calendar* 169

33. JShell 170
- Acessando o JShell 170
- Criando variáveis e métodos 171
- Autocompletar e documentação 171
- Comandos 173
- Uso prático de JShell 174
- Mais informações 174

34. Módulos 175
- Introdução aos módulos 175
- Declarando um módulo 175
- Definindo dependências entre módulos 176
- Disponibilizando serviços com módulos 178
- Permitindo reflexão 181
- Conclusão e exemplos 182

35. *Text blocks* 183
- Introdução 183
- Usando *text blocks* 184
- Demais facilidades 185
- Outros exemplos 186

PARTE VI.
BANCO DE DADOS

36. Trabalhando com banco de dados relacional.......................... 190
    O que é *socket?* 190
    Banco de dados relacional 190
    Normalização 191

37. JDBC 194
    Exemplos 195

38. JPA 199
    Mapeamento de entidades 201
    Trabalhando com entidades 202
        Comandos básicos 202
        Realizando consultas 203

39. Hibernate 205
    Módulos 205
    Consultas com Hibernate 206
        Criteria API 206
        Hibernate Query Language (HQL) 207
        SQL *Query* nativo 208
    Configurando uma aplicação 208

40. Trabalhando com banco de dados NoSQL 212
    Chave-valor 212
    Orientado a documentos 213
    Família de colunas 214
    Grafos 215
    Multi-model database 215
    Teorema do CAP 216
        Escalabilidade versus complexidade 217
        Master/Slave versus masterless 217
        Base de dados relacionais 218
        ACID *versus* BASE 218
        Comparando com as aplicações Java que utilizam bancos relacionais 219

41. JNoSQL 221
    Uma API para múltiplos bancos de dados 222
    Indo além do JPA 223
    A Fluent API 224
    Não reinventamos a roda: grafo 225
    Comportamentos específicos importam 225
    Um padrão fácil de utilizar e uma API extensível 226
    Conclusão 226

PARTE VII.
TÓPICOS AVANÇADOS

42. *Multithreading* e programação concorrente **228**
- Aplicações *web* 228
- Quando usar paralelismo 229
- Implementando paralelismo 230
  - A classe *Thread* e a interface *Runnable* 231
  - A interface ExecutorService 236
  - Usando *Streams* paralelos 237
  - Outras formas de paralelismo 239
  - O modificador *volatile* 240
- Classes úteis 240
  - Pacote java.util.concurrent 241
  - Sincronizando coleções 241

43. *Java Virtual Machine* (JVM) **243**
- Tipos de linguagens 243
- Arquitetura JVM 244
- Entendendo o funcionamento do JIT 245
- Outros tipos de compiladores 247
- Outras linguagens 248

44. *Garbage Collection* **249**
- Conceitos básicos 250
- Tipos de *garbage collector* 251
- Monitoramento e escolha do GC ideal 252

PARTE VIII.
TESTES

45. Importância dos testes **256**

46. Desenvolvimento orientado a testes com TDD, BDD e ATDD **262**
- Por que usar TDD? 262
  - Exemplo 263
  - Passos 263
  - Boas práticas 264
  - *Frameworks* 264
- Tudo é comportamento no BDD 264
  - *Gherkin* – a linguagem oficial do BDD 266
  - *Frameworks* de testes para BDD (Selenium, Serenity BDD) 267
- ATDD – *Acceptance Test Driven Development* 267

47. Testes de unidade **271**
- JUnit 272
- *Mocks* 277

48. Testes de integração: teste de API ... 279
Como utilizar ... 280
Explorando a API de uma aplicação Java ... 281
Testando os *endpoints* e suas respostas ... 282
Testando códigos de erro HTTP ... 283
Enviando dados JSON com chamada POST ... 283
Conclusão ... 285

49. TestContainers ... 286
Testes integrados e *containers* ... 287
Utilizando o TestContainers ... 287
Casos de uso ... 289
    Caso de uso 1 – Teste de migração de banco de dados ... 289
    Caso de uso 2 – Teste de API Rest com banco de dados ... 291
    Caso de uso 3 – Teste de API Rest com MockServer ... 292

50. Cobertura de código ... 295

51. Teste de mutação com Java ... 299

52. Selenium ... 303

PARTE IX.
GESTÃO DE CONFIGURAÇÕES E FERRAMENTAS DE APLICAÇÃO

53. Gestão de configurações e mudanças ... 308
Gerenciamento do código-fonte ... 308
Engenharia de compilação e construção ... 309
Configuração do ambiente ... 310
Controle da mudança ... 310
Liberação ... 312
Implantação ... 313

54. Git ... 315
Máquina do tempo do código ... 315
O que é Git ... 317
    Os três estados ... 317
    Repositório ... 318
    Commit ... 318
    Histórico ... 319
    Branch ... 319
Instalando o Git ... 319
Principais comandos ... 319
    Configurações locais ... 319
    Iniciando um novo repositório ... 320
    Clonando um repositório remoto ... 320
    Baixando as atualizações do servidor ... 321
    Enviando atualizações ao servidor remoto ... 321

- Verificando alterações 324
- Trabalhando com *branches* 324
- Revertendo alterações 325
- Verificando os *logs* 326
- *Stash* 328

55. Git Flow 329

56. GitHub, Bitbucket, GitLab 330
- GitHub 330
- Bitbucket 330
- GitLab 331
- Recursos 331
- *Pull/Merge request* 331
- Git nas plataformas de nuvem 333

57. Maven e Gradle 334
- *Build tools* 334
- Maven 334
- Gradle 337
- Importância dos *builders* 339

58. Integração contínua 340
- O que é preciso para trabalhar com integração contínua? 341
  - Sistema de versionamento de código (SVC) 341
  - Desenvolvimento orientado a testes 341
  - *Pull request/Code review* 342
  - Monitorar e otimizar o tempo de execução das *pipelines* 342
  - Integre o código o mais frequentemente possível 342
  - A construção do projeto deve estar sempre funcionando! 343
  - Construindo sua primeira *pipeline* de CI/CD 343

59. Entrega/Implantação contínua 345
- Por que utilizar? 346
- Etapas de uma *pipeline* de CI/CD 346
- O que é preciso para trabalhar com entrega/implantação contínua? ... 348

60. Ferramentas de automação: Jenkins, CircleCI, Travis CI 349
- Jenkins 349
- CircleCI 352
- Travis CI 354
- Conclusão 356

PARTE X.
FUNDAMENTOS DE DESENVOLVIMENTO DE JAVA PARA *WEB*

61. Fundamentos da *web* e introdução a HTML 358
- Breve história da internet 358
- A *web* e suas aplicações 359

62. *Container, Servlets* e JSPs... 363

63. Modelo MVC – *Model View Controller* 369

64. Tutorial: nossa primeira aplicação *web*.................................... 377

PARTE XI.
TÓPICOS AVANÇADOS PARA O DESENVOLVIMENTO *WEB*

65. Introdução à API REST.. 380
    API Design.. 383
    Contract First... 384
    Contract Last.. 384

66. Boas práticas de API REST.. 385
    Utilize JSON.. 385
    Identificação dos recursos.. 385
    Plural *versus* singular 385
    Granularidade.. 386
    Versionamento... 386
        Versionamento URI.. 387
        Query parameters 387
        Customizando *request-header* 387
        Versionando o *accept header*.................................. 388
    Modelo de maturidade de Richardson....................................... 388
        Nível 0 – O pântano do POX (*Plain Old XML*).................... 388
        Nível 1 – Recursos individuais 391
        Nível 2 – Verbos HTTP.. 392
        Nível 3 – Controles hipermídia 394
        Documentação... 396
        Retorno de erros 397

67. Jakarta EE 8 398
    Exemplo RESTful Server... 399
    Adicionando a capacidade de banco de dados a um RESTful Server 403
    Conclusão 407

68. Spring Boot 408
    Utilização do *framework*.. 409
    Funcionalidades mais importantes 412
    Web starter 412
    JPA *starter* 414
    Conclusão 416

PARTE XII.
SEGURANÇA DE APLICAÇÕES

69. Como as APIs são protegidas 418
    API REST e API SOAP 418
    Métodos de autenticação 419
    API *Keys* 419
    Basic authentication (autenticação básica) 419
    OAuth 420
    SAML 420
    Práticas de segurança 420
    JWT – *JSON Web Token* 421
        Header 422
        Payload 422
        Assinatura 423
        Token 423
    Usando o JWT com Java 424

70. OAuth 2.0 como solução 430
    História 430
    O que é OAuth 2.0? 430
        Os papéis (*roles*) 431
        Fluxo da comunicação 432
        Código de autorização (*authorization code*) 433
        Implícito (*Implicit*) 434
        Credenciais de senha do proprietário do recurso (*resource owner password credentials*) 435
        Credenciais do cliente (*client credentials*) 435
    Usando o *token* de acesso 436
    Usando o *token* de atualização 436

71. Aplicação com Spring Security 437
    Conclusão 439

PARTE XIII.
CLOUD E *DEPLOY*

72. Introdução à computação em nuvem (*cloud*) 442
    Tipos de nuvem 442
    As modalidades dos serviços de nuvem 443
    Benefícios da nuvem 444

73. Java na nuvem 445
    O investimento dos provedores de nuvem em Java 446

74. *Deploy* de uma aplicação na nuvem da AWS **447**
    Configurar alertas 447
    Criando uma instância EC2 e fazendo um *deploy* 447
    Acessando uma instância EC2 via SSH 447

75. **Boas práticas para construção de aplicações nativas para nuvem** **451**
    Faça o versionamento da sua aplicação 451
    Explicitamente declare e isole suas dependências 452
    Configurações devem pertencer ao ambiente 452
    Trate serviços de apoio como recursos que possam ser facilmente anexados.. 453
    Crie *releases* versionadas e imutáveis que possam ser facilmente implantadas
        e retiradas de produção 454
    Aplicações não devem possuir estado 454
    Permita que a infraestrutura gerencie atribuições de *hosts* e portas 455
    Maximize a robustez da sua aplicação com inicializações rápidas e
        desligamentos seguros 455
    Mantenha seus ambientes similares 456
    Escale sua aplicação horizontalmente 456
    Trate seus *logs* como um fluxo de eventos 457
    Tenha atenção às tarefas de administração 457

76. **Docker** **459**

77. **Monitoramento** **465**
    As ferramentas de monitoramento para Java 465
        JConsole 466
        Java Mission Control 467
        Eclipse MAT – *Eclipse Memory Analyzer* 469
        JVM *Debugger Memory View* – IntelliJ 469
        JProfiler 469

PARTE XIV.
A JORNADA CONTINUA

78. **O que vem depois?** **472**

Referências bibliográficas **473**

Dedicatória e agradecimentos **477**

Sobre os autores **481**

PARTE I.
POR QUE DESENVOLVER SOFTWARE USANDO JAVA?

1. Introdução

Bruno Kaufmann

Há mais de duas décadas que o Java tem provado ser uma das melhores opções para o desenvolvimento de aplicações. Um dos principais motivos por ser tão popular é o fato de ser independente de plataforma, o que significa que os programas criados com Java podem rodar em qualquer dispositivo ou sistema operacional, abstraindo esses detalhes de implementação para o desenvolvedor.

O Java é uma linguagem de programação simples e fácil de se utilizar por não possuir recursos complexos como sobrecarga de operadores, herança múltipla, ponteiros e alocação de memória. É robusto, pois possui um compilador que antecipa a verificação de possíveis erros em tempo de compilação e em execução.

Sendo onipresente no mundo corporativo, o Java dispõe de recursos internos que eliminam erros sutis de programação, como: gerenciamento de memória automática, verificação de matrizes, suporte à maioria dos algoritmos de segurança e recursos avançados de criptografia, infraestrutura de chave pública, autenticação, verificação de *bytecode*, entre outros.

Uma das suas características mais importantes é ser uma linguagem inerentemente orientada a objetos, ou seja, todo programa escrito em Java é composto por elementos chamados objetos, o que facilita a manutenção, permitindo a modularização, flexibilidade e extensibilidade. Outro ponto que se destaca com relação a outras linguagens é a compatibilidade com código legado: o código Java escrito se manterá ao longo das próximas versões e continuará sendo executado pelas JVMs mais atualizadas, podendo obter vantagens em termos de velocidade, tradução de código nativo e gerenciamento de memória.

O Java promove o uso das boas práticas de design de software através da sua rica API com uma vasta quantidade de recursos e bibliotecas, facilitando o reaproveitamento de código. Como engenheiros de software, sabemos a importância de mantermos o código limpo e coeso. A linguagem é composta de uma grande coleção de bibliotecas, facilitando o reúso de componentes e bibliotecas. Isso traz economia de tempo e minimiza erros, permitindo que os desenvolvedores mantenham o foco nos problemas que precisam resolver.

Por meio do Java, podemos estar em contato com uma larga comunidade de desenvolvedores e especialistas na linguagem através dos JUGs (*Java User Groups*). São grupos que se reúnem em encontros cujos participantes estão envolvidos em um processo de aprendizado coletivo e compartilhamento de conhecimento com a finalidade de aprimorar uma prática em torno de um determinado tópico.

Grande parte do seu ecossistema vem de projetos de código-fonte aberto, criados pela sua larga comunidade de desenvolvedores, o que oferece uma possibilidade real para o desenvolvimento de aplicações corporativas de grande porte, com inúmeros benefícios para lidarmos com implementações complexas de lógica de negócios.

2. História do Java

Sandro Giacomozzi

A história do Java se inicia em 1991 em uma empresa chamada Sun Microsystem, que buscava integrar vários eletrônicos e eletrodomésticos, tais como televisores, videocassetes e geladeiras. Segundo Deitel e Deitel (2003), foi criada uma equipe chamada *Green Team*. Esta equipe foi liderada pelo programador James Gosling, que ficou mundialmente conhecido como o "pai" do Java. Como o mesmo programa precisava funcionar em diversas plataformas e ser fácil de programar, decidiram criar uma linguagem de programação baseada em C e C++ que fosse multiplataforma e orientada a objetos, onde o código-fonte deveria ser único para ser executado em diversas plataformas.

A linguagem foi então batizada de *Oak* (carvalho, em Inglês) e foi implantada em um dispositivo controlador chamado de *Star Seven*. Esse dispositivo tinha uma tela sensível ao toque, funções de arrastar e soltar, e a ideia era controlar todos os dispositivos de uma casa. Porém, o projeto estava à frente do seu tempo e não foi bem aceito pelos fabricantes e provedores de TV. Como o código precisava funcionar em diversas plataformas, foi necessário criar um intermediário para entender esse código "compilado" e repassar ao hardware. Foi então criada a máquina virtual que na época seria uma peça de hardware.

Em 1993, com o massivo crescimento da *world wide web*, notou-se que não havia interatividade nas páginas *web*. Já existiam vários navegadores, e então James Gosling teve a brilhante ideia de utilizar o projeto engavetado para dar interatividade para a internet. Descobriu-se que o nome *Oak* já estava registrado e não poderia ser utilizado. A equipe se reuniu com a missão se achar um novo nome para a linguagem. Dentre as várias ideias, alguém da equipe gritou "Java Coffee", que remetia a um café forte. Também está ligado à ilha de Java, onde se produz um dos melhores cafés do mundo. A linguagem então foi rebatizada de Java e seu símbolo é uma xícara de café quente.

O Java apareceu pela primeira vez em 1995 em uma conferência da Sun. A primeira versão foi disponibilizada oficialmente em janeiro de 1996 e incorporada aos principais navegadores *web*, permitindo executar *applets* (pequenas aplicações) em páginas *web*. O Java se tornou popular rapidamente, espalhando-se por uma enorme quantidade de dispositivos, tais como cartões, celulares e até em sondas da NASA em Marte.

Na mesma época também foram criados processos que permitem que o Java seja evoluído pela comunidade de desenvolvedores e empresas. Esse processo é conhecido como JCP (*Java Community Process*), que inclui as JSRs (*Java Specification Requests*), que são solicitações para melhorias na linguagem ou na plataforma Java. É possível acompanhar todas as especificações do Java através do site do JCP[2]. Todas as implementações de Java que veremos no livro surgiram a partir de alguma JSR. Por exemplo, a especificação da API JDBC 4.0 é definida na JSR 221. Existem outras iniciativas, como a "Adote uma JSR"[3], que incentiva a participação de grupos de usuários Java para que os desenvolvedores participem mais ativamente da evolução da linguagem.

Por fim, em 2006, a Sun iniciou o processo de liberação do Java e da Máquina Virtual do Java (*Java Virtual Machine* – JVM) como software livre e de código aberto. Em 2009, a Sun foi adquirida pela gigante Oracle, que atualmente é detentora dos direitos da marca Java.

Entender um pouco da história da plataforma Java é essencial para enxergar os motivos que a levaram ao seu sucesso. Quais eram os seus maiores desafios quando programava na década de 1990? Ponteiros? Gerenciamento de memória? Organização? Falta de bibliotecas? Reescrever parte do código ao mudar de sistema operacional? Custo financeiro de usar a tecnologia?

A tecnologia Java resolve bem esses problemas, que até então apareciam com frequência em outras linguagens. Alguns foram particularmente resolvidos porque uma das grandes motivações para a criação da plataforma era que a linguagem fosse usada em pequenos dispositivos, como TVs, videocassetes, aspiradores, liquidificadores e outros. Apesar disso, a linguagem teve seu lançamento focado no uso em clientes *web* (*browsers*) para rodar pequenas aplicações (*applets*), aproveitando-se da popularização da *world wide web*.

---

[2] <https://www.jcp.org/>
[3] <https://soujava.org.br/servicos/adopt-a-jsr/>

3. Benefícios da linguagem Java

Zair Ramos
Tatiana Escovedo

Java é ao mesmo tempo um ambiente e uma linguagem de programação, e, atualmente, é a base para praticamente todos os tipos de aplicações em rede, sendo o padrão global para o desenvolvimento e a distribuição de aplicações móveis e incorporadas (*embedded*), jogos, conteúdo baseado na *web* e softwares corporativos. Java pode ser considerado uma plataforma, que permite a criação de sistemas grandes e complexos, com escalabilidade e manutenibilidade, com suporte de várias grandes empresas e muitos produtos desenvolvidos sobre essa plataforma. A figura a seguir, disponível na documentação oficial da Oracle do Java 8[4], ilustra os componentes principais da plataforma Java. Não se preocupe com a complexidade nesse momento, pois veremos gradativamente com mais detalhes ao longo deste livro!

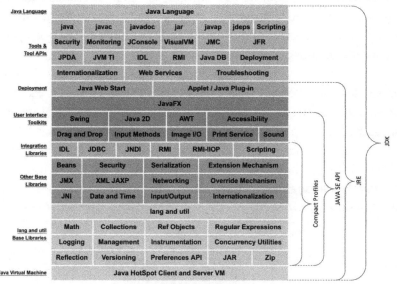

Figura 3.1. Plataforma Java.
Fonte: adaptado de Oracle (s.d.).

---

[4] <https://docs.oracle.com/javase/8/docs/index.html>

O popular slogan *Java is everywhere!* significa que Java está em todos os lugares: *laptops*, *datacenters*, consoles de *games*, supercomputadores científicos, telefones celulares, aparelhos eletrônicos, eletrodomésticos e principalmente na internet. Veja alguns dados surpreendentes a seguir, de acordo com o site oficial da linguagem Java[5]:

- ✓ 97% dos computadores corporativos e 89% dos computadores nos EUA executam Java.
- ✓ Três bilhões de telefones celulares executam Java e 100% dos *Blu-ray disc players* vêm equipados com o Java.
- ✓ Existem cerca de nove milhões de desenvolvedores de Java em todo o mundo.
- ✓ Java é a escolha número 1 para os desenvolvedores e a plataforma de desenvolvimento número 1.
- ✓ Existem cinco bilhões de placas Java em uso e 125 milhões de aparelhos de TV executando o Java.
- ✓ Os cinco principais fabricantes de equipamento original utilizam o Java ME.

Dentre os principais fatores de sucesso da plataforma Java, podemos citar:

- ✓ Ser continuamente testada, refinada, estendida e comprovada por uma comunidade dedicada de desenvolvedores, arquitetos e entusiastas da tecnologia.
- ✓ Ter sido projetada para permitir o desenvolvimento de aplicações portáteis de alto desempenho para uma grande variedade de plataformas.
- ✓ Permitir aplicações entre ambientes heterogêneos, possibilitando às empresas fornecerem e integrarem mais serviços, o que aumenta sua produtividade e reduz drasticamente o custo de propriedade de suas aplicações.

Java permite que os programadores desenvolvam software em uma plataforma e o executem em qualquer outra plataforma que suporte um interpretador Java, uma vez que os aplicativos Java são compilados em um código de *bytes* independente de arquitetura. Além disso, possibilita o desenvolvimento de programas que podem ser executados dentro de um *web browser* e acessem *web services* disponíveis. Java está presente em muitas aplicações desenvolvidas do lado do servidor, tais como lojas virtuais, fóruns *on-line* e outras aplicações de necessitem de armazenamento de arquivos, pesquisas e processamento de formulários HTML.

Também é possível utilizar Java para combinar aplicações ou serviços personalizáveis e criar aplicações potentes e eficientes para telefones celulares, processadores remo-

---
[5] <http://www.java.com/pt_BR/about/>

tos, microcontroladores, módulos sem fio, sensores, *gateways*, produtos de consumo e praticamente qualquer outro dispositivo eletrônico, embora atualmente não seja esse o grande mercado do Java. Apesar de ter sido idealizado com um propósito e lançado com outro, Java ganhou seu maior destaque em aplicações do lado do servidor (*server-side*), principalmente na construção de grandes sistemas corporativos.

O Java ainda pode ser considerado uma das principais linguagens de desenvolvimento, como vemos na figura a seguir, que ilustra as linguagens de programação mais utilizadas em janeiro de 2019, segundo artigo da Computerworld (2019):

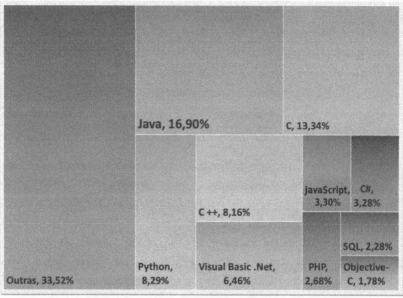

Figura 3.2. Linguagens de programação mais utilizadas em janeiro de 2019.
Fonte: Computerworld, 2019.

4. Aplicações do Java

Zair Ramos

As grandes aplicações empresariais de hoje possuem regras de negócio e necessidades bastante complexas, e implementá-las requer um grande esforço. Além dessas regras e necessidades, conhecidas como requisitos funcionais de uma aplicação, existem outros requisitos que precisam ser atingidos através da nossa infraestrutura, tais como: persistência de informações em banco de dados, gerenciamento de transações, acesso remoto a outras aplicações, comunicações via *web services*, gerenciamento de *threads*, gerenciamento de conexões HTTP, *cache* de objetos, gerenciamento da sessão *web*, balanceamento de carga, entre outros. Tais recursos são chamados de requisitos não funcionais. Sem falar das diversas complexidades de integrações com fornecedores e clientes diferentes, bem como múltiplos ambientes, plataformas, sistemas operacionais e até mesmo hardwares.

Se também fôssemos os responsáveis por escrever código que trate desses outros requisitos, teríamos muito mais trabalho a fazer. Tendo isso em vista, foram criadas várias especificações que, quando implementadas, podem ser usadas por desenvolvedores para tirar proveito e reutilizar toda essa infraestrutura já pronta.

Nesse sentido, foi desenvolvida a especificação **Jakarta EE** (que outrora se chamava Java EE – *Java Enterprise Edition*), que é uma plataforma cujo objetivo é facilitar a criação de programas para ambientes corporativos, dando uma receita de como deve ser implementado um software que possa utilizar cada um desses serviços de infraestrutura. Neste livro, nos capítulos mais à frente, faremos o apontamento de como utilizar tais serviços, focando no ambiente de desenvolvimento *web* através do Jakarta EE, além de outros tópicos como *Spring Boot* e *Microprofile*.

A ideia da criação dessa especificação é você não precisar se preocupar com o complicado desenvolvimento desses serviços, mas, sim, que você se beneficie de uma estrutura já previamente "pronta", preocupando-se apenas com o que realmente é importante para a empresa: seu negócio.

Como dito anteriormente, todas as especificações do Java são elaboradas em um comitê especial chamado JCP (*Java Community Process*). Toda a especificação do Jakarta EE é feita por JSR (*Java Specification Request*). Na verdade, por um conjunto de JSRs, onde são definidas várias funcionalidades que permitem aplicações empresariais serem executadas em ambientes "preparados" contendo implementações dessas JSRs, levando à implantação (*deployment*) de sua aplicação em qualquer fabricante de servidores de aplicação que implementem tais JSRs. Essa funcionalidade torna uma aplicação Java virtualmente independente de fabricante.

PARTE II.
INTRODUÇÃO AO JAVA

5. Java na era moderna

Rhuan Henrique

Neste capítulo veremos como o Java se posiciona nesta nova era de computação em nuvem e quais mudanças precisou sofrer, ou ainda sofrerá. Com isso, para entendermos o que levou a essas mudanças, primeiro precisamos compreender alguns aspectos do passado do Java.

Ao longo dos anos, o Java tem liderado o *ranking* das linguagens mais utilizadas pelos desenvolvedores de software. Apesar de sofrer muitas críticas, o seu sucesso é inegável. O Java conquistou esse feito por conta de várias características, mas principalmente por ter uma comunidade vibrante, um ecossistema riquíssimo e grandes empresas como fornecedoras de soluções Java de maneira suportada (Oracle, Red Hat, IBM, Pivotal e outras). O Java trabalha com o conceito de especificações, como é o caso da JVM e do Jakarta EE (antigo Java EE), sobre as quais as empresas podem criar suas próprias implementações para que assim o ecossistema Java tenha diferentes implementações de uma mesma especificação. Isso é excelente para as empresas que desenvolvem suas soluções utilizando Java, pois permite que tenham uma variedade de implementações para escolher e desenvolvam uma solução desacoplada de fornecedor. Mas o que quer dizer solução desacoplada de fornecedor?

Solução desacoplada de fornecedor significa que existem múltiplos fornecedores que oferecem a mesma solução e que você pode optar por qualquer um desses. Um bom exemplo é a JVM: existem diversas implementações de diversas empresas, e você pode rodar sua aplicação Java em qualquer uma delas. Além disso, caso você tenha utilizado somente recursos da especificação (não tenha utilizado alguma funcionalidade proprietária), é possível migrar de maneira fácil a sua aplicação para outras implementações, ou seja, sua solução se torna portável. Para as empresas que querem mitigar riscos no negócio isso é excelente!

O rico ecossistema Java permite que desenvolvedores criem soluções funcionais para diversos minimundos de maneira fácil e rápida, pois contém diversas abstrações (*frameworks*) robustas que permitem que o desenvolvedor crie soluções sem se aprofundar tanto nos seus detalhes, aumentando sua produtividade. Além disso, como o Java tem uma comunidade extremamente ativa, é muito fácil encontrarmos conteúdos e documentações sobre soluções, o que facilita mais ainda a vida do desenvolvedor. Por ser uma plataforma robusta, se tornar um especialista em Java demanda tempo e estudo, mas, mesmo não sendo um especialista, o Java permite que você tire projetos do papel de maneira mais rápida e fácil.

Java em múltiplos ambientes e plataformas

Existe uma outra característica que torna o Java atraente, tanto para os desenvolvedores como para as empresas: o Java é uma linguagem multiplataforma, o que permite que nossos programas sejam desenvolvidos uma vez e que esse código seja executado em múltiplos sistemas operacionais (Windows, Linux e outros). Isso ocorre graças à JVM, que interpreta os *bytecodes* e os transforma no código final (binário) compatível para o sistema operacional. Contudo, o Java vai além disso, pois é possível desenvolver sistemas embarcados, aplicações *mobile*, aplicações para leitura de cartões (*Java Card*), sistemas *desktop*, dentre outros. Ou seja, o Java vai muito além dos sistemas *web* e consegue oferecer soluções robustas, suportadas por grandes empresas, com um alto nível de retrocompatibilidade e muitas delas portáveis entre fornecedores.

Como o Java roda em múltiplas plataformas, o desenvolvedor Java ganha um leque grande de atuação (muito maior do que em outras linguagens), podendo trabalhar em diversos segmentos sem ter que aprender uma nova linguagem, focando apenas em aprender sobre o segmento.

Ao longo dos anos o mundo foi evoluindo e ganhando novos desafios, e o Java foi se adaptando. Contudo, com o aumento da competitividade das empresas e com a virada do mercado, que passou a vender serviços em vez de produtos, um novo ambiente surgiu: a computação em nuvem (*cloud computing*).

Computação em nuvem

As necessidades do mundo corporativo mudaram ao longo dos anos e novos desafios surgiram, exigindo que as empresas melhorem sua capacidade de resposta aos estímulos do mercado. Esse cenário se agravou ainda mais quando as empresas começaram a investir na venda de serviços em detrimento à venda de produtos, à medida que começaram a ter a necessidade de escalar rapidamente, ser tolerante às falhas em seus processos, ser resilientes e cada vez mais adaptáveis. Ou seja, cada vez mais as empresas precisam estar preparadas para os novos cenários que o mercado impõe.

A principal ferramenta de inovação e de otimização dos negócios é a computação, e o mundo corporativo começou a exigir novas ferramentas e metodologias. Grande parte dessa necessidade de transformação foi possibilitada pela computação em nuvem, que permite que as empresas consumam recursos computacionais como serviço, tornando possível escalá-los de maneira fácil, rápida e automatizada. Além disso, a computação em nuvem otimiza o uso dos recursos computacionais, trazendo uma economia direta com custos computacionais.

Com base nessa necessidade, surgiu um novo ambiente para as aplicações residirem: o ambiente de computação em nuvem. Nesse ambiente, as aplicações têm necessidades bem diferentes dos ambientes até então conhecidos, pois as aplicações precisam estar totalmente preparadas para tirar proveito de todos os benefícios que a nuvem pode oferecer.

O Java tem a característica de prover soluções para diversos ambientes. Com a chegada da computação em nuvem de maneira tão agressiva, a comunidade Java, junto com as empresas investidoras na plataforma, entendeu que seria muito interessante que o Java estivesse disponível para esse novo ambiente.

Muitos entenderam esse interesse na computação em nuvem como uma maneira de o Java tentar sobreviver, mas isso não é totalmente verdade, visto que o Java atende a diversos outros ambientes de forma robusta. A verdade é que a vinda do ecossistema Java para a computação em nuvem foi boa também para a computação em nuvem, pois impulsionou sua adoção pelo fato de agora a computação em nuvem possuir um ecossistema robusto à sua disposição com empresas gigantes provendo suporte.

Java na computação em nuvem

A computação em nuvem mudou a forma como arquitetamos, desenvolvemos e entregam softwares, pois, com os novos conceitos trazidos por esse novo mundo, as metodologias existentes não extraíam a real capacidade da computação em nuvem.

A primeira grande mudança foi na arquitetura das aplicações, pois precisamos de uma arquitetura mais flexível e modular, que permitisse que fosse escalado somente o que é realmente necessário, provendo uma otimização dos recursos. A forma que encontramos de fazer isso foi quebrando a complexidade das nossas aplicações em pequenas partes que se integram, gerando assim um conjunto de aplicações com granularidades menores, desacopladas e que se integram. Esse estilo arquitetural foi denominado de microsserviço, ilustrado pela figura a seguir.

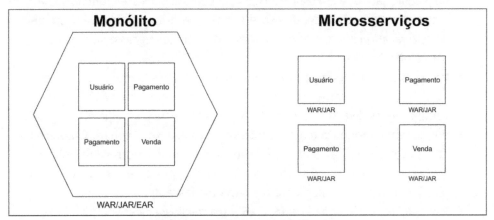

Figura 5.1. Monólito *versus* microsserviços.
Fonte: o autor.

Do lado esquerdo da figura é ilustrado o monólito, que era a forma tradicionalmente utilizada nas arquiteturas das aplicações. O problema com essa estratégia é que, se quiséssemos escalar somente uma parte da aplicação (somente a parte de vendas, por exemplo), teríamos que escalar todos os domínios de negócio, o que não está de acordo com os conceitos da computação em nuvem. Para lidar com essa limitação, as aplicações começaram a ser quebradas em microsserviços: cada domínio de negócio é extraído do monólito e transformado em uma aplicação que contém somente a responsabilidade de resolver questões desse domínio. Com isso, novas questões e desafios surgiram no mundo do desenvolvimento de software, por exemplo: como ficam as transações agora que o processo pode passar por vários serviços? Como trabalhamos com *log* nessas aplicações? Como descobrimos de forma rápida em qual serviço houve o problema quando um problema acontecer? Como um serviço deve se comportar quando um outro serviço ao qual ele se integra apresentar um erro?

Nesse novo cenário, o Java começou a ter problemas para lidar com esses novos desafios, tais como:

✓ **JVM gorda:** como um microsserviço tende a ser uma aplicação Java muito menor e menos complexa, a JVM acaba gerando um desperdício, visto que

ela foi criada em um período em que uma aplicação era bem mais complexa (arquitetura monólito).
- ✓ **JIT** *optimization*[6]: para o JIT *optimization* ser eficiente na *hotspot* a aplicação precisa conter um ciclo de vida longo, para que assim consiga coletar os metadados da execução e gerar a otimização. Como em um cenário de microsserviços uma aplicação roda em *containers*, é bem comum que esses *containers* nasçam e morram o tempo todo, de acordo com o cenário da empresa. Com isso, o JIT *optimization* não consegue coletar a quantidade necessária de metadados para a otimização.
- ✓ **Pacotes de aplicações gordos:** no mundo Java era bem comum um pacote (JAR, WAR, EAR) conter bastante coisa dentro dele, como *libs* e arquivos de configurações diversos. Isso muitas vezes acontecia por culpa do desenvolvedor, porém o monólito realmente tende a carregar muito mais bibliotecas por conta de sua complexidade. Isso acaba impactando a entrega da aplicação, o que no cenário de microsserviços é bem ruim, por conta da necessidade de resposta rápida a um aumento de demanda (escala).
- ✓ **Falta de especificações no Java EE para microsserviços:** o Java EE – agora Jakarta EE – é um projeto muito importante no mundo Java, que provê soluções portáteis para o mundo corporativo. Contudo, esse projeto não contém especificações para resolver problemas comuns em microsserviços, como observabilidade, tolerância a falha, transação de longa duração, dentre outros.
- ✓ **Processo de evolução do Java muito lento para o cenário atual:** o Java e o Java EE tinham um processo de evolução lento para o cenário atual, inadequado para a velocidade que os novos desafios e a dinâmica do mundo da TI exigem.

Para responder a esses desafios, a comunidade Java, em parceria com empresas, propôs mudanças e criou diversas iniciativas para adequar o Java ao novo cenário.

Cadência de liberação do Java SE

Antigamente, o Java SE demorava um longo tempo para liberar uma nova versão – e, quando liberava, a quantidade de mudanças era grande, ou seja, as mudanças eram acumuladas e liberadas em um grande pacote. Agora o Java SE trabalha com uma nova política de liberação de pacotes de mudanças, e uma nova versão é liberada a cada seis meses. Isso faz com que o Java ganhe velocidade na sua evolução e os

---

[6] JIT *optimization* é uma otimização que a JVM faz durante a execução de um programa, coletando dados em tempo real para acelerar sua execução.

desenvolvedores Java assimilam as mudanças e novas funcionalidades com mais facilidade, visto que agora o pacote de mudança é muito menor e com isso mais fácil e rápido de explorar. Neste capítulo não vamos entrar nos detalhes das novas políticas adotadas na liberação de novas versões do Java, visto que o tópico será abordado com mais profundidade mais adiante neste livro. Para nós, nesse momento, importa somente o fato de o Java SE liberar novas versões mais rapidamente e assim dar mais velocidade às evoluções na linguagem.

Jakarta EE

Com o objetivo de prover soluções para a computação em nuvem, o Java EE 8 foi migrado da Oracle para a Eclipse Foundation e agora se chama Jakarta EE. Com isso, foi lançado o Jakarta EE 8, que é a versão seguinte do Java EE 8 sem alterações de funcionalidades, mas apenas com alteração no seu processo de evolução.

O Java EE é um projeto guarda-chuva que contém um conjunto de especificações para solucionar problemas comuns de um ambiente *enterprise*. Esse projeto teve sua evolução sob o *Java Community Process* (JCP), porém, pela dinâmica do JCP, esse processo não consegue promover mudanças rápidas. Para solucionar isso, a Eclipse Foundation, junto com a comunidade, criou o *Jakarta EE Specification Process* (JESP) para ser o processo evolutivo do Jakarta EE. Esse processo está bem mais de acordo com o *open source* e é baseado na experimentação, ou seja, primeiro o código é posto para experimentação e, de acordo com as opiniões dos usuários e da comunidade, o código vai evoluindo.

O Jakarta EE é um projeto muito importante no mundo Java, pois dá mais velocidade à evolução das soluções *enterprises* rumo aos novos desafios da computação em nuvem.

MicroProfile

Apesar de o Jakarta EE ser um importante projeto no mundo Java, ele ainda não tem especificações para resolver problemas comuns em uma arquitetura em microsserviços, como é o caso da observabilidade, tolerância a falha, entre outros.

O MicroProfile é um projeto guarda-chuva assim como o Jakarta EE, mas seu objetivo é prover especificações que solucionem os problemas relacionados a microsserviços. Com o MicroProfile podemos criar aplicações com arquitetura em microsserviço de maneira bem mais fácil e utilizando o Jakarta EE. Como esse projeto foi pensado para ser totalmente compatível com o Jakarta EE, ele contém uma sinergia muito grande com o Jakarta EE, e muitos *commiters*[7] do MicroProfile são também *commiters* do Jakarta EE.

Frameworks para *containers*

Com todas essas mudanças acontecendo no ecossistema Java, uma nova classe de *frameworks* está surgindo no ecossistema Java e está sendo liderada pelo Quarkus e Micronaut, que são *frameworks* pensados para o mundo de *containers* e microsserviços. Essa classe de *frameworks* se destaca por sua característica de inicialização rápida e baixo uso de memória, o que é ideal para esse mundo de *containers*. Esses *frameworks* se destacam por conta do seu baixo uso de reflexão do Java e por resolver boa parte de suas dependências em tempo de compilação, em vez de resolver em tempo de inicialização. Com isso, quando chega na parte de inicialização, esses *frameworks* têm poucas coisas para resolver, tornando a inicialização bem mais rápida. Além disso, esses *frameworks* permitem que a aplicação seja compilada para um nativo utilizando a GraalVM[8], o que deixa a aplicação com a inicialização ainda mais rápida e o consumo de memória ainda mais baixo.

Esses *frameworks* mudam um pouco a forma como o desenvolvedor escreve as aplicações, pois agora ele deve desenvolver evitando ao máximo as reflexões e a resolução de tarefas no tempo de inicialização, para assim aproveitar todo o potencial desses *frameworks*.

Com isso, esses *frameworks* enriquecem mais ainda o ecossistema Java, permitindo que aplicações cada vez mais adaptadas ao cenário de *containers* sejam criadas e utilizando ferramentas consolidadas desse ecossistema.

---

[7] *Commiters* são pessoas que contribuem para o projeto, uma referência ao comando *commit*.
[8] <https://www.graalvm.org/>

6. Java é livre?

Zair Ramos
Leonardo de Moura Rocha Lima

Quando falamos "Java", podemos falar da linguagem de programação Java ou da plataforma computacional Java (JVM). Ambas são definidas por **padrões** (ou **normas**, do inglês *standard*), e esses padrões são especificados por um comitê.

Java é especificado por comitê! Como assim?

A plataforma Java teve sua marca de patente originariamente de propriedade da Sun Microsystems (atualmente a Oracle Corporation é detentora da marca). Mas, mesmo assim, foi dita aberta, não proprietária e beirava os limites do software livre. Sendo definida por uma única empresa, a tecnologia Java seria mais uma tecnologia de desenvolvimento proprietária, criada, definida e modificada por apenas essa única empresa.

Dessa forma, para facilitar a colaboração com a comunidade e formalizar a sua participação nas especificações Java, em 1998 foi fundado o *Java Community Process* (JCP), rompendo os limites do que poderia ser apenas mais uma linguagem proprietária.

Com isso temos uma linguagem de programação/plataforma que é regida por especificações, denominadas JSR (*Java Specification Request*), que são as definições/alterações que são originadas e passam por todo um ciclo de discussões e aprovações até serem incorporadas ao Java. Qualquer nova versão, tanto da linguagem quanto da máquina virtual, é definida em uma nova JSR.

A máquina virtual Java

A máquina virtual Java – JVM (do inglês *Java Virtual Machine*) – é um ambiente computacional desenvolvido para uma determinada plataforma (sistema operacional/

hardware) seguindo o conjunto de especificações do Java, que carrega e executa os aplicativos Java, convertendo os *bytecodes* gerados pelo compilador Java em código executável de máquina.

Graças à máquina virtual Java, os programas escritos em Java podem funcionar em qualquer plataforma de hardware e software que possua uma JVM, fazendo com que essas aplicações funcionem de forma independente da plataforma onde estão sendo executadas. Isso permite que o slogan "escreva uma vez, rode em qualquer lugar" (*write once, run anywhere!*) seja possível sem ser necessário recompilar o código-fonte para cada arquitetura computacional ou sistema operacional.

Juntando as partes

O JCP estabelece que toda JSR tenha uma especificação, uma implementação de referência e um teste de compatibilidade. No caso da plataforma Java, essa implementação de referência é feita no projeto **OpenJDK**. Como um projeto GNU GPL v2, podemos considerar que essa implementação é livre! Além dessa licença, é possível licenciar o código comercialmente com a Oracle.

7. Sabores de Java: OpenJDK, Oracle e outros

Zair Ramos
Leonardo de Moura Rocha Lima

O projeto OpenJDK[9] (*Open Java Development Kit*) faz a implementação livre e gratuita da plataforma Java, edição *Standard* (Java SE). O OpenJDK é um projeto que foi iniciado pela Sun Microsystems em 2006 tendo como base o HotSpot (a JVM da Sun na época). Ele foi mantido por várias empresas e pela comunidade, para a criação de um *Java Development Kit* baseado totalmente em software livre e de código aberto para a evolução da linguagem. O OpenJDK tornou-se a implementação de referência das JSRs da plataforma Java a partir da versão Java 7, em 07 de julho de 2011.

A Oracle Corporation, após a compra da Sun Microsystems e entendendo o apelo da grande comunidade Java no mundo, resolveu doar a sua JVM – JRockit, originária da aquisição da BEA Systems e com performance bem superior à sua JVM anterior – ao projeto OpenJDK. Assim, o OpenJDK incorporou o JRockit em sua versão 8, lançada em 2014.

A partir das especificações do JCP, a Oracle e diversas empresas como Azul, Eclipse, IBM, Red Hat, SAP, entre outras, desenvolvem a "sua versão" do JDK. Essas versões são baseadas no OpenJDK, com algumas funcionalidades proprietárias como compiladores e gerenciadores de memória com implementações específicas para casos de uso especiais. Para uma JVM ser dita "compatível com Java", ela precisa passar pelo "*kit* de testes para compatibilidade" (TCK) – isso garante que a JVM implementa corretamente a especificação.

Com o lançamento do Java 9, a Oracle começou a disponibilizar também *builds* OpenJDK, que são livres para uso sob a licença GNU *General Public License, version 2*, com *Classpath Exception* no site do JDK[10].

---

[9] <https://openjdk.java.net>
[10] <https://jdk.java.net >

Também existem outros *builds* gratuitos do OpenJDK, como o AdoptOpenJDK, que é da AdoptOpenJDK, uma comunidade formada por membros de *Java User Groups* (JUGs), desenvolvedores e fornecedores de Java, incluindo Azul, Amazon, GoDaddy, IBM, jClarity (adquirido pela Microsoft), Microsoft, New Relic, Pivotal e Red Hat. Esses membros da comunidade são todos defensores do OpenJDK, o projeto de código aberto que forma a base da linguagem e plataforma de programação Java. Como ele é *open source*, você pode estudar o seu código-fonte. Inclusive, pode até contribuir para evoluí-lo através do projeto OpenJDK.

Outras empresas e projetos também implementam a especificação Java ou disponibilizam binários que passaram no teste de compatibilidade da plataforma Java. Por exemplo, a Azul[11] disponibiliza o Zulu JDK, que pode ser utilizado livremente, e a Zing JDK, com extensões comerciais. A IBM, em 2017, doou sua implementação comercial J9 para a Eclipse Foundation. Com isso, a nova JVM OpenJ9[12] é uma boa opção de JVM livre. Vale a pena conhecer as diversas distribuições da OpenJDK.

---

[11] <https://www.azul.com>

[12] <https://www.eclipse.org/openj9>

8. Licenciamento, atualizações e suporte

Zair Ramos
Leonardo de Moura Rocha Lima

Antes de começarmos, vale lembrar que licenciamento de software é um aspecto legal e as informações aqui contidas não podem ser consideradas conselhos com valor legal. Em caso de dúvida e para maiores esclarecimentos, consulte um advogado especializado em licenças.

A utilização de Java sempre foi vinculada ao detentor dos direitos da marca, inicialmente pela Sun Microsystems, que permitia o *download* do JDK de forma gratuita, apenas exigindo o aceite dos termos de utilização. Esses termos eram sem custos quando utilizados em computadores de uso geral (como PCs e servidores).

Após a compra da Sun pela Oracle Corporation, esta continuou com o modelo anterior de licenciamento. Mas, em meados de 2018, a Oracle mudou a forma de licenciamento do Java, causando muita polêmica na comunidade Java.

Até o Java 8, a Oracle ofereceu atualizações para a Oracle JDK por um ciclo de vida de mais de três anos, e esse uso era permitido em uso comercial e pessoal. As atualizações eram independentes de suporte, e, para ter suporte, era necessária uma licença explícita comprada com a Oracle. Com suporte pago, as atualizações eram realizadas por períodos mais longos (para os assinantes do suporte, claro).

A partir do Java 9, a Oracle começou a mover o Java em uma cadência mais rápida[13] (SMITH, 2018) para o Oracle JDK e também passou a produzir binários Oracle OpenJDK. A partir do Java 11, o Oracle JDK e o Oracle OpenJDK são idênticos, porém licenciados de modos diferentes (comercial e GPLv2+CE, respectivamente). Atualizações para as versões são geralmente fornecidas por seis meses até serem interrompidas pelo lançamento da próxima versão. Se atualizações e/ou suporte são necessários por

---

[13] <https://blogs.oracle.com/java-platform-group/update-and-faq-on-the-java-se-release-cadence>

um período maior, ou para uso em produção, então uma licença precisa ser comprada da Oracle (ou seja, você irá assinar/comprar a Oracle JDK).

Como visto anteriormente, existem diversas opções livres para uso comercial do OpenJDK. Procure qual delas oferece o licenciamento que se encaixa melhor nas suas necessidades e casos de uso.

Periodicamente as versões são marcadas como LTS (*Long Term Support*), que no OpenJDK é somente uma combinação entre diversos contribuidores (liderados pela Oracle e Red Hat) que o código do Java SE 11 (ou qualquer outro número de *release* relacionado) será mantido por um período maior do que seis meses. A Oracle irá liderar os primeiros seis meses do OpenJDK LTS, provendo atualizações e gerando Oracle OpenJDK *builds*, porém, depois desse período, as atualizações só serão fornecidas pela Oracle sob plano de suporte. Outros vendedores (como Red Hat e demais membros da comunidade Java) poderão prover atualizações livres de plano de suporte através do projeto OpenJDK e os binários gerados desse projeto (como visto anteriormente).

Por último, vale reforçar a diferença entre **atualização** e **suporte**. Atualização (*update*) se refere a *patches* de código (incluindo segurança) que entram no código-fonte do OpenJDK e demais derivados. As atualizações normalmente são gratuitas até os vendedores decidirem que começou o processo de fim de atualizações públicas (*end of public updates*). Suporte significa um compromisso de consertar *bugs* e requer funcionários para responder a dúvidas e problemas dos usuários, e isso custa dinheiro. Para ficar claro, nunca houve suporte gratuito para a Oracle JDK ou para o OpenJDK.

Como temos diversas opções de fornecedores de JVMs, com certeza alguma se encaixa no seu modelo de uso e necessidade de suporte. Para mais informações, consulte este link[14].

---

[14] <https://medium.com/@javachampions/java-is-still-free-2-0-0-6b9aa8d6d244>.

PARTE III.
JAVA BÁSICO

9. Preparando o ambiente de desenvolvimento

Sandro Giacomozzi
André Felipe Joriatti

Você já sabe que, para desenvolver em Java, precisamos do *Java Development Kit* (JDK), que possui as ferramentas de desenvolvimento, tais como o compilador *javac*. Neste capítulo vamos preparar nosso ambiente de desenvolvimento para seguirmos adiante. Como o JDK possui várias distribuições, nos exemplos utilizaremos a JDK do projeto AdoptOpenJDK[15]. Instalaremos a versão 15, que é a última disponível no momento de escrita deste livro. Porém, como o Java tem uma *release* a cada seis meses, poderá ocorrer de você encontrar o Java 16 ou superior.

Faça o *download* da respectiva versão para o seu sistema operacional. Os próximos passos serão executados em um sistema operacional Windows 10 64 *bits*.

Para Windows, existe a opção de baixar o instalador "**.msi**". Sendo assim, quando o *download* for concluído, basta clicar duas vezes sobre o arquivo e será aberto o programa de instalação do OpenJDK.

Siga os passos indicados no instalador. Ao chegar na tela apresentada a seguir, será possível selecionar algumas opções. Por padrão, a opção "Set JAVA_HOME variable" não vem marcada. Marque esta opção, pois será útil quando instalarmos outras ferramentas que dependem do JDK.

---

[15] <https://adoptopenjdk.net/>

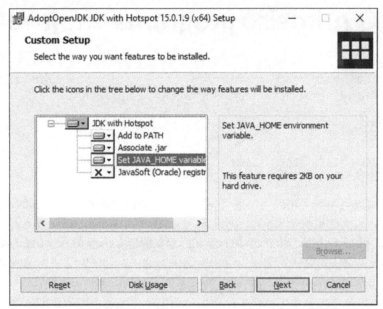

Figura 9.1. Tela para escolha da pasta destino da instalação do OpenJDK e demais configurações.
Fonte: os autores.

Prossiga clicando em "Next" até a instalação finalizar. Em seguida, abra o *prompt* de comando e digite:

```
java -version
```

A saída do console deve ser semelhante a:

```
openjdk 15.0.1 2020-10-20
OpenJDK Runtime Environment AdoptOpenJDK (build 15.0.1+9)
OpenJDK 64-Bit Server VM AdoptOpenJDK (build 15.0.1+9, mixed mode, sharing)
```

Um tutorial completo dessa instalação no Windows e em outros sistemas operacionais está disponível no GitHub do projeto deste livro[16].

---
[16] <https://github.com/jornada-java/livro>

10. O primeiro programa em Java

Tatiana Escovedo

Java é uma linguagem orientada a objetos, o que quer dizer que modelamos os objetos de acordo com suas características e comportamentos, da mesma forma que descrevemos um objeto do mundo real. Para trabalhar com os objetos, entretanto, precisamos criar suas respectivas classes. Uma classe define uma estrutura de características e comportamentos para os objetos que serão criados a partir dela.

Vamos entender melhor com um exemplo: se quisermos ter um sistema que gerencie alunos, precisaremos criar a classe **Aluno**, que poderá ter características como nome, idade e matrícula e comportamentos como realizar matrícula e estudar. Cada objeto criado a partir desta classe será um aluno diferente, com o seu próprio nome, matrícula e data de nascimento, e todos saberão realizar os comportamentos definidos na classe, como realizar matrícula e estudar. No bloco de orientação a objetos falaremos mais sobre isso. Por ora, você só precisa saber que, para executar qualquer trecho de código em Java, precisaremos criar pelo menos uma classe. Nesse ponto, você não precisa de um ambiente de desenvolvimento integrado (IDE, *Integrated Development Environment*). Até você chegar no capítulo sobre IDEs, recomenda-se usar apenas um editor de textos comum. Se utilizar uma ferramenta de automação para compilar e executar o seu programa, você não estará aprendendo como as ferramentas de linha de comando do Java funcionam.

Para executar seu primeiro programa em Java, primeiramente você deverá criar um documento para o código-fonte, que será escrito em Java. Você pode criar esse arquivo em qualquer aplicativo simples de texto (como o Notepad, Notepad++ ou o Brackets). Abra seu editor preferido e digite o seguinte código, observando os detalhes de indentação (para melhor legibilidade do seu código), letras maiúsculas e minúsculas (pois Java é *case sensitive*) e quebras de linha:

```
class PrimeiroPrograma {
    public static void main(String[] args) {
        System.out.println("Alô mundo!");
    }
}
```

Os códigos-fonte em Java devem ter a extensão **.java**, e o nome do arquivo deverá ser idêntico ao nome da classe. Assim, o nome deste arquivo deverá ser **Primeiro-Programa.java**.

Vamos entender o que significa cada uma das palavras deste código. Na primeira linha, a palavra **class** define que o conteúdo entre chaves representa uma classe Java, denominada **PrimeiroPrograma**. A segunda linha representa a declaração do método **main**. Um método em Java é similar ao que é conhecido por função na maioria das linguagens de programação e define um procedimento a ser executado. As palavras **public** e **static** significam que este método é público e estático, respectivamente, assuntos que abordaremos com mais detalhes nos capítulos seguintes. A palavra **void** significa que não há nada a ser retornado pelo método (em Java, é necessário declarar explicitamente quando um método não retorna nada), o que também será detalhado no livro mais adiante. Após o nome **main**, temos entre parênteses **String[] args**, o que significa que este método aceita como argumento um *array* de *strings* chamado **args** (tópicos que veremos também mais para frente neste livro). Atenção para o fato de que Java é *case sensitive*, ou seja, há diferença entre maiúsculas e minúsculas.

Assim como usamos chaves para delimitar o conteúdo da classe **PrimeiroPrograma**, precisaremos usar chaves para delimitar o conteúdo do método **main**. Dentro das chaves, o comando **System.out.println** significa que o conteúdo entre parênteses (a mensagem "Alô mundo!") será impresso no console quando o método for executado.

Boas práticas de código

Vamos desde já falar sobre boas práticas de código. Em Java, a indentação (recuo do código quando um bloco de código é dependente de outro comando, para destacar a estrutura do algoritmo e aumentar a legibilidade do código) não é obrigatória, mas é altamente recomendada, uma vez que programas sem a indentação podem ter seu entendimento e manutenção prejudicados. Como padrão, classes em Java começam por letra maiúscula e, em caso de nomes compostos (como neste exemplo), se usa o padrão CamelCase. Já os métodos, atributos e argumentos de métodos iniciam sempre com a letra minúscula e a seguir, caso tenham mais de uma palavra, também se usa o padrão CamelCase[17].

Após escrever o trecho de código no seu editor de texto, você deverá salvar o arquivo com o nome **PrimeiroPrograma** e a extensão **.java**. Em Java, o nome da classe e o nome do arquivo do código-fonte devem ser iguais.

Em seguida, compilaremos o nosso código-fonte. Para isso, acesse o *prompt* de comando (no caso de estar utilizando sistema operacional Windows) ou o terminal (no caso de estar utilizando sistema operacional Linux e MacOs), acesse o diretório onde você salvou sua classe e execute esta linha:

```
javac PrimeiroPrograma.java
```

O compilador javac procurará erros de sintaxe no código-fonte e não compilará o arquivo até que tudo esteja correto. Se você não tiver cometido nenhum erro, a compilação acontecerá com sucesso, e o compilador criará um novo arquivo **PrimeiroPrograma.class** no mesmo diretório em que você salvou a classe. A extensão **.class** indica que o arquivo é codificado em *bytecode* Java. A vantagem do *bytecode* é que qualquer dispositivo que seja capaz de executar Java (ou seja, que tenha a máquina virtual JVM instalada) será capaz de interpretar este arquivo e converter em algo que o sistema operacional do dispositivo consiga processar. O *bytecode* é compilado independentemente de plataforma.

Finalmente, executaremos nosso primeiro programa. Ainda no *prompt* de comando/terminal, execute a linha:

```
java PrimeiroPrograma
```

Repare que não é necessário informar a extensão do arquivo no momento da execução. Neste momento, a JVM executará o arquivo **PrimeiroPrograma.class**, procurando imediatamente pelo método **main** (por esse motivo, o método **main** deverá seguir exatamente aquela assinatura). Você verá no console a mensagem a seguir:

```
Alô mundo!
```

Resumidamente, o código-fonte Java é estruturado em classes, que deverão ter sempre a extensão .java. Cada arquivo .java guarda uma classe, que representa uma parte do programa e é definida dentro de um par de chaves. Um programa pode ser

---

[17] <https://pt.wikipedia.org/wiki/CamelCase>

composto por uma única classe, como fizemos neste exemplo (embora no mundo real isso dificilmente aconteça, devido à complexidade dos programas). Uma classe pode conter um ou mais métodos, sendo necessário que ela contenha o método **main** caso seja executada diretamente. Os métodos devem sempre ser declarados dentro de uma classe. O método, por sua vez, pode ser visto como uma função ou procedimento e é um conjunto de instruções em Java, também delimitado por um par de chaves.

Quando a JVM executa o comando **java**, ela procura pela classe informada na linha de comando (no nosso caso, **PrimeiroPrograma**). Em seguida, ela procura pelo método **main**. Dentro do método **main**, você poderá inserir diversos comandos, como, por exemplo, realizar declarações, atribuições, chamadas de métodos, repetições e testes de condições. Veremos todos esses exemplos com detalhes nos capítulos seguintes.

Nas versões mais atuais do Java, não é mais necessário passar pelo processo de compilação para executar um código simples, tal como o nosso **PrimeiroPrograma**. É possível executar diretamente o comando: **java PrimeiroPrograma.java**. Para saber mais sobre o tema, consulte este link[18].

Sintaxe

Antes de entrarmos nos detalhes da linguagem Java nos próximos capítulos, vale a pena fazermos algumas observações gerais sobre a sua sintaxe.

Cada comando deve terminar com ponto e vírgula:

```
total = total + 7;
```

Um comentário de uma única linha começa com duas barras e um comentário de mais de uma linha é delimitado por /* */:

```
// comentário de uma linha

/* comentário
de duas linhas */
```

A maioria dos espaços em branco não é importante:

```
total   =   total   +   7;
```

---
[18] <https://openjdk.java.net/jeps/330>

11. IDEs

Rafael Buzzi de Andrade

IDEs são ambientes integrados de desenvolvimento (*Integrated Development Environment*). Integrados ao quê? Para começo de conversa, integrados à JDK de sua máquina (embora alguns tragam uma JDK junto). Dessa forma, você pode escrever seu código e ver o resultado com (geralmente) o clicar de um botão, sem ter que saber aonde foi parar a classe ou sem precisar chamar os comandos no terminal. Mas há outras integrações, a depender da IDE escolhida:

- ✓ Conexão a bancos de dados.
- ✓ Editor de telas;
- ✓ Editor HTML, JavaScript etc.
- ✓ Suporte a outras linguagens.
- ✓ Depuração de código.
- ✓ Ferramentas de teste.

Tudo depende da sua necessidade – e vamos analisar algumas logo a seguir. Antes, no entanto, vale uma menção às IDEs *on-line*. Nem sempre você estará em sua máquina. Por vezes tudo o que você terá é um dispositivo móvel, por exemplo. No momento da escrita deste capítulo, duas das IDEs *on-line* que se destacaram foram:

- ✓ **Repl.it**[19]: simples, sem propagandas nem necessidade de cadastro. Cole o código deste livro ali (ou escreva o seu) e provavelmente funcionará. No momento, ele tem suporte a Java 11, o que pode fazer certos códigos não funcionarem, e isso acaba sendo o seu ponto fraco. Também é possível salvar e compartilhar projetos, ou importá-los direto do GitHub.
- ✓ **Codiva.io**[20]: Bem mais completo. Você pode salvar projetos, carregar projetos compartilhados por outros usuários e acompanhar os lançamentos do Java até

---
[19] <https://repl.it/>
[20] <https://www.codiva.io/>

o momento, ou seja, é muito mais semelhante ao ambiente da sua máquina. É um pouco mais lento do que o site anterior (fruto da maior quantidade de funcionalidades) e usufruir plenamente dele vai exigir um cadastro.

Ambos funcionam no celular também. Escolha um e explore. Busque outras opções também, essas são apenas duas sugestões. Agora vamos falar de IDEs instaladas na sua máquina (todas as citadas podem ser usadas gratuitamente e funcionam em Windows, Linux e Mac):

- ✓ **Visual Studio Code**[21]: a Microsoft vem fazendo um bom trabalho com esta ferramenta. Possui suporte a muitas linguagens e um *marketplace* muito útil com *plugins* extras. Se a sua máquina for um pouco mais antiga, ou fraca, é um bom candidato para ser sua IDE.
- ✓ **NetBeans**[22]: mantido pela Apache Foundation, é um ambiente de desenvolvimento bastante produtivo para quem vai criar aplicativos *desktop*, ou seja, se você vai criar telas nativas em Java. Seu editor de telas é bastante eficiente. Claro que, como todos os itens dessa lista, pode ser usado para projetos *web* também.
- ✓ **Eclipse**[23]: criado e mantido pela Eclipse Foundation. Ainda é uma das principais plataformas de desenvolvimento para Java ou outras linguagens. É bastante eclético, podendo ser utilizado de projetos simples (todas as opções de IDE aqui listadas podem, na verdade) até grandes projetos corporativos.
- ✓ **Intellij IDEA**[24]: desenvolvido e comercializado pela empresa JetBrains. Comercializado? Sim. Ele possui dois tipos de instalação: *Community* e *Ultimate*. Consegue deduzir qual é gratuita e qual não é? Mas é possível trabalhar anos com a versão *Community* sem sentir necessidade da *Ultimate* (experiência própria). Salvo se você também desenvolver em JavaScript, aí vai sentir vontade de ter a *Ultimate* bem rápido. Seu *debugger* (depurador de código) é um caso de excelência à parte. Outro destaque é sua capacidade de abrir grandes projetos sem deixar sua máquina lenta.

---

[21] <https://code.visualstudio.com>
[22] <https://netbeans.org>
[23] <http://www.eclipse.org>
[24] <https://www.jetbrains.com/idea>

12. Declaração de variáveis e tipos de dados

Tatiana Escovedo

Em programação, uma variável é um "espaço" alocado na memória do computador, que armazena um valor e que pode ser associado a um nome simbólico, como "nome", "idade" ou "total". Esse espaço é chamado de variável porque o valor ali armazenado pode ser alterado ao longo do tempo, ou seja, é variável.

Quando programamos, trabalhamos com variáveis o tempo todo para elaborarmos nossos códigos. As variáveis em Java devem sempre ser declaradas com um nome e um tipo antes de serem utilizadas. O código a seguir exemplifica a declaração da variável **tamanho**, que é do tipo *int*:

```
int tamanho;
```

Muitas vezes será necessário atribuir valores para variáveis. O valor atribuído deve ser compatível com o tipo da variável. O código a seguir exemplifica a atribuição do valor inteiro 7 para a variável **tamanho**:

```
tamanho = 7;
```

Também podemos fazer a declaração e a atribuição de valores em uma só linha, como no exemplo a seguir:

```
int tamanho = 7;
```

O tipo da variável não pode ser mudado depois que ela é declarada. Java tem oito tipos primitivos de variáveis. São elas:

- ✓ byte
- ✓ short
- ✓ int
- ✓ long

- ✓ *float*
- ✓ *double*
- ✓ *char*
- ✓ *boolean*

Os tipos *byte*, *short*, *int* e *long* representam valores inteiros, sendo capazes de armazenar, respectivamente, 8, 16, 32 e 64 *bits*, sendo *int* o tipo inteiro mais utilizado. Os tipos *float* e *double* representam valores decimais, sendo capazes de armazenar, respectivamente, 32 e 64 *bits*, sendo *double* o tipo decimal mais utilizado. O tipo *char* representa um único caractere (sendo capaz de armazenar 16 *bits*) e o tipo *boolean* um valor booleano (*true* ou *false*, ocupando 1 *bit*). O trecho de código a seguir exemplifica a declaração e atribuição de variáveis dos tipos *int*, *double*, *char* e *boolean*:

```
int tamanho = 7;
double salario = 1000.25;
char inicial = 'T';
boolean ehMulher = true;
```

Você deve estar se perguntando como fazer para armazenar uma palavra em Java, uma vez que ela não foi listada como nenhum dos tipos primitivos. Isso se deve ao fato de que as palavras (ou frases e textos) em Java são representadas pelo tipo *String*, que não é um tipo primitivo, mas uma classe. A classe *String* tem diversas particularidades interessantes e será detalhada nos capítulos seguintes deste livro.

Finalmente, podemos ter uma variável que seja do tipo de uma classe (já existente na linguagem Java ou criada por nós). O conceito de classes e objetos será apresentado mais a fundo nos próximos capítulos. Por enquanto, considere que uma classe é um conjunto de variáveis, e que um objeto é uma classe com os valores das variáveis preenchidas.

Imagine, por exemplo, que temos as classes **Aluno** e **Professor** e queremos que em cada objeto do tipo **Aluno** criado, além das variáveis nome, idade e matrícula, tenha também uma variável do tipo **Professor**, indicando o professor orientador daquele aluno. Neste caso, teríamos o seguinte trecho de código:

```
class Aluno {

    String nome;
    int idade;
```

```
    String matricula;
    Professor orientador;

    // métodos de Aluno
}
```

As variáveis **nome**, **idade**, **matricula** e **orientador** são chamadas **variáveis de instância**, pois são declaradas dentro de uma classe e poderão apresentar valores distintos para cada objeto criado a partir desta classe (instância é um sinônimo para objeto). Porém, apenas **idade** é uma **variável primitiva**, pois foi declarada com o tipo *int*. A variável **orientador**, que é do tipo de uma classe que criamos (cujo código não está representado no exemplo), é chamada de **variável de referência**, pois irá referenciar um outro objeto (no caso, do tipo **Professor**). As variáveis do tipo *String* são um tipo especial de variável, com muitas particularidades, que detalharemos mais para frente neste livro. As variáveis primitivas armazenam o valor real da variável (os *bits* que representam o valor), enquanto as variáveis de referência guardam uma referência (como se fosse um ponteiro) para um objeto.

Conforme mencionamos anteriormente, cada um dos tipos primitivos tem um limite de *bits* que consegue armazenar. Isso quer dizer que pode ser necessário fazer algum tipo de conversão quando precisarmos atribuir uma variável de um tipo a outra variável de tipo distinto. Observe os exemplos a seguir:

```
short numero1 = 7;
int numero2 = numero1; // ok, pois short é menor que int, logo
cabe em int

int numero3 = 7;
short numero4 = numero3; // erro de compilação, pois int é maior
do que short, correndo o risco de perda de precisão

int numero5 = 7;
short numero6 = (short) numero5; // ok, pois apesar de int
ser maior do que short, estamos fazendo o casting explícito,
mostrando que entendemos os riscos

int numero7 = 7;
double numero8 = numero7; // ok, pois double pode guardar um
número com ou sem ponto flutuante
```

```
double numero9 = 7.9;
int numero10 = numero9; // erro de compilação, pois int não pode
guardar números com ponto flutuante


double numero11 = 7.9;
int numero12 = (int) numero11; // ok, pois apesar de int não
poder guardar números com ponto flutuante, estamos fazendo o
cast explícito, mostrando que entendemos os riscos. Neste caso,
numero12 receberá apenas a parte inteira de numero11
```

Assim, não é possível colocar um valor de uma variável de maior tamanho em uma de menor tamanho sem conversão explícita (*casting*). Porém, não há problema em colocar um valor de uma variável de menor tamanho em uma de maior tamanho; neste caso, dizemos que ocorre a promoção da variável para um tipo de maior tamanho.

13. Operadores (*if*, *else* e ternários)

Rodrigo Sobral

Quando necessitamos fazer com que o programa tome alguma decisão e altere o seu fluxo de execução, utilizamos as estruturas de condição. Ou seja, é por meio delas que informamos ao programa para que ele execute uma determinada instrução caso uma condição específica seja verdadeira; caso contrário, uma outra instrução será executada. Em Java, para trabalhar com estruturas de decisão podemos usar a estrutura **if else**.

A estrutura **if else** faz com que o programa avalie se uma condição é verdadeira ou falsa e, de acordo com o resultado, execute um determinado procedimento. Em Java, o resultado dessa validação será sempre do tipo *boolean*. Veja o exemplo a seguir, que verificará se a variável idade tem valor maior ou igual a 18. Em caso afirmativo, imprimirá a mensagem "Maior de idade". Em caso negativo, imprimirá "Menor de idade":

```java
int idade = 18;

if (idade >= 18) {
    System.out.println("Maior de idade");
} else {
    System.out.println("Menor de idade");
}
```

Entretanto, existem casos em que precisamos adicionar uma nova condição à estrutura de condição para atender à lógica que está sendo implementada. Para isso, utilizamos o operador **else if**.

```java
int idade = 18;

if (idade >= 18) {
    System.out.println("Adulto");
```

```
} else if (idade >= 12 && idade <= 17) {
    System.out.println("Adolescente");
} else {
    System.out.println("Criança");
}
```

Analisando o exemplo, caso a idade seja maior ou igual a 18, será exibida a mensagem informando que a pessoa é um adulto. Entretanto, se a idade informada for um valor entre 12 e 17 anos, a mensagem informará que a pessoa é um adolescente. Por fim, em qualquer outro caso, será exibida a mensagem informando que a pessoa ainda é uma criança.

Podemos utilizar quantas instruções **else if** forem necessárias. Entretanto, a instrução simples **else** poderá ser utilizada apenas uma única vez e será executada quando todas as condições anteriores não forem satisfatórias.

O **operador ternário**, por sua vez, simula o funcionamento do **if else**, porém sua codificação é realizada em apenas uma linha. Veja o exemplo a seguir, que tem o mesmo resultado do primeiro exemplo deste capítulo:

```
int idade = 18;
System.out.println((idade >= 18) ? "Maior de idade" : "Menor de idade");
```

No exemplo, primeiramente será verificado o valor da variável idade. Neste caso, quando o valor for maior ou igual a 18, será impressa a mensagem "Maior de idade". Caso o valor seja menor que 18, a mensagem exibida seria "Menor de idade".

Quando utilizamos os operadores **if else** e **ternários**, temos que levar em consideração alguns outros tipos de operadores: atribuição, aritméticos, incremento e decremento, igualdade, relacionais, lógicos.

O **operador de atribuição** define ou sobrescreve o valor de uma variável.

```
String texto = "Jornada Colaborativa";
int idade = 35;
idade = 30;
```

No exemplo, a variável "texto" é inicializada com o valor de "Jornada Colaborativa", enquanto a variável "idade" é inicializada com o valor 35 e depois esse valor é sobrescrito com o valor 30.

Os **operadores aritméticos** executam as operações fundamentais da matemática entre duas variáveis e retornam o resultado. Caso seja preciso realizar operações mais complexas, é possível realizar combinações entre esses operadores e criar expressões.

```
int area = 3;
area *= 3;
```

O exemplo anterior é utilizado para calcular a área de um quadrado de lado igual a 3. A segunda linha equivale ao seguinte cálculo: **area = area * 3**. Dessa forma, é realizado o cálculo e o valor encontrado é atribuído à variável "area".

Alguns tipos de operadores aritméticos:

- ✓ **+**: operador de adição
- ✓ **-**: operador de subtração
- ✓ *****: operador multiplicação
- ✓ **/**: operador de divisão
- ✓ **%**: operador de módulo (resto de uma divisão)

Os **operadores de incremento ("++") e decremento ("--")** podem ser declarados antes ou depois da variável, incrementando ou decrementando em 1 o valor da variável.

```
int quantidade = 10;
quantidade++; //o valor da variável quantidade passa a ser 11

int total = 20;
total--; //o valor da variável total passa a ser 19
```

Quando o operador é declarado antes da variável, o incremento ou decremento é realizado antes do valor da variável ser lido. Entretanto, quando declarado depois, o valor da variável é lido primeiro para, em seguida, ser realizado o incremento ou decremento.

```
int numero = 15;
System.out.println(numero++);
//o valor impresso acima será de 15, pois o incremento será
feito depois da impressão
```

```
System.out.println(numero);
//o valor impresso acima será 16, pois numero já foi incrementado

System.out.println(++numero);
//o valor impresso acima será 17, pois numero foi incrementado
antes da impressao
```

No exemplo, a variável "numero" é incrementada somente após a instrução de impressão no console. Depois, ela é impressa novamente, já com o incremento realizado. Na terceira vez, como o operador está antes da variável, ela é incrementada antes do comando de impressão ser realizado, por isso é impressa já incrementada.

Os **operadores de igualdade** verificam se o valor da esquerda é igual ("==") ou diferente ("!=") ao da direita. O resultado dessa verificação será o valor booleano.

```
int valorA = 10;
int valorB = 11;

if(valorA == valorB){
    System.out.println("Os valores são iguais");
    //caso os valores das variáveis sejam iguais, a mensagem
acima será exibida
} else {
    System.out.println("Os valores são diferentes");
    //caso os valores das variáveis sejam diferentes, a mensagem
acima será exibida
}
```

No exemplo anterior, será impressa a mensagem informando que os valores são diferentes.

Os **operadores relacionais** comparam dois operandos e retornam como resultado um valor booleano.

```
int valorA = 10;
int valorB = 11;

if(valorA > valorB){
    System.out.println("Maior");
}
```

```
if(valorA >= valorB){
    System.out.println("Maior ou igual");
}

if(valorA < valorB){
    System.out.println("Menor");
}

if(valorA <= valorB){
    System.out.println("Menor ou igual");
}
```

No exemplo anterior, será impressa a mensagem "Menor", uma vez que o valor de "valorA" é menor do que "valorB".

Existem quatro tipos de operadores relacionais:

- ✓ >: utilizado quando se deseja verificar se o valor de uma variável é maior que o valor de outra.
- ✓ >=: utilizado quando se deseja verificar se o valor de uma variável é maior ou possui o mesmo valor que outra.
- ✓ <: utilizado quando se deseja verificar se o valor de uma variável é menor que o valor de outra.
- ✓ <=: utilizado quando se deseja verificar se o valor de uma variável é menor ou possui o mesmo valor que outra.

Os **operadores lógicos** são utilizados para criar expressões lógicas maiores a partir da junção de duas ou mais expressões. Para isso, devem ser aplicadas as operações lógicas *AND* (representado pelo operador "**&&**") e *OR* (representado pelo operador "**||**").

```
int num1 = 10;
int num2 = 5;

if((num1 == (num2 * 2)) && (num2 == (num1 - 5))){
    System.out.println("As expressões são verdadeiras");
}
```

```
if((num1 == (num2 + 2)) || (num2 == (num1 - 2))){
    System.out.println("Somente uma das opções é verdadeira");
}
```

No primeiro exemplo, como é utilizado o operador "&&", a mensagem "As expressões são verdadeiras" será exibida somente se as duas condições declaradas na instrução *if* forem verdadeiras. No segundo exemplo, quando utilizado o operador "||", a mensagem "Somente uma das opções é verdadeira" será exibida somente se uma das condições for aceita.

Existem ainda os operadores *bit* a *bit*, que são denominados dessa forma pois os operandos são comparados no nível dos seus *bits*.

O operador "&", que é chamado de E *bit* a *bit*, não leva em consideração se algum dos operandos tem valor *false*, pois ele vai verificar cada *bit* na base binária de cada operando e, por fim, converterá para a base decimal.

```
int num1 = 30;
int num2 = 7;
```

Não vamos entrar em detalhes sobre a conversão de base binária neste livro, mas é importante saber que existe esse tipo de operação. Então o resultado de **num1 & num2** será igual a **6**.

O operador "|", que é denominado de OU *bit* a *bit*, não leva em consideração se algum dos operandos tem valor *true*, pois também verificará cada *bit* na base binária de cada operando e, por fim, converterá o resultado para a base decimal. Logo, o resultado de **num1 | num2** será igual a **31**.

Utilizando esses operadores com expressões **booleanas**, podemos dizer o seguinte:

- ✓ O operador **&** sempre avalia as duas expressões (*bit* a *bit*), enquanto o operador **&&** avalia a segunda expressão apenas se a primeira for verdadeira. **&** compara cada operando *bit* a *bit*, enquanto **&&** opera apenas em booleanos.
- ✓ O operador **|** validará as duas expressões, mesmo que a primeira parte seja verdadeira, enquanto o operador **||** validará a segunda parte somente se a primeira parte não for verdadeira, por isso é chamado de operador curto circuito.

Pratique bastante para ficar familiarizado com os diversos tipos e combinações de operadores. Exemplos com mais detalhes podem ser encontrados no repositório de código deste capítulo.

14. Controle de fluxo (*while*, *for*, *break* e *continue*)

Rodrigo Sobral

Algumas vezes existe a necessidade de o programa repetir uma determinada ação enquanto alguma condição for verdadeira. Essa repetição é chamada de *loop* ou laço. Para fazer um *loop*, podemos utilizar a instrução de repetição **while**. O exemplo a seguir ilustra o comando **while**:

```
int numero = 1;

while (numero < 10) {
    System.out.println(numero++);
}
```

Na instrução anterior, o valor da variável **numero** será impressa até o momento em que ela receber o valor 10. Dessa forma, serão impressos os números: 1, 2, 3, 4, 5, 6, 7, 8 e 9.

Outro comando de *loop* bastante utilizado é o **for**. Ele possui o mesmo objetivo do **while**, ou seja, ser executado enquanto uma condição for verdadeira. Porém, na sua sintaxe, o **for** possui, além da condição, a inicialização da variável e seu incremento. Veja o exemplo a seguir:

```
for (int numero=0; numero<50; numero++) {
    System.out.println("Valor: " + numero);
}
```

A variável **numero** é declarada e um *loop* é iniciado. Neste *loop*, enquanto a variável receber valor de 0 até 50, seus valores serão impressos.

Muitas vezes a execução de uma instrução de repetição (*loop*) precisa ser interrompida. Para isso, existem dois tipos de quebras de laço: *break* e *continue*.

O **break** interrompe imediatamente a execução do laço, somente quando a condição imposta for atendida, continuando a execução do programa na próxima linha após o laço. No exemplo a seguir, o programa executará a instrução **for** até o momento em que a variável **numero** receber o valor de 10. Nesse momento, a execução será interrompida com o **break** e o processamento seguirá na linha posterior à instrução **for**:

```
int numero;
for (numero = 0; numero < 15; numero++) {
   System.out.println("Valor: " + numero);
   //serão impressos os valores até 10 dentro do laço
   if (numero == 10) {
       break;
   }
}
System.out.println("Valor fora do laço: " + numero);
```

No exemplo, o laço está programado para repetir 15 vezes. Quando a variável **numero** chegar ao valor de 10, o *loop* será interrompido, pois a condição do *if* se tornará verdadeira.

Já a instrução **continue** é utilizada para iniciar uma nova repetição, caso a condição tenha sido atendida. No exemplo a seguir, enquanto a variável **numero** receber os valores de 51 até 59, o laço voltará imediatamente para a condição da instrução de repetição:

```
int numero;
for (numero = 0; numero < 100; numero++) {
   if (numero > 50 && numero < 60) {
       continue;
   }
   //Não serão impressos os números entre 51 e 59
   System.out.println("Valor: " + numero);
}
```

15. Arrays

Rafael Buzzi de Andrade

Existem assuntos em nosso cotidiano que são tão básicos que damos pouca atenção. O plural das coisas é um desses, mas experimente eliminar o uso do plural do seu dia a dia e a vida vai ficar bem mais difícil. O mesmo vale para linguagens de programação. *Arrays* estão entre as primeiras funções de qualquer linguagem que tenha como objetivo obter algum sucesso. Retire essa capacidade e um simples cadastro de itens pode se tornar uma tarefa beirando o limite do impossível.

Por estarem disponíveis desde o princípio do Java, *arrays* são bastante simples, talvez estranhamente limitados para os padrões de uma linguagem moderna. Existem formas mais eficientes e produtivas de tratar coletivos de valores ou objetos, que serão vistas mais à frente.

Então por qual razão precisamos estudar *arrays*? Você não quer esbarrar em um código que não consegue entender, ou quer?

Outra razão é a compatibilidade. Todas as versões do Java suportam *arrays* e quase todas as demais linguagens também têm alguma forma de *array*, em especial se forem linguagens voltadas para a *web*.

Vamos começar pelo início.

Instanciando

Há duas formas de declarar um *array*:

```
int[] numeros; //mais comum
```

ou

```
int numeros[]; //menos comum, mas tão correto quanto o primeiro
```

As duas formas estão corretas, porém a primeira é muito mais utilizada do que a segunda.

Agora que seu *array* foi declarado, há diversas formas de inicializá-lo. Vejamos as principais:

```
String[] palavras = new String[12];
```

Essa linha cria um *array* de *strings* com 12 posições vazias. Cabe preenchê-las depois.

> Atenção: uma vez inicializado, um *array* jamais terá sua quantidade de elementos alterada. Mais adiante trataremos de como contornar essa situação.

Quando você já sabe quais serão os valores de seu *array*, é possível inicializá-lo assim:

```
int[] fibonacci = {1, 2, 3, 5, 8, 13, 21, 34, 55, 89, 144, 233};
```

Esse comando cria um *array*, também de 12 posições, porém todas já preenchidas, mas nada impede que esses valores sejam alterados posteriormente.

Perceba que, no exemplo anterior, criamos um *array* de objetos, mas em todos os outros casos utilizamos tipos primitivos. Um *array* aceita tanto um quanto outro e a forma de operação é a mesma para ambos, pois um *array* sempre será um objeto, mesmo que esteja lidando com valores primitivos.

Lendo elementos

Finalmente temos apenas uma forma de fazer as coisas. Continuando o exemplo do *array* de "fibonacci", se for do seu desejo imprimir o quinto elemento dele na tela, basta usar o seguinte comando:

```
System.out.println(fibonacci[4]);
```

O exemplo não está errado. O primeiro elemento de um *array* começa sempre em **zero**. Começar a contar em zero poupa espaço em memória. Quando o Java foi criado, cada espaço em memória contava. Cada ciclo de processamento a menos fazia diferença. Seria possível mudar isso hoje para deixar menos confuso? Talvez, mas lembre-se de todos os softwares legados, com todas as suas leituras de *arrays* começando em zero, e o esforço que seria alterá-los. Não se preocupe, o hábito fará com que isso não seja um problema.

É comum chamar de **índice** ou **posição** a localização de um elemento no *array*.

> **Atenção:** tentar acessar uma posição negativa ou que seja maior do que a capacidade do *array* resultará em um erro denominado *ArrayIndexOutOfBoundException*. É uma *RuntimeException* (veja o capítulo sobre *exceptions*), portanto, sempre que for ler os dados de um *array*, tenha certeza de não ultrapassar seu limite.

A seguir veremos como ler vários elementos de um *array*.

Iterando sobre todos os elementos

Boa parte das vezes em que recebemos um *array*, desejamos executar alguma ação em todos os seus elementos – para isso utilizamos *loops* (veja o capítulo sobre controle de fluxo). Vejamos uma forma de passar por todo o conteúdo de um *array* para uma *string* e eliminar as letras "A" (apenas a maiúscula):

```java
public static String trazerConteudoSemA(String[] palavras) {
    String resultado = "";
    if (palavras != null && palavras.length > 0) {
        for (int i = 0; i < palavras.length; i++) {
            resultado = resultado + palavras[i].replace("A", "");
        }
    }
    return resultado;
}
```

O método **length** retorna a quantidade de elementos em um *array*. Portanto, se temos um *array* com 12 elementos, o valor que o método *length* retornará é 12, mas se desejamos obter o último elemento desse mesmo *array*, devemos ler o elemento de número 11, pois o *array* começa em zero. Segue o código:

```
System.out.println(fibonacci.length); // resultado = 12
System.out.println(fibonacci[11]); // lê o último elemento do array
```

Como no exemplo anterior não é feito nada com os índices e o *array* em si não sofre alteração, seria perfeitamente possível substituir o *for* comum por um *foreach*. Assim:

```
public static String trazerConteudoSemA(String[] palavras) {
    String resultado = "";
    if (palavras != null && palavras.length > 0) {
        for (String palavra : palavras) {
            resultado = resultado + palavra.replace("A", "");
        }
    }
    return resultado;
}
```

É possível utilizar outros comandos de laço para iterar sobre um *array*, mas esses são os mais comuns e práticos. Caso o exemplo anterior com *foreach* ainda não esteja totalmente claro, não se preocupe, pois o estudaremos com mais detalhes na Parte IV deste livro.

Varargs

"Variable arguments" ou, se preferir, "argumentos variáveis".

Considere o exemplo anterior. Se a assinatura do método fosse assim:

```
public static String trazerConteudoSemA(String... palavras)
```

Faria alguma diferença na forma como codificaríamos nosso método?

Se a sua resposta foi "não faria a menor diferença", você acertou. Essa forma de assinatura, no entanto, abre a possibilidade para chamarmos esse método de formas diferentes. É possível chamá-lo assim:

```
String[] palavras = new String[] {"metodos", "devem", "fazer",
"apenas", "uma", "coisa"};
String conteudo = trazerConteudoSemA(palavras);
```

ou, de um jeito mais prático, assim:

```
String conteudo = trazerConteudoSemA("metodos", "devem",
"fazer", "apenas", "uma", "coisa");
```

Perceba que não houve necessidade de declarar um *array*. O próprio Java criará um *array* com os argumentos que passamos diretamente para o método.

Para finalizar, temos apenas uma última observação sobre *varargs*. Quanto utilizado, é importante ter em mente que a ordem dos argumentos é importante.

Se utilizarmos um argumento do tipo *array* em nossa assinatura, os dois códigos a seguir são válidos:

```
public String trazerConteudoSemA(String[] palavras, String charset)
public String trazerConteudoSemA(String charset, String[] palavras)
```

Já quando usamos *varargs*, é necessário que ele seja o último argumento do método. Portanto, apenas o código a seguir será válido:

```
public String trazerConteudoSemA(String charset, String... palavras)
```

Por ser do tipo *varargs*, a quantidade de argumentos que podem ser passados para o *array words* é variável, logo ele necessariamente deve ser o último argumento do método.

A classe *Arrays*

Trabalhar com *arrays* mantém as coisas simples e compatíveis, mas essa simplicidade por vezes é limitante. Muitas vezes uma lista será mais útil. A classe **java.util.Arrays** está aí para nos dar uma força.

Precisa transformar um *array* em uma lista? Utilize o método **asList** como segue:

```
Integer[] array = new Integer[] {1, 2, 3, 465, 742};
List<Integer> lista = Arrays.asList(array);
```

Às vezes será necessário transformar um *array* em um *stream* para, por exemplo, escrever esses dados em um arquivo. Veja como fazer:

```
String[] palavras = new String[] {"metodos", "devem", "fazer",
"apenas", "uma", "coisa"};
Stream fluxo = Arrays.stream(palavras);
```

O detalhamento de como utilizar as classes **List** ou **Stream** será apresentado posteriormente.

Precisa ordenar os dados de um *array*?

```
int[] fibonacci = {144, 3, 2, 1, 8, 21, 233, 5, 34, 55, 89, 13};
Arrays.sort(fibonacci);
// fibonacci agora é {1, 2, 3, 5, 8, 13, 21, 34, 55, 89, 144, 233}
```

A classe **java.util.Arrays** pode ser de grande valor. Há outras funções que ela pode executar. Vale uma boa lida em sua API.

16. *Strings, input/output* e manipulação de arquivos

Rafael Buzzi de Andrade

String

Strings são classes que guardam um conjunto de caracteres. Criar uma *string* é fácil:

```
String nome = "Oswaldo";
```

Sua *string* está pronta para uso. Você também pode criar uma usando um construtor:

```
String nome = new String("Oswaldo");
```

O construtor de uma *string* aceita outros tipos de dados para sua criação. Vale um destaque para o construtor que cria uma *string* com um determinado *array* de *bytes* e um *charset* definido:

```
byte[] letras = new byte[]{'a','b','c','d'};
String palavra = new String(letras, Charset.forName("UTF-8"));
```

Também pode-se criar uma *string* a partir do método estático "valueOf" da própria classe:

```
String nome = String.valueOf("Oswaldo");
```

Esse oferece algumas opções que não estão disponíveis via construtor. É particularmente útil para converter outros tipos de dados em uma *string*, como: *int, float, double,* objetos, entre outros.

E nesse momento algo lhe diz que *string* não é como os tipos primitivos vistos antes, certo? Até porque ela não está listada mesmo como primitivo. Isso é assim porque *strings* são objetos tanto quanto qualquer classe que você criar no seu projeto. Se você escrever isso em seu código:

```
String nome = "Oswaldo"; // instanciar
String apelido = nome; // copiar a referência
nome = nome.replace("s", "x"); // efetuar uma operação qualquer
// imprimir o resultado
System.out.printf("Nome: %s \n", nome);
System.out.printf("Apelido: %s \n", apelido);
```

A JVM vai entender sua intenção? Vai. O resultado será:

```
Nome: Oxwaldo
Apelido: Oswaldo
```

Ela vai criar um outro endereço de memória com o mesmo valor. Esse comportamento também ocorre com outras classes do pacote "java.lang", como a **Integer**, por exemplo.

Entretanto, esse não é o comportamento padrão de um objeto. Veremos orientação a objetos logo mais, portanto não precisa quebrar muito a cabeça agora. Entenda, contudo, que se fosse outro objeto o comportamento seria diferente. Se utilizarmos a classe "StringBuilder" no lugar da *string*:

```
StringBuilder nome = new StringBuilder("Oswaldo"); // instanciar
StringBuilder apelido = nome; // copiar a referência
nome.reverse(); // efetuar uma operação qualquer
// imprimir o resultado
System.out.printf("Nome: %s \n", nome.toString());
System.out.printf("Apelido: %s \n", apelido.toString());
```

O resultado será:

```
Nome: odlawsO
Apelido: odlawsO
```

Tudo o que aconteceu com uma variável aconteceu com a outra. A razão é que a operação de atribuição de valor ("=") é feita com o endereço de memória daquele objeto e não com seu valor. Esse é o comportamento para qualquer tipo de dado que não seja um tipo primitivo.

Input e *output*

Input pode ser definido como qualquer informação necessária para um trecho de código ser executado. Há muitas formas de prover um *input* para um programa. O console do terminal, caixas de diálogo, telas do computador ou da *web*, arquivos, sensores integrados a hardware (balanças, barômetros etc.), leitores biométricos (retina, digital etc.) e toda uma miríade de possíveis entradas que ocupariam páginas e mais páginas se desejássemos citar todas.

Output pode ser definido como o retorno que o programa apresenta a quem solicitou (usuário ou outro sistema). Telas, arquivos ou mesmo os sensores e leitores podem geralmente esperar algo como retorno.

Para efetuar operações de I/O *(Input/Output)* temos o pacote **java.io**, que possui boa parte das classes necessárias para tais operações. Utilizando apenas Java, geralmente fazemos uso de "streams" (fluxos) tanto para leitura de dados (*input*) quanto para escrita ou retorno da informação (*output*). Segue um exemplo básico de como seu programa aceita parâmetros dinamicamente utilizando a classe **java.util.Scanner**.

```java
// Abre um canal de leitura padrão do sistema e aguarda.
Scanner scanner = new Scanner(System.in);
// Mostra uma informação na tela para o usuário saber o que se espera
System.out.println("Qual o nome do seu animal de estimação?");
// Efetua a operação de leitura de toda a linha digitada
String input = scanner.nextLine();
// Informa ao usuário o dado lido
System.out.printf("A sua resposta foi: %s\n", input);
// Fecha o canal de leitura
scanner.close();
```

Uma alternativa para não precisar se preocupar com o fechamento dos *streams* de leitura seria:

```java
try (Scanner scanner = new Scanner(System.in)) {
 System.out.println("Qual o nome do seu animal de estimação?");
 String input = scanner.nextLine();
 System.out.printf("A sua resposta foi: %s\n", input);
}
```

> Dica: utilizar o recurso *try-with-resources* é bastante indicado quando utilizamos *streams*.

No exemplo anterior utilizamos a entrada e a saída padrões do sistema: **System.in** e **System.out**, respectivamente. A classe **Scanner** recebeu a entrada do sistema no construtor:

```
new Scanner(System.in)
```

E utilizamos a saída padrão para pedir ao usuário o que precisamos:

```
System.out.println("Qual o nome do seu animal de estimação?");
```

E depois informar o dado que este digitou:

```
System.out.printf("A sua resposta foi: %s\n", input);
```

Alternativamente, poderíamos escrever essa linha utilizando **println** em vez de **printf**:

```
System.out.println("A sua resposta foi:" + input);
```

O resultado é o mesmo.

Manipulação de arquivos

A forma de o Java ler e escrever em arquivos evoluiu consideravelmente ao longo dos anos. No passado era necessário utilizar uma série de classes na ordem correta para obter a informação contida em um arquivo. Mas iniciemos com um exemplo mais simples: copiar um arquivo de um local para o outro.

```
try {
    File origem = new File("diretorio/arquivo_original.doc");
    File alvo = new File("diretorio/duplicata.doc");
    Files.copy(origem.toPath(), alvo.toPath());
} catch (Exception ex) {
    ex.printStackTrace();
}
```

O método **copy** da classe **java.nio.file.Files** aceita vários tipos de parâmetro. Para não precisar definir **InputStream** e/ou **OutputStream**, nós passamos dois parâmetros do tipo **Path**. Por incrível que pareça, a classe **File** não é aceita neste caso.

Path não é uma classe, mas uma interface (veremos orientação a objetos logo mais) e não pode ser conseguido com um simples "new Path()". A opção tomada neste caso foi instanciar dois objetos **File** e utilizar o método **toPath**, mas poderíamos obter um **Path** de outras formas, como:

```
// classe java.nio.file.Paths
Paths.get("diretorio", "arquivo_original.doc")

// ou java.nio.file.Path
Path.of("diretorio", "arquivo_original.doc")
```

Se você copiou o código e executou o programa (o que eu espero que tenha feito), deve ter notado que ocorre um erro onde ele não encontra o arquivo a ser copiado. O Java precisa que seja informado todo o caminho do arquivo. Então você pode alterar o código informando um diretório e arquivo existente. Feito isso, o código rodará tranquilamente da primeira vez, mas não da segunda. Aí entram as opções de cópia. O método **copy** também aceita *varargs* (lembra do capítulo sobre *arrays*?), e esse problema pode ser solucionado acrescentando um terceiro parâmetro:

```
StandardCopyOption.REPLACE_EXISTING
```

Como o próprio nome diz, essa função indica que o arquivo antigo será substituído pelo novo. Se não houver arquivo antigo, não há problema. Nenhum erro é gerado.

O exemplo de cópia completo, agora utilizando **Paths** para obter os arquivos, fica assim:

```
try {
 Path origem = Paths.get("diretorio", "arquivo_original.doc");
 Path desitno = Paths.get("diretorio", "arquivo_original.doc");
 Files.copy(origem, destino, StandardCopyOption.
REPLACE_EXISTING);
} catch (Exception ex) {
 ex.printStackTrace();
}
```

Um exemplo completo e funcional pode ser encontrado no repositório *git* do livro.[25]

Lendo o conteúdo de um arquivo

Atualmente, existem várias classes utilitárias que ajudam na leitura de um arquivo. Um exemplo simples é:

```java
try (Scanner scanner = new Scanner(new File("arquivo.txt"))) {
    while (scanner.hasNextLine()) {
        System.out.println(scanner.nextLine());
    }
}
```

Mas você pode necessitar de algo mais além de simplesmente copiar arquivos pra lá e para cá (dependendo de sua área de atuação, jamais vai precisar).

Ler o conteúdo de um arquivo já é algo mais comum, e a classe **java.util.Scanner** simplifica bastante o processo. Enquanto o método **hasNextLine** retornar **true**, nosso programa segue lendo a linha em questão com o comando **nextLine**, que retorna a linha como uma *string*. Uma solução mais completa para esse caso seria a seguinte:

```java
try {
    // Criar uma referência ao arquivo desejado
    // utilizando a classe java.io.File
    File arquivo = new File("caminho/do/arquivo.txt");
    System.out.printf("Buscando %s\n", arquivo.getAbsolutePath());
    // Verificamos se o arquivo existe e é realmente um arquivo
    if (arquivo.exists() && arquivo.isFile()) {
        try (Scanner scanner = new Scanner(arquivo)) {
            while (scanner.hasNextLine()) {
                System.out.println(scanner.nextLine());
            }
        }
    } else {
        // Caso o arquivo não exista ou esteja apontando para um diretório,
```

---

[25] <https://github.com/jornada-java/livro>

```
            // emitimos um alerta ao usuário com uma mensagem clara
            System.out.println("Arquivo informado não existe ou não é um arquivo");
        }
    } catch (Exception ex) {
        // Qualquer outro tipo de exceção que ocorra,
        // informaremos ao usuário o erro.
        ex.printStackTrace();
    }
```

Imagine que você deseje ler o conteúdo de um arquivo, editar alguma informação e copiá-lo para outro local. O *output* que usaremos nesse caso não é o **System.out**, e sim a classe **java.io.FileWriter**:

```
// Quando recebemos e enviamos dados é sempre interessante
// definir um mapeamento de caracteres (Charset).
// Essa variável será utilizada tanto pelo Scanner quanto o FileWriter
Charset charset = Charset.forName("UTF-8");

try {
    File arquivo = new File("caminho/arquivo.txt");
    System.out.printf("Buscando %s\n", arquivo.getAbsolutePath());

    if (arquivo.exists() && arquivo.isFile()) {
        try (Scanner scanner = new Scanner(arquivo, charset)) {
            File saida = new File("caminho/arquivo_destino.txt");
            // Caso essa variável seja "true", o arquivo jamais será apagado e
            // a informação sempre será acrescentada.
            boolean adicionarDado = false;

            try (FileWriter escritor = new FileWriter(saida, charset, adicionarDado)) {
                while (scanner.hasNextLine()) {
                    // Uma operação qualquer. Nesse caso substituímos "a" por "@"
                    String linha = scanner.nextLine().replace("a", "@");
```

```
            // Esse comando mandará nossa nova linha para o
arquivo destino
            escritor.append(linha);
            // Quando o scanner lê a linha, ele não traz junto o
caractere
            // de nova linha (Enter). Estamos colocando ele aqui
            escritor.append('\n');
        }
      }
    }
  } else {
    System.out.println("Arquivo informado não existe ou não é um
arquivo");
  }
} catch (Exception ex) {
  ex.printStackTrace();
}
```

Esse código completo e funcional pode ser encontrado no repositório *git* do livro[26].

Como dito anteriormente, há diversas formas de executar as operações aqui exemplificadas. Cada abordagem possui vantagens e desvantagens. Procuramos separar as que estão entre as mais fáceis de escrever e entender.

---
[26] <https://github.com/jornada-java/livro>

PARTE IV.
ORIENTAÇÃO A
OBJETOS EM JAVA

17. Introdução a orientação a objetos

Allan Rodrigo Leite
Luca Fenris Elert

Nos capítulos anteriores, vimos que a linguagem de programação Java é orientada a objetos. De fato, a orientação a objetos é um importante paradigma de desenvolvimento de software na atualidade. Mas antes de entrar em detalhes sobre a orientação a objetos, discorreremos brevemente sobre paradigmas de desenvolvimento de software e a sua importância.

Paradigmas de desenvolvimento de software

Um paradigma de desenvolvimento de software descreve a maneira como um desenvolvedor irá estruturar um software. Mais especificamente, um paradigma fornece abstrações e conceitos que compõem um conjunto de regras para construção de um software, fornecendo ao desenvolvedor uma visão mais organizada sobre a estrutura e execução do software.

Nesse sentido, os paradigmas de desenvolvimento de software são conceituais, ao passo que as linguagens de programação são concretas e suportam recursos descritos por um ou mais paradigmas. Existem diversos paradigmas de desenvolvimento de software, tais como procedural, funcional, lógico, orientação a objetos, orientação a aspectos, agentes de software, dentre outros exemplos. No entanto, é possível classificar os paradigmas de desenvolvimento de software em dois grupos: declarativos e imperativos.

Os paradigmas **declarativos** baseiam-se em declarações ou regras para compor o comportamento de um software, sem a necessidade de um fluxo de execução explícito. Por sua vez, os paradigmas **imperativos** apresentam recursos para organização de um software em procedimentos, os quais descrevem um fluxo de execução e como as mudanças de estado ocorrem ao longo da execução do software. É neste último grupo que se encontra a orientação a objetos e, por consequência, a linguagem de programação Java.

História da orientação a objetos

O surgimento da orientação a objetos ocorreu por volta da década de 1970, motivado sobretudo pela dificuldade e pelo esforço demandado para a construção e evolução dos softwares. Uma das principais causas dessa dificuldade estava relacionada ao descompasso entre os avanços tecnológicos dos computadores no que tange ao hardware e a capacidade dos desenvolvedores em utilizar efetivamente tais avanços e novos recursos na construção de softwares.

No final da década de 1980, foi fundado o *Object Management Group* (OMG[27]), um consórcio internacional constituído por empresas, universidades e órgãos governamentais para o desenvolvimento de padrões entre diferentes tecnologias de software. Dentre os padrões mantidos por esse consórcio, encontra-se a orientação a objetos. Como consequência, o OMG contribuiu diretamente para impulsionar a adoção desse paradigma em diferentes tecnologias e linguagens de programação, incluindo a linguagem Java.

Orientação a objetos

A orientação a objetos fornece ao desenvolvedor uma melhor abstração dos conceitos do mundo real, isto é, a maneira como percebemos o mundo ao nosso redor. Em outras palavras, esse paradigma permite descrever os conceitos do mundo real de forma mais precisa. Além disso, também é possível decompor um software com base em uma separação natural de conceitos, tornando mais fácil sua compreensão e manutenção, além de favorecer a reutilização de código. Vale ressaltar que a orientação a objetos por si só não garante a reutilização de código, apenas fornece mecanismos para que isso ocorra mais facilmente.

Nesse sentido, a orientação a objetos fornece diversos conceitos para melhorar a organização de um software, tais como classes, objetos, herança, polimorfismo, encapsulamento, classes abstratas, interfaces, dentre outros. Em geral, cada conceito contribui para diferentes aspectos de um projeto de software, tornando o projeto mais legível e extensível. Nos capítulos a seguir exploraremos os principais conceitos desse paradigma.

---

[27] <http://www.omg.org>

18. Classe

Allan Rodrigo Leite
Luca Fenris Elert

No mundo real é comum encontrar conceitos ou objetos que compartilham as mesmas características. Por exemplo, no Brasil temos uma população aproximada de 209 milhões de pessoas. Segundo o IBGE, as características gerais da população compreendem idade, sexo, estatura, cor ou raça, estado civil, dentre outras. Nesse sentido, cada pessoa pode ser descrita utilizando uma estrutura uniforme.

Para a orientação a objetos, uma classe se refere à descrição estrutural de um conceito, a qual será utilizada posteriormente como um modelo para criação de objetos. A classe a seguir apresenta uma possível implementação de uma pessoa para o cenário mencionado. Não se preocupe ainda nesse momento em entender cada uma das palavras do exemplo, elas serão detalhadas nos capítulos seguintes.

```
public class Pessoa {
    /* Atributo para armazenar a data de nascimento */
    LocalDate dataNascimento;

    /* Atributo para armazenar a altura */
    float altura;

    /* Atributo para armazenar o estado civil */
    String situacaoCivil;

    /* Atributo para armazenar o gênero */
    String genero;

    /* Construtor para a inicialização dos atributos de pessoa */
    public Pessoa(LocalDate dataNascimento,
            float altura,
```

```
            String situacaoCivil,
            String genero) {
    this.dataNascimento = dataNascimento;
    this.altura = altura;
    this.situacaoCivil = situacaoCivil;
    this.genero = genero;
}

/* Método para exibir a idade a partir da data de nascimento */
public void exibeIdade() {
    //Recupera a data atual
    LocalDate hoje = LocalDate.now();

    //Obtém o período entre a data atual e a data de nascimento
    // e retorna o período em anos
    int idade = Period.between(dataNascimento, hoje).getYears();

    // exibe a idade atual da pessoa
    System.out.println(idade);
}
}
```

Em termos gerais, a estrutura de uma classe é formada por construtores, atributos e métodos. Os **construtores** definem um comportamento a ser executado ao criar uma nova instância de uma classe. Usualmente, utilizamos construtores para inicializar atributos de novos objetos. Por padrão, toda classe possui um construtor. Caso o desenvolvedor não defina nenhum construtor para uma classe, o compilador do Java fornecerá automaticamente um construtor sem comportamento e sem parâmetros. No exemplo anterior, a classe **Pessoa** possui um construtor que pode ser utilizado para inicializar os valores dos atributos ao criar uma nova instância.

Por sua vez, os atributos e métodos são conhecidos como membros de uma classe. Os **atributos** descrevem as características de uma classe. Mais especificamente, os atributos são variáveis declaradas dentro de uma classe. Por fim, os **métodos** se referem ao comportamento da classe. É comum o uso de métodos como meio para acessar e manipular o conteúdo dos atributos. No exemplo anterior, a classe **Pessoa** possui um método que calcula a idade da pessoa a partir da data de nascimento e da data atual.

19. Objeto

Allan Rodrigo Leite
Luca Fenris Elert

A execução de um software orientado a objetos ocorre a partir da interação entre diversos objetos. Em termos gerais, um objeto é uma instância de uma classe, ao passo que uma classe descreve as características para um objeto. Para criar uma nova instância de uma classe, isto é, um novo objeto, utilizamos a palavra reservada **new** precedida pelo construtor da classe. Veja como poderia ser a criação de um objeto da classe **Pessoa**, definida anteriormente, a partir de outra classe:

```java
public class MainPessoa {
    public static void main(String[] args) {
        //Cria uma instância de pessoa
        Pessoa pessoa = new Pessoa(
            LocalDate.of(1995, 2, 10), //data de nascimento
            1.8f, //altura
            "Solteiro", //situação civil
            "Masculino"); //gênero
        pessoa.exibeIdade();
    }
}
```

Um objeto é constituído por um estado, uma identidade e um comportamento. O **estado** refere-se ao conjunto de valores assumidos pelos atributos de um objeto em um determinado momento. Já a **identidade**, também conhecida como *object id*, especifica uma forma para distinguir um objeto entre todos os demais provenientes da mesma classe. Uma prática comum é eleger um atributo do objeto para identificá-lo (como, por exemplo, matrícula ou CPF). Por fim, o **comportamento** descreve como um objeto reage às interações de outros objetos. Vale ressaltar que um objeto detém o controle sobre seu próprio estado; porém, seu estado pode ser alterado indiretamente a partir de solicitações de outros objetos, inclusive de outras classes. Repare que em Java usamos o operador ponto (".") para acessar um atributo ou método a partir da referência de um objeto.

A palavra reservada **this** é uma referência ao objeto corrente; portanto, é comum o uso do **this** para referenciar os atributos ou métodos do próprio objeto. No entanto, o uso do **this** torna-se obrigatório para acessar atributos de um objeto quando há variáveis locais com o mesmo nome, pois o atributo ficará oculto pela variável local. Essa situação é conhecida como *variable hiding*. Para os casos onde não há situações de *variable hiding*, o uso do **this** é opcional, pois o compilador do Java adiciona automaticamente esta palavra reservada, quando necessário. Vejamos um exemplo da utilização da palavra reservada **this** no construtor da classe **Pessoa**, trecho de código do exemplo do capítulo anterior:

```
/* Trecho da classe Pessoa */

/* Construtor para a inicialização dos atributos de pessoa */
    public Pessoa(LocalDate dataNascimento,
            float altura,
            String situacaoCivil,
            String genero) {
        this.dataNascimento = dataNascimento;
        this.altura = altura;
        this.situacaoCivil = situacaoCivil;
        this.genero = genero;
    }
```

O código anterior preenche os atributos da classe (identificados com **this**) com os parâmetros recebidos via construtor. Repare que o construtor não tem retorno e usa o mesmo nome da classe.

20. Pacote

Allan Rodrigo Leite
Luca Fenris Elert

A principal finalidade de um pacote é organizar um conjunto de classes e interfaces com funcionalidades similares ou relacionadas. Conceitualmente, podemos pensar em pacotes como sendo semelhantes aos diretórios (pastas) do nosso computador.

É bastante comum o agrupamento de classes em pacotes. Além dessa prática ajudar a organizar os artefatos do projeto de software, os pacotes permitem resolver ambiguidade entre classes com o mesmo nome dentro do mesmo projeto. Em Java, os pacotes são fortemente relacionados à estrutura de diretórios do projeto e são definidos a partir da palavra reservada **package**. O exemplo a seguir demonstra o uso do **package** e sua relação com a estrutura de diretórios do sistema operacional.

```java
package jornadajava.pacote

public class MeuPacote {
    public static void main(String[] args) {
        // exibe o diretório absoluto do projeto
        System.out.println(System.getProperty("java.class.path"));

        // exibe o diretório absoluto da classe, considerando o pacote
        System.out.println(MeuPacote.class.getResource("MeuPacote.class"));
    }
}
```

No exemplo anterior, a classe **MeuPacote** está dentro do pacote **jornadajava.pacote**, o que significa que ela está no diretório **jornadajava/pacote**. Neste caso, o "nome completo" da classe é **jornadajava.pacote.MeuPacote**. Esse nome completo é chamado *fully qualified name*.

Um pacote pode conter dentro dele subpacotes e diversas classes. No padrão da Sun (muito utilizado), usamos somente letras minúsculas e consideramos o domínio da empresa para nomear pacotes. Por exemplo, se estivéssemos desenvolvendo um projeto de gerenciamento de livros para uma empresa chamada Jornada Java, localizada no endereço www.jornadajava.com.br, os pacotes poderiam ter uma nomenclatura similar a:

- ✓ br.com.jornadajava.clientes.subpacote1
- ✓ br.com.jornadajava.clientes.subpacote2
- ✓ br.com.jornadajava.clientes.subpacote3.subpacote4

Se dentro de uma classe localizada dentro de um determinado pacote quisermos usar uma classe localizada em um outro pacote, será necessário utilizar a palavra reservada **import** para importá-la ou referenciar o nome completo da classe. Para ilustrar essa ideia, imagine que temos uma classe **Cliente** localizada no pacote **br.com.jornadajava.clientes.subpacote1**:

```
package br.com.jornadajava.clientes.subpacote1

public class Cliente {
    // construtores, atributos e métodos da classe Cliente
}
```

Agora queremos usar a classe **Cliente** dentro da classe **Gerenciador**, localizada no pacote **br.com.jornadajava.clientes.subpacote2**. Temos três formas de fazer isso, como ilustram os exemplos a seguir. O primeiro trecho de código mostra a importação de todo o pacote **br.com.jornadajava.clientes.subpacote1**; o segundo exemplo importa apenas a classe **Cliente** (prática mais recomendada); e o último exemplo referencia diretamente a classe **Cliente** usando seu *fully qualified name*.

Exemplo 1:

```
package br.com.jornadajava.clientes.subpacote2
import br.com.jornadajava.clientes.subpacote1.*;

public class Gerenciador {
    public static void main(String[] args) {
        Cliente clienteJoao = new Cliente();
    }
}
```

Exemplo 2:

```
package br.com.jornadajava.clientes.subpacote2
import br.com.jornadajava.clientes.subpacote1.Cliente;

public class Gerenciador {
    public static void main(String[] args) {
        Cliente clienteJoao = new Cliente();
    }
}
```

Exemplo 3:

```
package br.com.jornadajava.clientes.subpacote2

public class Gerenciador {
    public static void main(String[] args) {
        br.com.jornadajava.clientes.subpacote1.Cliente clienteJoao
 = new br.com.jornadajava.clientes.subpacote1.Cliente();
    }
}
```

É importante observar a ordem dos comandos, que não pode ser alterada: primeiramente vem a declaração do pacote, em seguida os *imports* (se existirem) e, finalmente, a declaração da classe. Apesar de não ser obrigatório organizar as classes dentro de pacotes, é uma excelente prática, altamente recomendada.

21. Encapsulamento e modificadores de acesso

Allan Rodrigo Leite
Luca Fenris Elert
Rodrigo Sobral
Tatiana Escovedo

Uma das características de linguagens orientadas a objeto como Java é a existência de um pilar muito importante: o **encapsulamento**. Em linhas gerais, o encapsulamento pode ser entendido como uma espécie de "embalagem" que guarda um objeto, protegendo-o de acessos diretos indesejados por outros objetos. Isso é fundamental para garantir a integridade do estado dos objetos.

Com o encapsulamento, os detalhes internos do funcionamento de uma classe permanecem ocultos para outras classes. Assim, esta técnica controla o acesso aos atributos e métodos de uma classe, protegendo-os, além de determinar onde essa classe poderá ser manipulada, garantindo, dessa forma, a integridade dos objetos. O propósito do encapsulamento é de organizar os dados e métodos relacionados, agrupando-os em classes com alta coesão.

Para que isso seja possível, é necessário definir o **nível de acesso** de cada um dos componentes do projeto (por exemplo, métodos e atributos). Em Java existem quatro níveis de acesso:

- ✓ *default* **(ou padrão):** possibilita o acesso direto ao componente por qualquer classe localizada dentro do mesmo pacote da classe que declara o componente.
- ✓ **público:** permite o acesso direto ao componente dentro de qualquer classe do projeto.
- ✓ **privado:** restringe o acesso direto ao componente apenas pela classe que o declara.
- ✓ **protegido:** restringe o acesso direto ao componente apenas pela classe que o declara e por suas classes filhas (veremos este conceito nos capítulos seguintes), independentemente do pacote em que elas estejam localizadas.

É possível definir os níveis de acesso que queremos por meio dos **modificadores de acesso**, que, em Java, são três: **public, private** e **protected** (respectivamente, os níveis de acesso público, privado e protegido). Caso não seja informado nenhum modificador de acesso, o nível definido será o *default*. O quadro a seguir resume as regras de acesso para cada modificador, do menos restritivo para o mais restritivo:

Tabela 21.1. Níveis e modificadores de acesso.

Nível de acesso	público	protegido	*default*	privado
Modificador de acesso	public	protected	-	private
A partir da mesma classe	Sim	Sim	Sim	Sim
Em qualquer classe no mesmo pacote	Sim	Sim	Sim	Não
Em qualquer classe filha no mesmo pacote	Sim	Sim	Sim	Não
Em qualquer classe filha em qualquer pacote	Sim	Sim	Não	Não
Em qualquer classe em qualquer pacote	Sim	Não	Não	Não

O encapsulamento é dividido em dois níveis: **classe** e **membros**. Em Java, classes podem utilizar somente o modificador de acesso *public*, ou nenhum modificador de acesso. Já os atributos e métodos de uma classe podem utilizar os modificadores de acesso **public**, **protected**, **private**, ou nenhum modificador de acesso.

É uma boa prática em Java declarar os atributos como privados e os métodos como públicos, de acordo com o padrão JavaBeans[28]. Isso garante que os atributos serão acessados diretamente apenas dentro da própria classe.

Vamos entender esse conceito na prática. Observe a classe **Pessoa**, no exemplo seguir:

```java
public class Pessoa{
    String nome;
    int idade;

    public Pessoa(String nome){
        idade = 0;
        this.nome = nome;
    }

    public void fazerAniversario(){
        idade++;
    }
}
```

---
[28] <https://docs.oracle.com/javase/tutorial/javabeans/>

Agora imagine que a classe **Pessoa** será utilizada na classe **FabricaPessoas**, que criará dois objetos do tipo **Pessoa** e alterará suas idades:

```java
public class FabricaPessoas {

public static void main(String[] args) {

  // Criando duas pessoas
  Pessoa pessoa1 = new Pessoa("Maria");
  Pessoa pessoa2 = new Pessoa("Pedro");

  // Alterando a idade das pessoas
  pessoa1.idade = 20;
  pessoa2.idade = -23;

  // Imprimindo a idade das pessoas
  System.out.println(pessoa1.idade); // imprime 20
  System.out.println(pessoa2.idade); // imprime -23

}
```

Criamos duas pessoas, referenciadas pelas variáveis **pessoa1** e **pessoa2**, e, em seguida, atribuímos a idade **20** à primeira pessoa e a idade **-23** à segunda pessoa, o que não deveria ser permitido, pois idade, obviamente, deve ser um número maior ou igual a zero. Podemos resolver esse problema adicionando o modificador de acesso **private** ao atributo **idade** na declaração da classe **Pessoa** e criando métodos de acesso públicos para possibilitar acesso de leitura e de escrita à idade de uma pessoa, mas de forma controlada. Veja o exemplo a seguir:

```java
public class Pessoa{
    String nome;
    private int idade;

  public Pessoa(String nome){
        idade = 0;
        this.nome = nome
  }

  public void setIdade(int idade) {
      if(idade >= 0) {
```

```java
            this.idade = idade;
        }
    }

    public int getIdade() {
        return idade;
    }

    public void fazerAniversario(){
        idade++;
    }
}
```

Veja agora como fica a classe **FabricaPessoas**, que deverá utilizar o método de acesso para alterar e imprimir a idade das pessoas, uma vez que o acesso direto não é mais permitido:

```java
public class FabricaPessoas {

public static void main(String[] args) {

    // Criando duas pessoas
    Pessoa pessoa1 = new Pessoa("Maria");
    Pessoa pessoa2 = new Pessoa("Pedro");

    // Alterando a idade das pessoas usando o método de acesso
    pessoa1.setIdade(20);
    pessoa1.setIdade(-23);

    // Imprimindo a idade das pessoas
    System.out.println(pessoa1.getIdade()); // imprime 20
    System.out.println(pessoa2.getIdade()); // imprime 0

}
```

Repare que não foi possível alterar a idade da **pessoa2** para uma idade negativa, pois a validação foi feita no método de acesso, implementado na classe **Pessoa**, que conhece as devidas regras de negócio para a manipulação dos seus atributos.

Por fim, vale destacar que a utilização da técnica de encapsulamento apresenta algumas vantagens:

- ✓ Disponibilização do objeto para o usuário final sem que este tenha conhecimento do funcionamento ou armazenamento interno.
- ✓ Um objeto pode ser modificado sem que outros componentes do sistema que o utilizam sejam afetados. Isso representa uma flexibilidade para que alterações sejam realizadas, sem que o funcionamento do sistema seja prejudicado.
- ✓ Processo de desenvolvimento de sistemas acelerado e simplificado, já que os usuários não precisam conhecer como os objetos estão constituídos internamente.
- ✓ Grande facilidade de reúso.
- ✓ Maior facilidade para testar.

22. Herança

Rhuan Henrique
Tatiana Escovedo

Herança é um dos pilares da programação orientada a objeto (POO) e tem extrema importância para o mundo Java. Na prática, a herança traz o benefício de permitir o reúso de códigos e a criação de abstrações interessantes na programação. Saber utilizar bem a herança é de extrema importância para construirmos qualquer tipo de aplicação em Java.

Nos capítulos anteriores, vimos o que são classes e objetos, e vimos que as características desses objetos são utilizadas para definir e manipular os estados dos objetos. Vamos supor que tenhamos duas diferentes classes, mas que são de alguma forma relacionadas e compartilham entre si um conjunto de atributos. Poderíamos simplesmente repetir, em ambas as classes, o mesmo código de definição desses atributos (bem como os métodos de acesso, se fizer sentido). Vamos ver um exemplo desse conceito, declarando as classes **Professor** e **Aluno**, que contêm características em comum, e um trecho de outra classe que instancia objetos desses tipos:

```java
public class Professor {
    private String nome;
    private int idade;
    private double salario;

    public Professor(String nome, int idade, double salario){
        this.nome = nome;
        this.idade = idade;
        this.salario = salario;
    }

    // Getters e Setters

    public void fazerAniversario(){
```

```java
        idade++;
        System.out.println("Parabéns!");
    }
}
```

```java
public class Aluno {
    private String nome;
    private int idade;
    private String serie;

    public Aluno(String nome, int idade, String serie){
        this.nome = nome;
        this.idade = idade;
        this.serie = serie;
    }

    // Getters e Setters

    public void fazerAniversario(){
        idade++;
        System.out.println("Parabéns!");
    }
}
```

```java
Professor professor = new Professor("Pedro", 40, 10000);
professor.fazerAniversario(); // Pedro agora tem 41 anos
Aluno aluno = new Aluno("Lucas", 11, "5o ano");
aluno.fazerAniversario(); // Lucas agora tem 12 anos
```

Note que os atributos **nome** e **idade** e o método **fazerAniversario()** fazem parte e são idênticos em ambas as classes, e, com isso, temos código duplicado. Usando o conceito de herança, podemos escrever apenas uma vez as características comuns às duas classes e utilizá-las nas duas sem replicação de código.

Usando herança, podemos dizer que uma classe vai herdar as características de uma outra classe – chamada de **superclasse** –, e esta classe que herdará as características – chamada de **subclasse** – irá estender essas características para atender às suas necessidades mais específicas. Com isso, dizemos que as superclasses são menos específicas e as subclasses são mais específicas. No cenário anterior, poderíamos criar uma classe **Pessoa**, que será a superclasse, e tornar as classes **Professor** e **Aluno** subclasses, estendendo a classe **Pessoa**. A figura a seguir ilustra o cenário proposto.

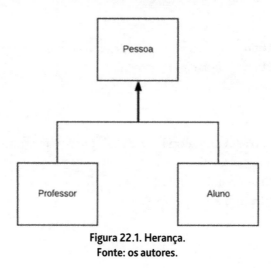

Figura 22.1. Herança.
Fonte: os autores.

Com isso, criaremos primeiro a superclasse **Pessoa**, que irá declarar as características genéricas **(nome, idade** e **fazerAniversario())**. Veja no exemplo a seguir a definição da superclasse **Pessoa**:

```java
public class Pessoa{
     private String nome;
     private int idade;

     public Pessoa(String nome, int idade){
          this.nome = nome;
          this.idade = idade;
     }

     // Getters e Setters

     public void fazerAniversario(){
         idade++;
     }

}
```

Herança

Agora vamos criar as subclasses que estenderão **Pessoa** e consequentemente herdarão suas características. Veja nos exemplos a seguir a definição das subclasses **Professor** e **Aluno**:

```java
public class Professor extends Pessoa{
    private double salario;

    public Professor(String nome, int idade, double salario){
        super(nome, idade);
        this.salario = salario;
    }

    // Getters e Setters

}
```

```java
public class Aluno extends Pessoa{
        private String serie;

    public Aluno(String nome, int idade, String serie){
        super(nome, idade);
        this.serie = serie;
    }

    // Getters e Setters

}
```

Note que utilizamos a palavra reservada **extends** para informar que as classes **Professor** e **Aluno** estendem a classe **Pessoa**. Note também que passamos os atributos **nome** e **idade** no construtor da subclasse para o construtor da superclasse utilizando a palavra reservada **super**. O comando **super** deve ser sempre a primeira linha no construtor, pois primeiro o construtor da superclasse é executado e depois o construtor da subclasse é executado. O código de criação de objetos do tipo **Professor** e **Aluno** continua o mesmo do exemplo anterior:

```java
Professor professor = new Professor("Pedro", 40, 10000);
professor.fazerAniversario(); // Pedro agora tem 41 anos
Aluno aluno = new Aluno("Lucas", 11, "5o ano");
aluno.fazerAniversario(); // Lucas agora tem 12 anos
```

Utilizando herança também é possível sobrescrever métodos. Isso significa que, se quiséssemos, poderíamos sobrescrever o método **fazerAniversario()** na classe **Aluno** (e também na classe **Professor**) para fazer algo diferente, como ilustra o exemplo a seguir:

```java
public class Aluno extends Pessoa{
        private String serie;

    public Aluno(String nome, int idade, String serie){
            super(nome, idade);
            this.serie = serie;
    }

    // Getters e Setters

    // sobrescrevendo o método
    public void fazerAniversario(){
        setIdade(getIdade() + 1);
        System.out.println("Feliz aniversário, querido(a) aluno(a)!")
        }
}
```

Veja o que acontecerá ao invocarmos o método **fazerAniversario()** nas referências **professor** e **aluno**:

```java
    Professor professor = new Professor("Pedro", 40, 10000);
    professor.fazerAniversario(); // Pedro agora tem 41 anos e
nenhuma mensagem será impressa
    Aluno aluno = new Aluno("Lucas", 11, "5o ano");
    aluno.fazerAniversario(); // Lucas agora tem 12 anos e será
impressa a mensagem "Feliz aniversário, querido(a) aluno(a)!"
```

Entretanto, repare que, da forma que sobrescrevemos o método **fazerAniversario()** na classe **Aluno**, há replicação de código em relação à classe **Pessoa**. Nesse exemplo (que é bem simples, apenas para ilustrar o conceito), é apenas uma linha replicada (o comando **idade++**), mas em situações reais costumamos ter métodos mais complexos. A estratégia de copiar e colar o mesmo código da classe **Pessoa** em **Aluno** não é uma boa prática, pois se houver qualquer alteração na regra de negócio, teríamos dois pontos no código para dar manutenção, aumentando a chance de gerarmos erros na aplicação. Assim, uma boa prática é utilizarmos a chamada ao método da superclasse, usando a palavra reservada **super**, como ilustra o exemplo a seguir:

```java
public class Aluno extends Pessoa{
        private String serie;

    public Aluno(String nome, int idade, String serie){
            super(nome, idade);
            this.serie = serie;
    }

    // Getters e Setters

    // sobrescrevendo o método
    public void fazerAniversario(){
        super.fazerAniversario();
        System.out.println("Feliz aniversário, querido(a) aluno(a)!")
    }

}
```

Se quisermos que as subclasses de **Pessoa** possam acessar diretamente os atributos herdados, basta substituir o modificador de acesso **private** pelo **protected**, como ilustra o exemplo a seguir:

```java
public class Pessoa{
    protected String nome;
    protected int idade;

    public Pessoa(String nome, int idade){
            this.nome = nome;
            this.idade = idade;
    }

    // Getters e Setters

    public void fazerAniversario(){
        idade++;
    }
}
```

Como podemos ver, a herança é uma arma poderosa na mão do desenvolvedor para prover reutilização de código; porém, este não é o único benefício. Podemos também criar códigos mais dinâmicos, genéricos e adaptáveis e com baixo acoplamento. Veremos mais exemplos relacionados à herança nos capítulos seguintes.

23. Polimorfismo

Tatiana Escovedo

No exemplo de herança do capítulo anterior, as classes **Aluno** e **Professor** estendem a classe **Pessoa** e, por esse motivo, herdam as suas características (propriedades e métodos). Podemos afirmar então que, neste caso, todo **Aluno** é uma **Pessoa** (assim como todo **Professor** é uma **Pessoa**), pois tanto **Aluno** quanto **Professor** são extensões de **Pessoa**. Por esse motivo, podemos nos referir a um **Aluno** (ou a um **Professor**) como sendo uma **Pessoa**: dizemos que **Aluno É-UMA Pessoa**, assim como **Professor É-UMA Pessoa**.

Além do encapsulamento e da herança, outro importante pilar da orientação a objetos é o **polimorfismo**, que é a possibilidade de um objeto ser referenciado de várias formas, o que não significa que o objeto se transformará em outro tipo. Um exemplo dessa aplicação é com variáveis de referência a objetos. Em vez de atribuirmos um novo objeto **Aluno** a uma variável de referência do tipo **Aluno**, podemos torná-la polimórfica, utilizando o tipo mais genérico **Pessoa**. Isso permitirá que a referência armazene qualquer tipo que passe no teste **É-UMA Pessoa**, ou seja, qualquer subclasse de **Pessoa**. Vejamos a seguir um exemplo:

```
Pessoa professor = new Professor("Pedro", 40, 10000);
professor.fazerAniversario();

Pessoa aluno = new Aluno("Lucas", 11, "5o ano");
aluno.fazerAniversario();
```

Repare que agora tanto as variáveis de referência **professor** quanto **aluno** são do tipo **Pessoa**, mas que os tipos dos objetos que elas referenciam são, respectivamente, dos tipos **Professor** e **Aluno**. Note também que não definimos o método **fazerAniversario()** nas classes **Aluno** e **Professor**, mas podemos chamá-lo normalmente, uma vez que ele foi herdado da superclasse **Pessoa**.

Outro exemplo comum e interessante de polimorfismo é que se tivermos um método que espera receber um objeto do tipo **Pessoa**, ele poderá receber no lugar um objeto do tipo **Aluno** ou do tipo **Professor**, pela mesma justificativa do teste **É-UMA Pessoa**. Veja o exemplo a seguir da classe **Escola**, que declara um método que espera receber uma **Pessoa**:

```java
public class Escola {

    // variáveis de instância

    // outros métodos

    public void cadastrarPessoa(Pessoa pessoa) {
        // faz alguma coisa
    }
}
```

Continuando o trecho de código já exemplificado anteriormente, podemos utilizar as variáveis de referência **professor** e **aluno** como argumentos do método **cadastrarPessoa()**. Veja o exemplo no trecho de código a seguir:

```java
Pessoa professor = new Professor("Pedro", 40, 10000);
professor.fazerAniversario();

Pessoa aluno = new Aluno("Lucas", 11, "5o ano");
aluno.fazerAniversario();

Escola escola = new Escola();
escola.cadastrarPessoa(professor);
escola.cadastrarPessoa(aluno);
```

O mesmo raciocínio vale para retornos de métodos, que também podem ser polimórficos. Assim, um método que retorne uma **Pessoa** poderá retornar qualquer subtipo de **Pessoa**.

24. Abstração, interfaces e *enum*

Rodrigo Sobral
Tatiana Escovedo
Kamila Santos
Rinaldo Pitzer Júnior

No capítulo anterior, vimos o poder da herança aliado ao polimorfismo com a superclasse **Pessoa** e as subclasses **Professor** e **Aluno**. Vimos que, como **Professor É-UMA Pessoa** e **Aluno É-UMA Pessoa**, podemos usar pessoa como supertipo quando instanciamos um objeto do tipo **Professor** ou **Aluno**.

Se quiséssemos, também poderíamos instanciar um objeto do tipo **Pessoa**, invocar o método **fazerAniversario()** e cadastrá-lo na escola, como ilustra o exemplo a seguir:

```
Pessoa pessoa = new Pessoa ("Tatiana", 35);
pessoa.fazerAniversario();

Escola escola = new Escola();
escola.cadastrarPessoa(pessoa);
```

Esse código compila e é executado sem problemas. Porém, semanticamente, será que faz sentido dentro de um sistema no contexto de uma **Escola** criarmos na nossa aplicação um objeto do tipo **Pessoa**? Provavelmente não, pois as "pessoas" da nossa aplicação serão professores, alunos, funcionários e outros eventuais subtipos futuros de pessoa.

Entretanto, se eliminarmos a classe **Pessoa** do nosso sistema, perderemos as vantagens da utilização da herança e do polimorfismo, não sendo essa a melhor solução. Para resolver esse problema, utilizaremos o conceito de **abstração**, que é outro importante pilar da orientação a objetos, implementado pelas **classes abstratas** em Java.

Classes abstratas não podem ser instanciadas, ou seja, não é permitido criar objetos do seu tipo. Além disso, a classe abstrata pode conter **métodos abstratos**, que são métodos sem corpo (implementação), devendo ser obrigatoriamente implementados nas subclasses não abstratas. Quando uma classe não é abstrata, dizemos que ela é **concreta**. Da mesma forma, os métodos que têm corpo (métodos que vimos até agora) são chamados de **métodos concretos**. Apesar de uma classe abstrata poder ter métodos abstratos, ela pode também ter métodos concretos, ou até mesmo nenhum método.

Outro ponto interessante sobre as classes abstratas é que elas não podem ser instanciadas, porém continuam podendo ser utilizadas como tipo de variáveis de referência polimórficas ou como tipo de argumentos e retornos de métodos. Para tornar uma classe ou um método abstrato, utilizamos a palavra reservada **abstract**. Vejamos como ficaria a classe **Pessoa** abstrata, e incluiremos um método abstrato nela para exemplificar esses conceitos:

```java
public abstract class Pessoa{
    protected String nome;
    protected int idade;

    public Pessoa(String nome, int idade){
        this.nome = nome;
        this.idade = idade;
    }

    // Getters e Setters

    // método concreto
    public void fazerAniversario(){
        idade++;
    }

    // método abstrato
    public abstract void fazerAdmissao();
}
```

Observe no exemplo anterior que o método abstrato **fazerAdmissao()** não tem chaves e finaliza com um ponto e vírgula, sendo esta a notação obrigatória para métodos abstratos. Ao realizar essa alteração na classe **Pessoa**, teremos erro de compilação nas classes **Professor** e **Aluno**, pois a primeira classe concreta filha de uma classe abstrata precisa, obrigatoriamente, implementar (fornecer um corpo) para todos os métodos abstratos da sua superclasse (e eventuais superclasses acima). Vamos então implementá-lo na classe **Professor** e na classe **Aluno**, como ilustram os exemplos a seguir:

```java
public class Professor extends Pessoa{
        private double salario;

    public Professor (String nome, int idade, double salario){
            super(nome, idade);
            this.salario = salario;
    }

    // Getters e Setters

    // implementando o método abstrato
    public void fazerAdmissao(){
        System.out.println("Olá, professor(a)! Seu salário será de " + salario);
    }

}
```

```java
public class Aluno extends Pessoa{
        private String serie;

    public Aluno(String nome, int idade, String serie){
            super(nome, idade);
            this.serie = serie;
    }

    // Getters e Setters

    // sobrescrevendo o método
    public void fazerAniversario(){
        super.fazerAniversario();
        System.out.println("Feliz aniversário, querido(a) aluno(a)!");
    }

    // implementando o método abstrato
    public void fazerAdmissao(){
```

```
        System.out.println("Peça a seus pais para fazerem sua
matrícula na secretaria!");
    }
}
```

Repare que implementamos o método **fazerAdmissao()** de formas diferentes nas classes **Professor** e **Aluno**. Isso não é necessariamente uma regra, porém, se todas as subclasses terão a mesma implementação de um método abstrato, o mais indicado é que ele seja concreto na superclasse e herdado nas subclasses, para nos beneficiarmos do reúso de código. Vamos ver agora o que acontece quando criamos um professor e um aluno e chamamos os métodos **fazerAniversario()** e **fazerAdmissao()** neles:

```
    Pessoa professor = new Professor("Pedro", 40, 10000);
    professor.fazerAniversario(); // Pedro agora tem 41 anos e
nenhuma mensagem será impressa
    professor.fazerAdmissao(); // Será impressa a mensagem
"Olá, professor(a)! Seu salário será de 10000"

    Pessoa aluno = new Aluno("Lucas", 11, "5o ano");
    aluno.fazerAniversario(); // Lucas agora tem 12 anos e uma
mensagem será impressa
    aluno.fazerAdmissao(); // Será impressa a mensagem "Peça a
seus pais para fazerem sua matrícula na secretaria!"
```

Repare que quando invocamos o método **fazerAniversario()** em um objeto do tipo **Professor**, a versão da superclasse é invocada, uma vez que a classe **Professor** não sobrescreveu esse método. Já com o objeto do tipo **Aluno**, que é de uma classe que sobrescreveu o método, a versão mais específica do método é executada (versão da subclasse). Neste caso, quem determina a versão do método a ser executada é o tipo do **objeto**, e não o tipo da variável de referência.

Finalmente, imagine que queremos criar apenas na classe **Aluno** um método concreto **estudar()**, como ilustra o exemplo a seguir:

```
public class Aluno extends Pessoa{
        private String serie;

    public Aluno(String nome, int idade, String serie){
            super(nome, idade);
            this.serie = serie;
```

```
    }

    // Getters e Setters

    // sobrescrevendo o método
    public void fazerAniversario(){
        idade++;
        System.out.println("Feliz aniversário, querido(a) aluno(a)!");
    }

    // implementando o método abstrato
    public void fazerAdmissao(){
        System.out.println("Peça a seus pais para fazerem sua matrícula na secretaria!");
    }

    // declarando um novo método concreto
    public void estudar(){
        System.out.println("Estude muito!");
    }

}
```

Vamos então criar um novo aluno e tentar executar o novo método **estudar()**:

```
        Pessoa aluno = new Aluno("Lucas", 11, "5o ano");
        aluno.estudar();
```

Você perceberá que o código não será compilado, sendo exibida uma mensagem de erro *The method estudar() is undefined for the type Pessoa*. Isso significa que o método **estudar()** não é conhecido pelo tipo **Pessoa**. Isso acontece porque, enquanto quem determina a **versão** do método a ser executada é o tipo do **objeto** (e não o tipo da variável de referência), quem determina se o método **pode** ser executado ou não é o tipo da variável de referência. Assim, ainda que o tipo do objeto seja **Aluno**, que conhece o método **estudar()**, como estamos acessando o objeto e executando o método através de uma variável de referência polimórfica do tipo **Pessoa** – que não conhece o método **estudar()** –, ele não poderá ser executado.

Para resolver esse problema, temos várias soluções possíveis, como, por exemplo, não utilizar uma variável de referência polimórfica (do tipo **Pessoa**) para criar o objeto do tipo **Aluno**, e sim uma variável de referência do mesmo tipo do objeto (**Aluno**); ou, então, declarar o método **estudar()** como abstrato ou concreto na classe **Pessoa**. Há outras soluções mais elegantes que exploraremos em seguida, como, por exemplo, a utilização de interfaces.

Interfaces

Muito utilizadas em orientação a objetos, as interfaces garantem que um determinado conjunto de classes possua métodos/propriedades em comum, através de um contrato. Dizemos que uma classe pode implementar uma ou mais interfaces, e, quando isso acontece, a classe é obrigada a implementar todos os métodos das interfaces que implementa, uma vez que eles são abstratos. Assim, as interfaces possibilitam que os seus métodos sejam implementados de forma customizada em cada classe.

Antes do Java 8, uma interface em Java só podia declarar métodos abstratos, que eram públicos por padrão. A partir do Java 8, é possível que as interfaces também tenham métodos padrão e estáticos. Nas interfaces, um método **padrão** é definido com o modificador *default* e, por não ser abstrato, não é necessário implementá-lo nas classes que implementam a interface que o declara, pois será herdado. A motivação para a implementação desse recurso em Java foi permitir que novos métodos fossem adicionados nas interfaces já existentes no código, sem gerar erros nas classes que já as implementam. Um método **estático**, por sua vez, é definido com o modificador *static* e é similar a um método padrão, mas impede que seja implementado (ou sobrescrito) nas classes que implementam essa interface.

Em suma, uma interface é um contrato que a classe assume para a sua implementação. No caso de métodos abstratos, a forma de executar esse contrato será definida na implementação do método na classe que implementar essa interface. Para implementar uma interface fazemos uso da palavra-chave *implements*:

```
(nome_da_classe) implements (nome_da_interface)
```

Vamos criar uma interface com um método abstrato, um método padrão e um método *static* para exemplificar esse conceito:

```java
public interface Eletronico {
    // método abstrato
```

```
    void ligar();

    // método padrão
    default void desligar() {
        System.out.println("Desligando o eletrônico.");
    }

    // método static
    static boolean ehEletronico() {
return true;
    }
}
```

Uma classe que implemente essa interface será obrigada apenas a implementar o método abstrato **ligar**:

```
public class Computador implements Eletronico {
    // implementando o método abstrato da interface
void ligar() {
        System.out.println("Ligando o computador.");
    }
}
```

Imagine que criássemos agora a interface **Aparelho**, a seguir:

```
public interface Aparelho {

    // método padrão
    default void desligar() {
        System.out.println("Desligando o aparelho.");
    }
}
```

e alterássemos a classe **Computador** para também implementar a interface **Aparelho**:

```
public class Computador implements Eletronico, Aparelho {
    // implementando o método abstrato da interface
    void ligar() {
        System.out.println("Ligando o computador.");
    }
}
```

Neste caso, temos um problema: há dois métodos *default* com a mesma assinatura tanto na interface **Eletronico** quanto na interface **Aparelho**, e a classe **Computador** implementa ambas. O compilador fica confuso em relação a qual método chamar quando **desligar()** for invocado em um objeto do tipo **Computador**, uma vez que está ocorrendo uma herança múltipla. Para resolver esse problema, poderíamos implementar o método **desligar()** na classe **Computador**:

```
public class Computador implements Eletronico, Aparelho {
    // implementando o método abstrato da interface
    void ligar() {
        System.out.println("Ligando o computador.");
    }

    void desligar() {
        System.out.println("Desligando o computador.");
    }
}
```

Entretanto, devemos lembrar que a motivação dos métodos *default* em interfaces a partir do Java 8 foi permitir a adição de novos métodos em interfaces sem precisar modificar as classes que as implementam. O propósito da interface em Java, entretanto, continua o mesmo: prover uma abstração completa para uma classe (enquanto que o propósito principal de uma classe abstrata é prover uma abstração *parcial* para uma classe). Com isso em mente, provavelmente a melhor solução para o exemplo anterior seria refatorar o código, construindo uma modelagem mais apropriada.

Vale lembrar que as interfaces, assim como as classes abstratas, exercem um importante papel no polimorfismo, podendo ser utilizadas como tipo de variáveis de referência polimórficas, retorno polimórfico de métodos e tipo de atributo polimórfico de métodos.

Enum

O Java possui um tipo especial, chamado **enum**, que é utilizado para representar constantes dentro do sistema. Os *enums* estão presentes no Java desde sua quinta versão, e em situações onde é necessária uma grande quantidade de constantes do mesmo tipo geralmente um **enum** é a melhor opção. Um exemplo possível são as situações de um pedido, como apresentado a seguir.

```java
public enum SituacaoPedido {
  SOLICITADO, EM_PREPARACAO, ENVIADO, ENTREGUE;
}
```

Nesse caso, cada uma das constantes é um **objeto**: uma instância de **SituacaoPedido**. Apesar deste ser um *enum* bem simples, pois não contém métodos ou atributos, ele já pode ser utilizado, por exemplo, em um *switch*, conforme o próximo exemplo.

```java
switch (situacaoPedido) {
case SOLICITADO:
  System.out.println("Pedido solicitado.");
  break;
case ENVIADO:
  System.out.println("Pedido enviado.");
  break;
case EM_PREPARACAO:
  System.out.println("Pedido em preparação.");
  break;
case ENTREGUE:
  System.out.println("Pedido entregue.");
  break;
default:
  System.out.println("Situação do pedido desconhecida.");
  break;
}
```

Além disso, também é fácil recuperar todos os valores de um *enum* e iterar sobre eles, como apresentado a seguir.

```java
for (SituacaoPedido situacaoPedido : SituacaoPedido.values()) {
  System.out.println(situacaoPedido);
}
```

E como os *enums* são nomeados, ao apresentá-los no console eles serão representados pelo seu próprio nome, diferentemente de variáveis comuns, que seriam representadas pelo seu valor. O código anterior, por exemplo, apresentaria a seguinte saída no console.

```
SOLICITADO
EM_PREPARACAO
```

```
ENVIADO
ENTREGUE
```

Outra vantagem dos *enums* é que eles são objetos completos, ou seja, também podem possuir métodos e atributos. O código a seguir exemplifica isso com um conjunto de cores e suas respectivas representações em hexadecimal.

```java
public enum Cor {
  VERMELHO("FF0000"),
  VERDE("00FF00"),
  AZUL("0000FF");

  private Cor(String codigoHex) {
    this.codigoHex = codigoHex;
  }

  private final String codigoHex;

  public String getCodigoHex() {
    return codigoHex;
  }

  public Color getColor() {
    return Color.decode("0x" + this.getCodigoHex());
  }
}
```

É importante notar a declaração de cada uma das constantes, pois elas utilizam o construtor declarado no *enum*, que recebe o código hexadecimal da cor como argumento. Além disso, o *enum* **Cor** possui um atributo e dois métodos. Nesse exemplo, o método **getColor** faz uma conversão da *String* para um objeto do tipo **java.awt.Color**, apenas para mostrar que é possível declarar esse tipo de método dentro de um *enum*. A utilização desse *enum* pode ser vista no exemplo a seguir.

```java
System.out.println(Cor.VERMELHO.getCodigoHex());
System.out.println(Cor.VERMELHO.getColor());
```

Esse código apresenta a seguinte saída no console.

```
FF0000
java.awt.Color[r=255,g=0,b=0]
```

Um *enum* pode ter ainda muito mais métodos e atributos e de fato representar um objeto completo. Sua vantagem para o desenvolvimento é que todas as instâncias possíveis dele são declaradas no próprio *enum* e validadas em tempo de compilação. Ele é uma excelente ferramenta para situações onde há um conjunto predefinido de valores ou objetos de um certo tipo, e esses valores não precisam ser alterados durante a execução do programa.

Ao mesmo tempo, é importante tomar cuidado para não o utilizar em situações que *parecem* não mudar. Por exemplo, uma lista de marcas de carros pode, a princípio, parecer algo que poderia ser representado como um *enum*. Porém, é razoável pensar que durante o desenvolvimento do sistema apareçam requisitos que demandam que essas marcas sejam editadas, excluídas ou cadastradas – e nesse caso um *enum* provavelmente não seria a melhor opção.

25. Elementos estáticos

Tatiana Escovedo

A palavra reservada **static** é utilizada principalmente para o gerenciamento de memória e pode ser aplicada em métodos, variáveis, classes e blocos. Uma vez declarados como *static*, os membros pertencerão à classe em vez de uma instância específica. Isso significa que podemos utilizar um membro estático de uma classe sem a necessidade de inicializá-la.

Para entender melhor esse conceito, vamos explorar um exemplo. Até o momento, vimos que os métodos são chamados geralmente sobre um objeto, como no exemplo a seguir:

```java
public class Aluno {
    private String nome;

    public Aluno(String nome) {
        this.nome = nome;
    }

    public void matricular() {
        System.out.println("Aluno(a) " + nome + " matriculado(a) com sucesso!");
    }
}

public class Universidade{
    public static void main(String[] args) {
        Aluno alunaTatiana = new Aluno("Tatiana Escovedo");
        alunaTatiana.matricular();
    }
}
```

Neste exemplo, o método **matricular()**, declarado na classe **Aluno**, é chamado na classe **Universidade** sobre o objeto do tipo **Aluno** referenciado por **alunaTatiana**, para realizar a matrícula dessa aluna. Entretanto, imagine que quiséssemos criar um método que compare o valor de dois inteiros, como no exemplo a seguir:

```java
public class NumeroUtils {
    public void comparaDoisInts(int int1, int int2) {
        if (int1 == int2) {
            System.out.println("Os números são iguais.");
        } else if (int1 > int2) {
            System.out.println("O primeiro número é maio.");
        } else if (int1 < int2) {
            System.out.println("O segundo número é maior.");
        }
    }
}
```

Repare que o comportamento do método **comparaDoisInts()** não depende de nenhuma variável de instância, atuando apenas sobre os argumentos **num1** e **num2**. Esse método sempre faz a mesma coisa: compara os dois valores de argumentos e imprime uma resposta. Nesse caso, não ganharíamos nada com a instanciação da classe **NumeroUtils**.

Em Java, a palavra reservada **static** permite que um método seja executado sem que haja uma instância da classe na qual ele foi declarado. Chamamos esse método de estático: como este método não depende de variáveis de instância, não são necessárias instâncias/objetos. Para chamar um método estático, basta chamá-lo sobre o nome da classe, como ilustra o exemplo a seguir:

```java
public class NumeroUtils {
    public static void comparaDoisInts(int int1, int int2) {
        if (int1 == int2) {
            System.out.println("Os números são iguais.");
        } else if (int1 > int2) {
            System.out.println("O primeiro número é maio.");
        } else if (int1 < int2) {
            System.out.println("O segundo número é maior.");
        }
    }
}
```

```java
public class MeuPrograma {
    public static void main(String[] args) {
        NumerosUtils.comparaDoisInts(7, 84);
    }
}
```

Também podemos declarar uma **variável** como estática usando na sua declaração a palavra reservada **static**. Neste caso, significa que seu valor será o mesmo para todas as instâncias da classe na qual ela foi declarada. Na verdade, os objetos compartilham uma cópia da mesma variável. Vamos ver um exemplo:

```java
public class Pessoa {
    static int contador;
    String nome;

    public Pessoa() {
        contador++;
    }
}
```

```java
public class Teste {

    public static void main(final String[] args) {

        Pessoa p1 = new Pessoa();
        p1.nome = "Tatiana";
        System.out.println(p1.nome + " - " + Pessoa.contador);

        Pessoa p2 = new Pessoa();
        p2.nome = "Rubens";
        System.out.println(p2.nome + " - " + Pessoa.contador);

    }
}
```

O resultado da execução deste código será:

```
Tatiana - 1
Rubens - 2
```

Métodos estáticos não podem utilizar variáveis não estáticas (de instância) nem fazer referência a **this**, já que esse termo aponta para o próprio objeto e, como não há necessidade de haver um objeto para chamar o método estático, ele não saberia qual valor de variável de instância usar. Por esse mesmo motivo, métodos estáticos também não podem utilizar métodos não estáticos, uma vez que estes geralmente usam o estado da variável de instância para alterar algum atributo do objeto apontado por ela ou afetar o comportamento do método.

Em Java, também podemos ter **blocos** estáticos, que são definidos pela palavra **static** e são executados apenas uma vez (assim que a classe é carregada na memória), antes do construtor da classe, não importando quantos objetos sejam criados. Veja o exemplo a seguir:

```java
public class Pessoa {
    static {
        System.out.println("Bloco estático");
    }

    public Pessoa() {
        System.out.println("Nova pessoa");
    }
}
```

```java
public class Teste {

    public static void main(final String[] args) {

        Pessoa p1 = new Pessoa();
Pessoa p2 = new Pessoa();
    }
}
```

A saída será:

```
Bloco estático
Nova pessoa
Nova pessoa
```

Vale a pena observar que podemos ter vários blocos estáticos em uma classe. Esses blocos são executados na ordem em que são declarados na classe, todos antes da chamada do construtor.

Em Java, é possível criarmos classes dentro de classes, e, neste caso, dizemos que essas classes são aninhadas e a classe interna é conhecida como *inner class*. Nesse caso, a classe interna é um membro da classe externa. Isso significa que uma instância da classe interna não pode ser criada sem uma instância da classe externa e, por isso, uma instância de classe interna pode acessar todos os membros de sua classe externa, sem precisar referenciá-la.

É possível definirmos uma **classe** como estática, desde que ela seja definida dentro de outra classe. Nesse caso, não é necessário nenhum relacionamento especial com a classe externa. A classe aninhada estática terá acesso a todos os membros **estáticos** da classe externa (incluindo os privados), uma vez que ela ainda será considerada um membro da classe externa. Ela não terá acesso aos membros não estáticos da classe externa porque ela não exige que exista um objeto da classe externa.

Classes internas não estáticas também são conhecidas como *inner classes* e, ao contrário das classes aninhadas estáticas, não podem ser instanciadas sem instanciar sua classe externa. Vejamos exemplos desses conceitos:

```java
class ClasseExterna {
    private static String msgEstatica = "Sou estática";
     private String msgNaoEstatica = "Não sou estática";

    // Classe aninhada estática
    public static class ClasseInternaEstatica {

        public void metodo1() {
            System.out.println(msgEstatica); // imprime "Sou estática"
            System.out.println(msgNaoEstatica); // erro de compilação
        }
    }

    // Classe aninhada não estática - Inner class
    public class ClasseInterna {
```

```
        public void metodo2() {
            System.out.println(msgEstatica); // imprime "Sou
estática"
            System.out.println(msgNaoEstatica); // imprime
"Não sou estática"

        }
    }
}
```

```
public class TesteClasseInterna {
    public static void main(String args[]) {

        // Criando uma instância da ClasseInternaEstatica
        ClasseExterna.ClasseInternaEstatica ex1
                = new ClasseExterna.ClasseInternaEstatica();

        // Para criar uma instância da ClasseInterna, é
necessário criar primeiro uma instância da ClasseExterna
        ClasseExterna ex2 = new ClasseExterna();
        ClasseExterna.ClasseInterna ex3
                = ex2.new ClasseInterna();

        // Outra forma de criar uma instância da InnerClass
        ClasseExterna.ClasseInterna ex4
                = new ClasseExterna().new ClasseInterna();
    }
}
```

A principal vantagem de utilizar classes aninhadas (com classe interna estática ou não estática) é o agrupamento de classes que são usadas apenas em um único lugar (dentro da classe externa), sem a necessidade de criarmos duas classes separadas. Se a classe interna for pequena, o código também fica mais legível e de fácil manutenção, uma vez que as classes ficam agrupadas, uma encapsulada dentro da outra.

Você pode ver mais exemplos de classes aninhadas neste link[29], que aborda também o conceito de classes anônimas, que ficou fora do escopo deste livro.

---
[29] <https://www.devmedia.com.br/classes-anonimas-e-aninhadas-em-java/31167>

26. Estrutura de dados, *collections* e *generics*

Allan Rodrigo Leite
Luca Fenris Elert

Todo software, em algum momento, necessita manter, recuperar ou transformar dados para seu funcionamento. Estruturas de dados são estratégias para organizar dados a fim de tornar seu armazenamento e acesso mais eficientes. Portanto, tais estratégias são fundamentais para obter um desempenho adequado em um software. Mas para alcançar tal objetivo é importante conhecer as diferentes estruturas de dados existentes e, principalmente, os cenários favoráveis para a adoção de cada uma delas.

De uma forma geral, as estruturas de dados podem ser classificadas em **lineares** ou **não lineares**. Em estruturas lineares, os dados estão organizados sequencialmente. Exemplos de estruturas lineares são pilhas, filas e listas. Nessas estruturas, todos os dados estão linearmente encadeados, o que muda entre elas é a estratégia de acesso ao dado.

Em contraste, estruturas de dados não lineares não mantêm os dados de forma sequencial e os dados também não estão todos encadeados. Exemplos de estruturas não lineares são árvores, dicionários e grafos. Nesses casos, as estruturas não lineares estabelecem outras formas para definir a relação entre os dados, tais como hierarquia ou outros tipos de arranjos.

Java Collections

Para auxiliar os desenvolvedores, o Java dispõe de um conjunto de classes e interfaces com diversas estratégias e algoritmos reusáveis para organização de dados. Assim, podemos escolher e utilizar a implementação que melhor atenda às características dos nossos softwares, mas sem a necessidade de implementá-las. Esse conjunto de classes e interfaces é chamado de *Java Collections* e está disponível no pacote **java.util** desde a versão 1.2 do Java.

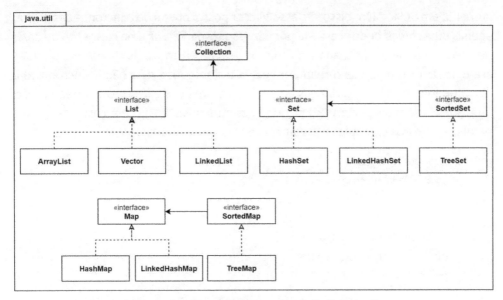

Figura 26.1. Diagrama de classes e interfaces do java.utils.
Fonte: os autores.

A interface **Collection** está na raiz da hierarquia de coleções e representa um conjunto genérico de elementos. Essa interface fornece métodos básicos para manipulação de coleções, tais como adicionar ou remover elementos, verificar se a coleção está vazia, dentre outros. Normalmente, utilizamos essa interface quando desconhecemos a implementação concreta utilizada para representar uma coleção.

List

A interface **List** é uma estrutura de dados linear para coleções ordenadas, cujos elementos podem ser acessados a partir dos seus respectivos índices. Além disso, as implementações de **List** permitem manter elementos duplicados. Esta interface é recomendada quando for necessário realizar acessos aleatórios a partir dos índices de cada elemento. Exemplos concretos de **List** são as classes **Vector**, **ArrayList** e **LinkedList**, que utilizam uma implementação de vetor dinâmico (**Vector** e **ArrayList**) e lista encadeada (**LinkedList**).

As classes **Vector** e **ArrayList** utilizam vetores redimensionados dinamicamente conforme novos dados são adicionados na coleção. No entanto, a estratégia de redimensionamento adotada entre essas classes é diferente. A classe **Vector** aumenta em 100% seu tamanho atual ao exceder a capacidade, ao passo que a classe **ArrayList** aumenta em 50%. Além disso, a classe *Vector* possui operações sincronizadas, isto é, apenas uma *thread* pode acessá-la por vez. Isso torna *Vector* uma classe *thread-safe*, ou seja, que pode ser utilizada em cenários de paralelismo, pois ela mesma bloqueará o acesso a uma única *thread* por vez. Já a classe *ArrayList* não é sincronizada, permitindo que múltiplas *threads* acessem a mesma coleção concorrentemente, o que, apesar de mais performático, pode gerar inconsistências em casos de acesso paralelo. Veja nos exemplos a seguir como elas são utilizadas:

```java
public class MeuVetor {
   public static void main(String[] args) {
      List colecao = new Vector();

      colecao.add("Allan");
      colecao.add("Rodrigo");
      colecao.add("Leite");

      colecao.remove(1);

      System.out.println(colecao.get(0)); // exibe Allan
      System.out.println(colecao.size()); // exibe 2
   }
}


public class MeuArrayList {
   public static void main(String[] args) {
      List colecao = new ArrayList();

      colecao.add("Allan");
      colecao.add("Rodrigo");
      colecao.add("Leite");

      colecao.remove(1);

      System.out.println(colecao.get(0)); // exibe Allan
      System.out.println(colecao.size()); // exibe 2
   }
}
```

Já a classe *LinkedList* utiliza uma lista encadeada para organização dos dados, onde cada elemento possui um dado e uma referência para o próximo elemento. Essa técnica resulta em um melhor desempenho na operação de adição em relação às demais implementações de *List*, pois basta criar um novo elemento e encadeá-lo ao último existente. Em contrapartida, os acessos aleatórios e buscas apresentam um esforço computacional linear. Dessa maneira, recomenda-se o uso da classe *LinkedList* quando o volume de operações de adição sobre a coleção for consideravelmente maior do que o volume de acessos aleatórios ou buscas. Veja a seguir um exemplo da *LinkedList*:

```java
public class MeuLinkedList {
    public static void main(String[] args) {
        List colecao = new LinkedList();

        colecao.add("Allan");
        colecao.add("Rodrigo");
        colecao.add("Leite");

        colecao.remove(1);

        System.out.println(colecao.get(0)); // exibe Allan
        System.out.println(colecao.size()); // exibe 2
    }
}
```

Set

Em contraste ao *List*, a interface *Set* especifica uma coleção que não permite elementos duplicados. Além disso, a coleção que implementa esta interface não é essencialmente ordenada. Para que a coleção seja ordenada, devem ser utilizadas implementações da interface *SortedSet*. Exemplos concretos da interface *Set* são as classes *HashSet*, *LinkedHashSet* e *TreeSet*, que utilizam implementações de tabela de dispersão (*HashSet* e *LinkedHashSet*) e de árvore binária (*TreeSet*).

A classe *HashSet* fornece o melhor desempenho entre as implementações de *Set*, porém não há garantia sobre a ordem de iteração dos dados. Já a classe *LinkedHashSet* garante uma ordenação baseada na sequência de inserção dos dados, mas requer adicionalmente uma lista encadeada para alcançar essa propriedade. Em outras palavras, a classe *LinkedHashSet* demanda um esforço computacional maior em relação à *HashSet* devido à necessidade de uma lista encadeada. Vejamos exemplos das classes *HashSet* e *LinkedHashSet*:

```java
public class MeuHashSet {
    public static void main(String[] args) {
        Set colecao = new HashSet();

        colecao.add("Alexandre");
        colecao.add("Allan");
        colecao.add("Alice");

        for (Object obj : colecao) {
            // exibe Alice, Alexandre e Allan
            System.out.println(obj);
        }

        System.out.println(colecao.size()); // exibe 3
    }
}
```

```java
public class MeuLinkedHashSet {
    public static void main(String[] args) {
        Set colecao = new LinkedHashSet();

        colecao.add("Alexandre");
        colecao.add("Allan");
        colecao.add("Alice");

        for (Object obj : colecao) {
            // exibe Alexandre, Allan e Alice
            System.out.println(obj);
        }

        System.out.println(colecao.size()); // exibe 3
    }
}
```

Por fim, a classe *TreeSet* fornece uma ordenação classificada a partir dos valores (dados) da coleção. No entanto, esta propriedade resulta em um maior esforço computacional em relação às outras implementações de *Set*. Além disso, a classe *TreeSet* permite que a estratégia de comparação seja redefinida quando o objeto mantido pela coleção implementar a interface *Comparator*, a qual também faz parte do pacote **java.util**. Vejamos um exemplo:

```java
public class MeuLinkedHashSet {
    public static void main(String[] args) {
        Set colecao = new LinkedHashSet();

        colecao.add("Alexandre");
        colecao.add("Allan");
        colecao.add("Alice");

        for (Object obj : colecao) {
            // exibe Alexandre, Allan e Alice
            System.out.println(obj);
        }

        System.out.println(colecao.size()); // exibe 3
    }
}
```

Map

Como vimos até agora, a interface *Collection* refere-se a estruturas de dados lineares. No entanto, o *Java Collections* também dispõe de estruturas não lineares e, nesse caso, estamos falando sobre as implementações da interface *Map*. Esta interface especifica um dicionário organizado por pares chave-valor, cujos valores podem ser duplicados, mas as chaves devem ser únicas. Essa restrição é necessária, pois o acesso aos dados ocorre a partir das suas respectivas chaves.

De maneira similar ao *Set*, dicionários que implementam um *Map* não são essencialmente ordenados. Para que um *Map* seja ordenado, deve ser utilizada a interface *SortedMap*. Exemplos concretos de *Map* são *HashMap*, *LinkedHashMap* e *TreeMap*, que utilizam implementações de tabela de dispersão (*HashMap* e *LinkedHashMap*) e árvore binária (*TreeMap*).

A classe *HashMap* fornece o melhor desempenho entre as implementações de *Map*, embora não exista garantia sobre a ordem de iteração das chaves e dos dados mantidos por esse dicionário. Em contrapartida, a classe *LinkedHashMap* garante uma ordenação com base na ordem de inserção dos dados, mas requer uma lista encadeada para garantir essa propriedade. Vejamos exemplos:

```java
public class MeuHashMap {
    public static void main(String[] args) {
        Map mapa = new HashMap();

        mapa.put("Alexandre",1);
        mapa.put("Allan",2);
        mapa.put("Alice",3);

        for (Object chave : mapa.keySet()) {
            // exibe Alice: 3, Alexandre: 1 e Allan: 2
            System.out.println(chave + ": " + mapa.get(chave));
        }

        System.out.println(mapa.size()); // exibe 3
    }
}
```

```java
public class MeuLinkedHashMap {
    public static void main(String[] args) {
        Map mapa = new LinkedHashMap();

        mapa.put("Alexandre",1);
        mapa.put("Allan",2);
        mapa.put("Alice",3);

        for (Object chave : mapa.keySet()) {
            // exibe Alexandre: 1, Allan: 2 e Alice: 3
            System.out.println(chave + ": " + mapa.get(chave));
        }

        System.out.println(mapa.size()); // exibe 3
    }
}
```

Finalmente, a classe *TreeMap* fornece uma ordenação a partir das chaves do dicionário. Contudo, essa propriedade requer um esforço computacional maior em relação às outras implementações de *Map*. De maneira similar ao *TreeSet*, a classe *TreeMap* também permite que a estratégia de comparação seja redefinida quando o objeto mantido pela coleção implementar a interface *Comparator*. Vejamos um exemplo:

```java
public class MeuTreeMap {
    public static void main(String[] args) {
        Map mapa = new TreeMap();

        mapa.put("Alexandre",1);
        mapa.put("Allan",2);
        mapa.put("Alice",3);

        for (Object chave : mapa.keySet()) {
            // exibe Alexandre: 1, Alice: 3 e Allan: 2
            System.out.println(chave + ": " + mapa.get(chave));
        }

        System.out.println(mapa.size()); // exibe 3
    }
}
```

Iterator e foreach

Agora que já vimos quais os principais recursos do *Java Collections* para armazenar dados em estruturas apropriadas, chegou o momento de falar sobre como os dados podem ser acessados por essas estruturas de uma forma polimórfica. A interface *Iterator* fornece a principal e mais conveniente maneira para percorrer uma coleção, possibilitando também modificar ou remover um elemento durante a iteração. Os três principais métodos do *Iterator* são: *hasNext()*, *next()* e *remove()*.

O método *hasNext()* pode ser utilizado para verificar se há elementos a serem percorridos na iteração corrente. Já o método *next()* realiza a iteração para o próximo elemento da coleção. Por fim, o método *remove()* possibilita remover o elemento da iteração corrente, mesmo que mais de uma *thread* esteja acessando a mesma coleção de forma concorrente. Em geral, utilizamos o *Iterator* em laços de repetição. Vejamos um exemplo:

```java
public class MeuIterator {
    public static void main(String[] args) {
        List colecao = new ArrayList();

        colecao.add("Allan");
        colecao.add("Rodrigo");
        colecao.add("Leite");

        for (Iterator it = colecao.iterator(); it.hasNext();) {
            String object = (String) it.next();

            // exibe Allan, Rodrigo, Leite
            System.out.println(object);

            if ("Rodrigo".equals(object)) {
                it.remove();
            }
        }

        System.out.println(colecao.size()); // exibe 2
    }
}
```

O *foreach* (visto em exemplos de capítulos anteriores) é outra maneira para percorrer uma coleção a partir de um laço de repetição, cuja técnica foi introduzida na versão 1.5 do Java. Esse laço de repetição possui uma sintaxe mais usual, pois basta estabelecer a instância da coleção e a variável que receberá a referência dos elementos a cada iteração. Contudo, o *foreach* não permite modificar a coleção durante a iteração. Há também outras alternativas para percorrer coleções, utilizando outro recurso do Java chamado **Lambda Expressions**. Esse assunto será abordado com mais detalhes no capítulo sobre expressões *lambda* deste livro.

```java
public class MeuForeach {
    public static void main(String[] args) {
        List colecao = new ArrayList();

        colecao.add("Allan");
        colecao.add("Rodrigo");
        colecao.add("Leite");
```

```
        for (Object object : colecao) {
            // exibe Allan, Rodrigo, Leite
            System.out.println(object);
        }
    }
}
```

Java Generics

Os exemplos de coleções e dicionários que vimos até então permitem armazenar qualquer tipo de objeto. Isso ocorre porque as implementações básicas do *Java Collections* preveem o uso de instâncias da classe **Object**, que representa a classe pai de todas as classes no Java. Consequentemente, as coleções e dicionários podem armazenar instâncias de qualquer classe devido ao polimorfismo, pois toda instância é do tipo **Object**.

O fato de as coleções serem capazes de armazenar qualquer tipo de objeto as torna altamente flexíveis e reusáveis, uma vez que não há nenhuma restrição sobre os tipos de dados a serem utilizados. No entanto, essa característica apresenta alguns desafios, tais como a impossibilidade de garantir um único tipo de dados para a mesma coleção, a necessidade por conversões explícitas ao acessar os dados de uma coleção e a falta de validação de tipos de dados incompatíveis ou não previstos em tempo de compilação.

Para lidar com esses desafios, foi lançada na versão 1.5 do Java uma funcionalidade chamada *Java Generics*. Ao declarar uma variável com um tipo de dado que suporta *Generics*, precisamos especificar qual classe será utilizada pelo tipo genérico. Isso permite que o compilador consiga inferir validações de tipos de dados. No caso do **Java Collections**, o *Generics* permite especificar o tipo de dado suportado pelas coleções ou dicionários.

```
public class Genericos {
    public static void main(String[] args) {
        List<String> colecao = new ArrayList<>();

        colecao.add("Allan");
        colecao.add("Rodrigo");
```

```
        //Erro de compilação na próxima linha, tipo incompatível
        colecao.add(123);
    }
}
```

Também é possível utilizar herança em declarações com *Java Generics*, tornando mais flexível a declaração dos tipos genéricos. Para tanto, na declaração de classes ou métodos com suporte a *Generics*, podemos estender o tipo genérico utilizando a palavra reservada **extends**, de forma similar quando usamos em herança entre classes. Além disso, é possível utilizar o *wildcard* "?" para referenciar tipos de dados desconhecidos.

```
public class GenericosNumero {
    public static void main(String[] args) {
        List<Integer> lista1 = Arrays.asList(1,2,3);
        System.out.println(soma(lista1));

        List<Double> lista2 = Arrays.asList(1.1,2.2,3.3);
        System.out.println(soma(lista2));
    }
    //Recebe como parâmetro qualquer lista cujos elementos
estendam de Number
    public static double soma(List<? extends Number> lista) {
        double soma = 0;

        for (Number numero : lista) {
            soma += numero.doubleValue();
        }
        return soma;
    }
}
```

Evolução do *Java Collections* e *Java Generics*

Embora o *Java Collections* e o *Java Generics* existam há algum tempo, essas bibliotecas recebem atualizações constantemente a cada versão do Java. Citaremos resumidamente as principais evoluções dessas bibliotecas tão úteis na vida de um desenvolvedor Java.

A versão 1.7 introduziu o operador diamante "<>", o qual torna o uso do *Java Generics* mais intuitivo, inferindo o tipo de dado a ser utilizado na instanciação a partir do tipo declarado na variável. Por sua vez, na versão 8 foi adicionado ao *Java Collection* o suporte ao *Java Streams*, permitindo a iteração de coleções de forma mais fluida. Já na versão 9 foram disponibilizados recursos para fábricas de coleções imutáveis, tornando a criação de coleções imutáveis mais simples e concisa a partir de um único método. E na versão 10 foram adicionadas novas formas para criar coleções imutáveis a partir de coleções ou operações existentes.

27. Ciclo de vida de um objeto e a classe *Object*

Kamila Santos

Neste capítulo, abordaremos o ciclo de vida de um objeto. Falaremos sobre a sua criação, quando está acessível ou não, como são feitas as referências a ele e quando ele é coletado pelo *garbage collector*[30].

Vamos começar criando uma classe **CicloDeVida**, que declara uma variável estática e uma não estática. No seu construtor, a variável estática é incrementada, ou seja, isso acontece toda vez que o construtor é invocado:

```java
public class CicloDeVida {
    static int contador;
    String nome;

    public CicloDeVida() {
        contador++;
    }
}
```

Vamos agora, dentro do método *main* da classe **Teste**, declarar uma variável de referência do tipo **CicloDeVida** e imprimir o valor da variável estática **contador**:

```java
public class Teste {
    public static void main(final String[] args) {
        CicloDeVida primeiro;
        System.out.println("objetos=" + CicloDeVida.contador);

    }
}
```

---

[30] *Garbage collector*: componente da máquina virtual responsável por desalocar memória quando um determinado objeto não está mais em uso. É explicado em detalhes no capítulo sobre "Garbage Collection".

O resultado da execução do exemplo anterior mostra que não houve incremento no contador: como não houve criação de um novo objeto, o construtor não foi executado:

```
objetos=0
```

Porém, se criarmos um objeto do tipo **CicloDeVida** com o comando *new*, o construtor será executado:

```java
public class Teste {
    public static void main(final String[] args) {
        new CicloDeVida();
        System.out.println("objetos=" + CicloDeVida.contador);
    }
}
```

O resultado da execução deste exemplo mostra que o contador estático foi incrementado:

```
objetos=1
```

Ou seja, toda vez que chamamos o construtor com o comando *new*, um novo objeto será criado. No exemplo, porém, criamos o objeto sem atribuí-lo a uma variável de referência, sendo impossível acessá-lo. Nesse caso, dizemos que ele é um objeto do tipo **não referenciado**: ele existe, mas é inacessível.

Vamos ver no próximo exemplo como criamos um objeto referenciado:

```java
public class Teste {
    public static void main(final String[] args) {

        // objeto não referenciado
        new CicloDeVida();

        // objeto referenciado por obj1
        CicloDeVida obj1 = new CicloDeVida();
        obj1.nome = "Kamila";
        System.out.println("objetos=" + CicloDeVida.contador);
        System.out.println(obj1.nome);
    }
}
```

Além do objeto ser referenciado, ele está acessível. Nesse caso, através da variável de referência **obj1**, é possível ter acesso aos atributos da instância. Veja o resultado da execução dessa aplicação:

```
objetos=2
Kamila
```

Vamos ver agora o que acontece quando dois objetos diferentes fazem referência à mesma variável. Iremos declarar a variável de instância **obj1** e atribuir a ela um novo objeto **CicloDeVida**, bem como um nome. Em seguida, iremos atribuir um novo objeto **CicloDeVida** e imprimir o contador e o nome de **obj1**:

```java
public class Teste {

    public static void main(String[] args) {

        CicloDeVida obj1 = new CicloDeVida();
        obj1.nome = "Kamila";

        obj1 = new CicloDeVida();
        System.out.println("objetos=" + CicloDeVida.contador);
        System.out.println(obj1.nome);

    }
}
```

Foram criados dois objetos, mas apenas uma variável de instância. Nesse caso, o primeiro objeto se tornou inacessível, pois **obj1** deixou de referenciá-lo e passou a referenciar o segundo objeto criado. Como o nome do segundo objeto não foi inicializado, será exibido o valor padrão *null* quando imprimirmos o seu valor:

```
objetos=2
null
```

Nesse ponto, o primeiro objeto não é mais acessível, pois não existe nenhuma variável de referência que aponte para ele. Somente o segundo objeto é acessível, através da variável de referência **obj1**. É neste momento que entra em ação ***garbage collector***, uma ferramenta que auxilia no gerenciamento de memória de aplicações Java.

Ciclo de vida de um objeto e a classe *Object* 117

Ao executar uma aplicação, os objetos são criados no seu **heap**, sua região de memória dedicada. Periodicamente, o *garbage collector* realiza a exclusão de objetos candidatos para liberar memória.

Para entender quando um objeto é elegível para ser recolhido pelo *garbage collector*, vamos ver alguns exemplos:

```java
public class Teste {

    public static void main(String[] args) {

        CicloDeVida obj1 = new CicloDeVida(); // objeto 1
        obj1.nome = "Kamila";

        obj1 = new CicloDeVida(); // objeto 2
    }
}
```

Neste exemplo, o primeiro objeto está apto para ser coletado pelo *garbage collector*. Isso ocorre porque ele não está mais acessível, uma vez que, ao contrário do objeto 2 (que é referenciado por **obj1**), não existe nenhuma variável de referência apontando para ele. Esse é um dos critérios do *garbage collector* para realizar a exclusão de objetos.

Vejamos mais um exemplo, dessa vez atribuindo **null** para a nossa variável de referência:

```java
public class Teste {

    public static void main(String[] args) {

        CicloDeVida obj1 = new CicloDeVida(); // objeto 1
        obj1.nome = "Kamila";

        obj1 = new CicloDeVida(); // objeto 2
          obj1 = null;
    }
}
```

Ao executar a aplicação veremos que ainda temos dois objetos contabilizados, porém nenhum deles está acessível. Isso acontece porque atribuímos o valor *null* para a nossa variável de referência. Quando isso acontece, cria-se uma espécie de "bloqueio" para o objeto que ela estava referenciando. Agora, ambos os objetos poderão ser excluídos pelo *garbage collector*, pois não estão mais acessíveis.

Vejamos mais um exemplo:

```java
public class Teste {

    public static void main(String[] args) {

        CicloDeVida obj1 = new CicloDeVida(); // objeto 1

        CicloDeVida obj2 = new CicloDeVida(); // objeto 2
    }
}
```

Neste caso, temos dois objetos, mas como ambos estão sendo referenciados (pelas variáveis de referência **obj1** e **obj2**), nenhum deles é elegível para coleta do *garbage collector*. Temos dois objetos acessíveis e duas referências válidas.

Para finalizar, vamos ver um último exemplo:

```java
public class Teste {

    public static void main(String[] args) {

        CicloDeVida obj1 = new CicloDeVida();

        CicloDeVida obj2 = obj1;

        obj1 = null;
    }
}
```

Neste caso, apesar de termos atribuído explicitamente *null* à variável de referência **obj1**, o objeto que ela referenciava não será elegível para coleta do *garbage collector*, pois este mesmo objeto é referenciado por **obj2**.

Apesar de o *garbage collector* ser chamado automaticamente pela JVM, ele pode ser explicitamente invocado através do comando **System.gc()**. Na prática, entretanto, ele nem sempre é executado imediatamente. Assim, não conseguimos saber exatamente quando o *garbage collector* excluirá algo da memória, somente temos conhecimento de quais objetos são elegíveis para coleta.

A classe *Object*

A classe *Object* pode ser considerada a classe raiz da hierarquia de classes do Java, pois todas as demais classes herdam dela, direta ou indiretamente. Esta classe é definida no pacote **java.lang**, que é automaticamente importado em todas as classes que criamos, e ela define comportamentos básicos de todos os objetos através dos métodos **toString()**, **equals()** e **hashCode()**, que serão detalhados a seguir.

O método toString()

Este método retorna a representação do objeto no formato de *string* e, por padrão, retorna o nome da classe seguido por @ e um número de identificação. Recomenda-se que este método seja sobrescrito em suas classes, para que, quando chamado, retorne algo que faça sentido. Vejamos o exemplo a seguir:

```java
public class Aluno {
    int id;
    String nome;
    String endereco;

    Aluno(int id, String nome, String endereco){
        this.id=id;
        this.nome=nome;
        this.endereco=endereco;
    }

    public String toString(){
        return id + " " + nome + " " + endereco;
    }
}
```

```java
public class TesteAluno {

    public static void main(String args[]){
        Aluno aluno1 = new Aluno(1,"Kamila","Brasil");
        System.out.println(aluno1);
    }
}
```

Ao executarmos a classe **TesteAluno**, o resultado será o seguinte:

```
1 Kamila Brasil
```

Repare que quando imprimimos um objeto através do comando **System.out.println**, o método **toString()** é automaticamente chamado. Caso não tivéssemos sobrescrito o **toString()** em **aluno**, o resultado seria algo parecido com:

```
Aluno@17db9849
```

O método equals()

O objetivo do método **equals()** é validar se dois objetos são iguais e, por padrão, faz uso do operador "==", que verifica se ambas as referências apontam para o mesmo objeto. Assim como o **toString()**, recomenda-se que este método seja sobrescrito em suas classes para definir a condição de igualdade quando dois objetos forem comparados.

Vejamos o exemplo a seguir, no qual o método **equals()** é sobrescrito, definindo como condição de igualdade de dois objetos do tipo **Aluno** os dois terem o mesmo código:

```java
public class Aluno {
    int id;
    String nome;
    String endereco;

    Aluno(int id, String nome, String endereco){
        this.id=id;
        this.nome=nome;
        this.endereco=endereco;
    }
```

```java
    public String toString(){
        return id + " " + nome + " " + endereco;
    }

    public boolean equals(Aluno a) {
        if(this.id == a.id) {
            return true;
        }
        return false;
    }
}
```

```java
public class TesteAluno {

    public static void main(String args[]){
        Aluno aluno1 = new Aluno(1,"Kamila","Brasil");
        Aluno aluno2 = new Aluno(2,"Kamila","Brasil");
        System.out.println(aluno1.equals(aluno2));
    }
}
```

Ao executarmos a classe **TesteAluno**, o resultado será o seguinte:

```
false
```

O método hashCode()

O método **hashCode()** retorna um número inteiro que identifica um objeto – por padrão, o endereço interno deste objeto. Este método é importante para melhorar o desempenho em coleções que usam tabelas *hash* em sua implementação, como o **HashMap** e o **HashSet**, que utilizam o *hashcode* de um objeto para poder determinar onde este será armazenado e também para localizá-lo dentro da coleção.

28. Typecasting, autoboxing e unboxing

Kamila Santos

Typecasting

Typecasting consiste em converter um valor de um tipo de dado para outro tipo de dado. Se os tipos de dados são considerados compatíveis, o Java faz essa conversão de forma automática, caso contrário é necessário realizar a conversão explicitamente. As conversões podem ser entre tipos primitivos e entre referências para objetos.

Já falamos dos tipos primitivos no Capítulo 12 (Declaração de variáveis e tipos de dados). Em situações em que é necessário realizar conversão de um primitivo menor/mais simples que o de destino, ela é realizada automaticamente, como podemos ver no exemplo a seguir:

```
int variavelInt = 127;
long variavelLong = variavelInt;
```

Nesse tipo de conversão, o valor primitivo é armazenado num "container" maior e todo o espaço extra existente à esquerda do valor é preenchido com zeros. O mesmo se aplica na conversão de valores inteiros para valores com ponto flutuante:

```
float variavelFloat = variavelLong;
double variavelDouble = variavelLong;
```

Essa conversão ocorre de forma automática porque, como estamos indo para um "container" maior, não ocorre nenhuma perda de informação. A sequência a seguir ilustra as conversões possíveis entre tipos primitivos: **byte → short → int → long → float → double**.

Já quando precisamos passar um valor maior para uma variável menor, poderemos ter perda de informações, pois, devido à diferença do tamanho, alguns *bytes* do valor original deverão ser descartados. O fluxo para essas conversões é exatamente o mesmo ilustrado no parágrafo anterior, só que em ordem contrária. Nesse caso, precisamos fazer a conversão de forma explícita, como podemos observar no exemplo a seguir:

```
int outraVariavelInt = (int) variavelDouble;
byte variavelByte = (byte) outraVariavelInt;
```

É possível converter todos os tipos primitivos para *string* usando o método **String. valueOf(tipo)**:

```
String minhaNovaString = String.valueOf(outraVariavelInt);
```

Já para converter uma variável *string* para um tipo primitivo, podemos utilizar o método correspondente da classe **Wrapper** (classes que "empacotam" os tipos primitivos):

```
boolean meuBoolean = Boolean.parseBoolean(minhaNovaString);
float meuFloat = Float.parseFloat(minhaNovaString);
int meuInteiro = Integer.parseInt(minhaNovaString);
short meuShort = Short.parseShort(minhaNovaString);
long meuLong = Long.parseLong(minhaNovaString);
double meuDouble = Double.parseDouble(minhaNovaString);
byte meuByte = Byte.parseByte(minhaNovaString);
```

Essa técnica só não é válida no caso da conversão de *string* para *char*. Caso a *string* a ser convertida só tenha um caractere, é recomendado fazer uso do método **charAt()** da classe **String**:

```
char meuChar = minhaNovaString.charAt(0);
```

Além da conversão de tipos primitivos, podemos fazer a conversão de objetos por referência. Mas qual a diferença entre conversão primitiva e por referência? Em ambos os casos estamos realizando uma transformação de tipos, mas, como uma variável primitiva armazena seu próprio valor, a conversão acarreta mudanças diretamente no seu valor. Já as variáveis de referência se referem a um objeto, mas não o contêm, fazendo com que o objeto não seja diretamente alterado, mas sim "rotulado" com um outro tipo, alterando a forma de manipulá-lo. Podemos alterar o tipo de um objeto com *upcasting* e com *downcasting*, como veremos com mais detalhes a seguir.

Upcasting

Consiste na conversão de uma subclasse para uma superclasse, e geralmente é realizada de forma implícita pelo compilador. O *upcasting* está diretamente relacionado à herança e a interfaces, pois utilizamos variáveis de referência mais genéricas para se referir a um objeto de um tipo mais específico. Vejamos um exemplo:

```java
public class Animal {

    public void seAlimentar() {
        // faz algo
    }
}
```

```java
public class Gatinho extends Animal {

    public void seAlimentar() {
        // faz algo
    }

    public void arranhar() {
        // faz algo
    }
}
```

Podemos criar uma variável de referência do tipo **Gatinho** e atribuir a ela um novo objeto do mesmo tipo:

```java
Gatinho gatinho = new Gatinho();
```

Também podemos criar uma nova variável de referência do tipo **Animal** e atribuir a ela o objeto que criamos anteriormente, do tipo **Gatinho** (pois **Gatinho É-UM Animal**):

```java
Animal animal = gatinho;
```

Apesar de não termos feito explicitamente, o que ocorreu por trás dos panos foi o seguinte:

```java
animal = (Animal) gatinho;
```

Quando estamos convertendo um subtipo para um supertipo, não é necessário realizar a conversão manualmente. Nesse caso, o compilador já entende que **gatinho** é um **Animal**. Mas onde entra o polimorfismo no *upcasting*?

Vamos definir uma nova subclasse de **Animal**:

```
public class Cachorrinho extends Animal {

    public void seAlimentar() {
// faz algo
    }
}
```

E podemos criar em uma nova classe o método **alimentar()** que aceita qualquer **Animal**:

```
public class AlimentarAnimais {

    public static void alimentar(Animal animal) {
        animal.seAlimentar();
    }
}
```

Não é responsabilidade da classe **AlimentarAnimais** se preocupar com qual tipo de **Animal** está na lista: o método **alimentar()** trata todos da mesma forma. Agora podemos criar uma lista de animais, adicionar a ela objetos de diversos subtipos e em seguida alimentá-los:

```
List<Animal> animais = new ArrayList<>();
animais.add(new Gatinho());
animais.add(new Cachorro());

for(Animal animal : animais) {
    alimentar(animal);
}
```

Repare que estamos tratando polimorficamente os objetos **Gatinho** e **Cachorrinho** (ambos como **Animal**). Nesse caso, foi realizado um *upcasting* para **Animal** implicitamente.

Downcasting

De forma inversa ao *upcasting*, no *downcasting* podemos transformar uma variável de referência do tipo de uma superclasse no tipo de uma subclasse. Imagine que criássemos um novo objeto **Gatinho**, referenciado por uma variável do tipo **Animal**:

```
Animal animal = new Gatinho();
```

Se quiséssemos usar a variável **animal** (que é do tipo **Animal**) para acessar um método disponível somente para a classe **Gatinho** (como o método **arranhar()**), seria preciso fazermos explicitamente o *downcast* de **Animal** para **Gatinho**:

```
((Gatinho) animal).arranhar();
```

Os parênteses internos representam os operadores de conversão, os externos são relevantes para a compilação do nosso código. Vamos reescrever a classe **AlimentarAnimais** agora chamando o método **arranha()** apenas para os gatinhos:

```java
public class AlimentarAnimais {
    public static void alimentar(Animal animal) {
        animal.seAlimentar();
        if (animal instanceof Gatinho) {
            ((Gatinho) animal).arranhar();
        }
    }
}
```

Para fazer *downcast* somente dos objetos que realmente são instâncias de **Gatinho**, fizemos a verificação com o operador **instanceof**. Recomenda-se utilizar o **instanceof** para fazer o *downcast* de forma segura, pois se o objeto não corresponder ao tipo que estamos realizando *downcast*, será lançada uma exceção do tipo **ClassCastException**.

Autoboxing e *unboxing*

Autoboxing consiste na conversão de um valor primitivo em um objeto da classe *Wrapper* equivalente (onde os tipos de dados são "envolvidos"). Por exemplo, para converter um *int* para a classe *Integer*, basta fazer:

```
int numero = 7;
Integer integer = numero;
```

O compilador realiza o *autoboxing* quando se espera um objeto da classe *Wrapper* e é passado o tipo primitivo correspondente, seja como parâmetro de método ou como atribuição de uma variável.

De forma inversa, **unboxing** consiste na conversão de um tipo *wrapper* para seu tipo primitivo. Vejamos um exemplo:

```
Integer integer = 7;
int numero = integer;
```

A tabela a seguir exibe a correspondência entre tipos primitivos e suas classes *Wrapper*:

Tabela 28.1. Correspondência entre tipos primitivos e classes *wrapper*.

Tipo primitivo	Wrapper
byte	Byte
short	Short
int	Integer
long	Long
float	Float
double	Double
char	Character
boolean	Boolean

As classes *Wrapper* são úteis quando precisamos tratar tipos primitivos como objetos – por exemplo, quando queremos armazená-los em *collections*. Além disso, elas contêm métodos importantes para a conversão de tipos, como foi exemplificado no início deste capítulo.

29. Exceptions

Rafael Buzzi de Andrade
Sandro Giacomozzi

Problemas, exceções ou até eventos excepcionais, se preferir. *Exceptions* ocorrem quando o fluxo do programa é interrompido. Elas podem ser previstas e tratadas (espera-se) para que o programa siga com o processamento ou podem ser imprevistas, como veremos mais à frente. E lembre-se, exceções não são erros ou *bugs*, pois elas podem ocorrer por alguma regra de negócio não atendida ou alguma situação que possa ser controlada ou prevista, tal como a tentativa de conexão com um banco de dados ou gravação em um arquivo.

Toda *exception*, de qualquer natureza, possui algo em comum: todas implementam a interface *throwable*.

> **Atenção: não caia na tentação de tratar erros em seus programas esperando *throwable*. Vai lhe causar mais dor de cabeça do que qualquer outra coisa.**

Não apenas *exceptions* implementam *throwable*. Os *errors* também. Qual a diferença entre um e outro? *Exceptions* dizem respeito ao programa, estão por vezes diretamente relacionadas à regra de negócio e é uma boa ideia tratá-las. *Errors* dizem respeito a algo inesperado que aconteceu na JVM e não é obrigação do programador prevê-los ou tratá-los. Um exemplo típico de *error* é o *OutOfMemoryError* (a aplicação está precisando de mais memória do que há disponível). Por situações como essa é que não é uma boa ideia capturar tudo o que for *throwable* dentro de sua lógica. Há algumas exceções que não devem ser capturadas também. Logo mais falaremos delas.

Antes de continuar para as formas de como lidar com exceções, observe a seguir uma imagem da hierarquia de exceções para ficar mais claro. No decorrer do capítulo, vamos discutir cada uma delas.

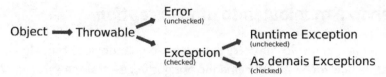

Figura 29.1. Hierarquia de exceções.
Fonte: os autores.

Delegando uma *exception*

Se não há ou não sabe o que fazer com a *exception*, simplesmente delegue para outro método ou classe resolver a questão. Vamos analisar o exemplo a seguir:

```
public void enviarArquivoPara(String email, String
caminhoArquivo, String assunto, String texto) throws
IOException, EmailException {
   File arquivo = getLeitorArquivo().ler(caminhoArquivo);
   getEnviaEmail().envia(email, assunto, texto, arquivo);
}
```

O método anterior envia um arquivo via e-mail para alguém. Ele recebe o destinatário, o caminho do arquivo, o assunto e o texto. Mas há algo a mais na assinatura desse método: **throws** *IOException*, E*mailException*. "Throw" significar "lançar" em inglês. Geralmente as pessoas lançam bolas, mas programadores Java preferem lançar exceções. Todos os nomes de classe escritos entre o **throws** e o { são os possíveis problemas que você previu que podem acontecer dentro de seu método, ou, ainda, que são obrigatoriamente capturados ou passados adiante. Você decidiu que não quer fazer nada com eles, apenas lançá-los para quem teve a ousadia de chamar seu método. *IOException* é um problema típico de rotinas que leem arquivos. *EmailException* é uma classe do nosso sistema de envio de e-mail. Ela agrupa todos os possíveis problemas que podem ter acontecido durante o envio do e-mail. Não se preocupe, vamos ver ainda neste capítulo como é possível criar nossas próprias *exceptions*.

> **Dica:** tenha por hábito criar suas próprias exceções, com mensagens bem claras sobre o que aconteceu.

Contendo e manipulando uma *exception*

Popularmente conhecido como *try catch*. Use-o quando você tem algo a fazer ou caso a rotina que você estiver chamando obrigue você a tratar a exceção. Voltemos ao exemplo anterior sob outra perspectiva:

```java
public void enviarArquivoPara(String email, String caminhoArquivo,
String assunto, String texto) throws MailException {
   File arquivo = null;
   try {
      arquivo = getFileReader().read(caminhoArquivo);
   } catch (IOException ex) {
      getNotificationTool().warning(ex);
   }
   getEmailSender().send(email, assunto, texto, arquivo);
}
```

Em conversa com sua equipe, vocês decidiram que os problemas na leitura do arquivo a ser enviado serão contidos e apenas uma notificação de aviso será disparada para o sistema. Nesse cenário, o e-mail será enviado sem anexo. Se a rotina de envio de e-mails entenderá isso como erro é outra questão. O fato é que, para a sua rotina, isso não é um problema. Simples, certo? Não.

O mundo da programação é sombrio e cheio de *RuntimeExceptions*. Até aqui os exemplos utilizaram o que é chamado de *CheckedExceptions*, que foram as *exceptions* informadas nas assinaturas dos métodos do nosso exemplo. A assinatura do método "ler" da classe **LeitorArquivo** provavelmente parece com isso:

```java
public File ler(String caminhoArquivo) throws IOException {
   //Código que lê o arquivo e que não nos interessa no momento.
}
```

O método avisa a *exception* que pode acontecer dentro dele. Se você não tivesse tratado a situação, seu código sequer iria compilar. *RuntimeExceptions* são mais ardilosas. Elas não avisam que podem acontecer, já que elas não necessariamente ocorrerão. São chamadas também de *UncheckedExceptions*. Cabe a você ser mais esperto do que elas. Como? Faça códigos defensivos.

No último exemplo visto, nós fizemos algo apenas com o parâmetro **caminhoArquivo**. Os outros nós apenas repassamos para a rotina de envio de e-mail. Nós estamos confiando que a rotina que nos chamou ou a que nós estamos chamando fará algum tipo de verificação nesses objetos.

E se ninguém tiver feito? O que acontecerá quando o usuário não informar o e-mail para o qual ele quer enviar o arquivo?

O mais provável é que vá ocorrer uma *RuntimeException* dentro do método **envia** da classe **EnviaEmail**. E será bem o famoso *NullPointerException* (também conhecido como NPE para nós, os íntimos dele), ou seja, a rotina pressupôs que o objeto estaria instanciado e tentou acessar um de seus métodos. Se não fosse o **email**, provavelmente seria o **arquivo** que você e sua equipe deliberadamente mandaram "nulo" para a rotina de envio de e-mails.

Prevenção é a chave do sucesso aqui. Verifique se algum dos outros métodos envolvidos sabe o que fazer quando alguém está nulo. Se ninguém estiver fazendo isso, seja você o herói que o mundo precisa para fazer códigos decentes. Uma forma simples e elegante de tratar a situação do e-mail nulo é verificar se a variável está nula ou vazia. Se estiver, lance uma exceção (aqui aproveitamos a nossa *EmailException*). Veja que temos uma exceção específica para nossa regra de negócio, e isso facilita muito quem estiver chamando o nosso método.

```
public class EnviaEmail {
    public void envia(String email, String assunto, String texto,
File arquivo) throws EmailException {
        if (email == null || email.isBlank()) {
            throw new EmailException("Email inválido!");
        }
        System.out.println("EnviaEmail.envia");
    }
}
```

Claro, esse é um exemplo simples e tudo seria provavelmente desenvolvido pela mesma pessoa. Entretanto, há uma série de situações em que não se tem controle de quem está chamando seu código e muito menos o que será feito dentro das rotinas que você está chamando. Em integrações de sistemas de empresa diferentes, por exemplo, é muito comum esse tipo de coisa acontecer. Ou aquela biblioteca que você utiliza tem muitas *exceptions*, incluindo a própria API do Java. Faça você a sua parte e defenda seu código, mesmo que ninguém mais o faça. Agora vamos entrar em um pouco mais de detalhes sobre as exceções, seus tipos e algumas regrinhas.

Checked e unchecked exceptions

Vimos que exceções podem ocorrer a todo momento da execução do código, porém temos que entender quais são os tipos de exceção com os quais estamos tendo que lidar e como fazer com que elas virem nossas aliadas.

- ✓ **Checked exceptions**: são exceções verificadas durante o processo de compilação. Devemos tratá-la com um bloco (*try/catch*) ou lançar via assinatura do método. Qualquer coisa diferente disso, o código não compila.
- ✓ **Unchecked exceptions**: são exceções não verificadas durante o processo de compilação. Também são conhecidas como exceções de tempo de execução, como, por exemplo, a *NullPointerException*.

Embora as exceções não verificadas não necessitem ser declaradas e tratadas, elas podem ser lançadas pelo nosso programa. Muitos desenvolvedores utilizam as *runtime exceptions* a fim de manter o código mais limpo.

Capturando exceções

Podemos capturar ou lançar as exceções. Mas como sabemos que devemos capturar uma exceção? Quando fizer sentido para o seu negócio a necessidade de se recuperar de uma falha ou ter um caminho alternativo caso algum problema ocorra na chamada do método original. Por exemplo, temos um método que grava uma informação em um arquivo no disco e, ao tentar gravar nesse arquivo, é lançada uma exceção. Podemos capturar esta exceção e criar um novo arquivo para gravar o conteúdo nele. Para quem chamou o nosso método, não ficará visível que não foi possível gravar no primeiro arquivo e muito menos que ocorreu uma exceção dentro do nosso método.

No trecho de código a seguir, faremos uma tentativa de gravar no arquivo "teste.txt". Caso não seja possível gravar nele, nosso código tentará gravar no arquivo "teste1".

```java
ManipulaArquivo manipulaArquivo = new ManipulaArquivo();
String caminhoArquivo;
try {
   caminhoArquivo = "/tmp/teste.txt";
   manipulaArquivo.gravarConteudo(new File(caminhoArquivo),
"Conteudo do arquivo");
```

```
} catch (IOException e) {
   caminhoArquivo = "/tmp/teste1.txt";
   manipulaArquivo.gravarConteudo(new File(caminhoArquivo),
"Conteudo do arquivo");
}
System.out.println("Conteudo gravado no arquivo " +
caminhoArquivo);
```

Esta não é a melhor estratégia para trabalhar com arquivos, porém serve como demonstração de como capturar uma falha. Experimente executar o exemplo do código, depois deixar o arquivo "teste.txt" como "somente leitura". Ao executar o código novamente, vamos receber uma exceção do tipo *java.io.FileNotFoundException: /tmp/teste.txt (Permission denied)* indicando que não temos permissão para escrever no arquivo, então o "teste1.txt" será criado exibindo no console a mensagem **Conteúdo gravado no arquivo /tmp/teste1.txt**.

E se quisermos tratar esta exceção *FileNotFoundException* em específico? Vamos ver a seguir como ter várias instruções *catch*.

Implementando várias instruções *try-catch*

Nosso bloco de programa anterior captura uma *IOException*, porém o real motivo do problema foi uma *FileNotFoundException*, como podemos ver na mensagem de erro:

```
java.io.FileNotFoundException: /tmp/teste.txt (Permission denied)
```

Vamos alterar nosso código para poder capturar as duas exceções em separado. Mas, para isso, devemos observar algumas regras.

✓ Os blocos *catch* devem ser declarados da exceção mais específica para a mais genérica. Caso contrário, o programa não irá compilar. Isso faz sentido – imagine se a exceção mais genérica for declarada primeiro? Sempre cairá nela antes. Por isso o Java considera um erro de compilação.

```
try {
   caminhoArquivo = "/tmp/teste.txt";
   manipulaArquivo.gravarConteudo(new File(caminhoArquivo),
"Conteudo do arquivo");
} catch (FileNotFoundException e) {
```

```
    caminhoArquivo = "/tmp/teste1.txt";
    manipulaArquivo.gravarConteudo(new File(caminhoArquivo),
"Conteudo do arquivo");
} catch (IOException e) {
    throw e;
}
```

Podemos também tratar diferentes exceções no mesmo bloco **catch** utilizando o operador **OR**. Isso é possível desde que as classes não tenham uma hierarquia de herança. Por exemplo, não podemos colocar *FileNotFoundException* e *IOException* no mesmo bloco.

```
} catch (FileNotFoundException | IOException e) {
    throw e;
}
```

Isso causará um erro de compilação *java: Alternatives in a multi-catch statement cannot be related by subclassing Alternative java.io.FileNotFoundException is a subclass of alternative java.io.IOException*. Mas podemos utilizar algo como:

```
} catch (NullPointerException | FileNotFoundException e) {
```

E como podemos saber qual delas ocorreu? Nesse caso, teremos que verificar qual o tipo da instância através do operador **instanceof**:

```
if (e instanceof NullPointerException) {
    e.printStackTrace();
}
if (e instanceof FileNotFoundException) {
    caminhoArquivo = "/tmp/teste1.txt";
    manipulaArquivo.gravarConteudo(new File(caminhoArquivo),
"Conteudo do arquivo");
}
```

Lançando uma exceção

Já vimos como se esquivar de uma exceção (declarando-a como *throws* na assinatura do nosso método) e também como capturar e tratar as exceções no nosso código. Agora chegou o momento de lançarmos as exceções caso detectemos alguma possível inconsistência em nosso método de negócio.

Para lançar uma exceção dentro do nosso método, utilizamos a palavra-chave **throw** e a exceção que queremos lançar. Vamos colocar uma validação em nosso método que grava no arquivo:

```
public void gravarConteudo(File arquivo, String conteudo) throws
IOException {
    if (conteudo == null) {
        throw new NullPointerException("Conteúdo não pode ser nulo!");
    }
    new FileOutputStream(arquivo).write(conteudo.getBytes());
}
```

Agora quem for chamar o método **gravarConteudo** poderá receber um *NullPointerException* caso não informe o conteúdo do arquivo. Mas por que não precisamos adicionar essa exceção na assinatura do método? Lembra das *runtime exceptions*? *NullPointerException* é uma delas e não precisa ser declarada, assim como não precisa ser obrigatoriamente capturada, mas podemos. Agora passando o conteúdo como *null*, vamos poder capturar a exceção corretamente:

```
manipulaArquivo.gravarConteudo(new File(caminhoArquivo), null);
```

Ao imprimir o *stacktrace* da exceção, podemos observar que é exatamente a exceção que lançamos junto com a mensagem personalizada:

```
java.lang.NullPointerException: Conteúdo não pode ser nulo!
    at ManipulaArquivo.gravarConteudo(ManipulaArquivo.java:15)
```

O bloco *finally*

O *finally* é um bloco opcional e pode ser usado para algo em comum entre o bloco *try* e *catch*. Caso o bloco *finally* seja declarado, ele sempre será executado independentemente se o bloco *catch* foi executado ou não. Falando em obrigatoriedade, o bloco *try* sempre deve ser acompanhado do bloco *catch* ou *finally*. Podemos ter o bloco *try/catch/finally*, *try/catch* ou *try/finally*.

Geralmente, o bloco *finally* é bastante utilizado para liberar algum recurso, tal como fechar a conexão com o banco de dados e fechar algum fluxo de arquivo.

```
try {
  conn = DriverManager.getConnection(url);
} catch (SQLException e) {
  e.printStackTrace();
} finally {
  conn.close();
}
```

Caso a conexão com o banco de dados falhe, será impressa a mensagem de erro e em seguida será executado o bloco *finally*. Aqui temos um problema, pois, em uma tentativa de obter uma conexão com o banco de dados, este pode estar indisponível, executar o bloco *catch* e em seguida tentar fechar a conexão com o banco de dados. Porém, essa conexão nunca existiu. Então o método **close** também exige que uma exceção seja tratada ou lançada adiante. Mais à frente veremos um recurso bem útil para tratar essas condições de forma mais elegante.

Try-with-resources

Uma instrução *try-with-resources* declara um ou mais recursos antes da abertura de chaves do bloco *try*. Um recurso é um objeto que deve ser fechado após a conclusão do bloco do programa, tal como uma conexão com o banco de dados. Qualquer objeto que implementa a interface **java.lang.AutoCloseable** pode ser usado como um recurso. No exemplo a seguir temos três interfaces que se estendem de **AutoCloseable**:

```
try (
    Connection conn = DriverManager.getConnection(urlConn);
    Statement stmt = conn.createStatement();
    ResultSet rs = stmt.executeQuery("SELECT * FROM pessoa")) {
  while (rs.next()) { // Itera em cada registro retornado pela consulta
      // Exibe o valor da coluna "nome" de cada registro
      System.out.println("Nome: " + rs.getString("nome"));
  }
}
```

Interfaces **Connection**, **Statement** e **ResultSet** estendem de **AutoCloseable**, então podem ser utilizadas na instrução *try-with-resources*. Mas qual a vantagem de utilizar esse recurso? Pois bem, além do seu código ficar mais organizado e não precisar declarar as instruções *catch* e *finally*, ele garante que todos os recursos serão devidamente fechados após a finalização do bloco *try*, independentemente se uma exceção for lançada ou não.

Felizmente, este livro está sendo escrito depois da versão 7 do Java, na qual era necessário declarar os blocos *catch* e *finally* para garantir o fechamento dos recursos. Mas o que acontece se ocorrer uma exceção dentro do bloco *try*? Por padrão, o Java irá suprimir as exceções dentro do bloco. Mesmo assim podemos recuperá-las declarando um bloco *catch* e obtendo as exceções através do método *getSuppressed* da classe *Throwable*.

Criando suas próprias exceções

Para criar exceções, temos algumas opções. Vimos no início do capítulo a hierarquia de classes e podemos estender de qualquer classe que estenda da hierarquia de exceções. Na API do Java temos centenas delas. Você não precisa necessariamente estender de *exception*. Voltando ao nosso exemplo de envio de e-mail, vamos criar uma classe que estende de *exception*.

```
public class EmailException extends Exception {
}
```

Veja que é simplesmente isso que precisamos para criar nossa exceção, e podermos lançá-la quando necessário.

> **Dica:** sempre acrescente *Exception* no final do nome da sua classe de exceção. Isso vai facilitar quem for utilizá-la ou tratar em seu código.

Veremos depois nas boas práticas que é interessante criar exceções com informações úteis para quem for capturá-la. Uma boa prática é sobrescrever os construtores disponíveis na classe *Exception*:

```
public EmailException(String message) {
    super(message);
}

public EmailException(String message, Throwable cause) {
    super(message, cause);
}
```

```
public EmailException(Throwable cause) {
   super(cause);
}
```

Dessa forma, quando for lançar a sua exceção, será possível passar detalhes para quem chamou:

```
if (email == null || email.isBlank()) {
   throw new EmailException("Email inválido!");
}
```

Pilha de execução

Toda chamada a um método é guardada em uma estrutura de dados chamada pilha, para que, quando o método finalizar sua execução, seja possível voltar ao ponto em que chamou esse método. Essa pilha de chamadas é utilizada para guardar o rastro de execução do programa no qual será utilizada no momento em que houver a exceção, mostrando todas as chamadas realizadas até o método onde ocorreu o erro. A pilha de exceções ocorridas pode ser exibida através do método **printStackTrace** da classe *Throwable*. Também existe o método **getStackTrace()**, que retorna uma lista de **StackTraceElement**. Por isso é importante manter a pilha de exceções e não jogar para "baixo do tapete", como vamos ver no próximo tópico.

Boas práticas para lidar com exceções

Uma das primeiras boas práticas é nunca jogar ou capturar a exceção de mais alto nível, no caso a classe *Exception*. Em algumas ferramentas de verificação de código com o *checkstyle* isso é inaceitável. Nunca faça um *catch* de um *Throwable* que está a um nível mais alto ainda. Isso vai mascarar qualquer tipo de problema que tenha ocorrido desde o nível da JVM até o nível de negócio da sua aplicação.

```
try {
   conn = DriverManager.getConnection(url);
} catch (Throwable e) { // não faça!
   e.printStackTrace();
}
```

Não quebre o processo de pilha de execução, pois isso pode ocultar o problema original. Então, quando criar suas próprias exceções, é uma boa prática criar construtores que recebam a exceção que está sendo capturada para que o fluxo continue.

```
try {
    conn = DriverManager.getConnection(url);
} catch (SQLException e) {
    throw new MinhaException("Erro ao conectar ao banco de dados", e);
}
```

Jamais deixe um bloco *catch* vazio. A não ser que tenha uma boa razão para isso, você estará cometendo o que chamamos de "jogar para baixo do tapete". Não jogue a sujeira para debaixo do tapete.

Utilize *logs* em vez de **printStackTrace()**. É uma boa prática gerar *logs* de exceções que possam ocorrer em pontos críticos do sistema. Utilize bibliotecas de *log* como **sl4j**, **log4j**, etc.

PARTE V.
NOVOS RECURSOS DA LINGUAGEM

30. Programação funcional e expressões *lambda*

Marcos Paulo

Existem inúmeras linguagens de programação modernas com suporte a funcionalidades e conceitos da programação funcional. Esse paradigma teve sua inspiração em estudos matemáticos baseados no cálculo de *lambda*, por volta de 1930.

Diferentemente da programação orientada a objetos, que tem métodos e objetos como seus blocos de código principais, a programação funcional utiliza funções como seu principal bloco de código. Isso não significa que não podemos usar programação orientada a objetos e programação funcional no mesmo programa – pelo contrário, elas podem funcionar em complemento uma à outra.

Na maioria das linguagens de programação populares, o código é construído de forma imperativa, ou seja, o desenvolvedor deve descrever cada instrução que o programa deve processar, preocupando-se com cada detalhe para que o programa siga uma sequência determinada até obter o resultado desejado. Na programação funcional o código deve ser construído de forma declarativa, sendo mais conciso. Veja o exemplo a seguir, que utiliza programação imperativa, onde temos uma lista de entradas do tipo **String** e queremos somar as entradas que sejam números.

```
// imports omitidos
public class Imperativo {

    public static void main(String[] args) {
        List<String> entradas = List.of("1", "2", "3", "A");
        int total = 0;

        for (int i = 0; i < entradas.size(); i++) {
            String numero = entradas.get(i);
            if (StringUtils.isNumeric(numero)) {
                total = total + Integer.parseInt(numero);
```

```
            }
        }
        System.out.println("Total: " + total);
    }
}
```

Já na programação declarativa descrevemos o que queremos que o programa faça para que tenhamos o resultado esperado, como no exemplo a seguir. Não se atente à sintaxe que você não conhece, pois ela será detalhada nos tópicos a seguir. Foque em como o desenvolvedor passa para o programa o que ele deseja que seja feito, de forma fluida e natural: filtre os que são números, converta-os para inteiro, some os elementos e retorne o resultado.

```
// imports omitidos
public class Declarativo {

    public static void main(String[] args) {

        List<String> entradas = List.of("1", "2", "3", "A");

        Integer total = entradas.stream()
                        .filter(StringUtils::isNumeric)
                        .map(Integer::parseInt)
                        .reduce(Integer::sum)
                        .get();

        System.out.println("Total: " + total);
    }
}
```

Caso fosse necessário alterar o filtro, por exemplo, seria mais simples para o desenvolvedor identificar o local que precisa ser alterado, o que torna a forma declarativa um código geralmente mais fácil de manter.

Além da forma declarativa, a programação funcional tem outros pilares: a imutabilidade, as funções puras, funções de primeira classe e funções de alta ordem. Esses tópicos serão mais bem detalhados a seguir.

Imutabilidade

O uso de variáveis imutáveis é essencial na programação funcional, pois, como dito antes, a programação funcional é baseada em funções matemáticas, e uma variável que tem seu valor alterado durante uma equação matemática pode tornar o rumo dela imprevisível.

Na programação funcional o sistema não deve manter estado, ou seja, evita-se ao máximo o uso de variáveis mutáveis, que têm seu valor alterado durante um processamento. Cada variável tem um escopo e uma responsabilidade única, e isso torna o resultado das funções mais previsível. Em paradigmas que alteram o estado, uma mudança pode influenciar no fluxo da função, alterando o seu resultado. Veja o exemplo a seguir:

```java
public class Imutabilidade1 {

    static String nome = "Marcos";
    static String sobreNome = "Paulo";

    public static void main(String[] args) {
        concatenarNomeCompleto(sobreNome);
        System.out.print(nome);
    }

    public static void concatenarNomeCompleto(String sobreNome) {
        nome = nome.concat(" ").concat(sobreNome);
    }
}
```

No exemplo anterior, a função **concatenarNomeCompleto** está mudando o valor da variável **nome**. Se em algum momento essa função fosse chamada novamente, o resultado final seria diferente, pois a primeira chamada alterou o estado do programa, ocasionando um efeito colateral. Esse comportamento pode ser indesejado e, nesse caso, até poderia ser evitado com testes, porém um programa imutável poderia auxiliar na redução de *bugs* relacionados a esse tipo de comportamento.

Veja no exemplo a seguir que o valor da variável não é mais alterado, pois uma nova *String* é criada e retornada. Nesse caso, não importa quantas vezes a função **nomeCompleto** for chamada, o retorno será sempre o mesmo, dados os mesmos parâmetros de entrada.

```
public class Imutabilidade2 {

    static String nome = "Marcos";
    static String sobreNome = "Paulo";

    public static void main(String[] args) {
        String nomeCompleto = nomeCompleto(nome, sobreNome);
        System.out.print(nomeCompleto);
    }

    public static String nomeCompleto(String nome, String sobreNome) {
        return nome.concat(" ").concat(sobreNome);
    }
}
```

Além das vantagens já apresentadas, a imutabilidade também facilita o processamento em paralelo. Como não há alteração de estado, também não há o risco de concorrência na alteração de dados, o que pode permitir um ganho de desempenho em algumas situações.

Funções puras

Funções puras andam lado a lado com a imutabilidade e são aquelas que:

1. não possuem alteração de estado, ou efeito colateral; e
2. dados os mesmos valores de parâmetros de entrada, sempre retornam o mesmo resultado.

Isso faz com que as funções puras não tenham efeitos colaterais ao serem executadas, isto é, nenhum estado da aplicação será alterado inesperadamente. Tal conceito torna essas funções completamente independentes e mais confiáveis, sendo mais fácil para o desenvolvedor interpretar o seu código e testá-las de maneira unitária e desacoplada.

Expressões *lambda*

As expressões *lambda* do Java 8 foram criadas para tornar mais prática a chamada às classes anônimas do Java, ao mesmo tempo que agregaram conceitos da programação funcional. Classes anônimas são aquelas que implementam ou sobrescrevem o comportamento de uma interface ou classe, porém sem possuírem um nome específico, ou sem estarem armazenadas em seu próprio arquivo **.java**. Elas são declaradas diretamente em uma atribuição ou expressão, como no caso das variáveis **novo** e **quebrado** no exemplo a seguir.

```java
public class Anonima {

    public interface Carro{
        void ligar();
    }

    public static void main(String[] args) {
        Carro novo = new Carro() {
            public void ligar() {
                System.out.println("Ligado!");
            }
        };

        Carro quebrado = new Carro() {
            public void ligar() {
                System.out.println("Não liga mais!");
            }
        };

        novo.ligar(); // "Ligado!"
        quebrado.ligar(); // "Não liga mais!"
    }
}
```

A seguir serão apresentados exemplos de como é feita a alteração do uso de classes anônimas para expressões *lambda*.

Suponha que nossa aplicação tenha a seguinte classe que representa um autor.

```java
public class Autor {

    private final String nome;
    private final Integer idade;
    private final String contato;

    public Autor(String nome, Integer idade, String contato) {
        this.nome = nome;
        this.idade = idade;
        this.contato = contato;
    }

    public String getNome() {
        return nome;
    }

    public Integer getIdade() {
        return idade;
    }

    public String getContato() {
        return contato;
    }
}
```

Agora criaremos a classe com o método *main*. Nela usaremos uma lista de autores, e nessa lista chamaremos o método **forEach**, que foi introduzido no Java 8. O **forEach** espera como parâmetro uma instância que implemente a interface **Consumer**, disponibilizada também no Java 8 no pacote **java.util.function**. O **Consumer** passado como argumento terá seu método **accept** chamado uma vez para cada elemento da lista. Para criarmos a instância do **Consumer** usaremos primeiramente uma classe anônima. Veja o código a seguir.

```java
public class LambdaExemplo {

    public static void main(String[] args) {

        final Autor autor1 = new Autor("nome1", 1, "telefone 9999");
        final Autor autor2 = new Autor("nome2", 2, "celular 8888");
```

```java
        final List<Autor> autores = List.of(autor1, autor2);

        autores.forEach(new Consumer<Autor>() {
            public void accept(Autor autor) {
                System.out.println(autor.getNome());
            }
        });
    }
}
```

Se analisarmos a definição da interface **Consumer**, veremos que ela é anotada como uma **@FunctionalInterface**, e isso significa que ela pode ter apenas um método abstrato. Nesse caso, esse método é o **accept**. Toda interface que tem apenas um método abstrato automaticamente também é considerada pelo Java como uma interface funcional, mesmo que não possua a anotação **@FunctionalInterface**. Nesse caso, no nosso código de exemplo anterior podemos substituir a criação da classe anônima pela expressão *lambda*, como no código a seguir.

```java
public class LambdaExemplos {

    public static void main(String[] args) {

        final Autor autor1 = new Autor("nome1", 1, "telefone 9999");
        final Autor autor2 = new Autor("nome2", 2, "celular 8888");

        final List<Autor> autores = List.of(autor1, autor2);

        autores.forEach(autor -> {
            System.out.println(autor.getIdade());
        });
    }
}
```

Com o uso da expressão *lambda*, não há necessidade de instanciar explicitamente uma implementação de **Consumer**. Como o Java sabe que como o método **forEach** espera receber uma instância da **interface funcional Consumer**, e que essa interface só possui o método **accept**, ele associa a expressão *lambda* ao único método dessa interface.

Há ainda outra alteração que podemos fazer para melhorar o nosso código de exemplo. Como no nosso caso a instrução da nossa expressão *lambda* faz chamada a um único método, podemos passá-lo diretamente para a expressão *lambda* removendo as chaves, ficando o código da seguinte forma.

```
public class LambdaExemplos {
    public static void main(String[] args) {
        // omitindo código do exemplo anterior
        autores.forEach(autor -> System.out.println(autor.getContato()));
    }
}
```

31. Processamento de dados com *Stream*

Marcos Paulo

A API *Stream* é uma solução para desenvolvermos códigos de forma declarativa para processar coleções de dados. Neste capítulo veremos como ela funciona e como utilizar alguns dos seus principais métodos para visualizarmos essa nova forma de trabalhar com coleções de dados.

API *Stream*

Quando trabalhamos com coleções na forma imperativa, o desenvolvedor precisa se preocupar com toda a estrutura e todos os controles que são necessários para que seja realizada a leitura dos elementos, além da lógica que o programador deseja realizar sobre os elementos da coleção. Com isso, podem ocorrer resultados indesejados e inesperados, ocasionados por alterações imprevistas em variáveis ou mesmo por alguma mutação no decorrer da repetição. A API *Stream* veio justamente para minimizar esses problemas. Veja um exemplo de código imperativo na classe **Imperativo.java** citado no capítulo anterior.

A API *Stream* foi disponibilizada no Java 8. Ela foi construída usando conceitos da programação funcional combinados a expressões *lambda*, tornando o desenvolvimento mais simples e conciso e deixando encapsulada na API toda a parte de estrutura e controle do fluxo de leitura dos elementos da coleção, assim permitindo que o desenvolvedor se preocupe apenas com a regra que deseja aplicar nos dados.

Outro ponto que merece destaque sobre a API *Stream* é o seu ganho de desempenho. Ela foi pensada para uma tecnologia mais atual, fazendo uso mais eficiente de processadores com múltiplos núcleos (*cores*), abstraindo do desenvolvedor o processamento paralelo (*multithreading*), separando os itens, trabalhando com paralelismo no processamento dos dados e agrupando os resultados.

A API *Stream* traz vários métodos com soluções para tarefas comuns no processamento de dados que proporciona agilidade e redução de código. Veremos alguns desses métodos nos próximos tópicos; eles ajudarão a entender melhor o funcionamento da API *Stream*.

Método *default*

Os métodos *default* (*default methods*) são uma nova funcionalidade adicionada no Java 8 que permitiu que fossem criados métodos novos em interfaces já existentes, mas sem impactar no código já existente, mantendo a compatibilidade. Criando um método *default*, não há necessidade de que as classes que implementam a interface implementem também o novo método – mesmo assim, os métodos *default* podem ser usados a partir da classe.

Veja no exemplo a seguir a classe **Carro**, que implementa a interface **Veiculo**. Na classe de exemplo usamos o método *default* de **Veiculo** a partir da classe filha **Carro**, mesmo o método não tendo sido implementado em **Carro**.

```
public interface Veiculo {
    default void ligar() {
        System.out.println("Veículo ligado");
    }
}
```

```
public class Carro implements Veiculo {
}
```

```
public class MetodoDefault {
    public static void main(String[] args) {
        Carro carro = new Carro();
        carro.ligar();
    }
}
```

Foi usando a funcionalidade de método *default* que foi adicionado a partir do Java 8 o método **stream()** na interface **Collection**, que permite retornar uma *Stream* a partir de uma **Collection** e suas filhas, como: **List**, **Set**, **Map**, etc. Veremos o uso desse novo método nos exemplos dos tópicos a seguir.

Map

O método *map* é utilizado quando precisamos realizar uma transformação nos itens da coleção. A função que realizará a transformação é passada por parâmetro para o *map*. O método espera receber uma instância de **java.util.function.Function**, que, assim como a **Consumer** apresentada no tópico sobre *lambda*, é uma interface funcional (*functional interface*), e por isso é possível usar *lambda* ou referência ao método (*method reference*). Veja a seguir uma figura com uma representação visual do processo de *map*.

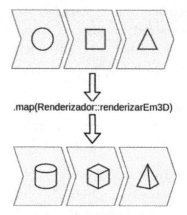

Figura 31.1. Representação visual do processo de *map*.
Fonte: o autor.

Veja a seguir um exemplo de código com o uso do *map*. Para cada elemento de nossa lista de número iremos passá-lo de parâmetro para o método construtor da classe **Double**.

```
public class MapExemplo {

    public static void main(String[] args) {
        List<Integer> numeros = List.of(1, 2, 3);

        numeros.stream()
            .map(Double::new)
            .forEach(System.out::println);
    }
}
```

Filter

Dada uma coleção, é muito comum surgir a necessidade de filtrarmos seus itens por algum atributo deles. Nesse caso, podemos usar o método *filter*, que espera receber uma instância de **Predicate**, que também é uma interface funcional. Diferentemente do *map*, que recebe uma instância de **Function** e aplica uma transformação em cada elemento da coleção, o **Predicate** recebe cada elemento e retorna um *boolean*, que, se positivo, mantém o elemento no *stream*. Vejamos a seguir uma representação visual do método *filter*.

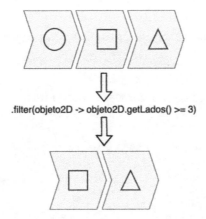

Figura 31.2. Representação visual do método *filter*.
Fonte: o autor.

FlatMap

O método *flatMap* é usado quando precisamos realizar uma transformação nos elementos da coleção, e essa transformação gera múltiplos resultados, ou seja, gera uma nova coleção. O *flatMap* recebe como parâmetro uma instância de **Function**, assim como o *map*, mas a função de transformação recebe cada um dos elementos da coleção e retorna uma nova **Stream**. Os elementos dessa **Stream** serão todos agrupados na *stream* inicial. Veja na imagem a seguir uma representação visual do funcionamento do *flatMap*.

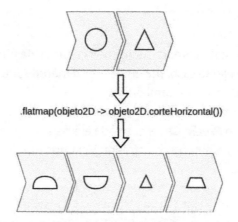

Figura 31.3. Representação visual do método *flatMap*.
Fonte: o autor.

Veja a seguir um exemplo com o *flatMap*, onde transformamos duas listas de números em uma lista.

```java
import static java.util.stream.Collectors.toList;
import java.util.List;

public class FlatMapExemplo {

    public static void main(String[] args) {

        List<List<Integer>> listas = List.of(List.of(1, 2, 3), List.of(4, 5, 6));

        List<Integer> numeros = listas.stream()
                        .flatMap(lista -> lista.stream())
                        .collect(toList());

        numeros.forEach(System.out::println); // 1, 2, 3, 4, 5, 6
    }
}
```

Distinct

Caso tenhamos uma coleção com elementos que podem estar repetidos, podemos usar o método *distinct*. Cada elemento será verificado e só adicionado à coleção de retorno caso já não haja um elemento como ele. Veja na figura a seguir um exemplo.

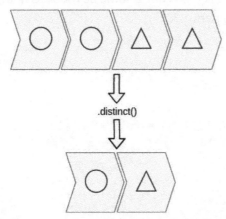

Figura 31.4. Representação visual do método *distinct*.
Fonte: o autor.

Veja no exemplo a seguir o uso do *distinct* para remover as figurinhas repetidas.

```
import java.util.List;

public class DistictExemplo {

    public static void main(String[] args) {
        List<Integer> figurinhas = List.of(1, 2, 3, 2, 3);

        figurinhas.stream()
            .distinct()
            .forEach(System.out::println); // 1, 2, 3
    }
}
```

Reduce

O funcionamento do método *reduce* é semelhante a uma transformação, porém todos os elementos do *stream* são reduzidos a um único elemento como resultado. Veja a seguir um exemplo de código com esse método, onde calculamos a média aritmética de uma lista. Perceba que a soma de todos os números da lista é dividida pela quantidade de elementos.

```
import java.util.List;

public class ReduceExemplo {

    public static void main(String[] args) {
        List<Double> numeros = List.of(5.0, 9.0, 10.0);

        Double media = numeros.stream().reduce(Double::sum).get() / numeros.size();

        System.out.println(media); // 8.0
    }
}
```

Sorted

Outra tarefa recorrente ao trabalhar com coleções de dados é ordená-las. Para isso, podemos usar o método *sorted* da API *Stream*. Esse método espera receber um **java.util.Comparator**, e podemos usar o método estático *comparing* do próprio *Comparator* para criá-lo. Esse método espera receber uma instância da interface funcional *Function*, que recebe cada um dos elementos e retorna um valor de critério. Com base nesse valor retornado associado a cada um dos elementos da coleção é que é feita a ordenação dos elementos. Por padrão, a coleção é ordenada de forma crescente. Caso seja necessário ordená-la de forma decrescente, basta adicionar ao *Comparator* a chamada ao método *reverted*.

Veja o exemplo a seguir, onde ordenamos de forma decrescente uma lista de autores pelo seu nome.

```
import static java.util.Comparator.comparing;
import java.util.List;
```

```java
import java.util.stream.Collectors;

public class Ordenacao {
    public static void main(String[] args) {

        Autor autor1 = new Autor("Ana", 23, "celular 222-123");
        Autor autor2 = new Autor("Caio", 19, "telefone 111-312");
        Autor autor3 = new Autor("Bruna", 37, "trabalho 210-700");

        List<Autor> autores = List.of(autor1, autor2, autor3);

        List<Autor> autoresOrdenados = autores.stream()
                    .sorted(comparing(Autor::getNome).reversed())
                    .collect(Collectors.toList());

        // Ana, Caio, Bruna
        autores.forEach(autor -> System.out.println(autor.getNome()));

        // Caio, Bruna, Ana
        autoresOrdenados.forEach(autor -> System.out.println(autor.getNome()));
    }
}
```

32. Datas

Rinaldo Pitzer Júnior

História

O Java possui uma longa história no que diz respeito a representação de datas e horários. Representar e armazenar esses dados em classes e objetos não é tão complexo, mas o cenário muda quando começamos a falar de operações. Somar ou subtrair dias e horas pode parecer uma tarefa simples, mas que tal somar meses, anos ou, ainda pior, semanas? Parece fácil? Lembre-se dos anos bissextos, fusos horários diferentes, horários de verão, meses que variam entre 28 e 31 dias, variando também a quantidade de semanas. Agora acrescente a essas operações a necessidade de calcular períodos ou durações. E, por fim, como se a tarefa já não fosse complexa o suficiente, vários eventos ocorreram ao longo do tempo que impactaram a forma como a humanidade mede ou representa o tempo. Por exemplo:

- ✓ Durante boa parte do século XIX, o fuso horário era medido no chamado LMT (*Local Mean Time*), que variava a cada localidade pois era baseado na posição do sol.
- ✓ Ao final do século XIX, a maior parte dos países já tinha um fuso horário padrão, mas que ainda não era baseado no GMT ou UTC.
- ✓ Apenas em 1956 todos os países adotaram um fuso horário baseado no GMT, como o GMT-3 do Brasil.
- ✓ O primeiro padrão ISO para representar datas e horas só foi publicado em 1988.

Ou seja, não é uma tarefa simples lidar com datas e horas, principalmente se elas forem antigas.

Desde a primeira versão do Java, existe a classe **java.util.Date**, que foi utilizada durante muito tempo. Na versão 1.1 foi apresentada a classe **java.util.Calendar**, para complementar e corrigir algumas inconsistências da classe *Date*. Porém, no **Java 8** várias classes foram criadas para lidar com as inúmeras formas de representar data e hora, todas no pacote **java.time**. Ou seja, não há mais necessidade de utilizar as classes antigas. Por esse motivo este capítulo só tratará das classes antigas quando for necessário apresentar a conversão entre elas e as novas classes do Java 8.

Em vários momentos este capítulo fará uma distinção entre atributos ou representações de **data** e de **tempo** ou **horário**. Sempre que for feita uma referência a **data**, estará relacionada a dias, meses, anos ou escalas maiores. Sempre que for feita uma referência a **tempo** ou **horário**, estará relacionada a horas, minutos, segundos ou escalas menores.

Representando uma data

A classe **LocalDate** é suficiente para representar uma data simples, sem qualquer informação de hora. Com ela também é possível realizar operações para somar dias, meses, anos ou qualquer período que não esteja relacionado a horas.

Essa classe é muito utilizada para ocasiões onde apenas a **data** é importante, como aniversários ou feriados.

Veja a seguir duas formas de criar um **LocalDate** para representar uma data.

```
LocalDate hoje = LocalDate.now();
LocalDate vinteDeMaio = LocalDate.of(2020, 5, 20);
```

Perceba que não é utilizado um construtor para criar uma nova data. Isso se aplica a todas as novas classes de data do Java 8. Ou seja, não tente criar uma data assim:

```
LocalDate hoje = new LocalDate(); // não compila!
```

Também é possível utilizar o *enum Month* para representar o mês, como no exemplo a seguir.

```
LocalDate vinteDeMaio = LocalDate.of(2020, Month.MAY, 20);
```

Além disso, **LocalDate** possui diversos métodos para somar ou subtrair certos períodos.

```
LocalDate vinteDeMaio = LocalDate.of(2020, 5, 20);
LocalDate vinteEDoisDeMaio = vinteDeMaio.plusDays(2); // mais 2 dias
LocalDate vinteDeAbril = vinteDeMaio.minusMonths(1); // menos 1 mês
```

Existem ainda vários outros métodos para manipular a data, como somar ou subtrair anos ou décadas. Não serão apresentados todos, porém eles possuem um nome fácil de entender e o leitor não terá dificuldade em utilizá-los.

Representando um horário

A classe **LocalTime** é utilizada para representar um horário, sem informações de data ou fuso horário. Os métodos são muito parecidos com a classe **LocalDate**, porém adaptados para trabalhar com horários em vez de datas. Ela armazena horas, minutos, segundos e nanossegundos.

Essa classe geralmente é utilizada em situações onde apenas o horário é importante, independentemente da data, como o horário de um metrô que passa às 10:30 em uma determinada estação independentemente do dia.

```
LocalTime agora = LocalTime.now();

LocalTime noveEVinte = LocalTime.of(9, 20); // 09:20:00
LocalTime noveEVinteComSegundo = LocalTime.of(9, 20, 1); // 09:20:01
```

Assim como **LocalDate**, a classe **LocalTime** não possui um construtor público e deve ser instanciada utilizando o método *of*, conforme os exemplos anteriores.

De forma similar, **LocalTime** também possui métodos para somar ou subtrair informações de horário, conforme exposto no exemplo a seguir.

```
LocalTime noveEVinte = LocalTime.of(9, 20); // 09:20:00
LocalTime noveETrinta = noveEVinte.plusMinutes(10); // mais 10 minutos
LocalTime dezEVinte = noveEVinte.plusHours(1); // mais 1 hora
```

Existem diversos outros métodos para somar ou subtrair horas, minutos, segundos, nanossegundos, microssegundos ou até milissegundos. Assim como todas as classes do pacote **java.time**, eles são nomeados de forma clara e fáceis de ser encontrados.

Representando uma data com horário

Até agora foi apresentado como representar uma data ou uma hora separadamente. Nesta seção serão apresentadas as classes utilizadas para representar a união de data e hora. O Java 8 possui três classes para isso, que serão utilizadas dependendo da situação a ser modelada: **LocalDateTime**, **ZonedDateTime** e **Instant**.

Data com horário e sem fuso horário

A classe **LocalDateTime** é literalmente uma junção de um **LocalDate** com um **LocalTime**. Ela é utilizada quando é necessário representar uma data com horário, porém sem a informação de fuso horário. Ela armazena dias, meses, anos, horas, minutos, segundos e nanossegundos. Ela pode ser utilizada, por exemplo, para representar a data e a hora de um pagamento, caso o fuso horário não seja importante.

Essa classe também possui o método *now*, que neste caso representa o dia de hoje e a hora de agora. Por conter muitos atributos, essa classe tem várias versões do método *of*. O exemplo a seguir demonstra a versão com ano, mês, dia, hora e minuto.

```
LocalDateTime hojeAgora = LocalDateTime.now();

LocalDateTime vinteDeMaioAsNoveEVinte = LocalDateTime.of(2020,
5, 20, 9, 20); // dia 20/05/2020 às 09:20
```

A classe **LocalDateTime** possui diversos métodos para somar ou subtrair informações de data ou hora.

```
LocalDateTime hojeAgora = LocalDateTime.now();

LocalDateTime vinteDeMaioAsNoveEVinte = LocalDateTime.of(2020,
5, 20, 9, 20); // dia 20/05/2020 às 09:20

LocalDateTime vinteDeAbrilAsNoveEVinte =
vinteDeMaioAsNoveEVinte.minusMonths(1); // menos 1 mês

LocalDateTime vinteDeMaioAsNoveETrinta =
vinteDeMaioAsNoveEVinte.plusMinutes(10); // mais 10 minutos
```

Data com horário e fuso horário

A classe **ZonedDateTime** possui todas as informações de **LocalDateTime**, mais a informação de fuso horário. Ela é a classe mais completa em termos de informações armazenadas e operações disponíveis. Além disso, operações na data e hora podem ter seu resultado influenciado por questões como o horário de verão ou mudanças de fuso horário em um país ou região.

Os métodos *of* da classe **ZonedDateTime** recebem uma informação adicional, que é o fuso horário sendo representado. No exemplo a seguir, a classe **ZoneId** foi utilizada para criar uma instância de **ZonedDateTime** representando uma data e hora no fuso horário de São Paulo.

```
ZonedDateTime hojeAgoraAqui = ZonedDateTime.now();

ZoneId fusoDeSaoPaulo = ZoneId.of("America/Sao_Paulo");
ZonedDateTime diaHoraEmSaoPaulo = ZonedDateTime.of(2020, 5, 20,
9, 20, 0, 0, fusoDeSaoPaulo); // dia 20/05/2020 às 09:20 no fuso
horário de São Paulo
```

A classe **ZonedDateTime** possui as mesmas operações de soma e subtração da classe **LocalDateTime**, porém as operações são afetadas pelo fuso horário, conforme o exemplo a seguir.

```
ZoneId fusoDeSaoPaulo = ZoneId.of("America/Sao_Paulo");
ZonedDateTime semHorarioDeVerao = ZonedDateTime.of(2018, 11, 3,
23, 30, 0, 0, fusoDeSaoPaulo); // dia 03/11/2018 às 23:30 no
fuso horário de São Paulo
ZonedDateTime comHorarioDeVerao = semHorarioDeVerao.
plusHours(2); // mais 2 horas
```

No exemplo anterior, ao somar duas horas ao **ZonedDateTime**, houve mudança no horário de verão, de tal forma que a segunda data completa seria **04/11/2018 às 02:30**. Veja que, ao somar **duas** horas, o horário **aparente** aumentou em **três** horas (de 23:30 para 02:30). Isso ocorreu porque nesse dia teve início o horário de verão, e o fuso horário de São Paulo passou de **UTC-3** para **UTC-2**. Para clarificar ainda mais, caso essas datas fossem apresentadas no console, elas apareceriam da forma a seguir.

```
semHorarioDeVerao: 2018-11-03T23:30-03:00[America/Sao_Paulo]
comHorarioDeVerao: 2018-11-04T02:30-02:00[America/Sao_Paulo]
```

A classe **ZonedDateTime**, apesar de ser a mais completa em termos de informações armazenadas e operações disponíveis, é também a mais complexa de ser utilizada. Lidar com fusos horários não costuma ser trivial, e por isso esta é a única classe do Java 8 capaz de fazer essa representação. Não utilize um **ZonedDateTime** a menos que tenha certeza de que a informação de fuso horário é relevante e necessária para o seu cenário. Ou seja, procure utilizar as versões mais simples sempre que possível.

Data e horário como um instante na linha do tempo

A classe *Instant* pode ser considerada a mais diferente dentre todas elas. Ela representa um momento exato na linha do tempo. Para representar esse momento ela armazena a quantidade de segundos e nanossegundos que se passaram desde o dia 01/01/1970 às 00:00. Sua representação não varia de acordo com o fuso horário, pois está sempre no UTC/GMT.

O exemplo a seguir apresenta como representar o **agora** e também como criar um *Instant* a partir de uma quantidade de segundos específica.

```
Instant agora = Instant.now();
Instant vinteDeMaioAsNoveEVinte = Instant.ofEpochSecond(1589977200);
```

Pode parecer estranho criar um *Instant* a partir da quantidade de segundos, mas provavelmente na sua aplicação isso será um valor obtido de outra forma, e não digitado diretamente no código, como no exemplo anterior.

A classe *Instant* possui algumas limitações quanto às operações de soma e subtração que podem ser realizadas. Por armazenar apenas segundos e nanossegundos, não é possível fazer operações com meses, anos ou escalas maiores. Não é possível definir quantos segundos ou nanossegundos existem dentro de um mês, pois isso varia de acordo com o mês. Fevereiro, por ter menos dias, teria uma quantidade menor de segundos do que janeiro, por exemplo. O mesmo vale para anos, pois existem os anos bissextos.

```
Instant agora = Instant.now();
Instant maisUmSegundo = agora.plusSeconds(1);
Instant maisUmDia = agora.plus(1, ChronoUnit.DAYS);
```

Perceba que foi utilizado um método diferente para somar um dia ao *Instant*. Isso ocorre porque não existe um método específico como *plusDays*. Além disso, esse método *plus* também está disponível nas outras classes apresentadas neste capítulo.

A classe *Instant* pode ser muito útil quando é necessário representar um momento na linha do tempo, que é único e idêntico em qualquer lugar do mundo, porém com a facilidade de não precisar se preocupar com fusos horários, pois está sempre no UTC/GMT.

Representando intervalos de data

Algumas vezes é necessário representar um período, como uma quantidade de dias ou anos, e para isso é utilizada a classe *Period*. Ela representa um período armazenando uma quantidade de dias, meses e anos. Veja a seguir várias formas de criar um *Period*.

```
Period doisDias = Period.ofDays(2);
Period doisMeses = Period.ofMonths(2);
Period doisAnos = Period.ofYears(2);
Period doisAnosUmMesETresDias = Period.of(2, 1, 3);
```

No exemplo anterior, percebe-se que é possível criar períodos de um atributo único ou de uma combinação deles.

Também é possível calcular o período entre duas datas, por exemplo, e armazenar em uma classe *Period*.

```
LocalDate primeiraData = LocalDate.of(1990, 8, 6);
LocalDate segundaData = LocalDate.of(2020, 1, 4);

Period periodo = Period.between(primeiraData, segundaData);
```

No exemplo anterior, foi criado um período de 29 anos, 4 meses e 29 dias. Esse é o período entre as datas 06/08/1990 e 04/01/2020.

Perceba que não há nenhuma informação de **hora** na classe *Period*, ou seja, ela lida apenas com atributos de **data**. Por isso não é possível fazer, por exemplo, interações entre as classes *Period* e *LocalTime*, pois a primeira trata de períodos e datas e a segunda de horários.

Várias outras operações são possíveis com a classe *Period*, como somar ou subtrair dias, meses e anos, ou somar um período a uma data já criada. Sempre que for necessário calcular ou representar um período entre datas, utilize a classe *Period*.

Representando intervalos de tempo

Para representar intervalos de tempo, o **Java 8** trouxe a classe *Duration*. Essa classe é parecida com *Period*, no sentido de também representar um intervalo. Porém, ela faz essa representação através de horas, minutos, segundos e nanossegundos. Veja a seguir que a forma de criar uma instância de *Duration* não é muito diferente de *Period*.

```
Duration doisMilissegundos = Duration.ofMillis(2);
Duration doisSegundos = Duration.ofSeconds(2);
Duration doisMinutos = Duration.ofMinutes(2);
Duration duasHoras = Duration.ofHours(2);
Duration quarentaEOitoHoras = Duration.ofDays(2); // não
armazena dias
```

Apesar do exemplo anterior utilizar um método chamado *ofDays*, ele na verdade cria um *Duration* que representa 48 horas. Ou seja, realmente não há atributos de **data** na classe *Duration*, apenas de **tempo**.

A classe *Duration* também interage com outras classes de data e hora. É possível, por exemplo, calcular o intervalo entre dois horários, como apresentado a seguir.

```
LocalTime noveEQuarenta = LocalTime.of(9, 40); // 09:40:00
LocalTime onzeETrintaESeis = LocalTime.of(11, 36, 12); // 11:36:12

Duration duracao = Duration.between(noveEQuarenta, onzeETrintaESeis);
```

Caso a variável **duracao** do exemplo anterior fosse apresentada no console, ela apareceria da seguinte forma:

```
PT1H56M12S // 1 hora, 56 minutos e 12 segundos.
```

Como a classe *Duration* não armazena atributos de **data**, existem algumas limitações ao tentar interagir com outras classes de data e hora. Por exemplo, não são possíveis interações entre a classe *Duration* e a classe **LocalDate**, pois a primeira trabalha apenas com atributos de **tempo** e a segunda apenas com atributos de **data**.

Assim como a classe *Period*, é possível realizar várias operações com objetos do tipo *Duration*, como somar ou subtrair horas, minutos e segundos. Também é possível somar um *Duration* a um **LocalDateTime**, **ZonedDateTime** ou a um *Instant*. Sempre que for necessário calcular ou representar um intervalo de **tempo**, utilize a classe *Duration*.

Convertendo entre formatos antigos

Conforme apresentado no início deste capítulo, o Java possui duas classes mais antigas para trabalhar com data e hora: *Date* e *Calendar*. Muitos sistemas, principalmente os mais antigos, ainda utilizam essas classes. Não é essencial entender o funcionamento interno delas, mas é importante saber como realizar conversões entre elas e as novas classes do **Java 8**. A seguir serão apresentadas algumas formas de realizar essas conversões.

É possível converter um **ZonedDateTime** para um *Calendar* ou um *Calendar* para um *Instant*.

```
// de ZonedDateTime para Calendar:
ZonedDateTime zdt = ZonedDateTime.now();
Calendar zdtParaCalendar = GregorianCalendar.from(zdt);

// de Calendar para Instant:
Calendar calendar = Calendar.getInstance();
Instant calendarParaInstant = calendar.toInstant();
```

É possível converter um *Instant* para *Date* ou um *Date* para *Instant*.

```
// de Date para Instant:
Date date = new Date();
Instant dateParaInstant = date.toInstant();

// de Instant para Date:
Instant instant = Instant.now();
Date instantParaDate = Date.from(instant);
```

Entenda que existem diferenças na forma como cada uma dessas classes é lida internamente com fusos horários, horários de verão ou outras nuances. Sempre que for necessário criar código que utilize essas conversões, crie também bons testes de unidade que garantam que o funcionamento está da forma esperada.

Formatando datas e horários

Frequentemente é necessário realizar conversões entre as classes apresentadas neste capítulo e representações em *Strings*. Por exemplo, transformar uma *String* em um

LocalDate, ou um **LocalDate** em uma *String*. O Java 8 possui uma única classe para realizar essas conversões: **DateTimeFormatter**. A seguir serão apresentadas as três formas que essa classe possui para realizar essas conversões.

Utilizando formatos ISO 8601 predefinidos

O Java fornece vários estilos predefinidos do padrão **ISO 8601** para essa conversão. Esses talvez não sejam os melhores formatos para um humano ler, mas certamente são os mais utilizados para trafegar esses dados entre sistemas, devido ao seu formato padronizado. Veja a seguir a conversão de um **LocalDate** e de um **LocalDateTime** para o padrão ISO.

```
LocalDate vinteDeMaio = LocalDate.of(2020, 5, 20);
String vinteDeMaioStr = vinteDeMaio.format(DateTimeFormatter.ISO_LOCAL_DATE);

LocalDateTime vinteDeMaioAsNove = LocalDateTime.of(2020, 5, 20, 9, 0);
String vinteDeMaioAsNoveStr = vinteDeMaioAsNove.format(DateTimeFormatter.ISO_LOCAL_DATE_TIME);
```

Caso as variáveis do tipo *String*, **vinteDeMaioStr** e **vinteDeMaioAsNoveStr** fossem apresentadas no console, elas apareceriam da forma a seguir.

```
vinteDeMaioStr: 2020-05-20
vinteDeMaioAsNoveStr: 2020-05-20T09:00:00
```

Perceba que não é o formato de data utilizado no Brasil, mas é o padrão para transferir datas e horas entre sistemas.

Para fazer a conversão inversa, por exemplo, de *String* para **LocalDate**, basta utilizar o método *parse*.

```
LocalDate vinteDeMaio = LocalDate.parse("2020-05-20", DateTimeFormatter.ISO_LOCAL_DATE);
```

O método *parse* está presente em todas as classes de data e hora do **Java 8** e pode ser utilizado com qualquer formatador apresentado neste capítulo.

Utilizando estilos Java predefinidos

Caso seja necessário apresentar a data em um formato mais legível para humanos, uma boa opção são os estilos predefinidos. É possível escolher entre estilos mais longos ou mais curtos, conforme o exemplo a seguir.

```
LocalDate vinteDeMaio = LocalDate.of(2020, 5, 20);

DateTimeFormatter formatoLongo = DateTimeFormatter.
ofLocalizedDate(FormatStyle.LONG);
String stringLonga = vinteDeMaio.format(formatoLongo);

DateTimeFormatter formatocurto = DateTimeFormatter.
ofLocalizedDate(FormatStyle.SHORT);
String stringCurta = vinteDeMaio.format(formatocurto);
```

Nesse exemplo a **stringLonga** e a **stringCurta** seriam apresentadas da forma a seguir.

```
stringLonga: 20 de maio de 2020
stringCurta: 20/05/2020
```

Perceba que são formatos muito mais legíveis, e devem ser utilizados quando a intenção for apresentar a data ou hora para serem lidas por humanos. É importante observar que esses estilos utilizam a localização para saber o formato ideal a ser apresentado, ou seja, o formato provavelmente seria diferente caso o código fosse executado nos EUA. O formato apresentado anteriormente é o resultado de uma execução do código no Brasil. É possível *forçar* a localização a ser utilizada pelo estilo no momento de criar o formatador, conforme apresentado a seguir.

```
DateTimeFormatter.ofLocalizedDate(FormatStyle.SHORT).
withLocale(Locale.FRANCE);
```

Utilizando um estilo personalizado

Caso os estilos apresentados anteriormente não sejam suficientes para sua aplicação, é possível criar estilos personalizados.

```
LocalDate vinteDeMaio = LocalDate.of(2020, 5, 20);

DateTimeFormatter formatoPersonalizado = DateTimeFormatter.
ofPattern("dd.MM.yyyy"); // formato dia.mês.ano
```

```
String stringPersonalizada = vinteDeMaio.
format(formatoPersonalizado);
```

Essa data seria apresentada com a formação **20.05.2020**. A lista de todas as formatações possíveis é extensa e está disponível na documentação da classe **DateTimeFormatter**.

Formatando *Date* e *Calendar*

Caso necessite realizar essas conversões com as antigas classes *Date* ou *Calendar*, é preciso utilizar as classes **DateFormat** ou **SimpleDateFormat**, que não estão no escopo deste capítulo.

33. JShell

Rinaldo Pitzer Júnior

JShell, abreviação de **Java Shell**, é uma ferramenta do tipo *read-eval-print loop* (REPL) introduzida no Java 9. Isso significa que é uma ferramenta de linha de comando, onde expressões Java são avaliadas imediatamente. Essa definição ficará mais clara após os exemplos a seguir.

Acessando o JShell

Para acessar o **JShell**, basta possuir o Java instalado e configurado no seu computador. Caso ainda não possua, veja o capítulo "Preparando o ambiente de desenvolvimento".

Com o Java configurado, basta utilizar o comando **jshell** diretamente na linha de comando. Para executar o **jshell** no modo verboso, utilize a opção **-v**. Nos exemplos a seguir será utilizado **jshell -v** para que a ferramenta forneça mais informações do que está ocorrendo.

```
C:\Users\rinal>jshell -v
|  Welcome to JShell -- Version 11.0.7
|  For an introduction type: /help intro

jshell>
```

A partir desse momento já é possível escrever código Java que será avaliado imediatamente. Um simples "Olá Mundo" se dá dessa forma:

```
jshell> System.out.println("Ola Mundo")
Ola Mundo
```

Na primeira linha foi digitada a chamada ao método **println** e pressionada a tecla **Enter**. Perceba que a saída do método **println** aparece imediatamente.

Criando variáveis e métodos

Praticamente todo código Java pode ser escrito e interpretado imediatamente, e o contexto se mantém entre um comando e outro. Ou seja, é possível declarar uma variável em um comando e utilizá-la em outro. Veja o exemplo a seguir.

```
jshell> String nome = "RinaldoDev";
nome ==> "RinaldoDev"
|  created variable nome : String

jshell> System.out.println(nome)
RinaldoDev
```

Perceba que no primeiro comando foi declarada a variável **nome** com o valor **RinaldoDev**. Como o **JShell** está sendo executado no modo **verboso**, ele também avisa que criou a variável que solicitamos. No segundo comando foi impresso o valor da variável.

Dessa mesma forma, é possível declarar métodos inteiros e invocá-los diretamente, conforme o exemplo a seguir.

```
jshell> public String getNome() {
   ...> return "RinaldoDev";
   ...> }
|  created method getNome()

jshell> System.out.println(getNome())
RinaldoDev
```

Perceba que no primeiro comando foi criado o método **getNome**, que foi invocado no segundo comando. Novamente a ferramenta nos avisa que o método foi criado para que saibamos que tudo ocorreu bem na declaração do método.

Autocompletar e documentação

O JShell também possui uma facilidade de autocompletar o código e ainda apresentar a documentação disponível, caso haja. Isso permite, por exemplo, experimentar e aprender novas APIs do Java de forma mais dinâmica, e sem precisar de uma IDE.

Para o exemplo a seguir, será digitado apenas o trecho **Stream.ofN** e depois será pressionada a tecla **Tab**.

```
jshell> Stream.ofNullable(
```

Perceba que o JShell completa automaticamente para o método **ofNullable**. Além disso, pressionar a tecla **Tab** novamente faz com que a definição do método seja apresentada, conforme o trecho a seguir.

```
jshell> Stream.ofNullable(
Signatures:
Stream<T> Stream<T>.<T>ofNullable(T t)

<press tab again to see documentation>
```

E ainda, conforme sugerido pelo próprio JShell, é possível pressionar **Tab** mais uma vez para ver a documentação do método, conforme apresentado a seguir.

```
jshell> Stream.ofNullable(
Stream<T> Stream<T>.<T>ofNullable(T t)
Returns a sequential Stream containing a single element,
if non-null, otherwise returns an
empty Stream .

Type Parameters:
T - the type of stream elements

Parameters:
t - the single element

Returns:
a stream with a single element if the specified element is
non-null, otherwise an empty stream
```

Sendo assim, usando o autocompletar é possível escrever código de maneira fácil e parecida com o ambiente de uma IDE, porém de forma um pouco mais dinâmica.

Comandos

O JShell possui um conjunto de **comandos** que podem ser utilizados para diversas coisas. Por exemplo, é possível verificar as variáveis ou métodos criados utilizando os comandos **/vars** e **/methods**, conforme o exemplo a seguir.

```
jshell> /vars
|    String nome = "RinaldoDev"

jshell> /methods
|    String getNome()
```

Também é possível utilizar o comando **/reset** para limpar tudo que foi criado na sessão ou **/exit** para sair do JShell.

```
jshell> /reset
|  Resetting state.

jshell> /vars

jshell> /methods

jshell> /exit
|  Goodbye

C:\Users\rinal>
```

Perceba que, após o *reset*, não há mais variáveis ou métodos disponíveis. Logo após é utilizado o comando *exit* para voltar a linha de comando padrão do sistema operacional.

Para visualizar todos os comandos disponíveis, basta digitar apenas a barra "**/**" e pressionar a tecla **Tab**.

```
jshell> /
/!          /?          /drop       /edit       /env
/exit       /help       /history    /imports
/list       /methods    /open       /reload     /reset
/save       /set        /types      /vars

<press tab again to see synopsis>
```

Também é possível continuar pressionando a tecla **Tab** para mais informações.

Uso prático de JShell

Agora que você já conhece um pouco o JShell, pode se perguntar para que ele serve exatamente. Saiba que a intenção do JShell **não é** substituir uma IDE ou permitir a codificação de programas completos e complexos. Existem pelo menos três grandes utilidades para o uso de **JShell**:

- ✓ Testar trechos de código rapidamente sem utilizar uma IDE.
- ✓ Estudar APIs do Java e sua documentação sem necessitar de uma IDE.
- ✓ Usar a API do JShell dentro do seu programa.

Esclarecendo o último ponto, o próprio JShell possui uma **API** para ser utilizada dentro de programas Java. Ou seja, é possível criar uma aplicação que recebe como entrada um trecho de código Java no formato *string* e, no próprio código, chamar a API do JShell para interpretar aquele trecho de código. Apesar desse tipo de aplicação não ser tão comum, até então não havia uma forma oficial e padronizada para fazer isso. Mais detalhes e exemplos dessa API podem ser encontrados na documentação oficial.[31]

Mais informações

O JShell é uma ferramenta realmente completa e não seria possível esgotar todas as suas funcionalidades apenas neste capítulo. Existem ainda muitos comandos que não foram apresentados. Caso deseje se aprofundar no assunto, acesse o repositório do livro[32] ou o tutorial da Oracle[33].

---

[31] <https://docs.oracle.com/en/java/javase/11/docs/api/jdk.jshell/jdk/jshell/package-summary.html>
[32] <https://github.com/jornada-java/livro>
[33] <https://docs.oracle.com/en/java/javase/11/jshell/introduction-jshell.html>

34. Módulos

Rinaldo Pitzer Júnior

Introdução aos módulos

O Java 9 trouxe uma nova forma de organizar o código de projetos, os chamados **módulos**. Até então, os pacotes eram os maiores níveis possíveis para organizar o código. Após essa nova funcionalidade da linguagem, os módulos são o nível mais alto.

Apesar de os **módulos** serem uma forma de organização de código, eles também oferecem mais do que isso. Diferentemente de pacotes, eles possuem um arquivo de configuração dedicado onde é possível declarar dependências entre módulos, quais partes de um módulo devem ser expostas, quais interfaces são utilizadas, limitações do uso de reflexão (*reflections*), entre outras coisas.

Módulos permitem um forte encapsulamento, e essa é a principal motivação para sua criação e uso. Em projetos que não fazem o uso de módulos, muitas classes eventualmente são colocadas em pacotes chamados de *internal*, tentando deixar mais claro para o utilizador que essas classes são para uso interno da própria biblioteca. Isso, porém, nunca impediu o acesso a essas classes. Um módulo poderia de fato esconder essa classe de clientes externos, impedindo até mesmo o uso de reflexão.

Declarando um módulo

A primeira coisa de que um módulo precisa é de um arquivo chamado **module-info.java**. Esse arquivo contém todas as configurações do módulo e deve estar localizado na raiz do diretório de código-fonte, conforme a imagem a seguir.

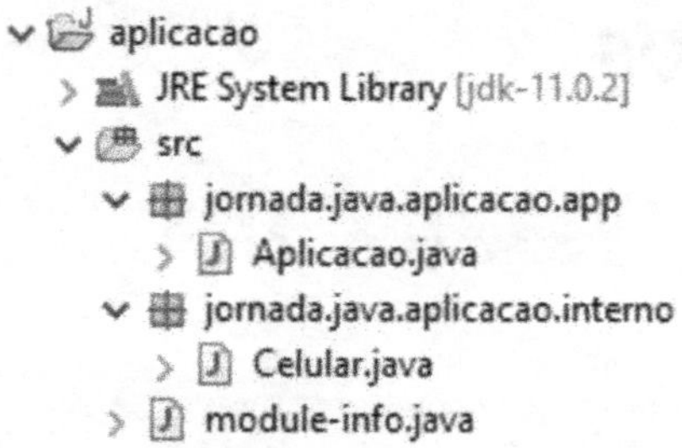

```
    v 🗁 aplicacao
      > 🔖 JRE System Library [jdk-11.0.2]
      v 🗁 src
        v ⊞ jornada.java.aplicacao.app
          > 🅙 Aplicacao.java
        v ⊞ jornada.java.aplicacao.interno
          > 🅙 Celular.java
        > 🅙 module-info.java
```

Figura 34.1. Exemplo de localização do arquivo module-info.java.
Fonte: o autor.

Perceba que o arquivo **module-info.java** está no mesmo nível dos pacotes, mas fora deles. O formato mais simples possível para esse arquivo é apenas a declaração do módulo, sem nenhuma dependência ou disponibilização de classes, conforme o exemplo a seguir.

```
module aplicacao {
}
```

Essa declaração inicial, porém, é bastante restritiva. Como módulos são encapsulados por padrão, o módulo **aplicacao** não possui acesso a classes fora dele nem permite acesso a classes dentro dele.

Definindo dependências entre módulos

Considerando um segundo módulo chamado **apptelefone**, é possível fazer com que o módulo **aplicacao** possa acessar suas classes conforme o exemplo a seguir.

```
module aplicacao {
    requires apptelefone;
}
```

A palavra reservada *requires* faz com que o módulo **aplicacao** passe a poder acessar e utilizar classes **públicas disponibilizadas** pelo módulo **apptelefone**. Para ficar mais claro, o exemplo a seguir apresenta a declaração do módulo **apptelefone** e sua estrutura de pacotes e classes.

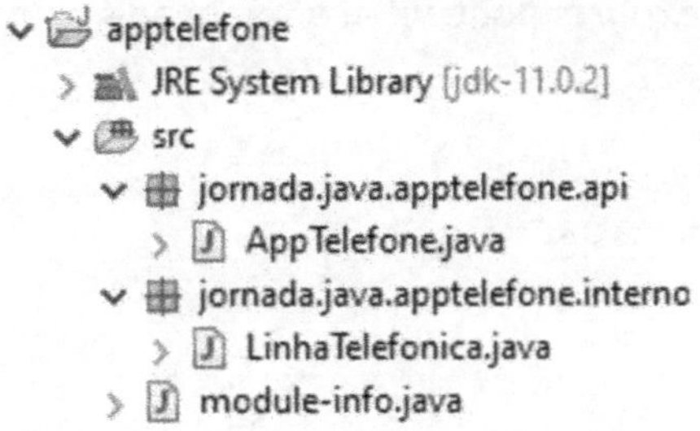

```
∨ 📂 apptelefone
  > 📚 JRE System Library [jdk-11.0.2]
  ∨ 📁 src
    ∨ 🔲 jornada.java.apptelefone.api
      > 🗾 AppTelefone.java
    ∨ 🔲 jornada.java.apptelefone.interno
      > 🗾 LinhaTelefonica.java
    > 🗾 module-info.java
```
Figura 34.2. Estrutura do módulo apptelefone.
Fonte: o autor.

```
module apptelefone {
    exports jornada.java.apptelefone.api;
}
```

A palavra reservada *exports* declara qual **pacote** está sendo disponibilizado para o mundo externo por esse módulo. Ou seja, todas as classes públicas do pacote **jornada.java.apptelefone.api** podem ser utilizadas pelo módulo **aplicacao**, já que ele faz um *requires* no módulo **apptelefone**.

Existe ainda uma forma alternativa para cada uma dessas declarações. A palavra reservada *requires*, por exemplo, pode vir acompanhada de *transitive*, conforme o exemplo a seguir.

```
module aplicacao {
    requires transitive apptelefone;
}
```

Utilizando a palavra reservada *transitive*, o módulo **aplicacao** requer o módulo **apptelefone** e mais quaisquer outros módulos que sejam requeridos por esse mesmo módulo. Por exemplo, considere que o módulo **apptelefone** também necessite de um terceiro módulo, conforme a declaração a seguir.

```
module apptelefone {
    requires auditoriaservico;
    exports jornada.java.apptelefone.api;
}
```

Nesse cenário, o módulo **aplicacao** requer o módulo **apptelefone** e, por transitividade, também requer o módulo **auditoriaservico**.

Já a palavra reservada *exports* pode vir acompanhada do *to*, conforme o exemplo a seguir.

```
module apptelefone {
    requires auditoriaservico;
    exports jornada.java.apptelefone.api to aplicacao;
}
```

Ao utilizar a declaração *exports ... to ...*, o módulo **apptelefone** está determinando que o pacote **jornada.java.apptelefone.api** ficará disponível apenas para o módulo **aplicacao**, mas não estará disponível para qualquer outro módulo.

Conforme os exemplos anteriores, fica claro que módulos tendem a forçar um encapsulamento mais forte, pois tudo aquilo que não for disponibilizado explicitamente ficará limitado a ser utilizado dentro do próprio módulo. E tudo aquilo que não for requerido explicitamente por um módulo não poderá ser usado por ele.

Em resumo, as palavras reservadas *requires* e *exports* são utilizadas nas seguintes situações:

- ✓ Quando um módulo quer utilizar classes de outro módulo, ele utiliza a declaração *requires* <nome_do_modulo>.
- ✓ Quando um módulo expõe classes de um pacote para outros módulos, ele utiliza a declaração *exports* <nome_do_pacote>.

Disponibilizando serviços com módulos

Com módulos também é possível disponibilizar **definições** e **implementações** de serviços, que geralmente são concretizados como interfaces e classes que implementam essas interfaces. A utilização de serviços tem alguns benefícios, mas dois deles são os principais:

- ✓ Utilizar apenas uma implementação quando um módulo não necessita de outro módulo por completo.
- ✓ Permitir que um módulo tenha parte de seu comportamento implementado ou modificado por outro módulo.

Esses dois cenários ficarão mais claros com os exemplos a seguir.

Considere dois módulos de auditoria, um com a definição do serviço, outro com sua implementação, com as seguintes estruturas apresentadas a seguir.

Figura 34.3. Estrutura dos módulos auditoria e auditoriaservico.
Fonte: o autor.

O módulo **auditoriaservico** possui apenas a definição de um serviço e é geralmente chamado de interface de serviço. A declaração desse módulo apenas disponibiliza o pacote **jornada.java.auditoria.servico**, que contém a interface **Auditoria**, conforme apresentado a seguir.

```
module auditoriaservico {
    exports jornada.java.auditoria.servico;
}
```

A interface **Auditoria** é uma simples interface Java.

```
public interface Auditoria {
    public void registre(String mensagem);
}
```

Já o projeto **auditoria-impl** declara o módulo **auditoria,** que é chamado de implementação do serviço e possui a declaração a seguir.

```
module auditoria {
    requires auditoriaservico;
    provides Auditoria with AuditoriaImpl;
}
```

Perceba que ele requer o módulo **auditoriaservico**, onde está localizada a interface do serviço, e disponibiliza a implementação dessa interface. A declaração *provides... with...* indica que esse módulo disponibiliza uma implementação para a interface de **Auditoria** através da classe **AuditoriaImpl**.

Sendo assim, o módulo **apptelefone** apresentado nos exemplos anteriores poderia utilizar o serviço de auditoria requerendo a interface de serviço, mas sem requerer sua implementação explicitamente, conforme o código a seguir.

```
module apptelefone {
    requires auditoriaservico;
    exports jornada.java.apptelefone.api to aplicacao;
    uses Auditoria;
}
```

Perceba que existe uma dependência explícita sobre a interface do serviço, que é o módulo **auditoriaservico**. Porém, não existe um apontamento explícito para sua implementação, apenas o uso da palavra reservada *uses*, que declara que este módulo usa esse serviço. O módulo que usa o serviço geralmente é chamado de cliente do serviço.

A implementação da interface pode ser instanciada dentro do código Java, conforme o trecho de código a seguir.

```
Auditoria auditoria = ServiceLoader.load(Auditoria.class)
                        .findFirst()
                        .get();
```

Perceba que a implementação, a classe **AuditoriaImpl**, nunca é declarada diretamente. A instância é criada por um *ServiceLoader*, que em tempo de execução irá procurar por todas as implementações disponíveis da interface **Auditoria** no *classpath* da aplicação. O exemplo anterior é bem simples e apenas pega a primeira implementação disponível, além de não tratar um possível erro caso nenhuma esteja disponível em tempo de execução. Em uma aplicação real, esses dois pontos devem ser tratados com mais cautela.

Em resumo, essa estrutura geralmente é composta por pelo menos três módulos:

✓ A **interface de serviço**, que possui uma definição de um serviço no formato de uma interface Java. Geralmente expõe essa interface através da declaração *exports* <nome_do_pacote>.

✓ A **implementação de serviço**, que possui a classe Java que implementa a interface. Geralmente declara um *requires* <modulo_da_interface> e um *provides* <Interface> *with* <Implementação>.
✓ O **cliente de serviço**, que de fato utiliza alguma implementação do serviço. Geralmente declara um *requires* <modulo_da_interface> e um *uses* <Interface> e utiliza um **ServiceLoader** para localização a implementação em tempo de execução.

Permitindo reflexão

Por padrão, todo código Java sempre pode ser acessado via reflexão (*reflection*). Os módulos, por terem um encapsulamento forte, proíbem esse comportamento por padrão. Ou seja, a não ser que seja declarado explicitamente, nenhuma classe de um módulo está disponível para reflexão.

Para permitir que um módulo inteiro esteja disponível para reflexão, basta utilizar a palavra reservada *open*, conforme a declaração a seguir.

```
open module auditoria {
    ...
}
```

Perceba a palavra *open* no início da declaração do módulo. Dessa forma, todo o módulo **auditoria** está disponível para reflexão. É possível também declarar apenas pacotes específicos para reflexão, conforme o exemplo a seguir.

```
module auditoria {
    ...
    opens jornada.java.auditoria.impl;
}
```

Dessa forma, apenas o pacote **jornada.java.auditoria.impl** estará disponível para reflexão. E é possível restringir ainda mais, informando para qual módulo a reflexão está disponível, alterando a linha do *opens* para o trecho a seguir.

```
opens jornada.java.auditoria.impl to apptelefone;
```

Assim, apenas o módulo **apptelefone** conseguirá acessar via reflexão o pacote declarado.

Conclusão e exemplos

O primeiro passo para utilizar módulos é planejar como eles serão organizados. Como o principal objetivo é o encapsulamento, é importante avaliar o que será disponibilizado publicamente para utilizadores do módulo e o que ficará restrito para uso interno. Isso provavelmente causará algum nível de refatoração para ser aplicado em projetos já existentes.

O próprio Java foi reorganizado utilizando módulos a partir da versão 9. A JDK inicialmente passou a ter 95 módulos distintos, mas esse número pode mudar com o passar do tempo. Ou seja, é possível criar uma árvore completa de módulos com dependências entre si, e é importante que essa organização seja bem planejada, para que os módulos se mantenham coerentes com o passar do tempo.

Módulos tendem a ser um tema fácil de compreender inicialmente, porém difícil de dominar e aplicar com convicção. O exemplo completo apresentado neste capítulo está disponível no repositório deste livro[34], e mais fontes de conteúdo serão adicionadas sempre que possível. Caso seja de interesse do leitor utilizar módulos em um projeto já existente, a recomendação é fazer bom planejamento e um estudo mais aprofundado do tema.

---

[34] <https://github.com/jornada-java/livro>

35. *Text blocks*

Rinaldo Pitzer Júnior

Introdução

Até o Java 12, a única forma de criar literais de *string* era colocá-los entre aspas duplas em uma mesma linha. Para criar *strings* visualmente divididas em várias linhas, era necessário apelar para concatenações frequentemente incômodas, que resultavam em um código desagradável e muitas vezes de difícil compreensão.

A partir do **Java 13**, foram apresentados os *text blocks* (blocos de texto), que facilitam a escrita de literais de *strings* em várias linhas. Contudo, até o Java 14, essa funcionalidade ainda está no estado de *preview*. Ou seja, ela ainda pode ser alterada, ou até mesmo removida, em versões futuras. Por isso, recomenda-se verificar qual versão de Java está sendo utilizada e qual é o estado dessa funcionalidade nessa versão.

> Atenção: para utilizar funcionalidades que estão como *preview*, geralmente é necessário habilitar alguma opção em sua IDE ou compilar e executar a aplicação utilizando as opções de linha de comando apresentadas a seguir.
>
> ```
> javac --release 14 --enable-preview ...
> java --enable-preview ...
> ```
>
> Verifique *on-line* como habilitar essa opção para a IDE que você utiliza.

Usando *text blocks*

Declarar uma *string* contendo um HTML antes do Java 13 poderia ser feito da forma a seguir, em uma única linha.

```
String html1 = "<html><body><h1>Olá Mundo!</h1></body></html>";
```

Também seria possível declarar em várias linhas, concatenando várias *strings*, mas para alguns isso seria ainda pior visualmente, como é possível observar a seguir.

```
String html12 =    "<html>" +
              "    <body>" +
              "        <h1>Olá Mundo!</h1>" +
              "    </body>" +
              "</html>";
```

Utilizando *text blocks*, é possível realizar a mesma declaração de forma muito mais compreensível. Basta declarar várias linhas dentro de **três aspas**, diretamente, sem realizar qualquer tipo de concatenação.

```
String html2 = """
            <html>
                <body>
                    <h1>Olá Mundo!</h1>
                </body>
            </html>
            """;
```

Perceba que foi possível declarar todo o HTML, mantendo sua formatação que facilita a leitura, sem precisar concatenar várias *strings*.

É importante destacar que o Java remove todos os espaços **à esquerda** da declaração, buscando pelo elemento menos indentado dentro da *string*. Para que fique mais claro, no código a seguir, todos os **pontos** são espaços em branco que serão **ignorados** na *string* final que será criada. Os espaços **sem pontos** serão mantidos na *string* final, conforme esperado.

```
String html2 = """
.................<html>
.................    <body>
.................        <h1>Olá Mundo!</h1>
```

```
................    </body>
................</html>
                """;
```

Perceba que o Java identifica qual é a linha mais à esquerda e a utiliza como um tipo de limite para remover os espaços extras.

Demais facilidades

O uso de *text blocks* traz mais algumas facilidades. Uma delas, por exemplo, é a utilização de **aspas duplas** dentro do bloco de texto. Em *strings* tradicionais, para utilizar aspas duplas é necessário utilizar um caractere de escape, ou seja, é preciso digitar \". Como o bloco de texto é iniciado com três aspas duplas, isso não é mais necessário. Sendo assim, é possível fazer uma declaração como a apresentada a seguir.

```
String html3 =      """
                <html>
                    <body>
                        <h1>Olá "Mundo"!</h1>
                    </body>
                </html>
                """;
```

Perceba o uso de aspas duplas ao redor da palavra **Mundo**. Essas aspas fazem parte da *string* e serão apresentadas onde a *string* for impressa.

Também foi acrescentado um método na classe **String** para facilitar a substituição de variáveis. Esse método se encaixa perfeitamente com o uso de blocos de texto para criar declarações utilizando variáveis, conforme o exemplo a seguir.

```
String html4 =      """
                    <html>
                        <body>
                            <h1>Olá %s</h1>
                        </body>
                    </html>
                    """.formatted("Mundo!");
```

O resultado final da *string* declarada anteriormente, ao ser impressa, será a substituição de **%s** pela palavra **Mundo!**, como apresentado a seguir.

```
<html>
    <body>
        <h1>Olá Mundo!</h1>
    </body>
</html>
```

Além disso, a partir do **Java 14**, também é possível utilizar blocos para separar uma *string* apenas visualmente, mas mantendo todo o resultado final na mesma linha. Para isso, basta acrescentar uma barra invertida ao final da linha que **não** se deseja quebrar.

```
String linha =      """
                    Manter \
                    na mesma \
                    linha!
                    """;
```

Sendo assim, caso o exemplo anterior fosse impresso, ele seria apresentado em uma mesma linha, apesar de estar separado visualmente, conforme apresentado a seguir.

```
Manter na mesma linha!
```

Outros exemplos

Apesar de praticamente todos os exemplos até o momento terem utilizado HTML, existem várias ocasiões onde o uso de *text blocks* pode ajudar na leitura ou declaração de vários tipos de conteúdo.

Uma situação comum pode ser a declaração de *strings* contendo JSONs inteiros em testes de serviço, por exemplo.

```
String json = """
        {
            "nome": "RinaldoDev",
            "altura": 1.74,
            "mensagem": "Olá Mundo!"
        }
        """;
```

Também é comum a declaração de consultas em SQL diretamente nos arquivos .**java**, que geralmente são longas e ocupam várias linhas. Utilizando blocos de texto, sua leitura fica muito mais agradável.

```
String sql =    """
                SELECT nome, email
                FROM escritores
                WHERE nome LIKE '%rinaldo%';
                """;
```

Conforme apresentado até aqui, fica claro que existem várias ocasiões onde o uso de *text blocks* pode facilitar muito a leitura do código. Mais exemplos como estes podem ser encontrados no repositório oficial deste livro.[35]

---

[35] <https://github.com/jornada-java/livro>

PARTE VI.
BANCO DE DADOS

36. Trabalhando com banco de dados relacional

André Felipe Joriatti

A maioria dos sistemas empresariais/comerciais hoje faz uso de bancos de dados relacionais SQL para armazenar seus dados. Sendo assim, o Java, que é uma linguagem de uso geral, não poderia deixar de suportar esse mecanismo. O acesso a bases de dados relacionais SQL em Java ocorre através da API JDBC (*Java Database Connectivity*), que suporta praticamente todos os bancos de dados relacionais de mercado por meio de seus *drivers* específicos.

O Java utiliza comunicação via *socket* para enviar e receber comandos, portanto a JVM está apta para "conversar" com qualquer banco de dados que suporte conexões via *socket*. O desenvolvedor, entretanto, não precisa se preocupar com os detalhes de baixo nível da conexão via *socket*, pois tudo está abstraído na API padrão para acesso a banco de dados relacionais, o JDBC.

O que é *socket*?

De forma bem resumida, *socket* é o fluxo de comunicação entre dois aplicativos através de uma rede de comunicação que roda sobre outro protocolo de comunicação em rede, o TCP. O *socket* pressupõe um modelo de conexão cliente x servidor, onde o servidor precisa estabelecer um endereço IP e uma porta que sejam conhecidos e acessíveis pelo cliente, que utilizará o endereço e a porta para abertura de conexões e troca de pacotes de dados.

Banco de dados relacional

Um banco de dados relacional é formado por uma coleção de tabelas que possuem linhas e colunas. Sua estrutura rígida para armazenamento dos dados é a principal diferença em relação aos bancos de dados não relacionais (NoSQL), onde a estrutura é mais dinâmica, de acordo com a necessidade do usuário. Bancos relacionais também disponibilizam recursos para garantir integridade de relacionamento entre tabelas, enquanto os não relacionais, usualmente, não oferecem esse recurso.

A figura a seguir ilustra um diagrama para entendermos melhor o conceito de um banco de dados relacional:

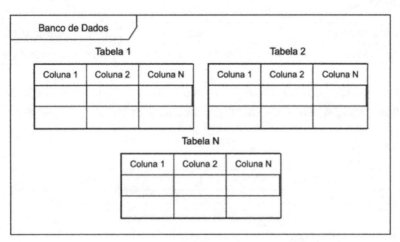

Figura 36.1. Conceito de banco relacional.
Fonte: o autor.

As tabelas de um banco possuem uma ou várias colunas que podem ser "tipadas" (ex.: *varchar* para campos alfanuméricos, *integer* para valores inteiros) para garantir a consistência dos dados. É possível também a criação de índices, que são uma forma de o banco de dados organizar referências para seus registros de modo que a filtragem pelas colunas indexadas seja mais eficiente. Outro recurso importante são as transações, que permitem agrupar várias operações de alteração dos dados (*insert, update, delete*) de forma que todas sejam executadas ou nenhuma seja executada, caso alguma dispare um erro.

Normalização

Uma característica importante de bancos de dados relacionais (SQL) que os distingue dos bancos não relacionais (NoSQL) é a **normalização**. Esse conceito consiste em aplicar técnicas para projetar o banco de maneira que se evite a redundância de dados ao mesmo tempo que garante a integridade. Essas técnicas são chamadas de **Formas Normais**. As três principais Formas Normais são:

Primeira Forma Normal (1FN): uma tabela está na 1FN se todos os valores das suas colunas forem atômicos, ou seja, simples e indivisíveis. O valor de qualquer atributo em uma linha deve ter um valor único (dentro do seu domínio) e não pode ser multivalorado ou composto. Por exemplo, a tabela PESSOA, a seguir, não está na forma normal, pois o valor de IDIOMAS é multivalorado:

Tabela PESSOA

MATRICULA	NOME	IDIOMAS
12345	Zé das Couves	Português, Francês, Inglês

Para normalizá-la, poderíamos retirar a coluna IDIOMAS da tabela PESSOA e criar uma tabela PESSOA_IDIOMA. As tabelas ficariam assim:

Tabela PESSOA

MATRICULA	NOME
12345	Zé das Couves

Tabela PESSOA_IDIOMA

MATRICULA_PESSOA	IDIOMA
12345	Português
12345	Francês
12345	Inglês

Segunda Forma Normal (2FN): uma tabela está na 2FN se estiver na 1FN e se todo atributo não primário desta tabela tiver dependência funcional da chave primária da tabela. Observe a tabela LIVRO, que não está na 2FN, cuja chave primária é composta (COD_LIVRO, COD_AUTOR):

Tabela LIVRO

COD_LIVRO	COD_AUTOR	NOME_LIVRO	NOME_AUTOR
123	456	Jornada Java	Antonio Muniz

Para que esta tabela esteja na 2FN, precisaremos ter uma tabela para cada chave parcial (COD_LIVRO e COD_AUTOR), com seu respectivo atributo dependente (NOME_LIVRO e NOME_AUTOR):

Tabela LIVRO

COD_LIVRO	NOME_LIVRO	COD_AUTOR
123	Jornada Java	456

Tabela AUTOR

COD_AUTOR	NOME_AUTOR
456	Antonio Muniz

Terceira Forma Normal (3FN): uma tabela está na 3FN se estiver na 2FN e se não houver dependência transitiva entre um atributo não chave e uma chave primária, ou seja, todas as colunas de uma tabela devem possuir dependência com a chave primária e **somente** com a chave primária. Observe a tabela PESSOA, que não está na 3FN, pois IMC depende dos atributos não chaves PESO e ALTURA.

Tabela PESSOA

MATRICULA	NOME	PESO	ALTURA	IMC
12345	Zé das Couves	70	1,70	24,22

Vimos neste capítulo que bancos de dados relacionais são a forma mais comum de armazenamento de dados em aplicações e falamos sobre as três principais Formas Normais. No próximo capítulo, veremos detalhes sobre a API JDBC, que é a especificação própria para se trabalhar com bancos de dados em Java.

37. JDBC

André Felipe Joriatti

O termo JDBC (*Java Database Connectivity*) no mundo Java se refere à especificação que trata do acesso de bases de dados relacionais pela linguagem Java. O JDBC faz parte da especificação Java SE (*Java Standard Edition*). Essa API permite que o desenvolvedor consiga acessar bases de dados relacionais como MySQL, SQL Server, Oracle, entre outras, e execute qualquer tipo de consulta (*query*) no banco de dados.

É importante notar que, além da API JDBC (que vem por padrão na JDK Java), o desenvolvedor também precisa de um *driver* – que é a biblioteca de código Java que contém instruções específicas sobre como a máquina virtual Java deve se comunicar com o banco de dados em uso. Cada banco de dados possui seu próprio *driver* e ele deve ser declarado nas dependências do projeto conforme o tipo que se deseja utilizar.

O diagrama a seguir resume o funcionamento da API JDBC:

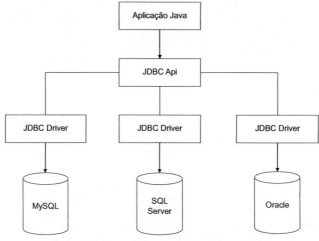

Figura 37.1. Fluxo de funcionamento da API JDBC.
Fonte: o autor.

Exemplos

A seguir é apresentado um exemplo de código de como utilizar o JDBC para realizar um comando de **INSERT** em um banco de dados MySQL. O código ainda não apresenta todos os recursos que o Java tem para deixá-lo mais limpo: por questões didáticas, é mais simples mostrar a forma longa nesse momento. Mais adiante, em outro exemplo, o código fará o uso do recurso *try-with-resources* para otimizar a escrita.

```java
/**
Declara objetos de sessão com o banco de dados; neste caso,
a referência de conexão (Connection) e o gerenciador de
consultas (Statement).
*/
Connection conn = null;
Statement stmt = null;

try {
   // Declara-se o driver específico do banco de dados em uso (MySQL)
   Class.forName("com.mysql.jdbc.Driver");

   String user = "java";
   String password = "1234";
   String database = "jornada_java_db";

   String urlConn = String.format(
     "jdbc:mysql://localhost:3306/%s?useSSL=false&user=%s&password=%s", database, user, password);

   // Obtém-se o objeto gerenciador de conexão, informando uma URL com
   // o nome do banco de dados "jornada_java_db"
   // bem como usuario e senha do SGBD
   conn = DriverManager.getConnection(urlConn);

   // Obtém-se o objeto gerenciador de consultas SQL
   stmt = conn.createStatement();

   // Declara-se uma String com o comando SQL a ser executado
   String sql = "INSERT INTO pessoas (nome) VALUES ('Fulano')";
```

```java
    // Executa-se o comando SQL declarado anteriormente
    stmt.executeUpdate(sql);

    System.out.println("Registro inserido com sucesso!");
} catch (Exception e) {
    System.out.println("Ocorreu um erro");
    e.printStackTrace();
} finally {
    if (stmt != null) {
        try {
            stmt.close(); // Fechamento do cursor de queries
        } catch (SQLException e) {}
    }
    if (conn != null) {
        try {
            conn.close(); // Fechamento da conexão com o banco de dados
        } catch (SQLException e) {}
    }
}
```

> **Importante:** sempre que um comando SQL executado pelo JDBC disparar um erro, o JDBC lançará uma SQLException que pode ser devidamente tratada pela aplicação.

Note que, no trecho de código anterior, estamos armazenando a *string* de conexão com o banco de dados em uma variável chamada **urlConn**. A seguir, um detalhamento de como a *string* de conexão deve ser estruturada:

- ✓ Sempre inicie com "jdbc".
- ✓ Siga com o identificador do banco de dados em uso, como, por exemplo, "mysql" ou "oracle".
- ✓ Em seguida, uma *string* de conexão que é específica para cada banco de dados.
- ✓ Todas as partes são separadas pelo sinal de dois pontos (:).

Alguns exemplos de *strings* de conexão em diferentes bancos de dados:

- ✓ MySQL: jdbc:mysql://localhost/mydb
- ✓ PostgreSQL: jdbc:postgresql://localhost/mydb

✓ **SQL Server:** jdbc:sqlserver://localhost; instance=SQLEXPRESS; databaseName=myDb_

Eventualmente, pode ser necessário consultar a documentação do *driver* específico do banco de dados em uso para se descobrir como elaborar sua *string* de conexão.

Agora será apresentado um outro exemplo de uso do JDBC, dessa vez demonstrando a execução de um comando de busca de dados (**SELECT**):

```
// Declara-se o driver específico do banco de dados em uso (MySQL)
Class.forName("com.mysql.jdbc.Driver");

String user = "java";
String password = "1234";
String database = "jornada_java_db";

String urlConn = String.format(
   "jdbc:mysql://localhost:3306/%s?useSSL=false&user=%s&password=%s", database, user, password);

try (
        Connection conn = DriverManager.getConnection(urlConn);

        Statement stmt = conn.createStatement();

        ResultSet rs = stmt.executeQuery("SELECT * FROM pessoas")) {

    while (rs.next()) { // Itera em cada registro retornado pela consulta

        // Exibe o valor da coluna "nome" de cada registro
        System.out.println("Nome: " + rs.getString("nome"));
    }
}
```

Este exemplo realiza a conexão de forma um pouco diferente, fazendo uso de uma técnica do Java chamada ***try-with-resources***, onde é possível realizar a instância de recursos de I/O (*Input/Output*) dentro de um único bloco ***try {}***. Dessa forma, ao final do bloco todos os recursos serão automaticamente fechados, eliminado assim a necessidade de chamada manual do método **close()**.

O algoritmo de utilização do JDBC no Java pode ser resumido nas seguintes etapas:

1. Importar os pacotes JDBC.
2. Registrar os *drivers* dos bancos de dados a serem utilizados.
3. Abrir a conexão com o banco de dados.
4. Executar o comando SQL.
5. Opcionalmente, é possível extrair resultados do comando SQL executado.
6. Fechar conexões e objetos de consulta.

Ao utilizar JDBC puro para se conectar e trabalhar com banco de dados relacionais, o desenvolvedor está usando uma API de baixo nível, que oferece mais flexibilidade em troca de um maior esforço para executar comandos SQL. Existem *frameworks* que abstraem a complexidade do JDBC e tornam o código de comunicação com banco de dados mais simples, como o JPA, que veremos no próximo capítulo.

38. JPA

André Felipe Joriatti

A JPA (*Java Persistence API*), renomeada em 2019 para *Jakarta Persistence*, é a especificação Java para trabalhar com mapeamento de objetos Java (classes) com tabelas em bancos de dados relacionais, conceito conhecido como ORM (*Object-Relational Mapping*). No momento da escrita deste livro, a *Jakarta Persistence* se encontrava na versão 2.2. Essa especificação faz parte de um conjunto de especificações chamado Jakarta EE (outrora conhecido como Java EE) que tratam de funcionalidades voltadas para o uso da tecnologia Java no desenvolvimento de sistemas empresariais. O principal propósito da *Jakarta Persistence* é abstrair o acesso ao banco de dados a partir da linguagem Java e permitir a modelagem de objetos que são persistidos.

A seguir, um diagrama para ilustrar o fluxo de funcionamento da *Jakarta Persistence*:

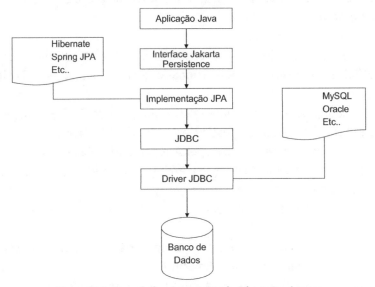

Figura 38.1. Fluxo de funcionamento da *Jakarta Persistence*.
Fonte: o autor.

Já neste diagrama de classes a seguir, ilustra-se o relacionamento entre os principais componentes da arquitetura *Jakarta Persistence*:

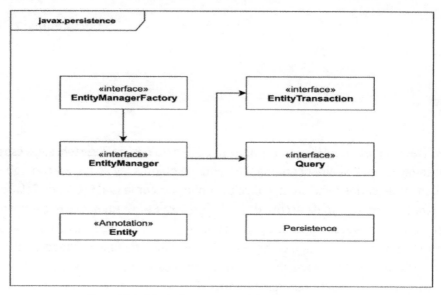

Figura 38.2. Principais componentes da *Jakarta Persistence*.
Fonte: OpenJPA (s.d.).

A seguir, de acordo com a documentação, veremos uma breve definição de cada um dos componentes citados no diagrama anterior:

- ✓ **Persistence**: a classe **javax.persistence.Persistence** contém métodos estáticos de utilidades principalmente relacionados a obter instâncias de **EntityManagerFactory**.
- ✓ **EntityManagerFactory**: a classe **javax.persistence.EntityManagerFactory** é responsável por "fabricar instâncias" de **EntityManager**.
- ✓ **EntityManager**: a interface **javax.persistence.EntityManager** contém métodos para realizar a criação, atualização e exclusão de entidades no banco de dados, bem como criação de instâncias de *query*.
- ✓ **Entity**: anotação para demarcar uma classe Java como uma entidade do banco de dados.
- ✓ **EntityTransaction**: implementações de **EntityTransaction** possuem uma relação de um para um com a **EntityManager**, sendo que uma instância de *transaction* é responsável por agrupar vários comandos (*queries*) em uma única operação, fornecendo controle de transação (integridade) entre *queries* dependentes.

✓ **Query**: a interface **javax.persistence.Query** é responsável por executar comandos de *query* **JPQL**. É possível obter instâncias de *query* a partir da **EntityManager**.

Mapeamento de entidades

A *Jakarta Persistence* faz extenso uso do recurso de *annotations* para permitir que o desenvolvedor possa indicar que a sua classe Java representa um registro em determinada tabela. Segue um exemplo de uma entidade *Jakarta Persistence*:

```java
import javax.persistence.Column;
import javax.persistence.Entity;
import javax.persistence.Id;
import javax.persistence.Table;

@Entity
@Table(name = "PESSOA")
public class Pessoa {

    @Id
    @Column(name = "CPF", length = 14)
    private String cpf;

    @Column(name = "NOME", length = 250)
    private String nome;

    @Column(name = "IDADE", length = 5)
    private Integer idade;

    // getters e setters
}
```

No exemplo de código anterior são apresentadas algumas das principais *annotations* utilizadas no mapeamento de classes para tabelas. A seguir veremos com um pouco mais de detalhes o que faz cada uma delas. Entretanto, é importante que o leitor fique atento à documentação do projeto quando estiver pesquisando sobre o tema, pois existem muitas outras *annotations* que não serão citadas aqui por brevidade.

- ✓ **@Entity:** denota uma classe como sendo uma entidade controlada pela *Jakarta Persistence*, ou seja, um objeto que poderá ser armazenado em um banco de dados.
- ✓ **@Table:** utiliza-se essa anotação quando o desenvolvedor quer indicar explicitamente para a *Jakarta Persistence* o nome da tabela dessa entidade no banco de dados. No nosso exemplo, a entidade **Pessoa** será armazenada na tabela **PESSOA**.
- ✓ **@Column:** anotação utilizada para mapear uma propriedade da classe para uma coluna da tabela, aceitando diversos parâmetros, como, por exemplo, nome e tamanho da coluna no banco de dados.
- ✓ **@Id:** anotação utilizada como auxiliar a **@Column**, onde indica-se que, além de mapearmos essa propriedade da classe para determinada coluna do banco de dados, também queremos que essa propriedade seja considerada única entre todos os registros da tabela, ou seja, uma chave primária no dialeto de bancos de dados relacionais.

Trabalhando com entidades

Comandos básicos

A especificação *Jakarta Persistence* oferece uma série de métodos utilitários para trabalharmos com entidades. No próximo exemplo de código apresentamos alguns dos principais exemplos:

```
var pessoa = new Pessoa();
pessoa.setCpf("333.222.000-24");
pessoa.setIdade(24);
pessoa.setNome("Fulano Pessoa");

EntityManagerFactory factory =
Persistence.createEntityManagerFactory("jornada");
EntityManager manager = factory.createEntityManager();

manager.getTransaction().begin(); // Inicia uma transação com o
banco de dados

manager.persist(pessoa); // Cria o registro no banco de dados

pessoa.setNome("Nome da Pessoa Alterado");
```

```
manager.merge(pessoa); // Altera o registro anteriormente criado
// Abaixo o registro de Pessoa é carregado do banco de dados a partir
// do valor de sua chave primária
Pessoa pessoaEncontrada = manager.find(Pessoa.class, "333.222.000-24");
System.out.println(pessoaEncontrada.getNome());

manager.remove(pessoa); // Exclui o registro do banco de dados

manager.getTransaction().commit(); // Finaliza a transação no
banco de dados

manager.close();
factory.close();
```

Realizando consultas

A *Jakarta Persistence* possui uma linguagem de consultas própria chamada JPQL (*Java Persistence Query Language*), que oferece uma abstração sobre comandos SQL para que o desenvolvedor possa focar em seus objetos em vez de se preocupar com a sintaxe do banco de dados. Sua utilização traz produtividade e consistência, pois uma *query* escrita em JPQL pode ser executada em qualquer distribuição de banco de dados suportada pela implementação da especificação sem que seja necessário reescrever ou adaptar suas *queries*. Em outras palavras, o sistema que faz uso da JPQL poderia rodar usando, por exemplo, MySQL ou Oracle sem a necessidade de reescrever as consultas ou se preocupar com detalhes específicos do banco de dados em uso.

Adotando a entidade **Pessoa** apresentada anteriormente, vamos explorar um exemplo de como aplicar *queries* JPQL em um código Java a seguir:

```
EntityManagerFactory factory = Persistence
            .createEntityManagerFactory("jornada");

EntityManager em = factory.createEntityManager();

String jpql = "SELECT p FROM Pessoa p WHERE " +
        "p.nome = :nomePesquisa";

var query = em.createQuery(jpql, Pessoa.class);
query.setParameter("nomePesquisa", "Fulano Pessoa");
```

```
for (var pessoa : query.getResultList()) {
    System.out.println("O nome da pessoa é: " + pessoa.getNome());
}

em.close();
factory.close();
```

Na versão 8 do projeto Jakarta EE, a especificação do *Jakarta Persistence* se encontrava no pacote **javax.persistence**.

A *Jakarta Persistence*[36] por si só é apenas uma especificação; para que seja possível usar essa especificação é necessário inserir em seu projeto uma implementação da especificação. Hoje a implementação *Jakarta Persistence* referência de mercado é o **Hibernate**, e essa biblioteca será abordada em mais detalhes no próximo capítulo.

---

[36] <https://jakarta.ee/specifications/persistence/>

39. Hibernate

Kamila Santos
Tatiana Escovedo

O Hibernate é uma biblioteca de mapeamento objeto-relacional (ORM) *open source* e a mais utilizada no mercado de trabalho, sendo a inspiração para a especificação JPA (*Java Persistence API*).

Com o JDBC tínhamos alguns problemas, como:

- ✓ Muito tempo gasto para desenvolvimento de consultas SQL.
- ✓ SQL apresenta algumas diferenças dependendo do seu fabricante, e com isso não é tão simples migrar de um banco para outro.
- ✓ Programação orientada a objeto é muito diferente do esquema dos bancos de dados relacionais, o que deixa a transformação de registros relacionais em objetos mais difícil.

O Hibernate resolve esses problemas, pois abstrai o código SQL e toda a camada JDBC. Além disso, é possível gerar o código SQL específico para o banco de dados em tempo de execução.

Módulos

O Hibernate é formado de vários módulos Java, que podem ser utilizados de acordo com as necessidades do negócio. A seguir, uma breve explicação sobre os principais módulos:

- ✓ **Hibernate Core**: módulo principal, sendo a base para persistência realizada através da sua API nativa e dos metadados utilizados no mapeamento armazenados em arquivos XML. Por ser a base para todos os outros módulos, ele pode ser utilizado de forma independente.

- ✓ **Hibernate Annotations**: faz o mapeamento das classes utilizando anotações. Ao usar este módulo, as anotações podem ser utilizadas em conjunto ou substituir os arquivos de mapeamento nativos em XML.
- ✓ **Hibernate Entity Manager**: trata-se de uma implementação de JPA que define a API, regras do ciclo de vida para os objetos persistentes e recursos para consulta. Da mesma forma que o *Hibernate Annotations*, este módulo é opcional, mas depende do *Hibernate Core*. Ele também é dependente do *Hibernate Annotations*, pois na maioria dos casos se adota JPA nas aplicações ao criar os mapeamentos utilizando anotações.
- ✓ **Hibernate Shards**: módulo para realizar encapsulamento e tornar mais simples o particionamento de dados horizontal (quando há diversas instâncias de banco de dados e os dados de uma aplicação divididos entre elas).
- ✓ **Hibernate Validator**: conjunto de anotações que é aplicado ao modelo do domínio (classes persistentes) para definir de forma declarativa as regras de integridade e validação de dados.
- ✓ **Hibernate Search**: integração do Hibernate com o Lucene[37] para indexação e consulta de dados.

Consultas com Hibernate

Dentro do Hibernate, temos algumas formas de escrever consultas, conforme apresentado a seguir.

Criteria API

Criteria é uma interface para criação de consultas utilizando códigos em Java. Tudo é feito literalmente programando de forma orientada a objetos. O método **createCriteria()** é responsável por receber a classe que será consultada como parâmetro e cria um objeto *Criteria*. Os métodos contidos nessa interface são responsáveis pelas consultas.

Como código de exemplo, a classe **Produto** que implementa *Serializable*, interface utilizada para adicionar o suporte à transformação da instância do objeto em uma sequência de *bytes*.

---

[37] Motor de busca escrito em Java. Mais informações em <https://lucene.apache.org/>.

```
public class Produto implements Serializable {

    private Integer id;
    private String nome;
    private String descricao;
    private Integer valor;

    // getters e setters
}
```

A seguir, um exemplo de como buscar as informações de um produto:

```
CriteriaQuery<Produto> criteria = factory.getCriteriaBuilder().
createQuery(Produto.class);
criteria.select(criteria.from(Produto.class));
List<Produto> listProduto = manager.createQuery(criteria).
getResultList();
```

Em um cenário onde é necessário realizar um filtro considerando apenas produtos com o preço superior a 999, o código ficaria da seguinte forma:

```
CriteriaBuilder cb = factory.getCriteriaBuilder();
CriteriaQuery<Produto> criteria = cb.createQuery(Produto.class);
Root<Produto> root = criteria.from(Produto.class);

criteria.select(root);
criteria.where(cb.gt(root.get("valor"), 999));

List<Produto> listProduto = manager.createQuery(criteria).
getResultList();
```

Hibernate Query Language (HQL)

O HQL é um dialeto orientado a objetos do SQL, padrão implementado nos Sistemas de Gerenciamento de Banco de Dados (SGBD). Geralmente utilizado para consultas (**SELECT**), também é possível realizar operações de inserção (**INSERT**), atualização (**UPDATE**) e exclusão de dados (**DELETE**). Por ser uma linguagem orientada a objetos, não é necessário selecionar colunas das tabelas.

Em HQL podemos "esquecer" o conceito de tabela porque aqui tudo é objeto. Veja a seguir um exemplo de busca com a classe **Item**:

```
Query query = manager.createQuery("from Produto p");
List<Produto> listProduto = query.getResultList();
```

Repare que aqui não precisamos mais escrever **SELECT** de forma explícita, somente com o **FROM** o HQL já entende.

SQL *Query* nativo

Neste caso, são as consultas realizadas na sintaxe nativa do SQL do banco em uso. A seguir, um exemplo considerando um banco do tipo MySQL. Será necessário criar um objeto *Query* para realizar a leitura dos dados na tabela **Produto**. Para isso, utilizamos **manager.createNativeQuery(String query)**.

```
EntityManager manager = factory.createEntityManager();

Query query = manager.createNativeQuery("Select id, descricao, nome, valor from Produto");

List<Object[]> linhas = query.getResultList();
for (Object[] coluna : linhas) {
    Produto produto = new Produto();
    produto.setId(Integer.parseInt(coluna[0].toString()));
    produto.setDescricao(coluna[1].toString());
    produto.setNome(coluna[2].toString());
    produto.setValor(Integer.parseInt(coluna[3].toString()));
    System.out.println(produto);
}
```

Configurando uma aplicação

A forma mais simples de utilizar o Hibernate é adicioná-lo às dependências do projeto. A seguir, um exemplo em um **pom.xml**:

```
<dependency>
    <groupId>org.hibernate</groupId>
    <artifactId>hibernate-core</artifactId>
```

```
        <version>5.4.14.Final</version>
</dependency>
<dependency>
    <groupId>org.hibernate</groupId>
    <artifactId>hibernate-entitymanager</artifactId>
    <version>5.4.14.Final</version>
</dependency>
```

Também serão necessárias a inclusão da dependência do banco de dados e a dependência para utilizar as anotações demonstradas a seguir. Mas não se preocupe, os exemplos completos estão no GitHub do livro[38].

Agora, dentro da pasta **META-INF**, configure o arquivo **persistence.xml**. Esse é o arquivo de configuração usado pelo JPA e nele vão informações sobre URL de conexão, informações para acesso e mapeamento das classes que serão tabelas. A seguir, podemos ver um exemplo desse arquivo:

```
<persistence-unit name="jornada">
    <!-- provedor/implementação do JPA -->
    <provider>org.hibernate.jpa.HibernatePersistenceProvider</provider>

    <properties>
        <!--dados da conexao -->
        <property name="javax.persistence.jdbc.driver" value="com.mysql.jdbc.Driver" />
        <property name="javax.persistence.jdbc.url" value="jdbc:mysql://localhost:3306/jornada_java_db?useSSL=false" />
        <property name="javax.persistence.jdbc.user" value="java" />
        <property name="javax.persistence.jdbc.password" value="1234" />

        <!-- propriedades do hibernate -->
        <property name="hibernate.dialect" value="org.hibernate.dialect.MySQL5Dialect" />
        <property name="hibernate.show_sql" value="false" />
        <property name="hibernate.format_sql" value="true" />
```

---
[38] <https://github.com/jornada-java/livro>

```xml
        <!-- atualiza o banco e gera as tabelas se for necessário -->
        <property name="hibernate.hbm2ddl.auto" value="update" />
    </properties>
</persistence-unit>
```

Com essa configuração, basta adicionar *annotations* nas classes que serão mapeadas. Para isso, o JPA possui diversas anotações. A seguir, algumas das mais utilizadas:

- ✓ **@Entity:** deve estar em toda e qualquer classe que represente uma tabela.
- ✓ **@Table(name):** responsável por informar qual tabela no banco de dados irá representar. O parâmetro sempre deve ser uma *string* com o nome da tabela.
- ✓ **@Column(name, nullable, length):** cada atributo de uma classe que represente uma coluna na tabela no banco de dados deve receber essa anotação. Onde:
    - *name*: nome da coluna (sempre uma *string*).
    - *nullable*: indica se o atributo poderá ser nulo ou não (recebe um *boolean*).
    - *length*: tamanho máximo desse atributo (é esperado um *integer*).
- ✓ **@Enumerate(EnumType):** usado para atributos que serão representados por enumeradores. O parâmetro é a forma que esse enumerador será persistido no banco de dados.
    - **EnumType.STRING:** valor textual da opção a ser armazenada no banco.
    - **EnumType.ORDINAL:** número que representa a posição da opção que será armazenada no banco.
- ✓ **@Temporal(TemporalType):** usada para atributos que representam datas.
    - **TemporalType.DATE:** armazena a data do atributo (dia, mês e ano).
    - **TemporalType.TIME:** armazena a hora do atributo (hora, minuto e segundo).
    - **TemporalType.TIMESTAMP:** armazena hora e data.
- ✓ **@Id:** determina qual atributo será a chave primária da tabela. Somente um atributo da classe pode ter essa anotação.
- ✓ **@SequenceGenerator(name, sequenceName):** pode anotar um atributo de chave primária ou na classe. É usada para mapear um gerador de sequência do banco.
    - *name*: nome que as outras *annotations* deverão utilizar para referenciar o gerador.
    - *sequenceName*: nome do gerador no banco de dados.
- ✓ **@GeneratedValue (strategy, generator):** usada para anotar atributos cujo valor seja gerado por um gerador de sequência. Seus parâmetros são:
    - *strategy*: opção do enumerador **GenerationType(GenerationType.TABLE ou GenerationType.SEQUENCE ou GenerationType.AUTO)** que determina qual algoritmo será utilizado para gerar o próximo número da sequência.

Como isso pode variar de acordo com o tipo de banco utilizado, é comum definir como **GenerationType.AUTO**.
- *generator*: nome do gerador (definido anteriormente pela notação @SequenceGenerator).

✓ **@OneToMany (fetch, mappedBy)**: usada para relacionamentos um para muitos (1:N). Anota uma lista dos objetos que fazem referência à classe atual.
- *fetch*: determina o modo de carregar os objetos da lista. Se for **FetchType.EAGER**, todos os objetos serão carregados no momento em que o objeto pai for carregado. Se escolher por **FetchType.LAZY**, a lista não será carregada junto com o objeto pai, apenas em sua primeira utilização.
- **mappedBy**: nome do atributo na classe filha que faz a representação da classe pai.

✓ **@ManyToOne(fetch)**: usada para os relacionamentos muitos para um (N:1). Anota o atributo que faz a representação da classe pai. O *fetch* tem funcionamento igual ao anteriormente mencionado.

✓ **@JoinColum(name, referencedColumnName, nullable)**: usado para atributos **@ManyToOne**. Informa quais colunas serão utilizadas para fazer JOIN entre as tabelas.
- *name*: nome da coluna atual a ser utilizada no JOIN.
- **referencedColumnName**: nome da coluna na outra tabela a ser utilizada no JOIN.
- *nullable*: mesmo funcionamento descrito anteriormente.

✓ **@ManyToMany**: usada para mapear relacionamentos muitos para muitos (N:N). Semelhante à anotação **@OneToMany**, anota uma lista. Porém, um relacionamento N:N não tem entidades filhas. Cada entidade do relacionamento possui uma lista da outra entidade.

✓ **@JoinTable (name, joinColumns, InverseJoinColumns)**: usada para anotar uma lista que já esteja anotada com **@ManyToMany**. Determina qual tabela será usada para recuperar os dados do relacionamento N:N.
- *name*: nome da tabela representada no relacionamento.
- **joinColumns**: recebe o vetor **@JoinColumn(name)**, que representa as colunas da classe atual que serão utilizadas no JOIN.
- **inverseJoinColumns**: recebe o vetor **@JoinColumn(name)**, que representa as colunas da outra classe do relacionamento que vão ser usadas no JOIN.

40. Trabalhando com banco de dados NoSQL

Otavio Santana

Os bancos de dados NoSQL realizam operação de inserção e recuperação de dados utilizando outro modelo que não seja o relacional. Esses bancos têm como principais características velocidade e alta taxa de escalabilidade. Eles estão sendo adotados com maior frequência em diversos tipos de aplicações, inclusive para as instituições financeiras. Como consequência, cresce também o número de fornecedores para esse tipo de banco de dados.

Basicamente, os bancos de dados NoSQL são classificados em quatro grupos que são definidos pelo seu modelo de armazenamento.

Chave-valor

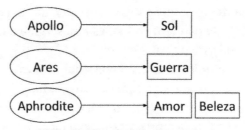

Figura 40.1. Estrutura de chave-valor.
Fonte: o autor.

Este modelo possui uma estrutura muito semelhante à do **java.util.Map**, onde podemos armazenar uma chave e seu valor. Normalmente esse valor pode ser qualquer informação. Alguns exemplos de bancos com esse modelo:

- ✓ AmazonDynamo
- ✓ AmazonS3

- ✓ Redis
- ✓ Scalaris
- ✓ Voldemort

Estrutura relacional	Estrutura chave-valor
Table	Bucket
Row	Key/value pair
Column	----
Relationship	----

Orientado a documentos

```
{
    "name": "Diana",
    "duty": [
        "Hunt",
        "Moon",
        "Nature"
    ],
    "age": 1000,
    "siblings": {
        "Apollo": "brother"
    }
}
```

Este modelo permite armazenar qualquer documento, sem ter a necessidade de definir previamente sua estrutura. O documento é composto por inúmeros campos, com tipos de dados diversos. Inclusive, um campo pode conter um outro documento. Um banco de dados NoSQL orientado a documentos possui uma estrutura semelhante à de um arquivo XML. Alguns exemplos de bancos com esse modelo:

- ✓ AmazonSimpleDb
- ✓ ApacheCouchdb
- ✓ MongoDb
- ✓ Riak

Estrutura relacional	Estrutura de documentos
---	---
Table	Collection
Row	Document
Column	Key/value pair
Relationship	Link

Família de colunas

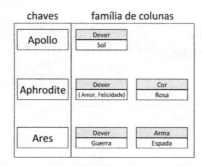

Figura 40.2. Estrutura família de colunas.
Fonte: o autor.

Esse modelo se tornou popular através do *paper* BigTable do Google. Tem como objetivo montar um sistema de armazenamento de dados distribuído, projetado para ter um alto grau de escalabilidade e de volume de dados. Alguns exemplos de bancos com esse modelo:

- ✓ Hbase
- ✓ Cassandra
- ✓ Scylla
- ✓ Clouddata
- ✓ SimpleDb
- ✓ DynamoDB

Estrutura relacional	Estrutura de família de colunas
---	---
Table	Column Family
Row	Column
Column	Key/value pair
Relationship	not supported

Grafos

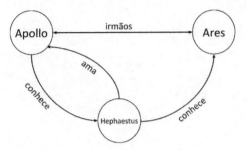

Figura 40.3. Estrutura de grafos.
Fonte: o autor.

É uma estrutura de dados que conecta um conjunto de vértices através de um conjunto de arestas. Os bancos modernos dessa categoria suportam estruturas de grafo multirrelacionais, onde existem diferentes tipos de vértices (representando pessoas, lugares, itens) e diferentes tipos de arestas. Alguns exemplos de bancos com esse modelo:

- ✓ Neo4j
- ✓ InfoGrid
- ✓ Sones
- ✓ HyperGraphDB

Estrutura relacional	Estrutura de grafos
Table	Vertex and Edge
Row	Vertex
Column	Vertex and Edge property
Relationship	Edge

Multi-model database

Referência a bancos de dados que possuem suporte de um ou mais modelos apresentados anteriormente. Alguns exemplos de bancos com esse modelo:

- ✓ OrientDB
- ✓ Couchbase

Teorema do CAP

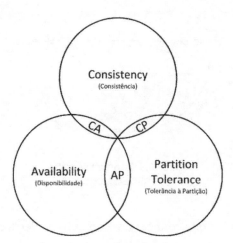

Figura 40.4. Teorema do CAP.
Fonte: o autor.

O teorema do CAP se aplica a sistemas distribuídos que armazenam o estado. Eric Brewer, no simpósio de 2000 sobre princípios de computação distribuída (PODC, do inglês *Symposium on Principles of Distributed Computing*), conjecturou que, em qualquer sistema de dados compartilhados em rede, há uma troca fundamental entre consistência, disponibilidade e tolerância à partição. Em 2002, Seth Gilbert e Nancy Lynch, do MIT, publicaram uma prova formal da conjectura de Brewer. O teorema afirma que os sistemas de dados compartilhados em rede só podem garantir/suportar fortemente duas das três propriedades a seguir:

- ✓ **Consistência:** uma garantia de que cada nó em um *cluster* distribuído retorna a mesma gravação mais recente e bem-sucedida. Consistência refere-se a cada cliente com a mesma visão dos dados.
- ✓ **Disponibilidade:** todo nó que não falha retorna uma resposta para todas as solicitações de leitura e gravação em um período de tempo razoável. A palavra-chave aqui é "todas". Para estar disponível, cada nó (em cada lado de uma partição de rede) deve ser capaz de responder em um período de tempo razoável.
- ✓ **Tolerância à partição:** o sistema continua a funcionar e a manter suas garantias de consistência, apesar das partições de rede. Partições de rede são um fato da vida. Os sistemas distribuídos que garantem a tolerância à partição podem se recuperar facilmente das partições quando a partição é curada.

Escalabilidade *versus* complexidade

No mundo NoSQL cada estrutura tem o objetivo de resolver problemas particulares. Como o gráfico mostra, existe um balanço entre o modelo de complexidade. Modelos que permitem mais complexidade em modelagem e busca resultam em menos escalabilidade. Por exemplo, o chave-valor é mais escalável, porém pouco complexo, uma vez que as consultas são baseadas apenas na chave.

Figura 40.5. Escalabilidade *versus* complexidade.
Fonte: o autor.

Master/Slave *versus* masterless

Em linha geral, a persistência no mundo NoSQL possui duas maneiras de comunicação entre os servidores:

- ✓ *Master/Slave*: é o modelo de comunicação que se caracteriza por um controle unidirecional de um ou mais dispositivos. Em linhas gerais, o *master* é utilizado para a escrita e para replicar as informações para todos os nós escravos (*slaves*), que, por sua vez, são responsáveis por realizar a leitura da informação. Dessa maneira, garante uma maior consistência de dados, uma vez que existe apenas um único ponto para a escrita. É possível garantir comportamentos como, por exemplo, transação. Porém, existirá um ponto de falha, o *master*, uma vez que, se o servidor estiver fora do ar, haverá problemas na escrita. Em bancos de dados modernos a eleição de um novo *master* é feita de maneira automática.
- ✓ *Masterless*: é o modelo de comunicação que se caracteriza por um controle multidirecional por um ou mais dispositivos. Ou seja, não existe um único nó responsável por leitura ou escrita, cada nó poderá ser responsável pelas duas operações. Assim, não existe nenhum ponto de falha, a elasticidade acontece de maneira natural. Porém, a consistência da informação se torna mais difícil, uma vez que é necessário um certo tempo para que os nós tenham a informação mais atualizada.

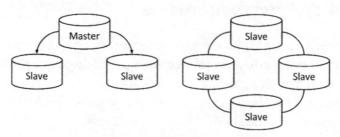

Figura 40.6. *Master/Slave versus masterless*.
Fonte: o autor.

Base de dados relacionais

Quando aprendemos uma nova tecnologia, é muito natural fazer comparações e analogias com tecnologias antigas, com o objetivo de assimilar um novo conhecimento. Dessa forma, ao aprender os bancos de dados não relacionais, é muito natural querer compará-los com os clássicos bancos de dados relacionais. As premissas se encontram na sua estrutura de persistência, hierarquia e suas propriedades de transação.

SQL	Chave-valor	Família de coluna	Documentos	Grafos
Tabela	*Bucket*	Família de coluna	Coleção de documentos	----
Linha	Chave-valor	Colunas	Documentos	Vertex
Coluna	----	Coluna (nome e a informação)	Documentos (nome e a informação)	Propriedade do Vertex e Edge
Relacionamentos	----	----	----	Edge

ACID *versus* BASE

Os bancos de dados relacionais utilizam o ACID, acrônimo para Atomicidade, Consistência, Isolamento e Durabilidade:

- ✓ **Atomicidade:** todas as operações em uma transação serão completadas; do contrário, nenhuma será.
- ✓ **Consistência:** o banco de dados terá um estado consistente quando a transação começa e quando termina.
- ✓ **Isolamento:** uma transação em andamento, mas ainda não validada, deve permanecer isolada de qualquer outra operação, ou seja, não haverá impacto em uma transação concorrente.

✓ **Durabilidade:** tão logo se complete uma transação, a operação não será revertida.

No mundo NoSQL, os bancos de dados têm sua arquitetura baseada no BASE (*Basic Availability, Soft-state, Eventual consistency*). De maneira bastante irônica, é um acrônimo oposto do ACID:

✓ *Basic Availability*: esta restrição afirma que o sistema garante a disponibilidade dos dados.
✓ *Soft-state*: os bancos de dados não estarão consistentes de escrita o tempo todo; assim, diferentes nós poderão ter estados desiguais.
✓ *Eventual consistency*: os bancos serão consistentes, porém, em algum ponto não determinado, por exemplo, de maneira lenta ou quando for feita uma requisição de leitura.

Comparando com as aplicações Java que utilizam bancos relacionais

É uma boa prática ter uma camada que é responsável por realizar a comunicação entre o banco de dados e o modelo: o bom e velho *Data Access Object* ou DAO. Essa camada contém toda a API de comunicação com o banco de dados. Olhando para o paradigma dos bancos relacionais, existem diversos fornecedores, porém, com o padrão JPA, o desenvolvedor Java tem algumas vantagens:

✓ Não existe *lock-in* com um fornecedor, ou seja, com o padrão a mudança acontece de maneira bem simples e transparente, sendo apenas necessário realizar a troca do *driver*.
✓ Não é necessário aprender uma nova API para um novo banco de dados, uma vez que a API é comum entre todos os bancos de dados.
✓ Impacto praticamente zero ao mudar de fornecedor para outro. Em alguns momentos é necessário utilizar um recurso específico de um banco de dados, mas mesmo nesses casos não se perde toda a camada DAO.

Nos bancos de dados NoSQL não existe nenhum padrão preestabelecido atualmente. Assim, os desenvolvedores Java enfrentam os seguintes problemas:

✓ *Lock-in* com um fornecedor.
✓ Para um novo banco de dados é necessário aprender uma nova API.

✓ Para qualquer mudança de banco de dados o impacto é altíssimo. Perde-se praticamente toda a camada DAO, uma vez que a API muda completamente. Isso acontece mesmo que a mudança ocorra dentro do mesmo grupo do banco NoSQL inicial. Por exemplo, mudar de um banco família de coluna para outro banco família de coluna.

Com esse problema, existe um grande esforço ao criar uma API comum entre esses bancos de dados. É o caso do Spring Data, Hibernate ORM e o TopLink. Como a API JPA já é uma camada muito conhecida entre os desenvolvedores Java, ela é comumente utilizada para facilitar o mapeamento. Porém, o seu foco é para os bancos relacionais. Por esse motivo, a JPA não é suficiente para cobrir todas as necessidades dos bancos NoSQL. Por exemplo, muitos bancos NoSQL não possuem transação e também não é possível realizar uma inserção de forma assíncrona com a API JPA. Assim, infelizmente, apesar de a JPA ser uma boa API, ela não contempla todos os comportamentos existentes nos bancos não relacionais.

Muitos bancos não relacionais vêm surgindo no mundo do desenvolvimento de software e estão sendo adotados em larga escala no mundo Java. Por exemplo, na última pesquisa sobre Java EE, o número de aplicações que usavam essa tecnologia para armazenamento chegava a quase 50%. Permitir a criação do padrão facilitará o trabalho do desenvolvedor Java, uma vez que não será necessário aprender uma nova API caso se deseje trocar de fornecedor. Porém, assim como nos bancos relacionais, utilizar recursos específicos de um banco de dados fará com que você perca o suporte da API, mas geralmente a maioria das aplicações tem o costume de utilizar a API padrão, ou seja, mesmo que o custo da migração não seja zero, será em uma escala bem menor comparado ao atual.

Este capítulo teve como objetivo dar o pontapé inicial para os bancos de dados não relacionais. Foram discutidos conceitos, os tipos de bancos que existem até o momento além das suas estruturas. Com esse novo paradigma de persistência vêm novas possibilidades e novos desafios para as aplicações. Esse tipo de banco de dados veio para enfrentar a nova era das aplicações, na qual velocidade ou o menor tempo de resposta possível é um grande diferencial. Com essa introdução, o leitor estará apto para seguir desbravando os bancos não relacionais com o Cassandra.

41. JNoSQL

Otavio Santana

O Eclipse JNoSQL[39] é um *framework* que realiza a integração entre as aplicações Java com bancos de dados NoSQL. Ele define um grupo de APIs cujo objetivo é padronizar a comunicação entre a maioria dos bancos de dados e suas operações comuns. Isso ajuda a diminuir o acoplamento com esse tipo de tecnologia utilizada nas aplicações atuais.

O projeto tem duas camadas:

1. **Camada de comunicação:** um grupo de APIs que define a comunicação com os bancos de dados não relacionais. Comparado com os tradicionais bancos não relacionais, eles são semelhantes às APIs JDBC. Esta camada contém quatro módulos, um para cada tipo de banco NoSQL: chave-valor, família de coluna, documento e grafos.
2. **Camada de mapeamento:** API que ajuda o desenvolvedor na integração com o banco não relacional, sendo orientada a anotações. Utiliza tecnologias como injeção de dependências e *bean validation*, deixando simples a utilização pelos desenvolvedores. Em relação aos clássicos bancos relacionais, essa camada pode ser comparada com o JPA ou outros *frameworks* de mapeamentos, como o Hibernate.

---
[39] <https://projects.eclipse.org/projects/technology.jnosql>

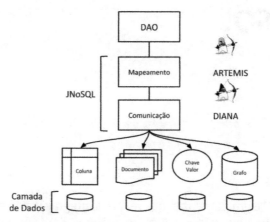

Figura 41.1. As camadas dentro da arquitetura da especificação do Jakarta NoSQL.
Fonte: o autor.

Uma API para múltiplos bancos de dados

O Eclipse JNoSQL tem uma API para cada tipo de banco de dados não relacional, porém utiliza as mesmas anotações Java. Portanto, com apenas essas anotações, semelhantes ao JPA, existe suporte a mais de vinte bancos de dados.

```
@Entity
public class Usuario implements Serializable {

    @Id
    private String usuario;
    private String nome;
    private String telefone;
```

Outro exemplo pode ser encontrado em artigo de Santana (2018)[40] que demonstra que a mesma entidade anotada pode ser utilizada em diferentes bancos de dados: Redis, Cassandra, Couchbase e Neo4J. A abordagem foi manter a API: o desenvolvedor pode substituir Redis por Hazelcast, uma vez que ambos implementam chave-valor, evitando, assim, ficar preso em uma única implementação de banco de dados.

Vendor lock-in é uma das coisas que os projetos Java consideram evitar quando se trabalha com bancos não relacionais. Se houver a necessidade de mudar para outro banco, é necessário considerar pontos como: o tempo para a mudança, a curva de

---

[40] <https://dzone.com/articles/eclipse-jnosql-a-quick-overview-with-redis-cassand>

aprendizagem para a nova API, o código que será perdido, além da camada da aplicação de persistência que será substituída. O Eclipse JNoSQL evita alguns desses problemas por meio da camada de comunicação. Ele também possui classes *template* que funcionam de forma semelhante ao *design pattern Template Method*, porém para operações no banco de dados. Também existe a interface *Repository*, que permite que o desenvolvedor crie uma nova interface estendendo da *Repository*, e os métodos serão implementados pelo próprio *framework*. Ele também suporta *method by query*, que cria consultas a partir do nome do método. Vejamos alguns exemplos:

```
public interface UsuarioRepositorio extends Repository<Usuario,
String> {
   Optional<Usuario> buscaPorNome(String nome);
}

Usuario usuario = UsuarioBuilder.of()
        .id("01")
        .nome("Usuario 01")
        .telefone("000000000000")
        .build();

UsuarioRepositorio repositorio = container.select(UsuarioRepositorio.
class, DatabaseQualifier.ofKeyValue()).get();

repositorio.save(usuario);
```

Indo além do JPA

O JPA é uma boa API para mapeamento de objetos para o mundo relacional e já está definido como padrão no mundo Java a partir das JSRs. Seria realmente sensacional utilizar a mesma API para relacional e não relacional, porém existem comportamentos que o NoSQL possui que o relacional não possui, por exemplo, operações assíncronas. Isso acontece simplesmente porque o JPA não foi feito para lidar com essas tecnologias de persistência. Por exemplo:

```
ColumnTemplateAsync templateAsync = ...;
ColumnTemplate template = ...;

Usuario usuario = UsuarioBuilder.of()
        .id("01")
```

```
            .nome("Usuario 01")
            .telefone("000000000000")
            .build();

Consumer<Usuario> callback =
    g -> System.out.println("Insert completo: " + g);
templateAsync.insert(usuario, callback);
Duration ttl = Duration.ofSeconds(1);
template.insert(usuario, Duration.ofSeconds(1));
```

A Fluent API

O Eclipse JNoSQL possui uma API fluente que facilita a criação de consultas tanto para criar quanto para remover informações. Por exemplo, para o tipo NoSQL por documentos:

```
// template NoSQL para operações com o tipo documento
DocumentTemplate template = //;

Usuario usuario = UsuarioBuilder.of()
        .id("01")
        .nome("Usuario 01")
        .telefone("000000000000")
        .build();

// insere uma entidade
template.insert(usuario);

// select god where name equals "Diana"
DocumentQuery query = select()
.from(Usuario.class)
.where("nome").eq("Usuario 01")
.build();

// executa a consulta
List<Usuario> usuarios = template.select(query);

// executa uma operação de remoção
DocumentDeleteQuery delete = delete()
.from("usuario")
```

```
.where("nome").eq("Usuario 01")
.build();

template.delete(delete);
```

Não reinventamos a roda: grafo

A camada de comunicação define três novas APIs: chave-valor, documentos e família de colunas. Porém, não existe uma nova API para grafos – o motivo é que ele já existe. O Apache TinkerPop[41] é um *framework* para grafos e o Eclipse JNoSQL realiza uma fina integração[42] (SANTANA, 2017) com essa solução de grafos.

Comportamentos específicos importam

Comportamentos específicos importam, mesmo que os bancos sejam do mesmo tipo. Cada banco possui recursos únicos que são altamente importantes na escolha de um banco de dados sobre outro. Essas características facilitam o desenvolvimento, adicionam mais escalabilidade e definem o nível de consistência ou o motor de busca. Dentre esses comportamentos, podemos citar o *Cassandra Query Language* e o nível de consistência para o Cassandra, o OrientDB com *live queries*, o ArangoDB com *Arango Query Language*, o Couchbase com N1QL, etc. Cada recurso realmente importa e é por isso que o Eclipse JNoSQL é extensível para capturar cada um desses elementos.

```java
public interface UsuarioRepositorio
 extends CouchbaseRepository<Usuario, String> {
     @N1QL("select * from Usuario")
     List<Usuario> findAll();

     @N1QL("select * from Usuario where nome = $nome")
     List<Usuario> findByName(@Param("nome") String nome);

     Usuario usuario = ...
     CassandraTemplate template = ...
     ConsistencyLevel level = ConsistencyLevel.THREE;
     template.save(usuario, level);
}
```

---
[41] <http://tinkerpop.apache.org/>
[42] <https://dzone.com/articles/have-a-fun-moment-with-graph-and-java>

Um padrão fácil de utilizar e uma API extensível

O Eclipse JNoSQL tem uma API bastante simples e amigável, e essas interfaces tornam fácil a implementação de um novo banco de dados (GALLAGHER, 2017)[43]. Como mencionado anteriormente, cada banco não relacional tende a possuir um comportamento específico, e eles importam. E é por isso que a API trabalha para cobrir esse ponto.

Figura 41.2. Tradução livre de uma postagem no Twitter: "Continuo completamente satisfeito em quão limpo é o @jnosql para implementação do @darwinodb. Adicionei consultas JSQL com surpreendentemente pouco código a mais".
Fonte: o autor.

Conclusão

O Eclipse JNoSQL é uma ferramenta importante quando os desenvolvedores Java EE querem integrar com bancos NoSQL. Especialmente porque já suporta mais de vinte bancos de dados não relacionais, como: Cassandra, Redis, Neo4J, Couchbase, ArangoDB, Riak e MongoDB. O JNoSQL possui uma API única para cada tipo e código fluente para esse tipo de tecnologia. Possui suporte síncrono e assíncrono por meio de classes *template* e interfaces *repository* gerenciadas pelo CDI, além de recursos específicos para cada banco de dados NoSQL. Essa é a fórmula que faz do Eclipse JNoSQL uma boa ferramenta para persistência poliglota. Para saber mais, acesse o site do projeto[44] e os repositórios no GitHub[45].

---

[43] <https://frostillic.us/blog/posts/CB3FED16EF19D48B85258206005915D7>
[44] <http://www.jnosql.org/>
[45] <https://github.com/eclipse?q=Jnosql>

PARTE VII.
TÓPICOS AVANÇADOS

42. *Multithreading* e programação concorrente

Rinaldo Pitzer Júnior

Ao aprender programação, é comum pensar na execução das linhas de código de forma sequencial, ou seja: primeiro será executada a linha 1 do método, depois a linha 2, depois a linha 3, e assim por diante. Essa forma de pensar facilita o aprendizado porque de fato funciona na maioria das ocasiões, principalmente em contextos mais simples. No entanto, há ocasiões em que essa forma de enxergar a execução do código se torna incompleta ou até errada.

Existem contextos onde é necessário pensar na execução do código de forma **concorrente** ou **paralela**, ou seja, que uma mesma linha de código pode estar sendo executada múltiplas vezes **ao mesmo tempo**. Ou que a execução de um método possa pausar no meio do caminho para dar espaço à execução de outro método. Aplicações que lidam com esse tipo de cenário geralmente são aplicações *multithread*.

Multithreading, no contexto de aplicações, é a capacidade que um software tem de executar várias ações em paralelo. Cada umas dessas "linhas de execução" é chamada de *Thread*, e seu funcionamento ficará mais claro com os exemplos no decorrer deste capítulo.

Aplicações *web*

> Este livro possui, mais à frente, capítulos específicos sobre o desenvolvimento de aplicações *web*. Porém, se o leitor já possuir noções desse tipo de aplicação, é útil e importante compreender como se dá a relação delas com este capítulo, conforme explicado nesta seção.

No decorrer deste capítulo serão apresentados vários exemplos de como implementar múltiplas *threads* para trabalhar com programação concorrente e paralela. **Nem**

sempre esses exemplos serão indicados para aplicações *web* que estão sendo executadas em servidores de aplicação, ou mesmo em conjunto com algum *framework*. Se esse for o contexto de sua aplicação, é importante verificar na documentação do servidor/*framework* a melhor forma de implementar o paralelismo. De qualquer modo, os conceitos apresentados aqui são úteis em qualquer contexto.

Dito isso, aplicações *web* são ótimos exemplos de aplicações que **naturalmente** são executadas de forma paralela. Em geral, cada **requisição** feita pelo usuário (ou pelo navegador do usuário) utiliza uma *thread* no servidor para executar a ação requisitada. Como existem vários usuários realizando requisições a todo momento, naturalmente há várias *threads* tratando essas requisições. Porém, nesse contexto, apesar de existirem várias *threads* sendo executadas em paralelo, é comum que essas requisições sejam bastante independentes, cada uma instanciando seus próprios objetos. Ou seja, não há, via de regra, uma concorrência entre essas *threads* para acessar o mesmo **recurso**. Quando há, geralmente são recursos específicos que já possuem formas próprias de lidar com o paralelismo, como acesso ao banco de dados ou a APIs externas.

Quando usar paralelismo

O programador, ao aprender sobre processamento paralelo e sabendo que sua aplicação será executada em um computador que possui vários núcleos de processamento, provavelmente começará a pensar em inúmeras formas de tirar proveito de todos esses núcleos. De fato, um algoritmo paralelo aproveita melhor o processamento e a quantidade de núcleos de um processador, porém ele nem sempre é a melhor escolha. Como já foi dito, há contextos em que o ideal seria aproveitar a característica *multithread* que algumas aplicações têm por natureza, como as aplicações *web*.

Apesar de hoje em dia quase todas as aplicações tirarem proveito do paralelismo de alguma maneira, é importante ficar claro que nem sempre é da mesma forma. De forma simplista, é possível separar esse paralelismo em dois grandes grupos:

- ✓ Um algoritmo **sequencial**, onde o programador precisou se preocupar muito pouco com o paralelismo, mas que será executado inúmeras vezes, quase sempre em paralelo. Esse geralmente é o caso das aplicações *web*.
- ✓ Um algoritmo **paralelo**, em que o programador de fato precisou se preocupar com a concorrência no acesso a recursos. Nesses casos, muitas vezes o programador está mais próximo do controle desse paralelismo.

Os exemplos apresentados neste capítulo são fortemente focados no segundo caso, onde o programador precisa se aproximar um pouco mais do **controle** do paralelismo, ou seja, ele provavelmente irá se preocupar com:

- ✓ como várias *threads* serão iniciadas ou interrompidas;
- ✓ como tratar a concorrência no acesso a uma mesma variável ou objeto;
- ✓ como **dividir** um processamento e como **juntar** essas partes depois.

Dito isso, ao utilizar o Java como linguagem, o mais comum é que a programação paralela seja utilizada diretamente pelo programador em dois contextos principais:

- ✓ **Processos em lote (*batch*):** são processos que geralmente tratam uma quantidade maior de dados, e sem interação com o usuário. É comum que esses processos precisem obter dados de alguma fonte, processá-los e por fim armazená-los ou repassá-los adiante. Também é comum que sejam agendados, o que não remove a possibilidade de serem disparados manualmente. Pela sua natureza de processarem uma quantidade maior de dados, é comum o uso de processamento paralelo.
- ✓ **Aplicações que executam no cliente:** são aplicações feitas para executar em um hardware local, o oposto ao que ocorre nas aplicações *web*. Podem ser aplicações para *smartphones*, *desktops*, *smart TVs*, *smartwatches*, etc. Essas aplicações, por não terem uma natureza de múltiplas requisições, precisam aproximar o programador um pouco mais da programação paralela para tirar proveito dos vários núcleos de processamento.

Isso não significa que não há outros contextos em que o programador precise se preocupar com o paralelismo. Quer dizer apenas que um programador Java, **em geral**, só precisará se aproximar do **controle do paralelismo** nesses contextos. Porém, esse conhecimento é importante em todos os casos, pois facilita o entendimento de como uma aplicação que possui paralelismo é executada, mesmo que o controle do paralelismo seja feito por um servidor ou *framework*.

Implementando paralelismo

Paralelismo em Java pode ser implementado de inúmeras formas. Existem livros inteiros tratando do assunto, e não seria possível esgotar todas as formas como isso pode ser feito em apenas um capítulo. Os exemplos apresentados aqui focarão naquilo que é um conhecimento essencial e também nas formas mais populares.

Pela complexidade e tamanho dos exemplos, vários estarão disponíveis apenas no repositório oficial do livro. Muitos exemplos também podem ser encontrados nas referências deste capítulo.

A classe *Thread* e a interface *Runnable*

A forma mais básica de criar uma nova *thread* em Java é criar diretamente uma nova instância da classe *Thread*, passando como argumento uma instância de alguma classe que implemente a interface *Runnable*, como no exemplo a seguir.

```java
public class Threads_01 {

    public static void main(String[] args) {
        Runnable tarefa = new MinhaTarefa();
        new Thread(tarefa).start();

        String nomeDaThread = Thread.currentThread().getName();
        System.out.println("Thread principal: " + nomeDaThread);
    }

    static class MinhaTarefa implements Runnable {
        @Override
        public void run() {
            String nomeDaThread = Thread.currentThread().getName();
            System.out.println("Thread da tarefa: " + nomeDaThread);
        }
    }

}
```

Ao executar esse programa, a saída apresentada é:

```
Thread principal: main
Thread da tarefa: Thread-0
```

No exemplo anterior, a classe **MinhaTarefa** implementa a interface *Runnable*. É criada uma nova instância da classe passada como argumento para a nova instância da classe *Thread*. O método *run* é o que desejamos que seja executado pela JVM quando essa *Thread* for iniciada.

Ao invocar o método *start* da *thread* responsável pela tarefa, está sendo solicitado para a JVM que inicie sua execução. Porém, na realidade, essa *thread* irá concorrer com todas as outras *threads* que estão sendo executadas pela JVM, ou até mesmo pelo sistema operacional. Ou seja, é feita uma **solicitação** para que essa *thread* seja executada assim que possível. Dessa forma, pode ser que ocorra um pequeno intervalo entre a chamada do método *start* e a real execução do método *run*. Em geral, não há uma grande espera, e esse intervalo normalmente é medido em **nanossegundos**. Ou seja, o mais importante não é preocupar-se com quanto tempo será o intervalo, mas, sim, entender o conceito de que o conteúdo do método *run* será executado por uma outra *thread*, diferente da *thread* principal. Em um computador com vários núcleos de processamento, é possível até mesmo que os dois *prints* ocorram ao mesmo tempo.

A *thread* principal, que executa o método *main* da aplicação, geralmente recebe este nome: **main**. As novas *threads*, quando criadas da forma como foi apresentado, geralmente têm o nome "Thread" seguido de um número sequencial, como **Thread-0**.

Como a interface *Runnable* é uma **interface funcional**[46], é possível reduzir bastante o código que foi apresentado no primeiro exemplo, mantendo apenas o seguinte conteúdo no método *main*:

```
new Thread( () -> System.out.println("Thread da tarefa: " +
Thread.currentThread().getName()) ).start();

String nomeDaThread = Thread.currentThread().getName();
System.out.println("Thread principal: " + nomeDaThread);
```

O resultado dessa nova implementação se mantém o mesmo do primeiro exemplo.

Uma mesma implementação de *Runnable* poderia, inclusive, ser usada inúmeras vezes. Utilizando a mesma classe **MinhaTarefa**, o conteúdo do método *main* poderia ser conforme o código apresentado a seguir.

```
Runnable tarefa1 = new MinhaTarefa();
new Thread(tarefa1).start();

Runnable tarefa2 = new MinhaTarefa();
new Thread(tarefa2).start();
```

---

[46] O conceito de interface funcional é apresentado no capítulo sobre programação funcional e expressões *lambda*.

```
Runnable tarefa3 = new MinhaTarefa();
new Thread(tarefa3).start();

String nomeDaThread = Thread.currentThread().getName();
System.out.println("Thread principal: " + nomeDaThread);
```

Nesse caso, uma das saídas possíveis seria:

```
Thread da tarefa: Thread-2
Thread principal: main
Thread da tarefa: Thread-1
Thread da tarefa: Thread-0
```

Com um número maior de *threads*, é ainda mais comum que a **ordem** dos *prints* se altere a cada execução do programa, pois, novamente, não há garantia de qual *thread* será de fato executada primeiro e qual será pausada para dar lugar a outra. Em uma máquina com pelo menos quatro núcleos de processamento, é até mesmo possível que todos os *prints* sejam executados ao mesmo tempo! Por outro lado, em uma máquina com um único núcleo de processamento, nunca ocorreria um processamento paralelo, mesmo que o programa crie múltiplas *threads*[47]. Nesse caso, cada uma delas estaria concorrendo pelo uso do mesmo núcleo. Nesse caso, o que se tem é uma execução **concorrente**, mas não **paralela**.

Sincronia

Existem algumas formas de **sincronizar** ou **controlar** como diferentes *threads* irão interagir. A maneira mais simples geralmente é sincronizar o acesso a um recurso, ou seja, permitir que apenas uma única *thread* execute um certo trecho de código por vez, "enfileirando" as outras *threads* que tentarem executar ao mesmo tempo. Esse comportamento pode ser obtido utilizando o modificador *synchronized*.

A palavra reservada *synchronized* faz com que o acesso a um método seja permitido a apenas uma única *thread* por vez. Por um lado, isso reduz o ganho de performance do paralelismo; por outro, permite evitar inconsistências, ao garantir que apenas uma *thread* irá, por exemplo, modificar uma variável naquele momento. Isso pode ser necessário, por exemplo, quando um método incrementa o valor de uma variável e precisa utilizá-la ao mesmo tempo, como no exemplo a seguir.

---

[47] É comum que existam processadores capazes de executar mais de uma *thread* em um único núcleo de processamento. Para fins didáticos, considere que cada núcleo executa apenas uma única *thread* por vez.

```java
public class ThreadsSincronizacao_01_Syncronized {

    public static int contador = 0;

    public static void main(String[] args) {
        Runnable tarefa1 = new MinhaTarefa();
        new Thread(tarefa1).start();

        Runnable tarefa2 = new MinhaTarefa();
        new Thread(tarefa2).start();

        Runnable tarefa3 = new MinhaTarefa();
        new Thread(tarefa3).start();

        String nomeDaThread = Thread.currentThread().getName();
        System.out.println("Thread principal: " + nomeDaThread);
    }

    public static synchronized void incrementaContador() {
        contador++;
        String nomeDaThread = Thread.currentThread().getName();
        System.out.println("Contador: " + contador + ". Thread da tarefa: " + nomeDaThread);
    }

    static class MinhaTarefa implements Runnable {
        @Override
        public void run() {
            incrementaContador();
        }
    }

}
```

Nesse exemplo, o método *run* invoca o método sincronizado **incrementaContador**. Uma saída possível desse programa é:

```
Thread principal: main
Contador: 1. Thread da tarefa: Thread-0
```

```
Contador: 2. Thread da tarefa: Thread-2
Contador: 3. Thread da tarefa: Thread-1
```

O valor correto do contador só é garantido pelo acesso sincronizado ao método **incrementaContador**. Caso ele não fosse sincronizado, um comportamento possível seria:

1. A **Thread-0** incrementa o valor da variável **contador**.
2. Antes da **Thread-0** imprimir esse valor, a **Thread-1** também incrementa a variável.
3. A **Thread-0** imprime o valor da variável **contador**, porém ele já havia sido incrementado novamente por outra *thread*.

Nesse cenário, não há consistência nas impressões do valor do contador. Dessa forma, a saída poderia ser como a seguir:

```
Contador: 3. Thread da tarefa: Thread-2
Thread principal: main
Contador: 2. Thread da tarefa: Thread-1
Contador: 2. Thread da tarefa: Thread-0
```

Outras formas de sincronização

A palavra reservada *synchronized* nem sempre é a melhor forma de lidar com cenários de *multithread*, pois ela bloqueia o acesso ao método a uma única *thread* por vez, reduzindo, ou até eliminando, o ganho que haveria com o uso de paralelismo. É importante conhecer outras formas de lidar com essas situações, para poder tirar real proveito do paralelismo. Algumas dessas formas são:

- ✓ Uso da classe *CyclicBarrier*, que permite definir um ponto no código onde *threads* devem esperar umas às outras.
- ✓ Uso das classes *ReentrantLock* ou *ReetrantReadWriteLock*, que permitem utilizar "travas" que só podem ser obtidas por uma única *thread* por vez, ou travas apenas de leitura que podem ser compartilhadas entre *threads*.

Exemplos que fazem uso dessas soluções podem ser encontrados no repositório oficial do livro[48]. Além disso, inúmeros outros exemplos também podem ser encontrados no repositório de outro guia utilizado como referência para este capítulo[49].

---

[48] <https://github.com/jornada-java>
[49] <https://github.com/duke-certification/java6-to-java8>

A interface ExecutorService

Uma forma mais elegante e controlada de executar tarefas em paralelo é a utilização das diversas implementações da interface **ExecutorService**. Cada implementação possui diferentes comportamentos, dentre eles:

- ✓ Executar tarefas em uma única *thread*.
- ✓ Executar tarefas em uma quantidade fixa de *threads*.
- ✓ Executar tarefas em um *pool* de *threads*.
- ✓ Executar tarefas de forma agendada.

Uma implementação possível é o exemplo a seguir:

```java
public class ExecutorService_01 {

    public static void main(String[] args) {
        ExecutorService executor = null;
        try {
            executor = Executors.newFixedThreadPool(2);
            executor.execute(new MinhaTarefa());
            executor.execute(new MinhaTarefa());
            executor.execute(new MinhaTarefa());
        } finally {
            if (executor != null) {
                executor.shutdown();
            }
        }
    }

    static class MinhaTarefa implements Runnable {
        @Override
        public void run() {
            String nomeDaThread = Thread.currentThread().getName();
            System.out.println("Thread da tarefa: " + nomeDaThread);
        }
    }

}
```

Nesse exemplo foi criado um **ExecutorService** do tipo **FixedThreadPool**, ou seja, que executa tarefas em uma quantidade limitada de *threads*. No exemplo, foram utilizadas apenas duas *threads*, de tal forma que uma das saídas possíveis desse programa seria:

```
Thread da tarefa: pool-1-thread-1
Thread da tarefa: pool-1-thread-1
Thread da tarefa: pool-1-thread-2
```

Observando a saída, é possível perceber que, nessa execução, duas tarefas foram executadas na *thread* 1 e uma foi executada na *thread* 2.

Outros métodos estão disponíveis na classe **Executors** para criar outros tipos de executores, como: **newFixedThreadPool**, **newCachedThreadPool**, **newSingleThreadExecutor**, **newScheduledThreadPool**, etc. Cada um deles possui sua particularidade. Explicações e exemplos do uso de métodos como esses podem ser encontrados neste *link*[50].

Usando *Streams* paralelos

Desde a versão 8 o Java possui a **API** de *Streams*. Essa API permite o processamento de dados com uma visão mais funcional, o que torna o uso de paralelismo geralmente um pouco mais simples. Detalhes sobre o funcionamento dessa API já foram apresentados no capítulo "Processamento de dados com *Streams*", porém é importante saber como é fácil transformar *Streams* sequenciais em paralelos e tirar proveito de vários núcleos de processamento.

Para apresentar de forma simplista o ganho que pode ser obtido ao utilizar *Streams* paralelos, foi criado um *benchmark* para executar uma sequência de ações:

1. Gerar um *Stream* de números, de 1 a 10 milhões.
2. Calcular a quinta potência de cada número.
3. Filtrar o *Stream* para manter apenas os números pares.
4. Acrescentar cada número em um **HashMap**, junto da sua quinta potência.

Esses passos forçam um alto uso de processamento, em um cenário simples, porém suficiente para mostrar como o paralelismo pode trazer ganhos de performance. Esse

---
[50] <https://github.com/duke-certification/java6-to-java8>

processamento foi implementado de duas formas bem similares, porém o primeiro não utiliza paralelismo, enquanto o segundo sim. A seguir, o código dos *benchmarks*[51].

```java
@Benchmark
public Map<Double, Double> benchmarkSemParalelismo() {
    Map<Double, Double> mapa = new HashMap<>();
    IntStream.range(1, 10000000)
        .mapToDouble(numero -> Math.pow(numero, 5))
        .filter(numero -> numero % 2 == 0)
        .forEach(numero -> mapa.put(numero, Math.pow(numero, 5)));
    return mapa;
}

@Benchmark
public Map<Double, Double> benchmarkComParalelismo() {
    Map<Double, Double> mapa = new ConcurrentHashMap<>();
    IntStream.range(1, 10000000)
        .parallel()
        .mapToDouble(numero -> Math.pow(numero, 5))
        .filter(numero -> numero % 2 == 0)
        .forEach(numero -> mapa.put(numero, Math.pow(numero, 5)));
    return mapa;
}
```

É importante perceber que as únicas diferenças entre as implementações são: a chamada ao método *parallel*, que transforma o *Stream* em paralelo, e o uso de um *ConcurrentHashMap*, para que não haja inconsistências.

Nesse cenário, o teste **sem paralelismo** demorou uma média de **4,6 segundos** para ser executado. Por outro lado, o teste **com paralelismo** levou apenas **2,5 segundos** em média. É importante notar que nem sempre o ganho será nessa proporção, podendo ser muito melhor, ou muito pior, e por isso é extremamente importante realizar *benchmarks* antes de optar pela utilização de *Streams* paralelos. *Streams* com poucos elementos podem inclusive ficar **mais lentos** ao utilizar paralelismo, pois a JVM gasta mais processamento com o próprio controle das múltiplas *threads* que estão sendo criadas.

---

[51] Os *benchmarks* foram implementados utilizando a biblioteca JMH, da OpenJDK. Mais informações podem ser obtidas no site do projeto: <https://openjdk.java.net/projects/code-tools/jmh/>.

O *benchmark* apresentado está disponível no repositório oficial do livro, contendo inclusive a configuração para execução com o *framework* JMH da OpenJDK[52].

Outras formas de paralelismo

O Java ainda possui inúmeras outras formas de trabalhar com paralelismo, entre elas:

- ✓ **Framework Fork/Join:** auxilia na execução paralela de tarefas que podem ser divididas em pedaços menores. Somar todos os números de 1 a 100, por exemplo, pode ser dividido em duas tarefas: a primeira somará os números de 1 a 50 e a segunda somará os números de 51 a 100. Tarefas desse tipo podem tirar grande proveito do *framework* Fork/Join, disponível na própria JDK desde a versão 7. As tarefas podem ser subdivididas em partes ainda menores, até chegar no tamanho ideal para realizar o processamento de fato[53].
- ✓ **Classe *CompletableFuture*:** permite executar um trecho de código de forma assíncrona. É útil para "adiantar" a execução de um algoritmo, enquanto o código principal continua com outros processamentos. Quando o código principal necessitar do valor resultante daquele algoritmo, ele solicita o valor que possivelmente já terá sido calculado. É uma boa forma de executar tarefas de forma paralela[54].
- ✓ **Classe *TimerTask*:** permite agendar execuções de código. É uma classe presente no Java há mais tempo, sendo geralmente mais simplista do que a interface **ExecutorService**, mas que também pode ser utilizada.
- ✓ **Classe *CountDownLatch*:** permite sincronizar ou controlar execuções de múltiplas *threads*, de forma semelhante à classe *CyclicBarrier*. Ela fornece um contador que pode ser utilizado por uma *thread* para "esperar" até que ele tenha sido decrementado um número específico de vezes. É possível, por exemplo, finalizar a execução de um programa apenas após 10 tarefas terem sido completadas.
- ✓ **Manualmente:** utilizando as classes **Thread** e **Runnable**, e fazendo o uso de variáveis com o modificador **volatile**, ou de métodos com o modificador **synchronized**, é possível implementar praticamente qualquer comportamento que outras classes ou *frameworks* também fazem. Porém, essa forma é mais trabalhosa e suscetível a erros; o ideal é escolher uma das formas já implementadas que melhor se adeque ao problema a ser resolvido.

---

[52] <https://github.com/jornada-java>
[53] Exemplos podem ser encontrados no ebook: <https://github.com/duke-certification/java6-to-java8>.
[54] Exemplos podem ser encontrados no site: <https://www.baeldung.com/java-completablefuture>.

Inúmeros exemplos e explicações de como utilizar todas essas formas estão disponíveis no repositório oficial deste livro[55].

O modificador *volatile*

Em alguns exemplos foi utilizada a palavra reservada **volatile** em algumas variáveis. Ao trabalhar com *multithread*, esse modificador é especialmente importante, pois ele garante o acesso ao valor **correto** das variáveis.

Uma *thread* pode possuir um *cache* local de cada variável que ela utiliza. Ou seja, ao ler o valor de uma variável, é possível que a *thread* leia a partir desse *cache*, em vez de ler da memória principal. A partir do momento em que várias *threads* estão executando em paralelo, e modificando ou lendo o valor de uma mesma variável, é possível que esse *cache* esteja desatualizado no momento em que ele for lido.

A palavra reservada **volatile** garante que qualquer *thread*, ao ler o valor de uma variável, lerá sempre o seu valor atualizado. E garante também que, ao escrever um novo valor para essa variável, ele será percebido por todas as outras *threads* que acessam essa mesma variável.

Em resumo, o modificador *volatile* deve ser utilizado sempre que várias *threads* acessem o valor de uma mesma variável, e deve sempre ter garantido o acesso ao último valor escrito. É importante notar que existe um impacto na performance, pois o *cache* local, que é muito mais rápido de ser acessado, não será utilizado nesse caso. Porém, em geral, esse impacto não deve ser de grande preocupação, principalmente quando o uso de *volatile* for essencial para a execução correta do algoritmo.

Classes úteis

Ao programar de forma **concorrente**, é comum encontrar cenários em que as classes mais comuns da JDK não sejam suficientes. Existem várias classes que, se acessadas por mais de uma *thread* **ao mesmo tempo**, podem resultar em falhas graves, muitas vezes difíceis de ser diagnosticadas. Algumas dessas classes são: **StringBuilder**, **ArrayList**, **HashMap**, **HashSet**, **SimpleDateFormat**, entre outras. Ou seja, não utilize essas classes caso elas sejam acessadas por mais de uma *thread* ao mesmo tempo.

---

[55] <https://github.com/jornada-java/livro>

Para auxiliar nos casos de *multithreading*, é importante conhecer duas ferramentas importantes da JDK: o pacote **java.util.concurrent** e os métodos com o prefixo *synchronized** da classe *Collections*.

Pacote java.util.concurrent

O pacote **java.util.concurrent** possui inúmeras classes úteis para situações de concorrência, como:

- ✓ **ConcurrentHashMap**: uma implementação da interface *Map* que pode ser acessada e modificada por várias *threads* ao mesmo tempo.
- ✓ **CopyOnWriteArrayList**: uma implementação de *List* que pode ser acessada ou modificada por várias *threads* ao mesmo tempo. É uma classe que impõe um custo alto para alterar a lista, pois cada modificação gera uma nova alocação completa do *array* interno.
- ✓ **AtomicInteger**: classe útil para ser utilizada em situações de incremento ou decremento de um número, como um contador, se ele precisar ser acessado por várias *threads* ao mesmo tempo.

Inúmeras outras classes úteis também estão disponíveis neste pacote. Uma lista mais completa pode ser encontrada na documentação oficial da JDK[56].

Sincronizando coleções

Uma outra ferramenta importante de se conhecer são os métodos estáticos que iniciam com a palavra **synchronized** e estão disponíveis na classe **Collections**. Esses métodos servem para tornar uma coleção totalmente sincronizada, ou seja, os métodos que alteram a coleção passarão a se comportar como se tivessem o modificador *synchronized*, podendo assim ser invocados por várias *threads* sem correr o risco de inconsistência.

Existem métodos para sincronizar vários tipos de coleções: **synchronizedCollection**, **synchronizedSet**, **synchronizedList**, **synchronizedMap**, entre outros. Seu uso é bastante simples, como no exemplo a seguir:

---

[56] A documentação oficial do pacote **java.util.concurrent** pode ser encontrada no site: <https://docs.oracle.com/en/java/javase/14/docs/api/java.base/java/util/concurrent/package-summary.html>.

```java
public class CollectionsSynchronized_01 {

    private static List<String> listaSincronizada = Collections.synchronizedList(new ArrayList<>());

    public static void main(String[] args) {
        ExecutorService executor = null;
        try {
            executor = Executors.newFixedThreadPool(2);
            executor.execute(new MinhaTarefa());
            executor.execute(new MinhaTarefa());
            executor.execute(new MinhaTarefa());
        } finally {
            if (executor != null) {
                executor.shutdown();
            }
        }
    }

    static class MinhaTarefa implements Runnable {
        @Override
        public void run() {
            listaSincronizada.add("A");
        }
    }

}
```

O mais importante é perceber como foi feita a inicialização da lista, forçando o acesso sincronizado, ou seja, "enfileirado", ao método **add** da lista:

```
Collections.synchronizedList(new ArrayList<>())
```

É importante lembrar, porém, que ao se tornarem sincronizados, os métodos serão executados de forma "enfileirada", uma *thread* por vez. Por outro lado, a vantagem é que o programador não precisa se preocupar com esse controle, que é todo feito pela JVM.

43. *Java Virtual Machine* (JVM)

Rodrigo Moutinho

A especificação da Máquina Virtual Java, ou, como é largamente conhecida, JVM, possui uma extensa documentação da Oracle[57], que servirá de base para todo este capítulo. A implementação utilizada tanto pelo Oracle JDK quanto pelo OpenJDK é chamada **Java HotSpot**.

Tecnicamente a implementação não possui diferença, por ambas seguirem o mesmo processo de *build*. Porém, a versão Oracle é mais performática devido à estabilidade fornecida pelo suporte comercial. Em contrapartida, o OpenJDK, por ser uma versão *open source*, entrega versões com maior frequência, o que às vezes pode gerar problemas de performance e instabilidade na JVM (BAELDUNG, 2020)[58].

O nome *HotSpot* não é por acaso – na ciência da computação, *hot spots* são regiões de um software com muitas execuções ou que demandam muito tempo de execução. Na JVM o principal objetivo é analisar o *bytecode* previamente compilado, buscar *hot methods* e durante a execução otimizar e transformar tudo em código de máquina (do inglês, *machine code*).

Para melhor compreender as características e o funcionamento da JVM, é necessário entender os tipos de linguagens de programação que podem ser compiladas e/ou interpretadas (a parte "e/ou" é importante e você vai entender o porquê a seguir).

Tipos de linguagens

Linguagens compiladas, como C e C++, compilam e transformam o código em binários (código de máquina) de acordo com o tipo de arquitetura do sistema. A principal vantagem é sua velocidade de execução pela compilação ser focada na arquitetura.

---

[57] <https://docs.oracle.com/javase/specs/jvms/se11/html/index.html>
[58] Leia mais sobre as diferenças entre os JDKs em <https://www.baeldung.com/oracle-jdk-vs-openjdk>.

Linguagens interpretadas, como Ruby e Python, traduzem cada linha de código em binário à medida que a linha é executada. A maior vantagem dessa abordagem é a portabilidade, ao permitir a execução do código em diversos tipos de arquiteturas sem precisar fazer nenhum tipo de pré-compilação para a arquitetura.

A linguagem Java entra em uma terceira categoria, utilizando um misto de linguagem compilada e interpretada. Primeiramente o código Java é compilado para um formato intermediário e portátil, conhecido como *bytecode*, para somente depois ser interpretado. São várias as vantagens dessa abordagem, como: possibilidade de verificar a tipagem (do inglês, *type checking*); otimizar a compilação do código; o *bytecode* só precisa ser compilado uma única vez para atingir o formato próximo ao de código de máquina, diminuindo o esforço final necessário para transformar de *bytecode* para código de máquina; e por último, mas não menos importante, mantém a portabilidade. Essa abordagem que torna a famosa frase possível: *write once, run anywhere* (em tradução livre: escreva uma vez, rode em qualquer lugar).

De forma bem simples, esse conceito ajuda a entender melhor a origem do arquivo **.class** gerado depois de compilar um arquivo **.java**. Este é o processo do compilador Java (do inglês, *Java compiler*) transformando o código em *bytecode*, conhecido como **javac**[59] ao utilizar a linha de comando. Em sua maioria, o nome do arquivo **.class** será o mesmo que o do arquivo **.java**, com exceção de alguns casos, como, por exemplo, classes anônimas e classes internas, onde mais de um arquivo **.class** é gerado.

Depois de gerar os arquivos **.class**, a execução da aplicação passará por várias etapas dentro da arquitetura da JVM. Esse processo é iniciado através do comando **java**[60], ao utilizar a linha de comando. Sua arquitetura pode ser dividida em três principais partes: ***Class Loader***, ***Runtime Data Area*** e ***Execution Engine***. Explicar cada parte em detalhes facilmente geraria novos capítulos devido à complexidade do tema. Sendo assim, a seguir, elas serão abordadas de forma bastante superficial, o suficiente para entender o básico.

Arquitetura JVM

A primeira parte da arquitetura, o ***Class Loader***, é dividida em três partes: ***loading***, responsável por carregar os arquivos **.class** na memória; ***linking***, que verifica o

---

[59] <https://docs.oracle.com/en/java/javase/11/tools/javac.html>
[60] <https://docs.oracle.com/en/java/javase/11/tools/java.html>

bytecode gerado, prepara a memória alocando valores iniciais e resolve referências; e *initialization*, onde são atribuídos os valores às variáveis estáticas, sejam definições via código ou através de blocos estáticos.

Outro componente é o **Runtime Data Area**, que basicamente cuida da organização da memória para a execução das classes, sendo dividido em cinco partes: **Method Area**, que contém todas as informações das classes, como o nome, métodos, etc.; **Heap Area**, que armazena objetos e variáveis de instância; **Stack Area**, para armazenar informações específicas da *thread* criada, que consequentemente será destruída assim que a *thread* for finalizada; **PC Registers**, para armazenar o endereço da instrução de execução da *thread* atual; e **Native Method Stacks**, que armazena as informações de método nativo (do inglês, *native method*). Enquanto as duas primeiras partes são recursos compartilhados entre todas as *threads*, as outras três partes criam uma nova pilha cada para toda *thread* criada.

A parte **Execution Engine** utiliza as informações das etapas anteriores, transforma o *bytecode* em código de máquina e executa suas instruções. Pode ser dividida em três partes: **interpreter**, que interpreta o *bytecode* linha por linha; **Just-In-Time Compiler** (JIT), que foca em melhorar a eficiência do *bytecode*, recompilando-o quando necessário (abordado em maiores detalhes a seguir); e **garbage collector**, responsável por remover todas as referências de memória não utilizadas (abordado em detalhes no próximo capítulo).

Entendendo o funcionamento do JIT

De forma bem simples, o principal objetivo do JIT é recompilar o *bytecode* previamente gerado, em tempo de execução, buscando por possíveis otimizações para sua execução em código nativo. Nesse processo estão envolvidos dois tipos de compiladores: *Client Compiler*, ou C1 (*Compiler* 1), e o *Server Compiler*, ou C2 (*Compiler* 2).

O C1 é mais voltado para aplicações no lado cliente com uma inicialização mais rápida, onde o compilador busca rapidamente por *hot methods* para realizar otimizações rápidas e simples. Aplicações com ciclo de vida curto, conhecidas como *short lived applications*, também se beneficiam da velocidade inicial do C1, levando em conta que não existe muito tempo para aprender como otimizar o código.

O C2 é mais focado em aplicações no lado servidor. Seu objetivo é analisar e monitorar por mais tempo o comportamento do código, buscando os pontos mais críticos, para somente depois realizar otimizações no código. Porém, ao realizar otimizações, estas são muito mais agressivas devido às análises realizadas. Métodos compilados pelo C2 são naturalmente mais rápidos do que os compilados pelo C1.

A partir do Java 7 surgiu uma nova forma de compilação conhecida como *Tiered Compilation*[61], que mais tarde, no Java 8, se tornou a forma padrão. Sua estratégia é começar apenas com o interpretador de forma rápida e logo depois começar a fazer pequenas otimizações utilizando o C1 ao identificar alguns *hot methods*. Com maior tempo de execução, o comportamento e os *hot methods* da aplicação ficam cada vez relevantes, e nesse momento o C2 entra em ação compilando novamente o código aplicando otimizações mais avançadas.

Explicando de forma bem resumida, o *Tiered Compilation* pode ser dividido em cinco níveis:

- ✓ Nível 0, utilizando apenas o modo de interpretação.
- ✓ Nível 1, utilizando o C1 de forma simples sem nenhum tipo de *profiling* (que é basicamente uma análise de comportamento).
- ✓ Nível 2, utilizando o C1 com um *profiling* moderado e limitado.
- ✓ Nível 3, utilizando o C1 com um processo de *profiling* completo.
- ✓ Nível 4, utilizando o C2 aproveitando o *profiling* realizado anteriormente.

A complexidade envolvida no fluxo de execução entre cada nível no *Tiered Compilation* é muito alta. Mas a boa notícia é que tudo isso já está pronto para uso. E mesmo que seja necessário fazer alguns ajustes, o comando **java**, citado anteriormente, permite a personalização do comportamento desses compiladores através de parâmetros específicos.

Se estiver curioso para saber mais sobre o funcionamento da análise da aplicação ou de fato precisar ir mais a fundo para investigar um problema complexo, existem ferramentas de *profiling* disponíveis para isso. Algumas opções pagas como o JProfiler[62] são superpoderosas e eficientes para ajudar a encontrar problemas difíceis de analisar, mas também existem outras como YourKit Java Profiler[63] ou até mesmo o Java

---

[61] <https://docs.oracle.com/en/java/javase/11/vm/java-hotspot-virtual-machine-performance-enhancements.html>
[62] <https://www.ej-technologies.com/products/jprofiler/overview.html>
[63] <https://www.yourkit.com/java/profiler/>

Flight Recorder e o Java Mission Control[64]. E como opção totalmente *open source*, Java VisualVM permite monitorar a aplicação, instalar *plugins* que adicionam mais poder à ferramenta e também possibilita baixar de forma independente. No próximo capítulo esta ferramenta será abordada de forma mais específica para analisar o comportamento do *garbage collector*.

Outros tipos de compiladores

Apesar do grande avanço que o *Tiered Compilation* trouxe ao Java 8, a linguagem continuou evoluindo em busca de formas de melhorar a performance e diminuir o consumo de memória.

No Java 9, surgiu o *Segmented Code Cache* através da JEP 197, com novas formas de organizar e separar os tipos de códigos de código compilado em cache. E, de forma experimental, o *Ahead-of-Time Compilation*, através da JEP 295, possibilita a compilação em código nativo antes de iniciar a JVM, melhorando o tempo de inicialização de pequenas e grandes aplicações, além de outros benefícios.

Mais tarde, no Java 10, de forma experimental, surgiu a possibilidade de utilizar o *Java-Based JIT Compiler* através da JEP 317, também conhecida como Graal.

O projeto GraalVM[65], que é independente do OpenJDK, ganhou muita notoriedade recentemente pelos benefícios de aumento de velocidade e diminuição de uso de memória, principalmente no contexto de projetos que utilizam microsserviços. GraalVM é uma máquina virtual universal capaz de compilar diversos tipos de linguagem em código nativo. As possibilidades que essa tecnologia traz são imensuráveis para o mundo do desenvolvimento, e sem dúvida vale a pena buscar mais informações do projeto.

A fim de evitar múltiplas referências, todas as JEPs citadas neste capítulo estão organizadas em um índice, a JEP 0[66], que será utilizada como ponto principal de consulta.

---

[64] <https://www.oracle.com/java/technologies/jdk-mission-control.html>
[65] <https://www.graalvm.org/>
[66] <https://openjdk.java.net/jeps/0>

Outras linguagens

Conforme foi falado anteriormente, a JVM interpreta *bytecodes* e, por causa disso, não está limitada a executar somente código Java. Qualquer linguagem que possua um compilador que gere *bytecode* compatível com a JVM poderá ser executada nela. Scala, Kotlin, Groovy e Clojure são exemplos dessas linguagens. Além disso, Python e Ruby também possuem implementações que rodam na JVM, chamadas Jython e JRuby, respectivamente. Caso se interesse pelo assunto, os seguintes *links* podem ser úteis:

- ✓ Exemplos de linguagens que executam na JVM: <https://www.baeldung.com/jvm-languages>
- ✓ Lista extensiva de linguagens implementadas para rodar na JVM: <https://en.wikipedia.org/wiki/List_of_JVM_languages>

44. *Garbage Collection*

Rodrigo Moutinho

Gerenciamento de memória sempre será um assunto muito importante para a performance de qualquer aplicação. Antigamente, onde grandes monólitos eram o padrão de mercado, o mais comum era aumentar a quantidade de memória do servidor para suportar mais carga. Mas como a escala vertical tem um limite, fazer um bom gerenciamento de memória era crucial para o bom desempenho da aplicação. Atualmente, com a adoção da estratégia de microsserviços, esse gerenciamento continua com a mesma importância, evitando em alguns casos escalar a aplicação horizontalmente, onde basicamente se adicionam novas máquinas para suportar a demanda de recursos.

Esse controle avançado de configurações, em sua maioria, se restringe a cenários específicos onde apenas um bom código já não é mais o suficiente. Levando isso em conta, esse capítulo visa apresentar termos e conceitos básicos sobre gerenciamento de memória, e também ferramentas que possam ajudá-lo a iniciar essa jornada de investigações e ajustes em uma aplicação. Boa parte do conteúdo se baseia na documentação da Oracle[67], uma excelente referência para ir mais a fundo no assunto.

Utilizando o contexto da linguagem C, uma tarefa simples de gerenciar o conteúdo de um *array* de forma dinâmica pode se tornar uma montanha de código e um pesadelo para quem não domina a linguagem (PRABHU, 2020)[68]. E a construção errada de cenários como este podem causar vazamento de memória (conhecido em inglês como *memory leak*). Outro desafio é saber quando limpar esse objeto da memória. Limpar as informações antes da hora pode causar erros superdifíceis de identificar.

No contexto Java, nenhuma dessas preocupações são necessárias, graças ao recurso *garbage collection* (em tradução livre, coleta de lixo). O *garbage collector*, ou GC,

---

[67] <https://docs.oracle.com/en/java/javase/11/gctuning>
[68] Exemplo de alocação dinâmica de memória utilizando a linguagem C: <https://www.geeksforgeeks.org/dynamic-memory-allocation-in-c-using-malloc-calloc-free-and-realloc/>.

gerencia de maneira automática a alocação de memória da aplicação coordenando com o sistema operacional a quantidade de memória utilizada, a eliminação de objetos que não estão mais sendo utilizados e quando é necessário executar uma limpeza para disponibilizar mais recursos. Outro aspecto importante é a garantia de que nenhum objeto com referência válida será removido da memória. Dessa forma, o trabalho feito pelo GC possibilita programar sem se preocupar com alocação de memória direta durante o código.

Entre as principais mudanças do GC nas versões mais recentes do Java estão a introdução oficial do *Garbage First* (G1) no Java 7[69], a JEP 248 tornando o G1 o GC padrão do Java 9 e a JEP 291 marcando o *Concurrent Mark Sweep* (CMS) como descontinuado no Java 9. Como já mencionado anteriormente, todas as JEPs citadas estão organizadas em um índice, a JEP 0[70], utilizada como ponto principal a fim de evitar múltiplas referências.

Conceitos básicos

Encontrar uma maneira rápida de explicar todos os conceitos do GC não é simples. Tudo sempre vai depender muito da versão do Java e da implementação do GC que está sendo utilizada. Mas alguns nomes sempre acabam se repetindo, sendo importante ter ao menos uma ideia inicial.

Existem vários algoritmos de limpeza que durante a implementação de um GC acabam se misturando. Os mais comuns são: **Mark and Sweep**, que percorre os objetos em memória marcando os que possuem referência e depois percorre novamente limpando os que não estão marcados; **Copying**, que faz a mesma coisa, mas ao final copia de um *buffer* para outro, organizando a memória durante a cópia e removendo a fragmentação existente; e **Generational**, que divide a memória em gerações, em que a cada passagem do GC pelo objeto aumenta sua "idade", resultando depois na promoção do objeto entre os blocos, de acordo com a configuração da implementação, como será explicado em seguida.

Os conceitos e a imagem a seguir foram baseados na própria documentação da Oracle[71]. A ilustração é uma representação clássica da divisão dos espaços da memória.

---

[69] <https://www.oracle.com/java/technologies/javase/hotspot-garbage-collection.html>
[70] <https://openjdk.java.net/jeps/0>
[71] <https://www.oracle.com/webfolder/technetwork/tutorials/obe/java/gc01/index.html>

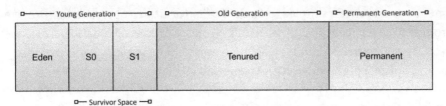

Figura 44.1. Estrutura da memória ou pilha, conhecida em inglês como *heap space*.
Fonte: Oracle (s.d.).

A parte **Young Generation**, mais especificamente no **Eden**, é onde todo novo objeto é alocado. As divisões dentro do **Survivor Space** armazenam os objetos que já sobreviveram às limpezas iniciais e ainda possuem referências válidas. Os objetos com a idade mais avançada na memória são transferidos para a parte **Old Generation**, espaço também conhecido como **Tenured**. A última parte, **Permanent Generation**, armazena metadados de classes e métodos, mas, depois do JDK 8, através da JEP 122, esta parte foi removida e as informações foram alocadas diretamente em memória nativa.

Entender como as partes *Young* e *Old Generation* estão organizadas e implementadas é importante devido a dois eventos relacionados: ***minor garbage collection*** e ***major garbage collection*** (algo como coleta menor e coleta maior de lixo, em português). Ambos são eventos **Stop the world** na maioria das implementações, ou seja, todas as *threads* da aplicação serão interrompidas até que o processo termine. A coleta *minor* executa muito rápido com latência irrelevante e de forma frequente. Isso porque essa parte espera muito mais objetos sem referências, e com isso a limpeza é mais rápida. As coletas *major* tendem a demorar mais, com latências relevantes, mas de forma menos frequente. Outro termo que é mais comum de ouvir é o **FullGC**, que é basicamente a coleta completa na memória (e às vezes confundida ou até mesmo considerada *major* devido às diferenças de implementações).

Outro conceito importante é o de **throughput**, que, explicando de forma simples, é o quão rápido o GC roda e a velocidade com que todo o lixo é coletado, informações valiosas para a análise do comportamento da aplicação.

Tipos de *garbage collector*

Existem coletores mais simples que param a aplicação (*stop the world*), marcam os objetos sem referências, limpam e compactam a memória, e depois retomam a aplicação. Outros mais avançados conseguem lidar com concorrência (*multithread*) e pausas menores. A seguir, abordaremos alguns dos principais.

Começando pelo mais simples, o **Serial Collector** utiliza apenas uma *thread* e interrompe toda a aplicação para executar o coletor. É mais adequado para pequenas aplicações rodando no cliente e não é recomendado para aplicações maiores. Para habilitar, utilize o parâmetro **-XX:+UseSerialGC**.

O **Parallel Collector** utiliza múltiplas *threads* para executar a *minor collection* e uma única *thread* para executar a *major collection*. Sua execução é mais aceitável para aplicações maiores, considerando que a concorrência ajuda. Era o padrão no Java 7 e 8, mas a partir do Java 9 é necessário usar o parâmetro **-XX:+UseParallelGC**. Além dele, também existe o **Parallel Old Collector**, que se diferencia pela execução da *major collection* com múltiplas *threads*, tornando-se uma opção melhor. Para habilitar, utilize o parâmetro **-XX:+UseParallelOldGC**.

Outro coletor, descontinuado no Java 9, é o **Concurrent Mark and Sweep** ou CMS. Apesar de muito mais rápido que o *Parallel Collector*, causa fragmentação na memória que em alguns casos faz a limpeza demorar muito mais. Para habilitar, utilize o parâmetro **-XX:+UseConcMarkSweepGC**. Porém, a partir do Java 14, o parâmetro será ignorado devido à remoção deste GC (JEP 363).

Considerando o Java 11, o GC mais importante é o **Garbage-First Garbage Collector**, ou G1. Isso porque ele é o GC padrão desta versão (JEP 248). Preparado para suportar sistemas com grandes quantidades de memória e processadores, possui diversos parâmetros para permitir ajustes finos de acordo com as características da aplicação. Consulte o guia de GC da Oracle citado anteriormente para ir mais a fundo em cada detalhe da implementação.

Existem outros dois GCs interessantes para considerar em futuras versões. O primeiro, que já está como experimental no Java 11, é o **Z Garbage Collector**, ou ZGC (JEP 333). Ele possui objetivos ousados, como pausas inferiores a 10 milissegundos e suporte a até *terabytes* de memória. Sua implementação pronta para produção está prevista para o Java 15 (JEP 377). O segundo é o **Shenandoah**, que está como experimental no Java 12 (JEP 189). Um de seus objetivos é manter pausas mínimas independentemente da quantidade de memória da aplicação.

Monitoramento e escolha do GC ideal

A escolha do GC ideal para sua aplicação deve seguir um fluxo de análise para fundamentar muito bem a escolha final. O mais comum é iniciar com a utilização do

GC padrão da versão, que para o Java 11 é o G1. Uma sugestão de fluxo para análise poderia ser dividida em algumas etapas, tais como:

1. Monitoramento contínuo da aplicação para entender os cenários mais críticos[72]. Realizar testes o mais próximo possível do cenário de produção para obter dados confiáveis.
2. Realizar ajustes finos através de parâmetros da implementação do GC a fim de melhorar os cenários identificados previamente.
3. Por fim, se nenhuma ação anterior gerar resultados esperados, realizar a troca para uma implementação diferente. De preferência, uma que tenha como objetivo resolver algum dos problemas que sua aplicação apresenta.
4. Reiniciar o ciclo de análise até encontrar métricas que justifiquem determinado GC como o ideal para aplicação. Na grande maioria dos casos, o GC padrão com pequenos ajustes pode já ser o suficiente.

Para análise e monitoramento, existem diversas maneiras de ir a fundo no comportamento da sua aplicação. Em termos de *logs*, a análise pode começar com parâmetros simples como **-Xlog:gc** e ir aumentando para cenários complexos. A opção dos *logs* é graças ao **Unified JVM Logging**, que surgiu no Java 9 (JEP 158). Existem algumas ferramentas de terceiros, como GCEasy.io e GCViewer, que podem facilitar a leitura e o processamento de todos esses dados gerados.

Para monitoramento da JVM de maneira *headless*, na qual não se tem acesso à parte gráfica do sistema operacional, apenas à linha de comando, o comando **jstat**[73] é uma das melhores opções. Apesar da documentação mencionar que o comando é experimental e sem suporte, é incrível a quantidade de informações que é possível monitorar através desse comando. Consultar a documentação é inevitável para conseguir entender melhor seu funcionamento e o volume de parâmetros disponíveis.

Em se tratando de interface gráfica, **jvisualvm**[74] é uma ferramenta incrível para monitorar e entender o comportamento da sua aplicação através de gráficos. Ela é disponibilizada como parte do JDK, mas também é possível baixar como uma ferramenta à parte, como já foi citado anteriormente. Mas como o foco do capítulo é *garbage collector*, instalar o *plugin* **VisualGC** é fundamental para visualizar o com-

---

[72] Consulte o capítulo sobre monitoramento para descobrir outras opções disponíveis que também podem ajudar nas investigações e análises.
[73] Comando jstat: <https://docs.oracle.com/en/java/javase/11/tools/jstat.html>
[74] Página jvisualvm: <https://visualvm.github.io/>

portamento da memória independentemente da implementação utilizada. Dentro do próprio **jvisualvm**, utilize o fluxo de menus e abas: "Tools > Plugins > Available Plugins > VisualGC". Ao ativar o *plugin*, basta abrir novamente um processo para já ter acesso às informações geradas. A figura a seguir ilustra o **jvisualvm**.

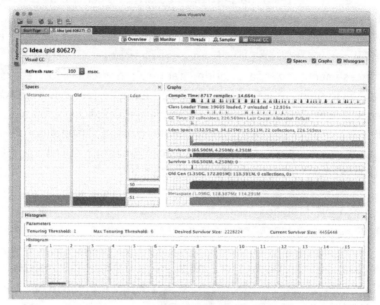

Figura 44.2. Imagem retirada do VisualVM utilizando o *plugin* VisualGC para monitorar o comportamento da memória do processo da IDE IntelliJ.
Fonte: o autor.

Com acesso a todas essas ferramentas e conceitos, você já está pronto para iniciar sua jornada para melhoria da performance da sua aplicação. Pouca memória, muita memória, número de processadores, tempo máximo que sua aplicação aceita ficar parada para executar o GC: são inúmeras as variáveis que podem influenciar positivamente ou negativamente a sua aplicação. Caberá a você, desenvolvedor, entender o momento ideal de ajustar o código e investigar as configurações da JVM em busca da melhora de performance da sua aplicação.

PARTE VIII.
TESTES

45. Importância dos testes

Alisson Medeiros

Quando pensamos em teste, automaticamente a qualidade vem à mente. Mas será que testes são sinônimos de qualidade em desenvolvimento de software?

Os testes são uma parte muito importante da garantia da qualidade de um software. Desde a época do surgimento do modelo cascata existe a etapa de testes, que ocorre após as etapas de planejamento, especificação e codificação. Nessa abordagem os testes são em sua maioria manuais, podendo levar semanas e meses, gerando retrabalho na mesma proporção, ou até mesmo esgotando as horas planejadas, resultando no corte da etapa de testes. Houve uma mudança com a chegada do modelo ágil, no qual ciclos menores de desenvolvimento foram introduzidos, com entregas pequenas ao cliente. Porém, em alguns casos, continuou-se fazendo o mesmo: deixar os testes para o final ou realizá--los após o término da *Sprint* (etapa, ou *timebox*, da metodologia ágil *Scrum*), gerando retrabalho ao time. Com isso, o software continua demorando para chegar ao cliente e sofre com problemas de qualidade. A figura a seguir ilustra os modelos cascata e ágil.

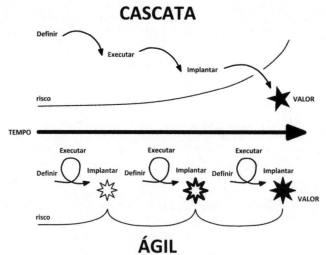

Figura 45.1. Comparação do modelo cascata x ágil.
Fonte: adaptado de Becode (2017).

Testes não são bala de prata e não vão resolver todos os problemas de qualidade, mas quando bem escritos ajudam muito na entrega de software livre de *bugs*. Mas será mesmo que testes ajudam na qualidade?

Vamos olhar um pouco fora do mundo do software e pensar no modelo de produção enxuta (*Lean Manufacturing*), o modelo da Toyota que foca em pessoas, melhoria contínua e qualidade. Isso fez a Toyota ir de uma empresa com a imagem de produzir carros de baixa qualidade para a maior montadora do mundo. Fez ela se tornar reconhecida por ter poucos defeitos de fabricação em seus carros, além de apresentar poucos problemas mecânicos. Pessoas participantes nesse modelo (funcionários, vendedores, mecânicos, etc.) têm uma qualidade de vida melhor do que quem está inserido em outros modelos. Os carros são bons, as pessoas são felizes e a Toyota é uma empresa muito lucrativa. Mesmo que venda uma quantidade menor de carros, seu lucro é maior que as concorrentes. Trazendo para software, podemos dizer:

> **Quando bem feitos, testes vão ajudá-lo a fazer as pessoas felizes e dar mais lucro para sua empresa!**

O movimento ágil e testes podem andar juntos? Sim, o *agile testing* começa desde a concepção do modelo de negócio, na especificação das tarefas. Testes podem ser usados com outros modelos, práticas como TDD (desenvolvimento guiado a testes), testes de unidade, testes de integração, testes de API e testes *end-to-end* encaixam em qualquer modelo ou metodologia.

Nos exemplos a seguir, utilizaremos uma técnica chamada *Given When Then* (dado que, quando, então). Esta técnica de escrita de testes visa deixar seu código mais legível e separado em três partes.

Segundo Martin Fowler em seu artigo sobre testes (2013), temos basicamente um teste que começa com uma entrada de dados, a ação e a verificação do resultado. Por exemplo, posso começar com "2 e 2". Seguindo o padrão **dado que, quando, então** ficaria:

- ✓ **Dado que** desejo somar dois números;
- ✓ **Quando** informado como parâmetro os números **2 e 2**;
- ✓ **Então** a função de soma retorna o número **4**.

Exemplo: *Testando o método soma(int,int) da classe Calculadora.*

Alterações no código que modifiquem o comportamento esperado (retornar 4) do método soma para essas duas entradas específicas (2 e 2) irão quebrar esse teste, indicando comprometimento da integridade do software em trechos que dependam desse retorno.

```
@Test
public void somaDeDoisPorDoisRetornaQuatro() {
  // Dado que desejo somar dois número
  Calculadora calculadora = new Calculadora();
  double entrada1 = 2;
  double entrada2 = 2;
  double resultadoEsperado = 4;

  // Quando informado como parâmetro os números 2 e 2
  double resultado = calculadora.soma(entrada1, entrada2);

  // Então a função de soma retorna o número 4
  assertEquals(resultadoEsperado, resultado, "2 + 2 tem que ser igual a 4");
}
```

Não se preocupe com o código nesse momento, pois entraremos em detalhes nos próximos capítulos.

Um grande marco foi o livro "Programação extrema (XP) explicada", de Kent Beck (2004). As práticas apresentadas dentro do livro de Beck trouxeram uma grande revolução e a popularização da cultura de testes. Beck evangelizou pelo mundo a importância de testes, técnicas, exemplos, *cases* e foi gerando engajamento de pessoas como Martin Fowler, Eric Gama, Uncle Bob (Robert Cecil Martin), entre outros. No livro são apresentados princípios como simplicidade, que tem total ligação com testes.

Estatísticas mostram que boa parte do código desenvolvido não é usado, ou seja, trabalho jogado fora. Sabe aquela famosa frase "vou deixar isso pronto, agora não vai ser usado, mas caso precise já está aqui"? A cultura de testes ajuda a focar no que realmente é necessário, resolvendo os problemas de hoje agora e os de amanhã, amanhã. Cada cenário deve ser baseado em uma regra de negócio vinda do cliente. E, com isso, procurar evitar desperdício, códigos e funcionalidades que nunca serão usados. Pensando em TDD (desenvolvimento guiado ou movido – **"driven"** – por testes, do inglês *Test-Driven Development*), primeiro é criado o teste e depois desenvolvido o código da funcionalidade: escrever o mais simples possível e refatorar fazem parte do processo. Vendo pela primeira vez, soa como uma mudança radical, e é mesmo. A maneira como o software é desenvolvido muda totalmente. Lembra que comentamos sobre a etapa de testes, que era executada após a codificação? Agora estamos testando antes mesmo de desenvolver e escrevemos o código necessário para atender ao cenário do cliente.

> **Testes podem nos levar a entregar mais valor com menos código!**

Testes podem parecer perda de tempo no início, porém veremos que, a médio e longo prazo, colheremos os benefícios. Atualmente, com a automação de testes e processos de integração contínua, podemos ter o *feedback* imediato.

Quando automatizamos o comportamento esperado com testes, temos a segurança de saber se uma alteração vai afetar ou não outra parte do sistema, além de ser também uma poderosa ferramenta de documentação, pois nossa regra de negócio deixa de ser "mítica" para estar claramente documentada junto ao seu teste.

Outro grande benefício é a entrega da correção disponibilizada em um menor tempo ao cliente. O processo de testar o software manualmente seria reduzido ou eliminado, e assim a funcionalidade seria liberada antes. Os testes ajudam na qualidade do código; dessa forma, além de se ter mais segurança para fazer a alteração, também seria mais fácil de encontrar o ponto certo para introduzir a alteração.

É muito comum ouvirmos "com testes vai demorar mais!". Martin Fowler (2019) cita que em semanas essa "lentidão" vira velocidade quando se investe em qualidade (testes incluídos nisso). Então realmente no começo irá demorar mais, porém, pensando em médio e longo prazo, você vai entregar mais funcionalidades com uma melhor qualidade em menos tempo. A figura a seguir ilustra essa ideia:

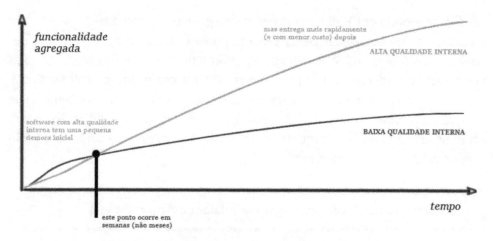

Figura 45.2. Comparação entre custo de testes *versus* qualidade.
Fonte: adaptado de Fowler (2019).

Quando falamos na cultura *DevOps*, entrega contínua e *deploy* contínuo, falamos de testes automatizados, pois são um dos pilares dessa cultura. Vamos pensar em *deploy* contínuo. A cada *commit* (novo código), uma nova versão é atualizada em produção para os clientes. Como vamos fazer isso sem ter uma grande base de testes? Seria o caos contínuo! Os testes são uma parte fundamental e um requisito obrigatório na nossa *pipeline* (fluxo do software). Ou seja, o código não pode avançar sem todos os testes estarem passando, caso contrário o código é rejeitado automaticamente e volta ao desenvolvedor para ser corrigido.

Podemos ter uma gama de diferentes testes. Os principais serão abordados nos próximos capítulos: testes de unidade, testes de contrato (que garante que a assinatura de APIs não vai quebrar, por exemplo), testes de integração, entre outros. As práticas acabam sendo muito conectadas umas às outras. Na integração contínua podemos, por exemplo, incluir uma validação se a cobertura de código (vamos ver no Capítulo 50) baixou e não deixar avançar para a próxima etapa do fluxo. Enfim, temos muitas possibilidades de melhoria e validação da qualidade.

Quando decidimos implementar a cultura de testes, temos aquele primeiro momento de empolgação. Queremos fazer tudo para poder usufruir de todo valor que a cultura de testes entrega. Mas devemos tomar muito cuidado, analisar bem qual cenário e pessoas estão envolvidos, e depois disso tomar a decisão de quais ferramentas vamos utilizar. Algo importante é sempre respeitar a pirâmide de testes (ilustrada pela figura a seguir): começar pela base, que são os testes de unidade. Eles são os mais baratos de escrever, executar, alterar e refazer (caso seja necessário).

Figura 45.3. Pirâmide de testes.
Fonte: adaptado de Fowler (2012).

Os testes ajudam o desenvolvedor a entender o próprio código escrito. Conforme os testes vão ganhando maturidade, o desenvolvedor vai junto e se sente mais seguro em mudar a regra de negócio. Devemos ter em mente que alguns dos nossos primeiros testes vão precisar ser refeitos. Assim como aprender a andar de bicicleta, vamos cair no começo. Depois de termos segurança com os testes de unidade, podemos escalar a pirâmide e ir para os testes de serviço.

Outro fator determinante para o êxito são as pessoas. Para o sucesso na implementação de um modelo de desenvolvimento guiado a testes, as pessoas precisam enxergar o valor – entretanto, demanda-se tempo, pois trata-se de uma cultura. É importante ter pessoas e a gestão engajadas na causa e resiliência. Até os resultados virem leva-se um tempo. Com os resultados, vamos avançando para a próxima melhoria, sempre de forma gradual.

Mais um ponto importante é a integração contínua, na qual teremos a garantia de que nossos testes sejam executados, parando o fluxo de desenvolvimento no caso de quebra. Testes que quebram e não geram um alerta imediato logo serão deletados ou esquecidos. Por exemplo, testes que rodam uma vez ao dia, geralmente à meia-noite, e em caso de quebra enviam um e-mail para a equipe, ou quando o código vai para a produção antes mesmo de o teste rodar. O importante é todo o fluxo rodar junto e indicadores de sucesso sempre estarem visíveis para o time, com todos os testes passando e obrigatórios para o avanço da etapa. Um teste quebrado significa que a esteira de entrega do software deve parar imediatamente.

Assim, testes são uma parte importante no desenvolvimento de software. Em Java temos muitas ferramentas que nos ajudam. Nos próximos capítulos vamos detalhar mais as principais ferramentas e tipos de testes.

46. Desenvolvimento orientado a testes com TDD, BDD e ATDD

Bárbara Cabral da Conceição
Diego de Medeiros Rocha

O *Test-Driven Development* (TDD) é uma abordagem de desenvolvimento orientada a testes que ressurgiu na mesma época em que os conceitos do XP (*Extreme Programming*) e as metodologias ágeis estavam sendo difundidas, por meados de 1999, e defendia que os testes deveriam ser escritos antes de começar a codificar.

A técnica foi redescoberta por Kent Beck em 2002 (BECK, 2002). Segundo ele, a descrição original do TDD estava em um livro antigo sobre programação. No livro, a orientação era a seguinte: "você pega a fita de entrada, digita manualmente a fita de saída esperada e depois programa até que a fita de saída real corresponda à saída esperada", em uma tradução livre.

> *Depois de escrever a primeira estrutura do xUnit no Smalltalk, lembrei-me de ler e experimentar. Essa foi a origem do TDD para mim. Ao descrever o TDD para programadores mais antigos, ouço frequentemente: Claro. De que outra forma você poderia programar? – Portanto, refiro-me ao meu papel como o pessoal que 'redescobriu' o TDD (BECK, 2002).*

Por que usar TDD?

Quando temos entregas constantes e alterações que podem gerar perdas financeiras ou mesmo da imagem de uma empresa, precisamos alterar o código com frequência e promovê-lo para produção. Para isso, precisamos garantir que não há falhas no retorno dos métodos quando alteramos o código e, ao mesmo tempo, não queremos esquecer de testar algo importante. Em cenários com alterações muito frequentes sempre temos as mesmas dúvidas:

- ✓ Implementamos todos os testes?
- ✓ O que adicionamos ou alteramos não quebrou nada?

✓ Podemos promover para produção?
✓ Vamos ter sucesso ao promover?
✓ Vou conseguir dormir tranquilo?

As situações citadas acontecem com frequência, mas não queremos que aconteça. Isso pode causar grandes perdas não só para a empresa, mas também tem um impacto grande nos clientes, podendo gerar até quebras de contrato e processos jurídicos em algumas situações. Por isso, o TDD é uma excelente técnica para termos um conjunto de testes que nos inspire confiança. Algumas vantagens do uso do TDD:

✓ Código legível e limpo.
✓ *Feedback* rápido (segundos, em um cenário de testes unitários, por exemplo).
✓ Garantia de que não quebramos algo.

Exemplo

Figura 46.1. Etapas do ciclo de TDD.
Fonte: adaptado de Freeman; Pryce (2009).

Passos

1. **Escreva um teste que falhe:** escreva um teste de unidade para uma nova funcionalidade e execute o teste. Ele deve falhar, considerando que o código ainda não foi desenvolvido.
2. **Codifique até o teste passar:** implemente o código mínimo ou método correspondente para o teste passar, garantindo que a implementação funciona de acordo com o comportamento esperado.
3. **Elimine a redundância:** refatore o código deixando-o limpo, legível e otimizado. Os testes já implementados vão garantir que a funcionalidade continuará cumprindo o comportamento esperado.

Boas práticas

✓ Os métodos de teste devem seguir um padrão de nomenclatura.
✓ Testar um único método por vez, simular as demais dependências do método.
✓ Cada resultado esperado deve corresponder a um único teste de forma isolada.
✓ Deve ser possível ser executado várias vezes.
✓ Os testes devem ser independentes uns dos outros.
✓ Os dados para teste devem ser o mais próximo possível dos dados reais.
✓ Métodos que usam operadores lógicos devem ser cobertos com novos testes, pois a maioria dos *frameworks* calcula a cobertura de teste passando pelas linhas de código uma vez e não considera se essa linha possui alguma outra condição lógica.

Frameworks

Os *frameworks* mais populares em Java que utilizam TDD são o JUnit e o TestNG. O TestNG surgiu quando o JUnit estava na versão 3.8 e ainda não possuía suporte de execução usando o recurso de *Annotations*, por exemplo. Ambos são *frameworks* que rodam ou executam os testes de unidade.

Existem também outros *frameworks*, que dependem dos *frameworks* citados, como *Rest Assured*, que é utilizado para testes de API, e alguns *frameworks* que nos ajudam a simular as condições de teste usando *Mocks*, *Stubs* e classes *Spies* como o Mockito. Vamos falar mais sobre testes de unidade no próximo capítulo.

Tudo é comportamento no BDD

Em projetos de desenvolvimento de software, temos pessoas de diversas áreas e tipos de conhecimento. Ao ler um documento inicial ou em reuniões, temos diversos tipos de interpretação. Isso ocorre devido à complexidade do problema, à falta de visão do todo, à falta de aprofundamento em algumas partes, a exemplos superficiais, entendimento errado, ou mesmo detalhes mais simples como a ausência de alguém que faltou a uma reunião importante no dia e precisa entender o que deve ser criado posteriormente.

> *Lembro-me de pensar 'Se alguém tivesse me dito isso!' muito mais vezes do que eu pensava 'Uau, uma porta se abriu'. Eu imaginava ser possível apresentar o TDD de uma maneira que fosse direto para as coisas boas e evitasse todas as armadilhas (NORTH, 2006, tradução de OLIVÉRIO, 2016).*

Foi então que foi criado o BDD (desenvolvimento dirigido por comportamentos, do inglês *Behavior Driven Development*) em 2003 por Dan North, para facilitar o entendimento entre as equipes ágeis através da prática que exercita conversação do time e usa exemplos concretos de como o software deveria se comportar (NORTH, 2006).

BDD é uma prática que envolve todo o time para um completo entendimento do que será entregue. Geralmente as conversas são realizadas através de um *workshop* de descobertas com a distinção de três papéis claramente definidos. Os "três amigos" (SMART, 2014) criam juntos os comportamentos do software, para que sejam desenvolvidos com base nos comportamentos escritos, ou seja, eles se tornam um guia para o desenvolvimento.

A técnica também evita que as pessoas pensem diretamente na solução ao entender o que seria criado, mas, sim, analisem os comportamentos que o código vai ter e que precisam ser implementados (MUNIZ et al, 2020). Posteriormente é criado um teste automatizado, geralmente usando o Cucumber associado com outros *frameworks* de teste como o Selenium. Esse processo valida se o comportamento está de acordo com o especificado através de *feedbacks* rápidos, auxiliando a entrega de um software com mais qualidade.

> *Uma abordagem mais leve, que pode funcionar bem quando as equipes começam a se tornar mais experientes no BDD, é conhecida como os 'Três Amigos'. Três membros da equipe – um desenvolvedor, um testador e um analista de negócios ou proprietário do produto – se reúnem para discutir um recurso e elaborar os exemplos. (SMART, 2014)*

Quando reunimos os três amigos temos as seguintes vantagens:

- ✓ Mesma visão para desenvolvedores, pessoas de negócio e analistas de qualidade.
- ✓ Foco no que precisa ser feito sem se preocupar ainda com a implementação.
- ✓ Identifica e ilustra regras de negócio.
- ✓ Ajuda a levantar questões e/ou dúvidas.
- ✓ Remove ambiguidades.
- ✓ Permite pensar nos entregáveis do projeto.
- ✓ Entrega mais efetiva.

Não é recomendado fazer a escrita deste documento por apenas um papel ou pessoa, porque a dinâmica de especificação acaba não eliminando as divergências de entendimento do time. A ideia é que todos tenham a mesma visão sobre o que vai ser feito, sem ambiguidade.

Gherkin – a linguagem oficial do BDD

Gherkin é uma *Business Readable* DSL (*Domain Specific Language*), ou seja, é uma linguagem orientada a negócios usada para criar o arquivo de *feature* do BDD que descreve os cenários que precisam ser atendidos. Vamos aos exemplos:

- ✓ Não devemos escrevê-lo pensando na navegação da tela. O exemplo a seguir ilustra uma **má prática**:

```
#language: pt
Funcionalidade: Efetuar Login

  Cenário: Efetuar login no sistema
    Dado que tenha um usuário "teste" senha "1234"
    E acessar a página home do sistema
    E clicar no botão "efetuar login"
    E digitar o login e senha
    Quando clicar em "efetuar login"
    Então recebo a mensagem "bem-vindo"
```

- ✓ Precisamos escrever com base nos comportamentos. O exemplo a seguir ilustra uma **boa prática**:

```
#language: pt
Funcionalidade: Efetuar Login

  Cenário: Cenário de usuário com acesso ao portal
     Dado que eu acesso o sistema
     Quando informar os dados de acesso
     Então visualizo a mensagem "Bem-vindo!"

Cenário: Cenário de usuário sem acesso ao portal
     Dado que eu acesso o sistema
     Quando informar os dados de acesso inválidos
     Então visualizo a mensagem "Usuário ou senha inválido!"
E eu visualizo o link "Recuperar a usuário/senha"
```

Frameworks de testes para BDD (Selenium, Serenity BDD)

Apesar de BDD ser uma prática que promove a comunicação entre o time, é muito esperado que boa parte dos testes especificados seja automatizada. Ao automatizar um software usando uma abordagem de ponta a ponta (ou *end-to-end*), precisamos tomar cuidado para não automatizar tudo. Podemos escolher testes para serem implementados a nível de testes de unidade, componente, integração, contrato ou API. Deixamos para automatizar os fluxos principais de negócio que não podem de maneira alguma quebrar visualmente para o usuário. Esses testes são considerados também **testes de aceitação**, porque são os fluxos que o usuário realiza em tela através de um navegador ou uma interface de aplicativo.

Para a especificação dos cenários geralmente é utilizado o *framework* Cucumber (ROSE; WYNNE; HELLESOY, 2015). Este usa a linguagem *Gherkin* para a escrita dos cenários associado a outro *framework* em qualquer linguagem de programação. A maioria deles utiliza o Selenium para as ações do navegador e o JUnit (ou TestNG) para a estrutura de testes e verificações (ou *Assertions*). A execução dos testes pode ser realizada pelo *framework* de testes de unidade ou através dos comandos de execução do Cucumber.

O Cucumber então é o *framework* de negócio que traduz os passos para serem implementados em Java. Um *framework* interessante em Java para automação dos seus passos em *Gherkin* é o Serenity BDD, criado por John Ferguson Smart, que também é autor do livro "BDD in Action" (2014) e traz um novo *design pattern* chamado *Screenplay Pattern*.

ATDD – *Acceptance Test Driven Development*

Esta é uma abordagem feita antes da implementação e criação da funcionalidade. É utilizada para a criação de requisitos ou orientada a testes de aceitação de forma colaborativa entre cliente, desenvolvedor, analista de qualidade, *designer* (dentre outros). É descrita de forma natural para que todos entendam o que será entregue e para provar que o sistema funciona conforme pretendido pelo usuário.

> Esses testes de aceitação representam o ponto de vista do usuário e atuam como uma forma de requisitos para descrever como o sistema funcionará, bem como servir como uma forma de verificar se o sistema funciona conforme pretendido. Em alguns casos, a equipe automatiza os testes de aceitação (AGILE ALLIANCE, s.d.).

Kent Beck fez menção ao ATDD em 2002 no livro "Test Driven Development: by example", mas a prática começou a ser mais utilizada com a popularidade do *framework* FIT (*Framework for Integrated Testing*) e depois com a utilização do Cucumber. Em 2008, Elisabeth Hendrickson começa a difundir a técnica na conferência mundial STARWest baseando-se em conceitos de BDD, TDD e especificação por exemplos (HENDRICKSON, 2010).

A visão de que a palavra "aceitação" traz para a prática é justamente um senso de que:

- ✓ o cliente concorda com os itens que devem compor a entrega do sistema e o que deve ser implementado; dessa forma, os critérios de aceitação compõem o DoD (*Definition of Done*) da entrega;
- ✓ os desenvolvedores enxergam os critérios de aceitação como os requisitos mínimos da entrega;
- ✓ os testadores apoiam atuando na criação dos critérios que serão considerados na etapa de testes antes de iniciar o desenvolvimento e conseguem ajudar o time a prevenir defeitos em vez de apenas usar os critérios de aceitação para efetivamente testar.

Algumas ferramentas foram adaptadas para o uso do ATDD, para que pessoas de negócio tivessem acesso e pudessem inclusive colaborar na escrita das histórias. Esse tipo de abordagem nem sempre resulta em implementação, mas gera requisitos que poderão ser validados e verificados. A técnica também inclui conceitos de **experimentação** e pode ser utilizada na fase de **descobertas** (NAGY; ROSE, 2019).

Os termos utilizados para a escrita das histórias estão geralmente mais próximos das pessoas de negócio, eliminando vários ruídos de comunicação entre o time. A Figura 46.2 mostra como o ATDD é um ciclo maior que inclui ciclos menores de TDD.

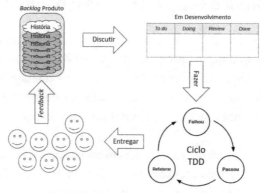

Figura 46.2. Etapas do ciclo de ATDD.
Fonte: adaptado de Hendrickson (2010).

Os passos do ATDD têm o mesmo conceito do TDD de ciclos de *feedback* contínuo. Alguns passos que o time pode considerar:

1. **Escreva os exemplos dos testes de aceitação junto ao cliente e à equipe:** sendo a linguagem utilizada mais perto da linguagem de negócio.
2. **Escreva um teste que falhe:** neste passo, se você executar os cenários ainda não implementados, o *framework* de teste vai falhar e solicitar que o teste correspondente seja implementado.
3. **Codifique até o teste passar:** implemente o código mínimo ou método correspondente para o teste passar, significando que o código implementado agora atende ao que foi especificado.
4. **Repita os passos 2 e 3 para os demais testes do passo 1.**

O ATDD utiliza conceitos e práticas da Especificação Usando Exemplos (*Specification By Example*), que considera as histórias escritas como uma documentação viva de como o software deve se comportar partindo dos objetivos do usuário para a derivação do escopo da entrega (ADZIC, 2011). Usando exemplos, podemos ilustrar ao usuário final os cenários e refinar a especificação até que se tenha um entendimento preciso da funcionalidade ou regra de negócio.

Exemplo usando tabelas (HENDRICKSON, 2010):

```
| Senha       | Valida?   |
| "p@ssw0d"   | valida    |
| "pp@s5"     | invalida  |
| "passw0rd"  | invalida  |
| "p@ssword"  | invalida  |
```

Exemplo usando Cucumber:

```
#language: pt
Funcionalidade: Cadastro de usuário
Como um usuário que
Eu quero cadastrar os meus dados de acesso
Para que eu possa realizar login na aplicação

Esquema do Cenário: Cadastro senha no formato inválido
    Dado que eu acesso o formulário de cadastro
    Quando eu informar a <senha>
Então eu devo visualizar a <mensagem>
```

```
Exemplos:
| senha   | mensagem |
| aa      | "Senha deve ter no mínimo 6 caracteres" |
| aaaaaa  | "Senha deve conter letras e números"|
| #aa%aa  | "Senha não deve conter caracteres especiais"|

Cenário: Cadastro senha no formato válido
    Dado que eu acesso o formulário de cadastro
    Quando eu informar uma senha válida
    Então eu acessar a tela principal
```

Tanto BDD quanto ATDD podem utilizar o *Gherkin* como linguagem de especificação (CONCEIÇÃO, 2018). O *Gherkin* permite também a escrita em sua língua natural, como português, por exemplo, aproximando ainda mais as pessoas do negócio com os desenvolvedores. Torres (2020) afirma que é vantajosa a utilização da escrita em linguagem declarativa em vez de imperativa.

Segundo Rebelo (2014), as "histórias":

✓ devem ser escritas de forma clara, para que todos entendam;
✓ devem ter a visão do cliente segundo o que estamos entregando ao usuário final;
✓ devem ser escritas em conjunto;
✓ devem ser pensadas desconsiderando a forma que será implementada;
✓ devem ser concisas, precisas e não ter ambiguidade.

47. Testes de unidade

Alisson Medeiros
Sandro Giacomozzi

Um teste de unidade é o tipo de teste mais simples, de menor custo e com o *feedback* mais rápido em relação aos demais níveis da pirâmide. Seu objetivo é garantir que uma parte pequena e isolada do código irá funcionar da maneira que esperamos quando sujeita a condições específicas, conhecidas e determinadas pelo desenvolvedor. Por meio do teste de unidade, evitamos que quando essa "unidade de código" seja alterada, ela deixe de apresentar os resultados e comportamentos anteriormente previstos, prevenindo a síndrome do "cobertor curto", onde um novo problema é criado ao ajustar uma parte do código.

Vamos supor um programa que jogue par ou ímpar conosco. Nós (o usuário) escolhemos se queremos par ou ímpar (nosso jogo é gentil e sempre deixa a gente optar). Em seguida, entramos com um número, que será somado com o número que o computador escolheu aleatoriamente. Qual seria o papel do teste de unidade no trecho de código a seguir?

```
...
if (jogo.vitoriaUsuario(escolhaUsuario, numUsuario, numComputador)) {
    System.out.println("Vitória usuário!");
} else {
    System.out.println("Vitória computador!");
}
...
```

Ao analisar o código, se escolhermos par, e a soma dos dois números (o nosso e o do computador) for par, **vitoriaUsuario(String, int, int)** deve retornar **true**. Essa é apenas uma das situações possíveis. Então vamos escrever um teste para ela:

```
public static void main(String[] args) {
    Jogo jogo = new Jogo();
    String escolhaUsuario = "par";
```

```java
    int numComputador = 2;
    int numUsuario = 2;

    if (jogo.vitoriaUsuario(escolhaUsuario, numUsuario,
numComputador)) {
        System.out.println("Vitória usuário!");
    } else {
        System.out.println("Vitória computador. Não deveria
acontecer!");
    }
}
```

Se a mensagem exibida no console for: "Vitória usuário!", muito bem, parece que o código do método **vitoriaUsuario** está correto. Caso contrário, você pode ter algum problema no método que verifica a vitória.

Essa é uma forma de testar o código, porém não é a mais adequada. Veja que o teste está dentro de um método **main()** e precisa ser executado manualmente. Vamos ver a seguir o JUnit, que fornece toda a infraestrutura para a correta implementação dos testes.

JUnit

Para podermos escrever nossos testes de unidade, temos algumas bibliotecas que nos ajudam, como por exemplo o JUnit, amplamente usado em aplicações Java e já integrado com a maioria das IDEs. Adicione a dependência Maven ou Gradle no seu projeto:

Maven:

```xml
<dependency>
    <groupId>org.junit.jupiter</groupId>
    <artifactId>junit-jupiter-api</artifactId>
    <version>5.6.0</version>
    <scope>test</scope>
</dependency>
```

Gradle:

```
testCompile group: 'org.junit.jupiter', name: 'junit-jupiter-
api', version: '5.6.0'
```

Agora veremos um exemplo de como ficaria uma parte da nossa classe de teste para testar o método **vitoriaUsuario** da classe **Jogo** caso ele selecione "par":

```
@Test
void quandoUsuarioEscolheParEntaoVitoriaUsuario() {
// Arranjo
   Jogo jogo = new Jogo();
   String escolhaUsuario = "par";
   int numUsuario = 2;
   int numComputador = 2;
   // Ação
boolean vitoria = jogo.vitoriaUsuario(escolhaUsuario,
numUsuario, numComputador);

  // Asserção
  Assertions.assertEquals(vitoria, true);
}
```

Neste ponto, duas coisas importantes a serem notadas: o nome que damos ao nosso teste e sua estrutura básica.

Um bom nome deve ser autoexplicativo, mas alguns padrões ajudam. Nesse caso, optamos por utilizar a forma **quandoUsuarioEscolheParEntaoVitoriaUsuario**. Este padrão tem origem no inglês *GivenWhenThen*, conforme explicado no Capítulo 45. Existem muitos bons exemplos, e você pode usar outros modelos. O importante, além de possibilitar o entendimento somente com a leitura do nome do teste, sem comentários adicionais sempre que possível, é ser consistente e utilizar o mesmo padrão de nomenclatura em um conjunto de testes que estejam agrupados.

Perceba também a estrutura básica do teste: **arranjo-ação-asserção**. Um teste de unidade bem escrito é reconhecido não somente pelo seu nome, mas por deixar clara essa divisão essencial em seu corpo. No arranjo são definidas todas as necessidades para a realização do teste: inicialização de variáveis, criação de objetos e expectativas de exceção. Todos os requisitos são estabelecidos na parte **arranjo**. Na **ação**, todo o bloco de código a ser testado é inserido, colhendo-se os valores de retorno. Na

asserção, os resultados são checados a fim de saber se o código operou conforme o esperado.

> Agora, com o teste já escrito, podemos fazer a parte mais divertida, que é quebrá-lo!

Brincadeiras à parte, é claro que se o código de **vitoriaUsuario** já estivesse escrito, nossa tarefa seria apenas checar se seu comportamento segue como o esperado. Mas se o jogo de par ou ímpar estivesse sendo desenvolvido com metodologia TDD, tudo o que precisaríamos agora seria criá-lo (o método) com um corpo vazio, apenas retornando *false*, com a intenção deliberada de NÃO PASSAR O TESTE!

Posteriormente, **vitoriaUsuario** seria modificado, para que passasse no primeiro teste de unidade. À medida que outros testes vão sendo escritos, o desenvolvedor cria novos trechos de código para suprir a demanda exigida por cada teste acrescentado. Se alguma alteração fizer com que um teste que estava passando quebre, essa falha virá à tona na hora, evitando que uma atualização estrague um recurso já operacional.

Veja que cobrimos apenas uma das condições possíveis de ocorrer na realidade do jogo. Potencialmente, ainda teríamos que escrever outros três testes:

```
void quandoUsuarioEscolheParEntaoVitoriaComputador()
void quandoUsuarioEscolheImparEntaoVitoriaUsuario()
void quandoUsuarioEscolheImparEntaoVitoriaComputador()
```

O que não seria uma tarefa tão difícil, considerando que apenas pequenas modificações em relação ao primeiro exemplo já atenderiam às demais situações. O recomendado é que o teste verifique apenas uma situação, como o próprio nome do método sugere. Então, para um método de negócio, poderemos ter um ou mais métodos de teste.

Já sabemos como é o formato de um teste de unidade, agora precisamos saber como utilizá-lo em um projeto maior e como agrupá-lo para que possa rodar automaticamente. Em Java, assim como em outras linguagens de programação, isso é feito por meio de *frameworks*, que são estruturas "pré-fabricadas" que nos ajudam a resolver problemas comuns.

Em outras palavras, são bibliotecas e recursos incorporados ao código nativo da linguagem visando simplificar o desenvolvimento de estruturas comuns a qualquer software. Esse tipo de biblioteca recebe atualizações constantes, de maneira que, com o tempo, alguns detalhes são modificados. Atualmente, as IDEs já disponibilizam o JUnit5 por padrão. Outro exemplo é a Spock Framework, baseada em JUnit, mas que incorpora elementos variados, como jMock, RSpec, Groovy, Scala, Vulcans, entre outros.

A visão geral de um grupo de testes em JUnit5 fica assim:

```
public class TesteExemplo {

    @BeforeAll
    static void executarAntesDeTodosOsTestes() {
        //@BeforeAll: define um método que é executado antes de
todo o conjunto de testes da classe.
    }

    @BeforeEach
    void executarAntesDeCadaTeste() {
        //@BeforeEach: define um método que é executado antes de
cada um dos testes.
    }

    @Test
    public void test1() {
    }

    @Test
    @DisplayName("TESTE 2")
    @Tag("minha-tag")
    public void test2() {
        //@DisplayName(String): usada para dar um nome (String)
para o teste,
        // que aparecerá em relatórios, logs... Podem ser usados
inclusive emojis e caracteres especiais.
        //@Tag: marca o método, ou até mesmo a classe inteira com
um identificador (tag),
        // que depois pode ser usado para selecionar, filtrar e
executar testes de maneira automática.
    }
```

```java
    @Test
    void testeQueFalha() {
        //fail: método utilizado para sinalizar uma falha no teste
        fail("um teste que falha");
    }

    @Test
    @Disabled("para propósito de demonstração")
    void testeDesabilitado() {
        //@Disabled(String): desabilita um teste ou uma classe de teste inteira
    }

    @Test
    void testeAbortado() {
        //assumeTrue(argumento): método que estabelece uma condição para que o teste continue.
        // Nesse caso, assumeTrue checa se o argumento é True, caso contrário o teste é abortado
        assumeTrue("abc".contains("Z"));
        fail("Teste deveria ser abortado");
    }

    @AfterEach
    void executarDepoisDeCadaTeste() {
        //@AfterEach: define um método que é executado depois de cada um dos testes.
    }

    @AfterAll
    static void executarDepoisDeTodosOsTestes() {
        //@AfterAll: define um método que é executado depois de todo o conjunto de testes.
    }

}
```

Este exemplo é baseado na documentação oficial do JUnit[75]. Após as instruções *import*, teremos uma classe raiz onde serão inseridos métodos que representam cada um dos testes de unidade. A anotação **@Test** é a chave que faz com que nossa IDE trate o método efetivamente como um teste, proporcionando as vantagens da automatização e integração a um fluxo ou projeto maior. Acesse a documentação do JUnit5 para ir a fundo sobre o funcionamento de cada recurso dessa biblioteca.

Além do mínimo necessário para o seu funcionamento, que é a classe teste raiz e a anotação **@Test** antes dos métodos de teste, também é possível executar outras tarefas relativas ao conjunto de testes, que, apesar de não serem obrigatórias, acabam se tornando indispensáveis na prática. Todos os exemplos de testes utilizando JUnit5 estão disponíveis no repositório do livro[76].

Mocks

Na fase de arranjo de um teste de unidade, pode ser necessário criar outros objetos para utilizar na fase de ação. A forma clássica de lidar com essa questão é criar diretamente o objeto. Para coisas básicas, como *strings*, inteiros e booleanos, isso é feito sem muito problema. Mas quando se trata de objetos mais complexos, o teste, que deveria ser da "unidade", passa a depender de elementos externos, quase testando características que não fazem parte da proposta inicial do teste.

Considere que, por qualquer razão, ocorra uma falha na criação de um objeto na fase de arranjo do teste. O teste quebrou e ainda nem chegou no código que deveria ser realmente testado! Isso sem falar que, sob determinado ponto de vista, o teste não é mais da unidade, pois não está devidamente isolado.

Esse cenário deu origem à abordagem baseada em *mocks*, que nada mais é do que utilizar objetos *fake*, que são versões não reais das classes que não são o foco do teste onde são usadas. A vantagem é que, ainda que haja problemas nessas classes externas, o teste pode passar, pois não são criadas, de fato, instâncias verdadeiras dessas classes.

Mock, na engenharia de software, é uma técnica que simula objetos reais, mas de forma controlada, onde é possível definir um comportamento para substituir o

---

[75] <https://junit.org/junit5/docs/current/user-guide/>
[76] <https://github.com/jornada-java/livro>

comportamento real do objeto original. Por exemplo, podemos criar um *mock* que simula a chamada a uma API externa que precisa de acesso à internet ou uma classe que precisa de uma conexão a um banco de dados. Então é bom ir se acostumando com um novo verbo no seu dia a dia de programador: o verbo **mockar**. Pois bem, para isolar o acesso dos nossos objetos ao mundo externo, criamos *mocks* em nossos testes de unidade. A figura a seguir ilustra esse conceito.

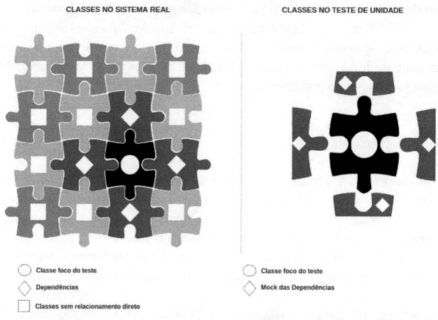

Figura 47.1. Comparação de um sistema com dependências reais e com *mocks*.
Fonte: adaptado de JRebel (2016).

Para ir mais a fundo em exemplos que utilizam essa estratégia, consulte o repositório do livro.

48. Testes de integração: teste de API

Silvio Buss

Muitas aplicações expõem sua API como um conjunto de *endpoints*[77] HTTP que enviam e recebem dados no formato JSON. Esses *endpoints* podem ser utilizados na camada de interface ou em outras aplicações *backend* em diferentes tecnologias. Garantir que esses recursos funcionem de acordo com as expectativas da funcionalidade, confiabilidade, performance e segurança da aplicação é um requisito essencial para cobrir todo o ciclo de vida do desenvolvimento e seguir corretamente o paradigma da pirâmide de teste.

Existem diversas ferramentas para testes automatizados de API, sendo elas soluções comerciais, como Postman e Tricentis Tosca, por exemplo, que possuem interface e não exigem conhecimento em linguagens de programação. As soluções *open source* mais populares para Java são o Jmeter e o Rest Assured.

Rest Assured é uma biblioteca Java para validação de serviços REST que oferece uma DSL (*Domain Specific Language*) intuitiva e baseada no BDD para escrever um teste desde a conexão com um *endpoint* até a validação dos resultados esperados. A ferramenta possui um suporte robusto para as solicitações HTTP, como POST, GET, PUT, DELETE, OPTIONS, PATCH e HEAD. Apesar de suportar asserções de conteúdos no formato XML, será explorado somente o formato em JSON nesta seção.

Esta ferramenta utiliza uma abordagem caixa preta, ou seja, não conhece a estrutura interna da aplicação e se baseia apenas na entrada e saída do *endpoint* para posteriormente fazer as validações de resposta. Note que o Rest Assured se baseia somente em JSON e HTTP, que são tecnologias independentes de linguagem. Logo, podemos utilizá-lo para escrever testes para aplicativos escritos com Python, .NET, PHP, entre outras linguagens.

---

[77] Vide definição de *endpoint* no tópico "API Design" do capítulo sobre introdução à API REST.

O Rest Assured funciona sobre o JUnit, que deve estar presente nas dependências do projeto. Utilizaremos também o Hamcrest para fazer a validação dos resultados. Essa combinação de ferramentas nos permite escrever testes mais expressivos. Veja a seguir um exemplo de teste integrado:

```
@Test
    public void quandoBuscarPeloIdValidoEntaoRetornaUsuario() {
        given()
                .when()
                .get("/usuarios/123")
                .then()
                .statusCode(200)
                .body("nome", equalTo("Forrest"))
                .body("sobrenome", equalTo("Gump"));
    }
```

Esse teste JUnit realiza uma chamada GET em nossa aplicação e garante que o código HTTP 200 (sucesso) e um conteúdo de resposta sejam retornados conforme as asserções informadas para ocorrer o sucesso do teste. O Rest Assured executa as validações e retorna automaticamente o sucesso ou a falha no teste. Observe a ausência completa das declarações usuais de asserção do JUnit.

Como utilizar

O uso da biblioteca Rest Assured em um projeto Java é muito simples, basta adicionar as dependências necessárias através do Maven, conforme exemplo a seguir:

```xml
<dependencies>
    <dependency>
        <groupId>junit</groupId>
        <artifactId>junit</artifactId>
        <version>4.12</version>
        <scope>test</scope>
    </dependency>
    <dependency>
        <groupId>org.hamcrest</groupId>
        <artifactId>hamcrest-all</artifactId>
        <version>1.3</version>
        <scope>test</scope>
```

```xml
    </dependency>
    <dependency>
        <groupId>com.jayway.restassured</groupId>
        <artifactId>rest-assured</artifactId>
        <version>2.9.0</version>
        <scope>test</scope>
    </dependency>
</dependencies>
```

Explorando a API de uma aplicação Java

O projeto de exemplo pode ser encontrado no repositório do livro no GitHub. É um microsserviço em Spring Boot que possui *endpoints* para criar, buscar e remover um usuário. Os testes integrados são executados de forma automática via Maven através do *plugin* **maven-failsafe**. Basta executar o comando Maven **mvn clean install** na raiz do projeto ou via IDE de sua preferência. A API deste projeto pode ser resumida da seguinte forma:

- ✓ O *endpoint* GET em **/usuarios/{USUARIO_ID}** que busca e retorna um usuário.
- ✓ O *endpoint* POST em **/usuarios** que cria um usuário.
- ✓ O *endpoint* DELETE em **/usuarios/{USUARIO_ID}** que remove um usuário.

Uma chamada para o GET do nosso serviço deve retornar um objeto JSON similar a este:

```
{
    "id": 1,
    "nome": "Joseph",
    "sobrenome": "Cooper Murphy",
    "idade": 50,
    "contatos": [
        {
            "id": 2,
            "tipo": "CELULAR",
            "telefone": "1234-5678"
        }
    ]
}
```

Testando os *endpoints* e suas respostas

O objeto **usuario** contém identificador, nome, sobrenome, idade e uma lista do objeto contato. Podemos testar o corpo de uma resposta de um endpoint usando o método **body()** fornecido pelo Rest Assured, que lida com o que foi retornado da requisição HTTP. A asserção nesse caso pode ser feita com a comparação de *strings*. Por exemplo, para verificar se o sobrenome contém um determinado valor, utilizamos a asserção **containsString()** ou, para validar se o valor deve ser exatamente igual, utiliza-se o **equalTo()**. Também é possível acessar os objetos de uma coleção ou mesmo acessar um objeto relacionado ao nosso para garantir o retorno esperado. Veja o exemplo a seguir, onde fazemos a validação do nosso objeto **usuario** e sua lista de contatos.

```
@Test
    public void quandoBuscarPeloIdValidoEntaoRetornaUsuario() {
        Usuario usuarioCriado = criarUsuarioPelaAPI();
        given()
                .when()                               .get("/usuarios/".concat(usuarioCriado.getId().toString()))
                .then()
                .statusCode(200)
                .body("id", equalTo(usuarioCriado.getId().intValue()))
                .body("nome", equalTo("Joseph"))
                .body("sobrenome", contains("Cooper"))
                .body("idade", equalTo(50))
                .body("contatos[0].id", notNullValue())
                .body("contatos[0].tipo", equalTo("CELULAR"))
                .body("contatos[0].telefone", equalTo("1234-5678"));
    }
```

Existem ainda várias asserções que podem utilizadas, tais como[78]:

- ✓ **nullValue, notNullValue** – Testar se o valor é nulo ou não nulo, respectivamente.
- ✓ **hasItem, hasItems** – Validar se uma coleção contém determinados objetos.

---

[78] A documentação completa pode ser vista em <http://hamcrest.org/JavaHamcrest/javadoc/1.3/org/hamcrest/Matchers.html>.

✓ **equalToIgnoringWhiteSpace** – Comparar *strings* ignorando os espaços no texto.
✓ **not** – Validar que resultado não é o valor informado.

Testando códigos de erro HTTP

O teste de códigos de erro HTTP se torna muito útil quando queremos garantir que nossa aplicação se comporte corretamente mesmo quando os dados de entrada estiverem incorretos. Por exemplo, podemos validar quando a busca for por um usuário que não existe em nosso banco de dados:

```
@Test
public void quandoBuscarPeloIdInvalidoEntaoRetornaErro() {
    given()
            .when()
            .get("/usuarios/999")
            .then()
            .statusCode(404)
            .body("message", equalTo("Usuário não encontrado com id: 999"));
}
```

Portanto, uma consulta com um identificador inválido deve retornar um erro HTTP 404 (não encontrado) com a mensagem informada em nossa aplicação.

O Rest Assured possui suporte embutido para asserções do Hamcrest. Isso significa que podemos escrever testes de unidade que se assemelham a frases em inglês, utilizando pouco código para fazer as validações. A leitura do teste exibido anteriormente, por exemplo, parece muito próxima de uma frase em inglês:

> Quando buscar pelo usuário **999**, o **status** da resposta deve ser 404 e o corpo da resposta deve ter uma propriedade **message** com valor igual a: Usuário não encontrado com id: 999.

Enviando dados JSON com chamada POST

Agora que sabemos como validar as operações de leitura de uma API REST, vamos explorar como o Rest Assured também suporta operações de escrita como POST e PUT. Para criar um objeto **usuario**, utilizamos o seguinte JSON:

```json
{
  "nome": "Forrest",
  "sobrenome": "Gump",
  "idade": 20
}
```

O Rest Assured pode criar objetos JSON a partir de mapas ou de objetos Java. Em nosso repositório do livro no GitHub temos exemplos de ambos. Para fins didáticos, vamos criar somente o objeto **usuario**. A forma mais simples de criar esse objeto em JSON é a partir de um *Map* do Java. Veja o exemplo a seguir:

```java
@Test
public void quandoCriarUsuarioEntaoRetornaObjetoUsuario() {

    Map<String, String> usuarioMap = new HashMap<>();
    usuarioMap.put("nome", "Forrest");
    usuarioMap.put("sobrenome", "Gump");
    usuarioMap.put("idade", String.valueOf(20));

    given()
            .header("Content-Type", "application/json")
            .body(usuarioMap)
    .when()
            .post("/usuarios")
    .then()
            .statusCode(201)
            .body("id", notNullValue())
            .body("nome", equalTo("Forrest"))
            .body("sobrenome", equalTo("Gump"))
            .body("idade", equalTo(20))
            .body("contatos", empty());
}
```

Note que inserimos o cabeçalho necessário para a requisição e preenchemos o *Map* com os valores que representam as propriedades JSON. Então, o mapa é passado diretamente para o método **body()** e o Rest Assured faz a conversão automaticamente para um objeto JSON.

Conclusão

Esses foram exemplos simples, mas um bom início para quem quer começar a automatizar testes de APIs REST. O Rest Assured suporta diversas funcionalidades, como o uso de autenticação, *cookies*, envio de arquivos, validação de tempo de resposta, entre outros. Ter a ferramenta, a solução e o processo certos para a automação de testes de API é crucial para elevar a maturidade do software e consequentemente entregar mais qualidade. O teste da API é um componente fundamental para o sucesso de uma prática bem-sucedida de *DevOps*, integração contínua (CI) e entrega contínua (CD).

49. TestContainers

Sandro Giacomozzi
André Felipe Joriatti

Para iniciar, precisamos rever alguns conceitos conhecidos na engenharia de software como os X de testes. Como desenvolvedores Java, podemos atuar basicamente em duas camadas: os testes de unidade e os testes de integração. Claro que podemos também automatizar os testes de interface, mas nos dias atuais, com o Java mais focado em *backend*, vamos focar em testes de unidade e testes de integração. Como podemos ver na imagem a seguir:

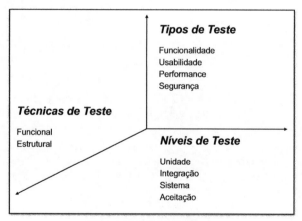

Figura 49.1. Tipos de teste.
Fonte: adaptado de SoftDesign (2015).

Sempre aprendemos a investir muito em testes de unidade, e isso não está errado; entretanto, as aplicações empresariais geralmente são complexas, devem suportar múltiplos bancos de dados, rodar na nuvem ou rodar de acordo com a estrutura interna do cliente. As regras de negócio das aplicações estão nas classes de serviço; portanto, para que nossos testes de unidade funcionem na camada de negócio, precisamos fazer diversos **mocks**, como vimos no capítulo de testes de unidade. Como informado no capítulo "Importância dos testes", quanto mais próximo do topo da pirâmide, mais lento e mais custoso é o nosso teste.

Testes integrados e *containers*

Para suportar uma cobertura alta de teste de unidade, os desenvolvedores acabam deixando os testes de unidade complexos e cheios de *mocks*. Os testes de integração costumam ser demorados e muitas vezes não representam um cenário real, principalmente quando o sistema é dependente de um banco de dados ou de acesso a sistemas externos. Esses testes, quando não entregam valor para o desenvolvimento, acabam sendo abandonados. Para não iniciar um banco de dados real, acabamos iniciando um banco de dados em memória, como o H2.

Conforme Martin Fowler em seu artigo sobre testes de integração (2018)[79], podemos ter um escopo amplo ou limitado nos testes de integração. E com a chegada dos *containers*, essa tarefa fica ainda mais fácil. Atualmente, podemos realizar um teste de integração limitado ao nosso domínio da aplicação subindo uma instância do sistema real com o banco de dados e ainda podendo fazer *mocks* mais complexos para acesso a sistemas externos, tudo isso rodando localmente ou em um servidor de integração contínua.

Para testar a sua API REST, por exemplo, você vai precisar iniciar um banco de dados. Esse banco de dados muitas vezes já terá dados armazenados e você terá que fazer uma limpeza antes de rodar os testes. E, para piorar, em um ambiente de integração contínua, poderão existir vários testes sendo executados ao mesmo tempo.

Pensando nessas necessidades, foi criado um projeto chamado TestContainers[80], que permite que um código Java inicie um *container* de banco de dados e rode os testes, tudo isso integrado a biblioteca de testes JUnit. Ele se encaixa perfeitamente na categoria de teste de integração com escopo reduzido e que fornecerá um *feedback* mais rápido e preciso. O TestContainers se encaixa na pirâmide de testes exatamente entre o teste de unidade e o teste de integração (serviço).

Utilizando o TestContainers

Utilizar o TestContainers no seu projeto é muito simples. O pré-requisito para ele funcionar é ter o Docker instalado. Para saber mais detalhes sobre como começar, consulte a página do projeto[81]. Precisamos incluir as dependências do projeto em nosso arquivo **pom.xml**, além das dependências do JUnit, como vimos no capítulo anterior.

---

[79] <https://martinfowler.com/bliki/IntegrationTest.html>
[80] <https://www.testcontainers.org>
[81] <https://www.testcontainers.org/>

```xml
<dependency>
   <groupId>org.testcontainers</groupId>
   <artifactId>testcontainers</artifactId>
   <version>1.12.3</version>
   <scope>test</scope>
</dependency>
<dependency>
   <groupId>org.testcontainers</groupId>
   <artifactId>mysql</artifactId>
   <version>1.12.3</version>
   <scope>test</scope>
</dependency>
<dependency>
   <groupId>org.testcontainers</groupId>
   <artifactId>junit-jupiter</artifactId>
   <version>1.12.3</version>
   <scope>test</scope>
</dependency>
<dependency>
   <groupId>mysql</groupId>
   <artifactId>mysql-connector-java</artifactId>
   <version>5.1.47</version>
</dependency>
```

Depois, criaremos uma classe Java simples utilizando o JUnit. Vamos fazer isso em um projeto Maven que está disponível no GitHub[82].

```java
public class DatabaseTest {

   @Rule // Rule do JUnit 4
   public MySQLContainer mysql = new MySQLContainer();

   @Test
   public void testMySQL() {
       // Quando entrar aqui, o banco de dados já estará iniciado
       System.out.println(mysql.getJdbcUrl());
   }

}
```

---

[82] <https://github.com/jornada-java/livro>

A classe de teste anterior define uma *Rule* do JUnit que inicia um *container* Docker do MySQL antes de executar o teste e finaliza a execução do *container* após a execução do teste. Caso sua classe possua muitos testes e você precise reutilizar a conexão, basta trocar a anotação **@Rule** por **@ClassRule**.

Casos de uso

Existem muitos casos de uso para o TestContainers. O mais comum é o de conexão com o banco de dados. Mas também podemos simular a execução de servidores *mock* e até navegadores *web*. A seguir, vamos explorar três casos de uso mais comuns na construção de microsserviços que utilizam API REST e banco de dados relacional. Os códigos demonstrados aqui estão disponíveis no GitHub do livro[83].

Caso de uso 1 – Teste de migração de banco de dados

Imagine que temos uma aplicação que utiliza um banco de dados e utilizamos algum mecanismo de migração de banco de dados como o Flyway e precisamos ter certeza de que os *scripts* de alteração de banco de dados estão de acordo com o esperado. Para automatizar essa tarefa, escreveremos uma classe de teste que valida essa migração a cada vez que o *build* da aplicação é executado. Para demonstrar este caso de uso, criaremos uma tabela chamada **USUARIO** e inseriremos um registro após a criação, conforme o *script* a seguir:

```
CREATE TABLE USUARIO
(
    ID       VARCHAR(255) NOT NULL,
    NOME VARCHAR(255) NOT NULL,
    SOBRENOME VARCHAR(255) NOT NULL
);
INSERT INTO USUARIO VALUE ('1', 'ADMIN', 'MASTER');
```

Na nossa classe de testes, criaremos uma variável estática do tipo **MySQLContainer**.

```
@ClassRule
public static MySQLContainer mysql = new MySQLContainer();
```

---

[83] Repositório do livro com exemplos disponível em <https://github.com/jornada-java/livro>.

Na variável anterior que está anotada com **@ClassRule** é feita a inicialização do *container* de banco de dados MySQL. O nosso método de teste a seguir basicamente utiliza as informações do banco de dados inicializado pela classe de teste e inicia o objeto do Flyway. Na sequência é invocado o método *migrate*. Para termos certeza de que nossa tabela foi criada exatamente como definimos, chamamos o método **verificaTabelaMigracao** passando a referência do *container*.

```
@Test
public void testeMySQL() {
   Flyway f = new Flyway(Flyway.configure().dataSource(mysql.getJdbcUrl()
           , mysql.getUsername(), mysql.getPassword()));
   f.migrate();

   //Verificar migração
   verificaTabelaMigracao(mysql);
}
```

Para realizar a verificação da tabela recém-criada, utilizaremos nosso conhecimento em JDBC. A seguir, o método completo de verificação:

```
public void verificaTabelaMigracao(MySQLContainer mysql) {
   try (Connection conn = DriverManager.getConnection(mysql.getJdbcUrl()
           , mysql.getUsername(), mysql.getPassword());
        Statement stmt = conn.createStatement();
        ResultSet rs = stmt.executeQuery("SELECT * FROM USUARIO")) {
      rs.next(); // inicia a interação com o resultado, obtendo o primeiro registro
      assertEquals(rs.getString("NOME"), "ADMIN");
   } catch (SQLException ex) {
      fail(); // houve algum erro. Avise o JUnit que o teste falhou
   }
}
```

O método basicamente cria uma conexão com o banco de dados que foi inicializado pelo *container* Docker e executa uma instrução SQL. Na instrução SQL, verificamos se existe algum registro na tabela **USUARIO**. Caso a tabela não tenha sido criada ou criada com outro nome, já teremos uma falha no teste. O método **assertEquals** nos garante que deverá existir um registro em que a coluna **NOME** tenha o conteúdo igual a **ADMIN**.

Essa é uma forma de validar uma migração de banco de dados. Existem outras. Uma delas, por exemplo, é verificar se a estrutura da tabela foi criada com o número de campos esperado e o nome dos campos iguais ao especificado. Para isso, pode-se utilizar o recurso de metadados do JDBC.

Caso de uso 2 – Teste de API Rest com banco de dados

Imagine seu código Java que disponibiliza uma API REST e utiliza um banco de dados MySQL para persistir as informações. Neste caso de uso, vamos ver como é simples realizar o teste desta API sem precisar de *mocks* ou ter um banco de dados instalado e configurado na máquina do usuário. No capítulo "Testes de integração: teste de API" vimos um exemplo de como testar uma API REST com dependência do banco de dados MySQL. Neste caso de uso vamos utilizar a mesma API para teste, porém sem precisar de nenhuma dependência além do TestContainers e Docker.

A única diferença é que vamos precisar incluir as dependências do *TestContainers* para iniciar automaticamente o banco de dados e incluir algumas linhas de código em nosso teste.

```
...
// Configura um initializer que está em nossa classe logo abaixo
@ContextConfiguration(initializers = {UsuarioControllerIT.
Initializer.class})
public class UsuarioControllerIT {

    //Define a Rule que inicializará nosso banco de dados
    @ClassRule
    public static MySQLContainer mysql = new MySQLContainer();

    //Classe interna initializer que sobrescreverá as
propriedades de conexão com o banco de dados
    static class Initializer implements ApplicationContextInitializer<ConfigurableApplicationContext> {
        @Override
        public void initialize(ConfigurableApplicationContext configurableApplicationContext) {
```

```
            TestPropertyValues.of(
                "spring.datasource.url=" + mysql.getJdbcUrl(),
                "spring.datasource.username=" + mysql.getUsername(),
                "spring.datasource.password=" + mysql.getPassword())
                .applyTo(configurableApplicationContext.
getEnvironment());
        }
    }
```

A partir dessas alterações, será possível rodar nossos testes sem se preocupar em verificar se o banco de dados está iniciado ou se está preparado para eles.

O código completo está disponível no GitHub[84].

Caso de uso 3 – Teste de API Rest com MockServer

Imagine a situação onde temos nosso cadastro de usuário, e, por um requisito de negócio, esse usuário precisa ser criado também em um serviço de um parceiro. Esse serviço do parceiro está disponível em uma API REST que recebe nosso usuário recém-criado. Para fins didáticos, esta API não requer autenticação e o retorno será apenas um código de status de resposta HTTP[85] 201 (**CREATED**) para caso de sucesso na criação ou um código de resposta de erro 400 (**BAD_REQUEST**) no mesmo formato caso a operação não seja concluída com sucesso. Vamos supor que o serviço do parceiro será responsável por guardar as informações do nosso usuário, incluindo seu ID para transações futuras. Pois bem, agora temos um problema de dependência externa de um serviço que em muitos casos não poderá ser acessado para cada teste realizado. Isso pode ser devido a restrições de não ter um ambiente de testes e o serviço REST cobrar por requisições. Ou seja, podemos ter inúmeras restrições. Pensando nisso, surgiram projetos como o MockServer[86], onde é possível simular um servidor *web* para testar as requisições. O MockServer pode ser inicializado em sua máquina ou através de um *container* Docker. O TestContainers possui um módulo para criar um MockServer; porém, veja a seguir que a abordagem do Spring Boot é bem mais simples. Altere a classe **UsuarioServico** para que ela faça acesso a uma API externa assim que salvar o usuário.

---

[84] <https://github.com/jornada-java/livro>
[85] Códigos de status de respostas HTTP: <https://developer.mozilla.org/pt-BR/docs/Web/HTTP/Status>.
[86] <https://www.mock-server.com/>

```java
Usuario usuarioCriado = usuarioRepositorio.save(usuario);

try {
   criaUsuarioNoServicoExterno(usuarioCriado);
} catch (Exception e) {
   throw e;
}


private void criaUsuarioNoServicoExterno(Usuario usuario) throws
Exception {
   usuarioExterno.criaUsuario(usuario);
}
```

Agora nosso método "criar" também chama um serviço externo para que este também crie o usuário. Para isso, criamos um novo serviço:

```java
@Service
public class UsuarioExterno {

   private final RestTemplate restTemplate;

   public UsuarioExterno(RestTemplate restTemplate) {
       this.restTemplate = restTemplate;
   }

   public void criaUsuario(Usuario usuario) throws Exception {
       final String baseUrl = "http://servico-parceiro/api/usuarios";
       URI uri = new URI(baseUrl);
       ResponseEntity<?> result = restTemplate.postForEntity(uri, usuario, ResponseEntity.class);
       System.out.println(result.getStatusCodeValue());
   }
}
```

No exemplo anterior, o serviço chamará uma URL externa passando o objeto do usuário e exibindo o resultado do código HTTP. Nesse caso, o erro ocorrerá porque a URL não existe e todos os testes que chamam o método **criar** falharão devido ao seguinte erro:

```
java.net.UnknownHostException: servico-parceiro
```

Aqui vale ressaltar que poderíamos utilizar uma URL válida, porém, como já comentamos anteriormente, a ideia é demonstrar a utilização do MockServer. Em casos reais, utiliza-se uma variável de ambiente, onde a URL pode ser configurada externamente ao código.

Voltando ao nosso problema, a nossa URL não está acessível devido à falta de internet em nosso servidor de integração contínua. Ou seja, não podemos contar com um acesso externo em nossos testes. Vamos então utilizar o **MockRestServiceServer**, que faz parte da biblioteca do Spring Boot Test.

Em nossa classe de teste, vamos incluir as linhas a seguir:

```
@Autowired
private RestTemplate restTemplate;
private MockRestServiceServer mockServer;
```

Lembrando que, para que o nosso objeto **RestTemplate** possa ser injetado pelo Spring, é necessário declarar um **@Bean** na aplicação:

```
@Bean
public RestTemplate template() {
    return new RestTemplate();
}
```

No método **setUp()**, adicione as linhas de código a seguir:

```
mockServer = MockRestServiceServer.createServer(restTemplate);
```

A linha anterior cria uma instância do **MockRestServiceServer** passando como parâmetro o **RestTemplate**. A linha a seguir cria uma expectativa para a chamada ao nosso serviço externo.

```
mockServer.expect(ExpectedCount.once(),
        requestTo(new URI("http://servico-parceiro/api/usuarios")))
      .andExpect(method(HttpMethod.POST))
      .andRespond(withStatus(HttpStatus.CREATED));
```

Então quando o serviço externo for chamado, o **RestTemplate** irá substituir a chamada original pela expectativa gravada no cenário de teste. Assim, todos os testes voltam a funcionar.

50. Cobertura de código

Silvio Buss

A cobertura de código é uma métrica de software usada para mensurar a quantidade de linhas e instruções que foram executadas ou não durante os testes automatizados. De acordo com o site da Atlassian (2017)[87], "a cobertura do código é parte de um ciclo de *feedback* rápido no processo de desenvolvimento. À medida que os testes são desenvolvidos, a cobertura do código destaca pontos do código que podem não estar devidamente testados e que exigem testes adicionais".

Uma das ferramentas mais utilizadas para esse propósito é o JaCoCo (*Java Code Coverage*). Trata-se de uma biblioteca de código aberto para cobertura de código Java que abrange testes de unidade e integrados. Está presente no *plugin* EclEmma[88] para Eclipse e no *plugin* Code Coverage[89] para IntelliJ IDEA, ou seja, também é possível utilizá-lo sem nenhuma configuração, executando diretamente através da IDE.

No exemplo a seguir, vemos o uso do JaCoCo como *plugin* do Maven. Dessa forma, podemos obter o relatório após a execução da bateria de testes em um diretório específico e assim possibilitar a visualização em ferramentas de integração contínua.

```xml
<groupId>org.jacoco</groupId>
    <artifactId>jacoco-maven-plugin</artifactId>
    <version>0.8.2</version>
    <executions>
        <execution>
            <goals>
                <goal>prepare-agent</goal>
            </goals>
        </execution>
```

---

[87] <https://confluence.atlassian.com/clover/about-code-coverage-71599496.html>
[88] <https://marketplace.eclipse.org/content/eclemma-java-code-coverage>
[89] <https://www.jetbrains.com/help/idea/code-coverage.html>

```xml
        <execution>
            <id>report</id>
            <phase>prepare-package</phase>
            <goals>
                <goal>report</goal>
            </goals>
        </execution>
    </executions>
</plugin>
```

Dessa forma, também é possível configurar regras de coberturas mínimas do projeto para a proporção de códigos cobertos e não cobertos, quantidade total de linhas cobertas, entre outros. Veja o exemplo a seguir:

```xml
<configuration>
    <rules>
        <rule>
            <element>PACKAGE</element>
            <limits>
                <limit>
                    <counter>LINE</counter>
                    <value>COVEREDRATIO</value>
                    <minimum>0.50</minimum>
                </limit>
            </limits>
        </rule>
    </rules>
</configuration>
```

A execução do teste usando o JUnit ativa de forma automática o agente JaCoCo, que atua em baixo nível na instrumentação do *bytecode,* gerando um relatório de cobertura em formato binário e que é convertido em vários formatos legíveis, como:

- ✓ **HTML:** pronto para visualização, basta abrir os arquivos no *browser.*
- ✓ **XML:** projetado para processamento por ferramentas externas como Azure DevOps, Code Climate, Sonar (a partir da versão 8.0), entre outras. É o padrão mais utilizado para integrações.
- ✓ **CSV:** projetado para criação de gráficos simples.

Os arquivos são disponibilizados no diretório:

```
<projeto>/target/site/jacoco
```

Existem diversas ferramentas externas que podem interpretar o arquivo gerado e inclusive fazer uma análise mais profunda, como, por exemplo, o Sonar Qube[90]. O Sonar é um projeto *open source* que tem como principal característica a inspeção contínua da qualidade do código. Para isso ele avalia a cobertura de código em si, a arquitetura, regras da linguagem Java, nível de complexidade dos métodos e classes, código duplicado, vulnerabilidades de segurança, etc.

O exemplo a seguir pode ser encontrado no repositório do livro no GitHub. Este é um exemplo de relatório de avaliação de um método contendo uma condição não testada, que, neste caso, é a condição do texto possuir mais de 5.000 caracteres.

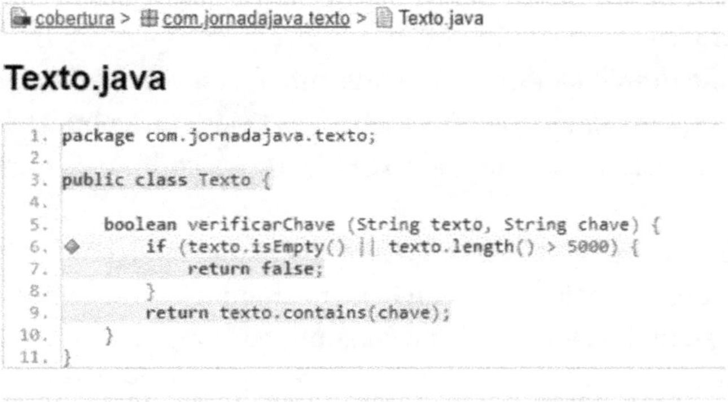
cobertura > com.jornadajava.texto > Texto.java
Texto.java
1. package com.jornadajava.texto;
2.
3. public class Texto {
4.
5. boolean verificarChave (String texto, String chave) {
6. if (texto.isEmpty() || texto.length() > 5000) {
7. return false;
8. }
9. return texto.contains(chave);
10. }
11. }

Figura 50.1. Relatório de avaliação de um método contendo uma condição não testada. Fonte: o autor.

O relatório é baseado em cores, onde:

- ✓ **Vermelho:** significa que não existem testes para o trecho de código. Este exemplo não possui linha sem cobertura, logo não existe nenhuma sinalização desta cor.
- ✓ **Amarelo:** significa que o código está parcialmente coberto. Geralmente isso é relacionado às condições de *if/else*. Linha 6 do exemplo.
- ✓ **Verde:** significa que todas as condições foram executadas durante a execução dos testes. Neste exemplo, linhas 3, 7 e 9.

90 <https://docs.sonarqube.org/latest/analysis/coverage/>

A ferramenta fornece principalmente três métricas importantes:

cobertura > com.jornadajava.texto

com.jornadajava.texto

Element	Missed Instructions	Cov.	Missed Branches	Cov.	Missed	Cxty	Missed	Lines
Texto		100%		75%	1	4	0	4
Total	0 of 16	100%	1 of 4	75%	1	4	0	4

Figura 50.2. Exemplo de relatório de avaliação de um pacote ou classe.
Fonte: o autor.

- ✓ **Cobertura de linhas:** apresenta a porcentagem de linhas de código que foram executadas pelos testes.
- ✓ **Cobertura de ramificações (*branches*):** apresenta a porcentagem de condições executadas. Por exemplo, o cenário mencionado anteriormente da condição não testada.
- ✓ **A complexidade ciclomática:** apresenta a complexidade do código, sendo calculada pelo número de caminhos necessários para cobrir todos os possíveis caminhos em um trecho de código utilizando o algoritmo de combinação linear.

A cobertura é somente uma métrica quantitativa que tem como objetivo principal identificar trechos de código em que não há nenhum teste executado e não deve ser utilizada para aferir a qualidade de um conjunto de testes. Para mensurar a qualidade e a eficácia de um conjunto de testes devem ser utilizadas técnicas como o teste de mutação. No próximo capítulo abordaremos o tema e como aplicá-lo com Java.

51. Teste de mutação com Java

Silvio Buss

O teste de mutação é uma técnica de teste de software baseada em falhas que tem sido amplamente estudada por mais de três décadas após sua criação por Richard Lipton em 1971 (WONG, 2001).

A literatura sobre teste de mutação contribuiu com um conjunto de abordagens, ferramentas, desenvolvimentos e resultados. Esse é um tipo de teste de caixa branca, ou seja, a ferramenta precisa ter acesso ao código-fonte para funcionar. Utilizado principalmente para testes de unidade, seu objetivo é modificar certas instruções no código-fonte e verificar se o conjunto de testes existente para esse código irá detectar e rejeitar as falhas inseridas.

Cada falha adicionada é chamada de mutação e cada nova versão do trecho de código que possui uma mutação é chamada de mutante. A ferramenta criará um grande número de mutantes, e para cada um deles uma das duas coisas acontece:

- ✓ **Morre:** se pelo menos um teste falhar na bateria de testes. Isso significa que o mutante foi **morto** e, portanto, a parte do código testada está coberta adequadamente.
- ✓ **Sobrevive:** se todos os testes de unidade são aprovados. Isso significa que o mutante permanece **vivo** e a funcionalidade alterada não é coberta por testes.

Ao final da execução, é gerada uma pontuação geral de qualidade resultante de: **(Mutantes mortos/Total mutantes) * 100**.

A biblioteca de testes de mutação mais utilizada na linguagem Java é o Pitest. Ela possui o melhor desempenho (RANI; SURI; KHATRI, 2015) em relação aos concorrentes como Jester, Jumble, μJava, etc. É uma ferramenta *open source* e a única que oferece suporte para o Java 11. O Pitest possui uma lista de operadores de mutação[91]

---

[91] <http://pitest.org/quickstart/mutators/>

que são alterações predefinidas que podem ser aplicadas nos trechos de código. Alguns exemplos:

- ✓ **Conditionals Boundary Mutator**: realiza a troca de operadores relacionais.

Condição original	Após mutação
<	<=
<=	<
>	>=
>=	>

- ✓ **Void Method Call Mutator**: remove a chamada de métodos *void*. A seguir, um exemplo:

Método original sem a mutação:

```
public int validar() {
  int i = 5;
  executarLogicaImportante(i);
  return i;
}
public void executarLogicaImportante(int i) {
  // fazendo algo
}
```

Método após a mutação:

```
public int validar() {
  int i = 5;
  return i;
}
public void executarLogicaImportante(int i) {
  // fazendo algo
}
```

✓ **Return Values Mutator**: altera o valor de retorno de um método utilizando como base o seu tipo.

Tipo de retorno do método	Após mutação
boolean true	Altera o valor para false.
boolean false	Altera o valor para *true*.
long	Altera o valor para resultado + 1.
float/double	Altera o valor de retorno para -(resultado+1.0).
int/byte/short	Se o valor de retorno for 0, então retorna 1; caso contrário, altera o retorno para 0.
Object	Altera para o valor *null*.

✓ **Math Mutator**: substitui operações aritméticas. Por exemplo: soma por subtração, divisão por multiplicação, entre outros.

Ao todo existem 31 operadores de mutação, mas por padrão são executados apenas sete desses, considerados os principais. Os exemplos anteriores estão entre os principais, mas também é possível configurar quais serão usados.

O Pitest pode ser utilizado pelo Ant, Maven, Gradle ou diretamente por linha de comando. Há também *plugins* para Eclipse e IntelliJ Idea. A seguir, um exemplo de código de como utilizá-lo na fase de teste do ciclo de vida do Maven.

```xml
<plugin>
    <groupId>org.pitest</groupId>
    <artifactId>pitest-maven</artifactId>
    <version>1.4.5</version>
    <executions>
        <execution>
            <phase>test</phase>
            <goals>
                <goal>mutationCoverage</goal>
            </goals>
        </execution>
    </executions>
    <configuration>
        <targetClasses>
            <param>com.jornadajava.soma.service*</param>
        </targetClasses>
        <targetTests>
```

```xml
            <param>com.jornadajava.soma.service*</param>
        </targetTests>
        <avoidCallsTo>
            <avoidCallsTo>java.util.logging</avoidCallsTo>
            <avoidCallsTo>org.apache.log4j</avoidCallsTo>
        </avoidCallsTo>
    </configuration>
</plugin>
```

Com isso, na etapa de execução dos testes do Maven também é executado todo o processo de mutação de forma automática pelo Pitest. Ao final desse processo é gerado o relatório de cobertura no diretório:

```
<projeto>/target/pit-reports/<date>/index.html.
```

O exemplo de código contendo o *plugin*, um serviço simples para somar dois números e os respectivos testes para esse serviço, pode ser encontrado no repositório oficial deste livro no GitHub.

A utilização de ferramentas de mutação tem como principal ponto negativo o custo elevado de processamento, memória e tempo para gerar os mutantes. Para fins de otimização e reduzir consideravelmente o tempo da bateria de mutação, é possível limitar o escopo de mutação na configuração do *plugin* do Pitest utilizando os parâmetros *targetClasses* e *targetTests*. Por exemplo, podemos definir que somente os pacotes que possuem classes com regras de negócio serão validados pelo Pitest. A configuração **avoidCallsTo** serve para definir os pacotes e classes que não devem ser considerados no escopo da mutação. Quaisquer linhas de código que contenham chamadas para essas classes não serão alteradas. Por exemplo, *logs* da aplicação.

Existem outros parâmetros opcionais que podem ser utilizados, como definir a lista de operadores de mutações que serão consideradas, *timeout* de execução, limite mínimo de cobertura mutação, entre outros. Consulte a documentação para mais detalhes[92].

---

[92] <http://pitest.org/quickstart/maven/>

52. Selenium

Raphael Vitorino da Silva

Os testes de interface fazem parte do último nível da pirâmide de testes, no qual utiliza-se de uma ferramenta para a criação de testes funcionais *end-to-end*, simulando cenários reais de utilização do software. Esse tipo de teste possibilita o *feedback* de situações que dificilmente são encontradas em outras camadas de testes, como, por exemplo, um *bug* que só ocorre ao abrir uma *modal* da aplicação no navegador Firefox.

Para a criação de testes de interface no Java, é possível a utilização do Selenium, uma ferramenta *open source* para criação de testes de interface para aplicações *web*. Esta ferramenta possibilita a execução dos testes em diferentes navegadores, tais como Chrome, Firefox, IE e Opera.

Para a criação de um teste funcional, é importante entender alguns princípios da arquitetura desse tipo de teste. Todo elemento da interface pode ser mapeado e identificado, seja por *id*, nome da classe ou caminho do elemento (**xpath**). Com isso, é possível separar um teste em duas camadas.

A seguir será apresentado um exemplo de teste onde essas duas camadas são implementadas. Nesse teste, será validada uma página inicial e seu título.

A primeira camada do teste será um *Page Object Model*, ou seja, a classe que possui toda a estrutura de mapeamento da página, conforme o código a seguir:

```java
public class Pagina {

    public boolean validaTituloDaPaginaInicial(WebDriver driver) {
        // busca o titulo da página inicial pelo id
        WebElement titulo =    driver.findElement(By.id("the-selenium-browser-automation-project"));
```

```java
        // verifica se o título da página inicial é o título
esperado
        if (titulo.getText().equals("The Selenium Browser
Automation Project")) {
            return true;
        } else {
            return false;
        }
    }

    public WebDriver iniciaWebDriver() {
        // define o diretório do chrome driver
        System.setProperty("webdriver.chrome.driver", "C:\\
chromedriver.exe");
        // cria instância do chrome driver
        WebDriver driver = new ChromeDriver();
        // define que o navegador será aberto em tela cheia
        driver.manage().window().maximize();
        // Acessa a página de documentação do selenium
        driver.get("https://selenium.dev/documentation/en/");
        return driver;
    }

    public void encerraWebDriver(WebDriver driver) {
        // método que encerra o WebDriver e fecha o navegador
        driver.close();
    }
}
```

A segunda camada do teste será a classe de teste, onde será testado o comportamento esperado do teste funcional, conforme o código a seguir:

```java
public class TestaPagina {
    private Pagina pagina;
    private WebDriver novoDriver;

    @Before
    public void configuraWebDriver() {
        pagina = new Pagina();
```

```
        novoDriver = pagina.iniciaWebDriver();
    }

    @Test
    public void validaTituloDaPaginaInicial() {
        Assert.assertTrue(pagina.validaTituloDaPaginaInicial(novoDriver));
    }

    @After
    public void encerraWebDriver() {
        pagina.encerraWebDriver(novoDriver);
    }
}
```

Esse é um exemplo básico de como criar um teste funcional com Selenium. Em um cenário real, provavelmente essa página terá muito mais componentes a serem validados, como tabelas, rótulos, valores e outros dados. Geralmente essa mesma estrutura pode ser utilizada, aumentando apenas a quantidade de métodos de teste.

Por fim, o Selenium possibilita a criação de testes funcionais que mais se aproximam da utilização real de um usuário, permitindo a validação de comportamentos da tela e de negócio. Vale ressaltar que os testes de interface são a última camada da pirâmide de teste, ou seja, são testes mais lentos e que quebram com maior facilidade. Portanto, o investimento nesse tipo de teste será o menor da pirâmide.

Para que o código anterior funcione, será necessário adicionar a dependência do Selenium em seu projeto e também realizar o *download* do *driver* do *browser*. Um exemplo está disponível no GitHub do livro, onde você poderá alterar e verificar o seu funcionamento.

PARTE IX.
GESTÃO DE CONFIGURAÇÕES E FERRAMENTAS DE APLICAÇÃO

53. Gestão de configurações e mudanças

Bruno Kaufmann

O Gerenciamento de Configuração (GC) ou *Configuration Management* (CM) tem como principal objetivo o gerenciamento de mudanças, permitindo saber os principais atributos de identificação de itens de configurações, controle de alteração desses itens e auditoria. Atualmente, onde precisamos entregar cada vez mais rápido, torna-se imprescindível o controle do quê, por quem e quando determinado item foi modificado, assim como melhorar a integridade, qualidade, ferramentas, documentos ou qualquer outro elemento que uma organização deseja gerenciar.

No processo de desenvolvimento de software, temos uma grande quantidade de informações que são produzidas, como: especificações técnicas, arquivos de código-fonte, manuais, testes e uma infinidade de outros itens cujo histórico de alterações precisa ser mantido. No gerenciamento de configuração, podemos denominar cada um desses itens como Itens de Configurações (IC), ou seja, cada elemento que precisamos rastrear e saber quem foi o ator daquela mudança.

O gerenciamento de configuração possui seis áreas:

- ✓ Gerenciamento do código-fonte e versão.
- ✓ Engenharia de compilação e construção.
- ✓ Configuração do ambiente.
- ✓ Controle da mudança.
- ✓ Liberação.
- ✓ Implantação.

Gerenciamento do código-fonte

O gerenciamento do código-fonte envolve todo o controle de cada porção de código produzido, além dos arquivos de configuração do projeto, binários e outras dependências que o software precisa para compilar e ser executado. O principal objetivo é garantir que não haja perdas durante o processo de desenvolvimento, bem como rastrear, manter a integridade dos arquivos e monitorar alterações do código-fonte. Adicionalmente, se faz necessária a criação de marcos específicos do desenvolvimento do software, o que, consequentemente, leva a uma melhora na confiabilidade dos artefatos produzidos.

Existem inúmeras ferramentas de controle de versão e código-fonte no mercado. As melhores opções são: Git, SVN e Azure DevOps. A grande maioria é de código-fonte aberto e a mais popular atualmente é o Git (no próximo capítulo entraremos em mais detalhes), por possuir um ótimo conjunto de recursos, ser de fácil utilização e ter recursos completos para o rastreio de versão e histórico de mudanças efetivo.

Engenharia de compilação e construção

A engenharia de construção envolve um conjunto de elementos que são necessários para a compilação e o empacotamento do código-fonte e dos componentes essenciais para produzir um artefato de maneira confiável dentro de um processo repetível. O foco deste IC é melhorar a produtividade do desenvolvedor e permitir o envio mais rápido da mudança à produção.

Na época atual, uma organização precisa entregar software de maneira ágil e rápida para sair na frente de seus concorrentes. Para isso, é necessário que o time de desenvolvimento integre continuamente o que é produzido através de *builds* e testes automatizados. Tal metodologia é considerada ágil e é frequentemente chamada de **integração contínua**. Ela propõe que o processo de desenvolvimento de software seja realizado com entregas e integrações frequentes, a cada mudança ocorrida no código-fonte do projeto.

Para adotar o uso de tal metodologia, é necessário utilizar um serviço de integração contínua, como: Jenkins, Hudson ou Bamboo (como será visto com mais detalhes no capítulo de integração contínua), além de ser fundamental utilizar ferramentas de controle de versão.

Essa prática permite detectar erros e conflitos de maneira rápida e eficiente, mitigando erros antes destes serem levados para produção, reduzindo de maneira significativa problemas do software, aumentando a confiabilidade e ao mesmo tempo a qualidade do produto entregue.

Configuração do ambiente

Entende-se como engenharia de configuração de ambiente o gerenciamento dos itens de configuração que são necessários para a compilação e execução do software que podem mudar com as alterações do código-fonte promovidas, como também os locais (ambientes) de testes, desenvolvimento, integração e produção na qual a aplicação será executada.

Um dos principais desafios atuais é a gestão de múltiplos ambientes. Exemplo disso é o ambiente integrado de desenvolvimento (IDE) onde o programador precisa ter todos os elementos indispensáveis para construir e manter o código-fonte da organização, onde são necessários um controle de versão, arquivos de configuração, binários e ferramentas de apoio.

O processo de configuração também possui as seguintes atividades:

- ✓ **Identificação da configuração:** é necessário identificar qual configuração precisa ser mantida. Isso pode ser um processo manual, o código-fonte, arquivo de conexão com o banco de dados, arquivo de propriedades da aplicação, como também ferramentas de descoberta para identificar automaticamente uma configuração.
- ✓ **Controle de configuração:** uma vez identificados quais itens de configuração serão rastreados, é necessário garantir que itens não sejam alterados deliberadamente e que quando houver alguma alteração possamos identificar o propósito dessa mudança.
- ✓ **Auditoria de configuração:** mesmo com os mecanismos de controle e de proteção contra mudanças, é possível que um item de configuração seja alterado. Dessa forma, se faz necessário o uso de ferramentas que auditem a mudança em prol da sua conformidade.

Controle da mudança

Mudança é algo inevitável no processo de desenvolvimento de software, sendo fundamental ter controle do que foi alterado. Saber quem, quando e qual foi o propósito de uma alteração é garantir o sucesso de um projeto. Porém, para que isso ocorra de maneira sustentável, é imprescindível que sejam estabelecidas políticas de controle a fim de evitar lançamentos e liberações não autorizadas de artefatos que modifiquem o escopo do projeto, impactando assim no tempo, no orçamento e consequentemente na qualidade final do produto.

Algumas políticas simples que podem ser adotadas com o intuito de impedir alterações indesejadas:

- ✓ Revisão do código-fonte.
- ✓ Controle de permissão para fazer as mudanças.
- ✓ Criação de ramos específicos que contemplem somente o código-fonte das mudanças realizadas.
- ✓ Versões designadas para conter mudanças somente para produção.
- ✓ Versões com somente as novas funcionalidades que estão em desenvolvimento.

Outra política de grande utilização para gerir as mudanças são as versões canários. Seu conceito é realizar liberações intermediárias para um conjunto de clientes que desejam receber aquelas novas funcionalidades antecipadamente, com apoio deles no processo de liberação e homologação.

Estabelecer um conjunto de regras e padrões para o desenvolvimento de software é fundamental no processo de qualidade. Qualquer que seja a solicitação de mudança, é preciso que o solicitante explique de forma que a equipe compreenda a motivação daquelas alterações. Ao definir uma mudança, é necessário delinear claramente quais são os itens modificados, como também sua motivação e possíveis impactos que o produto sofrerá.

A mudança deve ser algo sistemático e documentado com os registros de cada fase do que foi solicitado. A seguir, uma sugestão de processo:

- ✓ **Proposta:** consiste no processo no qual qualquer membro da equipe do projeto (incluindo o cliente) sugere a mudança. Deve consistir em uma descrição das mudanças e expectativas do que terá após a mudança.
- ✓ **Impactos:** quais serão os possíveis impactos da solicitação e considerações do efeito geral do projeto, como custo, se serão necessários recursos extras, novos riscos e problemas que possam ocorrer.
- ✓ **Decisão:** é necessário que a solicitação seja revisada por uma autoridade que levará em conta todas as informações do solicitante da mudança, podendo esta ser aceita, recusada ou até mesmo adiada.
- ✓ **Implantação:** uma vez aprovada e planejada, começam os passos para que tal mudança seja realizada. Nesta fase geralmente são realizados testes de regressão e também é feita uma análise pós-implementação.
- ✓ **Fechamento:** após todas as etapas anteriores, o solicitante verifica se o que foi acordado foi de fato realizado, e, no caso positivo, a solicitação é então fechada no registro de mudanças do projeto.

Liberação

O processo de liberação é complexo e consiste no empacotamento e na identificação de todos os componentes construídos visando implantar um artefato em um ambiente, seja ele de teste, qualidade ou produção. No ciclo de entrega de software o gerenciamento de versão é uma das principais práticas e deve estar alinhado com o planejamento estratégico do produto de uma organização.

É também o processo central onde é preciso combinar todas as dependências para o sucesso da liberação das mudanças ocorridas na aplicação e inclui coleta de requisitos, planejamento, definição do escopo, construção, testes e implantação.

Com clientes cada vez mais criteriosos, não podemos realizar um lançamento sem garantirmos que todo o conjunto de funcionalidades primárias do software esteja no seu devido funcionamento. Para evitar atrasos e manter toda a operação da organização, se faz necessário um investimento em um processo robusto de gerenciamento de versões.

Esse processo consiste nas seguintes fases:

- ✓ **Plano de liberação:** geralmente é iniciado logo após o primeiro estágio do ciclo de desenvolvimento, consistindo no momento em que são solicitados os recursos adicionais ou mudanças, compreendendo nos passos e fluxos necessários para que a versão seja implantada.
- ✓ **Versão da liberação:** uma vez definido o plano de liberação, são então iniciados o desenvolvimento e a construção para atender aos requisitos solicitados para o produto. Quando este processo terminar, a mudança é submetida ao processo de construção (compilação) e na sequência será realizada a fase de testes e homologação.
- ✓ **Teste de aceitação:** momento em que os usuários finais para o qual o produto foi construído realizam a verificação do que foi solicitado e fornecem *feedback* para o time. Esta é uma fase iterativa que permite a identificação de possíveis não conformidades na solicitação da mudança até que seja considerada uma liberação final.
- ✓ **Preparação da versão:** consiste em uma revisão final enumerando eventuais conflitos de entendimento no que foi proposto na solicitação. Garante que o software atenda aos padrões de qualidade e que os requisitos de negócio solicitados estejam de acordo com o plano de liberação.

✓ **Implantação da versão:** esta é a última fase do processo e compreende a liberação e a passagem para a produção do que foi planejado, desenvolvido, verificado e preparado pelo time.

Em metodologias ágeis, todas essas fases são encapsuladas em um processo de entrega contínua, consistindo na liberação de pequenos pacotes incrementais a fim de impulsionar as entregas de software e fazer com que uma mudança chegue mais rápido à produção. O resultado dessa prática é a solução de problemas quase que imediatamente após o incidente, novas funcionalidades chegando mais rapidamente aos clientes, mais qualidade nas entregas e *feedback* contínuo do processo.

Implantação

É o processo do ciclo de desenvolvimento de software que envolve a preparação, a promoção e o lançamento do pacote de mudanças solicitadas. Envolve o monitoramento dos ambientes para verificar se existem alterações não autorizadas implantadas no produto final.

Durante este processo são realizados treinamentos nos usuários e também é verificado o conjunto de mudanças que foi liberado. Essa listagem permite uma maior transparência no processo e transição da nova versão para produção, bem como o entendimento do processo, criando mais valor para o produto final.

Os principais fatores do sucesso da implantação de uma nova versão são:

✓ Ser implantada dentro do prazo.
✓ Se atingiu a meta orçamentária do projeto.
✓ Se houve pouco ou nenhum impacto com a nova versão.
✓ Se atendeu às solicitações requeridas.

Como mencionado anteriormente, são inúmeros os benefícios da utilização de metodologias ágeis em uma organização. A integração contínua e a entrega contínua permitem o *feedback* instantâneo e ajudam as equipes de desenvolvimento a detectar erros mais rapidamente, melhorando a qualidade das aplicações e a satisfação dos clientes.

É imprescindível reagir rapidamente às mudanças – o tempo médio de resolução deve ser curto e as alterações no código-fonte precisam ser compactas, com lançamentos diários, semanais, quinzenais ou o que fizer mais sentido para a organização. No entanto, para colhermos os benefícios da entrega contínua, devemos implantar software continuamente em produção em pequenos pacotes que são mais fáceis de solucionar em eventuais falhas.

A gestão de configurações e mudanças garante a confiabilidade, a redução de custos e riscos, maior eficiência e recuperação mais rápida de um serviço em caso de falha. É um processo essencial para uma organização liberar e implantar versões de software de maneira estruturada e sistemática.

54. Git

Jonas Santos

Máquina do tempo do código

Como todo programador sabe, deparamos com diversas ocasiões no dia a dia em que precisamos voltar no tempo para realizar alguma análise ou até mesmo testar uma versão anterior de um certo trecho de código, projeto ou versão de um software.

Em um desenvolvimento de software são escritos vários arquivos, que são compilados para código de máquina e rodam em algum sistema operacional, ou por algum interpretador da linguagem de programação em que esses arquivos foram escritos.

Para entrarmos no mundo do versionamento, veremos alguns exemplos.

Podemos usar como primeiro exemplo um trabalho escolar. Foi criado um documento que passou por várias modificações até chegar na versão final para entrega ao professor. Neste exemplo de trabalho escolar, os nomes dos documentos poderiam ter ficado assim:

- ✓ trabalho-de-desenvolvimento-v1.docx
- ✓ trabalho-de-desenvolvimento-v2.docx
- ✓ trabalho-de-desenvolvimento-v3.docx

Isso também acontece nos códigos de um desenvolvimento de software. Claro que não dessa maneira, por não ser uma boa prática (apesar de que existem casos bem semelhantes). Existe uma máquina do tempo do código, os famosos sistemas de controle de versões.

Agora vamos seguir com um exemplo de um site simples:

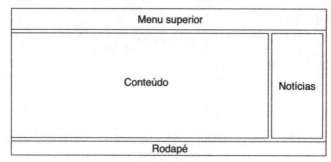

Figura 54.1. *Template* de site.
Fonte: o autor.

De acordo com a figura anterior, podemos ver que o site tem quatro partes: menu superior, conteúdo, notícias e rodapé. Ao desenvolver este site, podemos criar o menu superior na primeira versão, na segunda criar o conteúdo, na terceira criar as notícias e por fim na quarta criar o rodapé e finalizar a entrega. Esse projeto poderia ter mais de um desenvolvedor atuando, cada um com suas responsabilidades específicas, e por fim a equipe poderia gerar a versão final com todos os entregáveis. Pronto, isso é versionamento de código.

Em um sistema de controle de versões, conseguimos ter o controle separado de cada entrega, por exemplo:

- ✓ site-v1
- ✓ site-v2
- ✓ site-v3
- ✓ site-v4
- ✓ site-final-entrega-v1

Em um software existem milhares de arquivos com linhas de códigos, por isso cada alteração deve ser feita com cautela. Qualquer erro inserido por acidente em uma versão do software pode causar muitos problemas para um cliente, ou até para você mesmo, caso seja o dono do software.

Agora imagine se uma versão entra em produção com erro e não temos uma máquina do tempo para voltar à versão anterior até corrigir esse probleminha! Seria bem complicado.

Hoje em dia existem diversas ferramentas de versionamento de código para nos ajudar. A mais popular e usada e que iremos abordar neste capítulo é o Git.

O que é Git

Git é um sistema de controle de versões gratuito e de código aberto. Usado principalmente para versionamento de software, ele foi criado em 2005 por Linus Torvalds, "o mesmo criador do Linux"[93] (GIT, s.d.). É o sistema de controle de versões moderno mais utilizado no mundo atualmente e seu grande diferencial em relação aos outros sistemas de controle de versão (tais como Subversion ou CVS) é que ele não depende de um servidor central, tornando assim sua operação totalmente distribuída. Além disso, ele foi projetado para ter desempenho, segurança e flexibilidade.

Para utilizar o Git é necessário realizar a instalação no sistema operacional, que, inicialmente, só permite sua execução via linha de comando. Mas também existem diversas ferramentas gráficas que nos ajudam a gerenciar projetos versionados com Git, como, por exemplo, o GitKraken e TortoiseGit. Algumas IDEs também possuem uma interface gráfica para esse auxílio, sendo as mais conhecidas: IntelliJ, Eclipse, Visual Studio e Visual Studio Code. Apesar das inúmeras possibilidades de utilização, os amantes de Linux acabam sempre dando preferência à utilização via linha de comando.

O Git nos permite criar versões de um determinado software ou voltar no tempo com versões anteriores, assim como analisar todo histórico do que já foi desenvolvido.

Atualmente, saber como utilizar o Git é de suma importância, visto que ele é um dos mais utilizados em pequenas, médias e grandes empresas.

Para compreendermos melhor o uso do Git e do versionamento, devemos conhecer alguns termos. Os principais para começarmos são: os três estados, repositório, *commit*, histórico e *branch*.

Os três estados

Trabalhando com Git, nossos arquivos sempre estão em algum estado: modificado (*modified*), preparado (*staged*) ou consolidado (*committed*). Na imagem a seguir, conseguimos compreender um pouco mais o fluxo dos estados:

---

[93] <https://git-scm.com/book/pt-br/v2/Começando-Uma-Breve-História-do-Git>

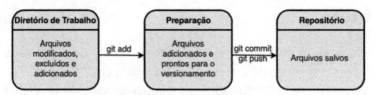

Figura 54.2. Os três estados do Git.
Fonte: adaptado de <https://git-scm.com/>.

- ✓ **Modificado (*modified*)**: arquivo adicionado, modificado ou removido é marcado como modificado. Isso quer dizer que o arquivo sofreu alguma alteração. Significa também que esse arquivo está diferente da última versão que está no repositório local.
- ✓ **Preparado (*staged*)**: considerando que temos algum arquivo modificado, ao executarmos o comando *git add*, ele passa a ter o estado de preparado, ou seja, agora ele está pronto para ser enviado ao nosso repositório local.
- ✓ **Consolidado (*commit*)**: após toda a modificação e preparação dos arquivos, finalmente, ao executarmos o comando *git commit*, os arquivos são salvos no histórico do repositório do Git local da nossa máquina. Para de fato enviarmos ao nosso repositório remoto, executamos o *git push*, que será abordado ao longo deste capítulo.

Repositório

Um repositório é o local onde estão todos os arquivos do nosso projeto. Podemos dizer que é uma pasta. Os repositórios normalmente estão em servidores ou serviços de hospedagem. Existem diversos repositórios Git, dentre eles: GitHub, Bitbucket e GitLab, que serão abordados com mais detalhes ao longo deste capítulo.

Uma grande vantagem de usar os repositórios Git é trabalhar em equipe: um membro da equipe pode enviar suas alterações para o repositório e o restante da equipe pode baixar essas alterações em suas máquinas locais.

Commit

Podemos dizer que *commit* é como uma fotografia de uma versão do nosso código. Nesses *commits* são submetidas as alterações do nosso código. Através deles são gerados os históricos, que, por sua vez, possibilitam recuperar uma versão anterior ou reverter algum trecho que foi submetido indevidamente.

Histórico

Histórico é onde ficam registrados todos os *commits* feitos pela equipe. A cada novo *commit* é gerado um novo registro nesse histórico e com ele podemos fazer uma análise desde a versão atual do software até a versão inicial.

Branch

Branches são uma forma de organizar o nosso projeto no repositório. Podemos pensar que *branches* são como pastas onde ficam armazenados nossos *commits*. Ao criar um repositório, por padrão é criada a *branch master* onde ficará a versão principal do projeto. Ao desenvolver uma nova versão do software, podemos criar uma *branch* a partir da *master* para trabalhar de forma separada e, após finalizar esse trabalho, juntar com a *master*. Iremos compreender melhor *branches* e fluxos de trabalho no capítulo "Git Flow".

Instalando o Git

Para a instalação do Git, basta acessar o site da própria ferramenta e escolher a versão correta para o seu sistema operacional: <https://git-scm.com/downloads>. Há suporte para Mac OS, Windows e inúmeras distribuições Linux.

Principais comandos

Agora que já sabemos como instalar o Git na nossa máquina local, vamos verificar os principais comandos[94] desta poderosa ferramenta utilizando um terminal.

Configurações locais

Verificando a versão do Git:

```
git config --version
```

Adicionando o usuário:

```
git config --global user.name "jonas.santos"
```

---

[94] Documentação do Git em <https://git-scm.com/docs/git>.

Adicionando o e-mail do usuário:

```
git config --global user.email "jonas.santos@
jornadacolaborativa.com.br"
```

Para verificar todas as configurações locais, basta executar o comando a seguir:

```
git config --list
```

Iniciando um novo repositório

Para começarmos a trabalhar com Git, precisamos inicializar um repositório local. O repositório local pode ser um diretório vazio ou já com arquivos existentes. Execute o comando a seguir no diretório raiz do projeto, para criar as configurações iniciais do Git para um novo projeto:

```
git init
```

O comando anterior criará um novo repositório local onde podem ser executados todos os comandos Git para versionar os arquivos, tais como **git add**, **git commit**, etc.

Clonando um repositório remoto

Quando o repositório já existe, basta clonar todo o seu código para sua máquina local. Para fins didáticos, utilizaremos o projeto do repositório do GitHub da Jornada Colaborativa para aprender novos comandos. Para clonar o projeto, execute o comando a seguir no diretório em que deseja criar a pasta desse projeto:

```
git clone https://github.com/jornada-java/livro.git
```

Ao clonar um novo repositório, a *branch master* sempre vem por padrão.

Caso queira verificar o endereço do servidor, entre na pasta do projeto (por padrão, o mesmo nome do projeto que foi clonado, neste caso **livro**) e execute o comando:

```
git remote -v
```

Se tudo estiver certo, o resultado ficará assim:

```
origin https://github.com/jornada-java/livro.git (fetch)
origin https://github.com/jornada-java/livro.git (push)
```

Caso precise criar um repositório local antes de enviar para o repositório remoto, ou, se precisarmos alterar o endereço do servidor que está configurado localmente, basta alterar com o seguinte comando:

```
git remote set-url origin git@github.com:nome-do-usuario/nome-repositorio.git
```

> Nota: vale lembrar que o repositório remoto definido só poderá ser atualizado caso o usuário tenha direito de escrita. Um exemplo comum é realizar um *fork* de um projeto no GitHub para que tenha direito de escrita (diretamente na sua conta).

Baixando as atualizações do servidor

Para baixarmos atualizações realizadas no servidor remoto, usamos o comando **git pull**. Quando estamos trabalhando em equipe na mesma *branch*, é uma boa prática sempre utilizar esse comando para nos certificarmos de que nosso repositório local está atualizado com o remoto.

Enviando atualizações ao servidor remoto

Antes de começarmos a enviar nossas atualizações ao servidor remoto, vamos criar uma *branch* de teste da seguinte forma: **git-nome-sobrenome**. Por exemplo:

```
git branch git-jonas-santos
```

Criamos uma *branch* a partir da *master* com o nome **git-jonas-santos**, mas ainda não estamos na *branch* **git-jonas-santos**. Para verificarmos em qual *branch* atualmente estamos, use o comando:

```
git branch
```

A saída deverá ser parecida com essa:

```
  git-jonas-santos
* master
```

Perceba que a *branch master* ficou com um "*", ou seja, é a *branch* atual em que estamos trabalhando.

Para navegar para a *branch* desejada, basta executar o comando **git checkout "nome da branch"**. Por exemplo:

```
git checkout git-jonas-santos
```

Agora sim vamos começar a criar atualizações para serem enviadas ao servidor remoto. Crie um arquivo com a extensão ".txt" e com o conteúdo "Meu primeiro commit". Por exemplo: **git-jonas-santos.txt**.

O comando **git add** adiciona o arquivo criado no *index* do *commit*:

```
git add git-jonas-santos.txt
```

Caso precise adicionar vários arquivos de uma só vez ao *index*, utilize as variações do comando **add**.

Adiciona uma lista de arquivos:

```
git add home.html css.html home.js
```

Adiciona todos os arquivos modificados da mesma extensão:

```
git add *.html
```

Adiciona todos os arquivos modificados:

```
git add .
```

Mas cuidado com o comando com "." (ponto), que pode acabar adicionando arquivos indesejados no *commit*.

Após adicionar alguma atualização, finalize o *commit* com o comando a seguir:

```
git commit -m 'Meu primeiro commit'
```

Os *commits* precisam de uma mensagem de identificação. Crie algo curto, mas que faça sentido com a atualização realizada para facilitar a leitura e a análise dos *logs*.

Esse novo *commit* já permite o envio para o repositório remoto. Também é possível enviar vários *commits* de uma única vez.

Para de fato enviarmos nossas atualizações ao repositório, usamos o **git push**:

```
git push
```

Como a *branch* é nova e não existe no repositório remoto, o Git local apresentará um erro dizendo que não encontrou a *branch*. Mas fique tranquilo que o Git sugere a solução de como devemos realizar o *push* criando a *branch* no repositório remoto. Neste exemplo, o comando seria:

```
git push --set-upstream origin git-jonas-santos
```

> Nota: vale lembrar que o comando anterior só funcionará caso tenha direito de escrita no repositório em questão.

Agora vamos alterar o conteúdo do nosso arquivo ".txt", por exemplo: "Alterando meu primeiro commit". Antes de executarmos os comandos **add** e **commit**, vamos verificar em qual estado se encontra nosso arquivo. Execute o comando a seguir:

```
git status
```

Perceba na saída do console que o arquivo está no diretório de trabalho (do termo em inglês, *working directory*), ou seja, ainda não está preparado para ser enviado ao repositório:

```
$ git status
No ramo jonas-santos
Your branch is up-to-date with 'origin/jonas-santos'.
Changes not staged for commit:
  (utilize "git add <arquivo>..." para atualizar o que será submetido)
  (utilize "git checkout -- <arquivo>..." para descartar
mudanças no diretório de trabalho)
    modified:   jonas-santos.txt
```

Execute o comando **git add** e depois **git status** novamente para obter a saída do console a seguir:

```
$ git status
No ramo jonas-santos
Your branch is up-to-date with 'origin/jonas-santos'.
Mudanças a serem submetidas:
```

```
(use "git reset HEAD <file>..." to unstage)

    modified:   jonas-santos.txt
```

Pronto! O arquivo está preparado para ser salvo no repositório local através do comando **git commit -m "mensagem"** e em seguida ser enviado para o repositório remoto através do comando **git push**.

Verificando alterações

Para sabermos quais arquivos sofreram modificações, usamos o comando **git status**. Ele retorna uma lista com os nomes dos arquivos alterados.

Além do **git status**, temos o **git diff**, que retorna a diferença do que foi alterado em um determinado arquivo. A saída do console assinala com o sinal de mais (+) para os valores novos e com o sinal de menos (-) para o que foi removido. Por exemplo:

```
$ git diff
diff --git a/jonas-santos.txt b/jonas-santos.txt
index 3f55ccf..7968ab5 100644
--- a/jonas-santos.txt
+++ b/jonas-santos.txt
@@ -1 +1 @@
-Meu primeiro commit.
+Alterando meu primeiro commit.
```

Assim como o comando **git add**, o comando **git diff** também possibilita especificar um ou mais arquivos separados por espaço ou usando caracteres coringa, como o exemplo "*.txt", para determinar arquivos de tipos específicos.

Trabalhando com *branches*

Como já sabemos, o Git trabalha com *branches* para facilitar nosso trabalho. A seguir, alguns dos comandos mais comuns.

Lista todas as *branches* locais:

```
git branch
```

Cria uma nova *branch* local com o nome desejado:

```
git branch nome-da-branch
```

Comando para navegar para outra *branch* e assim acessar outra representação do código:

```
git checkout nome-da-branch
```

Forma alternativa de criar uma nova *branch* local e já trocar para essa *branch*:

```
git checkout -b nome-da-branch
```

Apaga uma *branch* local da nossa máquina:

```
git delete -d nome-da-branch
```

Com diversas *branches*, em algum momento será necessário juntar esse conteúdo em uma *branch* principal com todas as alterações. Imagine uma *branch* de desenvolvimento com alterações que precisam ser enviadas para a *branch master*. Para realizar esse processo, utilizamos o **git merge**, considerando que estamos na *branch master* e com a versão mais recente do código. O comando de *merge* ficaria assim:

```
git merge nome-da-branch
```

Revertendo alterações

Existem várias maneiras de alterar o estágio em que a alteração se encontra ou até de reverter por completo uma alteração feita no Git.

Um caso comum é alterar o estado de um arquivo depois de ter adicionado o estado de preparado (*staging area*) com o **git add**. Execute o comando a seguir para voltar o arquivo para o diretório de trabalho (*working directory*):

```
git reset nome-do-arquivo
```

Também podemos alterar o estágio de todos os arquivos de uma vez com:

```
git reset .
```

Para reverter completamente um arquivo e deixá-lo com a última versão que está no servidor, utilize:

```
git checkout nome-do-arquivo
```

Da mesma forma que o comando *reset*, também é possível reverter todas as alterações em um único comando:

```
git checkout .
```

Para reverter as alterações de um *commit* específico, copie o *hash* do *commit* desejado (veja a seguir como obter esse *hash*) e execute:

```
git revert <hash_do_commit>
```

Caso precise reverter as alterações do último *commit* movendo as modificações diretamente para o *working directory*, utilize o comando:

```
git reset HEAD~
```

Revertendo um *commit* e voltando as alterações ao estado de preparado, onde o número 1 ao final do comando é a quantidade de *commits* em relação ao estado atual do repositório. O sinal ~ representa a mesma coisa que ~1.

```
git reset --soft HEAD~1
```

Cuidado ao utilizar o comando a seguir. O exemplo demonstrado reverte completamente o conteúdo dos dois últimos *commits* sem colocar novamente em algum dos estados do Git:

```
git reset --hard HEAD~2
```

Verificando os *logs*

O histórico de alterações do repositório é muito importante no dia a dia do desenvolvedor. Com ele conseguimos fazer uma análise de tudo que está sendo criado e alterado no Git. Para verificar os *logs* dos *commits* é bem simples, basta executar o comando **git log**. Veja a seguir um exemplo da saída desse comando:

```
$ git log
commit 18d0be7e5d355c692eb8f5f65275e86e79dbad83
Author: jonasdeveloper <jonas.santos@jornadacolaborativa.com.br>
Date:   Mon Jan 13 14:18:39 2020 -0300

    Alterando arquivo txt
```

```
commit 7e9b61f6053b3a8528971f5b72328c5f620bc6f9
Author: jonasdeveloper <jonas.santos@jornadacolaborativa.com.br>
Date:   Sat Jan 11 20:09:25 2020 -0300

    Meu primeiro commit

commit df8f5dd3dbed409fd1c6b58db17863cf6baed1bc
Author: jonasdeveloper <jonas.santos@jornadacolaborativa.com.br>
Date:   Sat Jan 11 18:17:39 2020 -0300

    Atualizando o README

commit a729b424893ba770aef9891ac1dfd290357f278e
Author: jonasdeveloper <jonas.santos@jornadacolaborativa.com.br>
Date:   Sat Jan 11 18:16:57 2020 -0300

    Initial commit
```

A saída padrão desse comando pode ser um pouco extensa. Utilize parâmetros para personalizar a forma como será exibido o conteúdo.

Defina a quantidade de *commits* desejada:

```
git log -p -3
```

Simplifique o *log* para exibir um *commit* por linha:

```
$ git log --pretty=oneline
18d0be7e5d355c692eb8f5f65275e86e79dbad83 Alterando arquivo txt
7e9b61f6053b3a8528971f5b72328c5f620bc6f9 Meu primeiro commit df8
f5dd3dbed409fd1c6b58db17863cf6baed1bc Atualizando o README
a729b424893ba770aef9891ac1dfd290357f278e Initial commit
```

Faça filtros pelo nome do autor do *commit*:

```
git log --author='nome do autor'
```

O parâmetro **--pretty** disponibiliza várias opções para personalizar e formatar a saída desse comando. Consulte a documentação para maiores detalhes de sua utilização[95].

---

[95] <https://git-scm.com/docs/pretty-formats>

Stash

Este comando é utilizado para guardar as alterações que ainda não foram computadas de forma temporária. Muito útil para realizar ajustes pontuais em outras *branches* sem ter que perder o progresso que já foi feito.

Adiciona todos os arquivos modificados no *stash*:

```
git stash
```

Analisa toda a lista de *stash*, com a saída de console parecida com o que se vê a seguir:

```
$ git stash list
stash@{0}: WIP on site-v2: 60d3795 Alterando menu
stash@{1}: WIP on site-v2: 518e721 Validando formulário
stash@{2}: WIP on site-v2: 13u1258 Ajustes no footer
```

Por padrão, o *stash* usa o nome da *branch* atual e o título do último *commit* para identificá-los, mas podemos deixar mais intuitivo, como, por exemplo:

```
git stash save -u "Desenvolvendo versão 2"
```

Se tivéssemos rodado o comando dessa forma, nossa lista de *stash* seria assim:

```
stash@{0}: On site-v2: Desenvolvendo versao 2
stash@{1}: WIP on site-v2: 518e721 Validando formulario
stash@{2}: WIP on site-v2: 13u1258 Ajustes no footer
```

O *stash* sempre organiza nossa lista de cima para baixo, onde o último histórico adicionado vira o primeiro no índice **{0}**.

Para conseguirmos recuperar o *stash* adicionando novamente nossos arquivos na nossa *branch* para continuarmos o desenvolvimento, execute:

```
git stash pop
```

Esse comando pode ter muitas variações. Você sempre pode consultar a documentação diretamente na linha de comando adicionando o parâmetro **--help** junto a qualquer comando. Dessa forma, consegue visualizar todas as configurações possíveis para o comando.

55. Git Flow

Jonas Santos

Se você já trabalhou em mais de uma empresa que utiliza Git como ferramenta de versionamento de código, já pode ter reparado que nem sempre os padrões adotados de fluxo de trabalho e nomenclatura de *branches* são os mesmos. Mas se você é novo nessa jornada Git, a proposta do Git Flow irá ajudá-lo bastante a compreender como a maioria das empresas costuma utilizar seus fluxos de *branches* e trabalho.

Acesse o repositório do livro para ter acesso ao conteúdo completo com comandos e imagens relacionados ao *plugin*[96].

---

[96] <https://github.com/jornada-java/livro>

56. GitHub, Bitbucket, GitLab

Jonas Santos

Ao utilizar Git como versionamento de código, em algum momento durante o desenvolvimento de software (seja ele pessoal ou corporativo), vamos precisar de um serviço de gerenciamento de repositório. Esse tipo de serviço nos permite gerenciar alterações no nosso código-fonte, criar e manter várias versões no mesmo local.

Existem diversos repositórios e inúmeros benefícios em utilizá-los. Abordaremos neste capítulo os mais populares: GitHub, Bitbucket e GitLab.

GitHub

O GitHub[97] é uma plataforma de hospedagem de repositórios baseado principalmente no Git. Criado em 2007 em São Francisco (EUA), foi desenvolvido por grandes nomes da tecnologia, incluindo o empresário Chris Wanstrath[98]. Em 2018, o GitHub foi comprado pela Microsoft (G1, 2018).

Considerado uma das plataformas de versionamento mais utilizadas, é de fácil manuseio por possuir uma interface bem intuitiva e informativa. É possível integrar com diversas ferramentas, por exemplo: Jenkins, Jira, Trello, entre outras.

Em 2019, o GitHub atingiu mais de 100 milhões de repositórios.

Bitbucket

O Bitbucket[99] foi criado em 2008. No início suportava apenas projetos com controle de versão baseado em Mercurial. Em 2010, o Bitbucket foi comprado pela Atlassian e

---
[97] <https://github.com/about>
[98] <http://chriswanstrath.com/about>
[99] <https://bitbucket.org>

em 2011 começou a suportar projetos versionados com Git. No Bitbucket, também é possível realizar integrações com outras ferramentas.

Em 2019, o Bitbucket atingiu mais de 28 milhões de repositórios (YAP, 2019).

GitLab

O GitLab[100] foi lançado um pouco depois, em 2011. No início era totalmente gratuito, mas em 2013 foram lançadas duas versões diferentes: GitLab CE: *Community Edition*[101] e GitLab EE: *Enterprise Edition*[102]. Os recursos e a interface do GitLab são bem similares aos do GitHub.

Uma grande vantagem do GitLab é que podemos criar nosso próprio servidor de hospedagem, sem depender de terceiros. Sua plataforma vem crescendo bastante nos últimos anos e já pode ser considerada uma plataforma completa de *DevOps*.

Recursos

Quando se trata de uma plataforma de versionamento de código, devemos pesquisar cada uma delas para saber qual irá suprir nossas necessidades.

Ambas as plataformas que abordamos possuem grandes recursos. Podemos destacar algumas das mais importantes, como o controle de segurança nas *branches* e o *pull request*, ou *merge request*, como é conhecido no GitLab. Esse mecanismo é usado para ter um controle melhor da qualidade do código que está sendo entregue quando se trabalha com grandes equipes ou times distribuídos.

Pull/Merge request

Quando um desenvolvedor finalizar sua tarefa e submeter ao repositório, ele pode pedir uma revisão do código desenvolvido. Nesse processo, pode haver um ou mais revisores. Cada empresa tem uma forma de lidar com esse processo. Esses revisores

---

[100] <https://about.gitlab.com/releases/categories/releases>
[101] <https://about.gitlab.com/releases/2013/10/17/gitlab-ce-6-dot-2-released>
[102] <https://about.gitlab.com/releases/2013/10/15/gitlab-ee-6-1-release>

normalmente são outros desenvolvedores, especialistas, arquitetos de software. Esse tipo de revisão também é conhecido como revisão em pares (do inglês, *peer review*). Dentro desse processo de revisão, o revisor pode ou não sugerir melhorias e alterações. Caso exista alguma alteração sugerida pelo revisor, o desenvolvedor realiza a alteração e submete novamente para o repositório. Esse ciclo de revisão se reinicia até ser aprovado pelos revisores.

Na imagem a seguir, podemos analisar um fluxo de revisão:

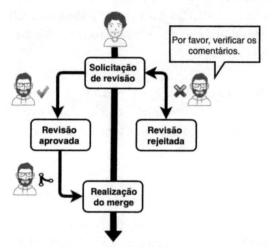

Figura 56.1. Fluxo de revisão de um *pull/merge request*.
Fonte: o autor.

Algumas das ferramentas que abordamos, além do Git, também suporta outros controles de versões. Por exemplo: Subversion (SVN) e Mercurial (HG). Observe a relação na tabela a seguir:

Tabela 56.1. Relação do suporte das plataformas.

Plataforma	Git	SVN	HG
GitHub	Sim	Sim	Sim
Bitbucket	Sim	Sim	Sim[103]
GitLab	Sim	Não	Não

As três plataformas oferecem um plano gratuito bem parecido. Para saber mais, acesse o site de cada ferramenta.

---

[103] Conforme Chan (2020).

Git nas plataformas de nuvem

Os grandes serviços de nuvem, como Amazon Web Services (AWS), Google Cloud e Microsoft Azure, também oferecem uma plataforma com serviço de hospedagem para controle de versionamento de código baseado no Git. A seguir, o nome do serviço que cada plataforma disponibiliza:

- ✓ **AWS:** CodeCommit[104]
- ✓ **Google Cloud:** Cloud Source Repositories[105]
- ✓ **Microsoft Azure:** Azure Repos[106]

---

[104] <https://aws.amazon.com/pt/codecommit>
[105] <https://cloud.google.com/source-repositories>
[106] <https://azure.microsoft.com/pt-br/services/devops/repos>

57. Maven e Gradle

Luca Fenris Elert
Allan Rodrigo Leite

Durante a construção de um projeto, existem diversas tarefas que são executadas repetidamente, tais como compilação, execução de testes automatizados, inclusão de novas bibliotecas, distribuição de pacotes, entre outras. Para facilitar o gerenciamento e a execução dessas tarefas, existem diversas ferramentas para automatizá-las, popularmente conhecidas como *build tools*.

Build tools

Em poucas palavras, uma ferramenta de *build* é um *script* que permite automatizar tarefas rotineiras de um projeto. As principais responsabilidades dessas ferramentas referem-se à centralização das configurações básicas do projeto, como *id*, nome e descrição, bem como a configuração de etapas de testes, dependências de bibliotecas, empacotamentos e distribuição. Dentro do mundo Java existem diversas ferramentas de *builds*, entretanto as com maior relevância no mercado são o Maven e o Gradle.

Maven

O projeto Maven[107] foi inicialmente desenvolvido em 2004 como parte integrante do projeto Jakarta. Posteriormente o projeto foi adotado pela Apache, utilizando como base da construção diversos conceitos do Apache Ant (outro poderoso *build tool* multiplataforma). Apesar de ser uma ferramenta de *build* suportada por diferentes linguagens de programação, o maior uso do Maven é em projetos Java, devido à adoção em grandes *frameworks* de mercado, como o Spring Boot.

Os *scripts* de compilação são desenvolvidos utilizando documentos XML, permitindo ao desenvolvedor criar separações por *tags*, definições de dependências, *plugins*,

---

[107] <https://maven.apache.org/>

perfis, entre outras características do *script* Maven. A estrutura desse documento XML é chamada de **M**odelo de **O**bjeto de **P**rojeto (POM – *Project Object Model*), cujas configurações de um projeto são especificadas no famoso arquivo **pom.xml**. Uma grande característica da utilização do Maven é manter *cache* local dos artefatos utilizados em um projeto; sendo assim, a cada compilação não será necessária a busca externa dos artefatos, somente se estes forem atualizados. Por padrão, o repositório local é no diretório **.m2**.

Para maior compreensão das funcionalidades disponibilizadas pelo *script*, vamos explorar um pouco suas definições. Em um projeto de software é importante definir suas características de construção. Dessa forma, a estrutura do POM prevê *tags* que serão utilizadas para realizar as etapas de *build* e empacotamento do projeto.

```xml
<groupId>io.jornada.java</groupId>
<artifactId>scriptMaven</artifactId>
<version>1.0.0-SNAPSHOT</version>
<name>Script Maven</name>
<description>Exemplo de Script Maven</description>
```

Uma vantagem de utilizar uma ferramenta de *build* é declarar explicitamente as dependências do projeto e de forma centralizada. Dentro do *script* Maven, todas as dependências são declaradas a partir da *tag* **dependencies**, onde cada dependência é descrita pela *tag* **dependency**.

```xml
<dependencies>
    <dependency>
        <groupId>junit</groupId>
        <artifactId>junit</artifactId>
        <version>4.11</version>
        <scope>test</scope>
    </dependency>
</dependencies>
```

Note que uma dependência possui as seguintes *tags*: **groupId**, **artifactId**, **version** e **scope**. As *tags* **groupId** e **artifactId** são a identificação do projeto. Já a *tag* **scope** define o escopo de execução, ou seja, quando a dependência será executada.

O atributo *scope*[108] é utilizado para especificar a visibilidade da dependência para as diferentes fases do ciclo de vida. Escopos disponíveis:

- ✓ **compile**: é o escopo adotado como padrão. Torna a dependência disponível em todo o ciclo de vida.
- ✓ **provided**: especifica que uma dependência será fornecida em tempo de execução e compilação.
- ✓ **runtime**: indica que a dependência não será necessária em tempo de compilação, mas para execução.
- ✓ **test**: este escopo indica que a dependência somente é necessária para a fase de compilação e testes.
- ✓ **system**: similar ao **provided**; entretanto, é necessário fornecer o JAR, estando disponível em todas as fases.
- ✓ **import**: este escopo é utilizando somente abaixo da *tag dependencyManagemet*, sinalizando que a dependência marcada pelo escopo será substituída.

Além da centralização de dependências, o *script* Maven fornece *plugins* que são extensões de determinadas tarefas, como execução dos testes de unidade. Estes seguem alguns padrões de mercado, mas novas configurações de execução podem ser adicionadas. Por exemplo, podemos definir que somente classes que terminem com a palavra *Test* sejam executadas na etapa de testes.

```
<plugins>
    <plugin>
        <artifactId>maven-surefire-plugin</artifactId>
        <version>2.22.1</version>
        <configuration>
            <includes>*Test.java</includes>
        </configuration>
    </plugin>
</plugins>
```

Semelhante às dependências, os *plugins* possuem sua organização mantida pela *tag* **plugins** e **plugin**. Como citado, é possível criar regras com a *tag configuration* – neste caso, apenas classes que terminem com **Test.java** serão executadas na etapa de testes de unidade.

---

[108] Mais informações sobre scope em <https://maven.apache.org/guides/introduction/introduction-to-dependency-mechanism.html#Dependency_Scope>.

Vistas algumas definições do *script* Maven, chegou a hora de entender como realizar o famoso *build*, ou seja, as fases de ciclo de vida padrão de um projeto. Todo comando Maven é iniciado por **mvn** e complementado por uma fase. Eis algumas delas:

- ✓ *validate*: valida se o projeto está correto e disponibiliza as informações essenciais.
- ✓ *compile*: realiza a compilação do projeto.
- ✓ *package*: realiza o empacotamento como JAR a partir do código compilado.
- ✓ *test*: executa somente os testes de unidade do projeto.
- ✓ *integration-test*: executa somente os testes de integração do projeto.
- ✓ *verify*: executa qualquer verificação e teste do projeto.
- ✓ *install*: instala o pacote no repositório local para utilização de outros projetos.
- ✓ *deploy*: copia o pacote do repositório local para o repositório remoto.

Observe que cada etapa possui uma definição, mas, como estão dentro do ciclo de vida[109], cada uma se completa. Nesse caso, se nenhum comando for executado antes do *deploy*, este realizará todo o processo para garantir o pacote disponibilizado.

Gradle

Gradle é uma ferramenta *open source* desenvolvida em 2007 com base nos conceitos do Apache Ant e Apache Maven. Em 2013 o Gradle foi adotado pela Google como ferramenta oficial para construção de projetos Android, e isso ajudou a impulsionar sua utilização desde então. O Gradle tem como objetivo compilar projetos de grande porte e permitir a adição incremental de compilação, o que possibilita aos desenvolvedores uma compilação de alta performance em tempo de desenvolvimento.

Os *scripts* de compilação são desenvolvidos utilizando a DSL (*Domain Specific Language*) Groovy, que permite ao desenvolvedor construir um *script* limpo e separado por *tasks*. Porém, com a popularização da linguagem de programação Kotlin, adotada pela Google para desenvolvimento de aplicações Android, é possível desenvolver o *script* de compilação Gradle em Kotlin, a qual também segue os conceitos de *script* adotados no Groovy.

---

[109] Mais informações sobre ciclo de vida em <https://maven.apache.org/guides/introduction/introduction-to-the-lifecycle.html>.

Por seguir os conceitos do Apache Ant e Apache Maven, sua estrutura e organização são muito semelhantes às demais ferramentas, possuindo blocos para declaração de dependências, *plugins*, repositórios, etc.

Durante a etapa de desenvolvimento de um projeto existe a necessidade de adicionar novas bibliotecas como dependência. No *script* Gradle existe em bloco específico para a centralização destas.

```
dependencies {
    testImplementation('org.springframework.boot:spring-boot-starter-test') {
        exclude group: 'org.junit.vintage', module: 'junit-vintage-engine'
    }
}
```

Observe que neste bloco é adicionada uma dependência de teste contendo o **groupId** e **artifactId**, utilizando como separador o caractere ":". Entretanto, essa biblioteca possui outras dependências que não são necessárias para o projeto, sendo possível adicioná-las no grupo de exclusão.

Durante a execução de um projeto, as dependências serão chamadas em diferentes momentos do ciclo de execução – esse ciclo é chamado de *configurations*[110] no Gradle. Note que, no bloco de dependência citado, antes da declaração existe o termo **testImplementation** – isso significa que dependências anotadas com essa configuração somente serão chamadas na etapa de testes. Uma configuração representa um grupo de artefatos e suas dependências, podendo estender outras configurações – como exemplo, a configuração **testImplementation** citada estende a configuração *implementation*.

O Gradle possui uma quantidade menor de funcionalidades nativas; no entanto, é possível estender as funcionalidades por meio de *plugins*, assim como o Maven. Além de automação, *plugins* podem ser utilizados para adição de novos elementos de DSL, que auxiliam o desenvolvedor em seu projeto.

```
plugins {
    id 'org.springframework.boot' version '2.2.2.RELEASE'
}
```

---

[110] Mais informações sobre *configurations* em <https://docs.gradle.org/current/userguide/declaring_dependencies.html#sec:what-are-dependency-configurations>.

Outro fator relevante que o Gradle fornece aos desenvolvedores é a criação de *tasks*, que possibilitam criar pequenas tarefas de execução para o projeto. Dentro de uma *task*[111] é possível utilizar o recurso de dependência de execução, ou seja, para uma *task* ser executada dependerá que outra termine. Além de dependência, é possível ordenar as tarefas de execução dentro da *task*.

Mas nada adianta possuir diversas funcionalidades de *script* se não for possível que o desenvolvedor execute suas tarefas de forma ágil. Aqui mais uma vez Gradle facilita a vida dos desenvolvedores. Toda execução começa com o termo **gradle** e adiciona a tarefa a ser executada – por exemplo, para executar o *build* basta utilizar o comando **gradle build**. Para execução das *tasks* criadas no projeto basta executar o comando **gradle** seguido do nome da *task*.

Importância dos *builders*

Como explorado ao longo do capítulo, ferramentas como o Maven e Gradle trazem diversos benefícios quando implementadas, tais como configurações do projeto, gestão de dependências, testes, *plugins*, entre outros. Mas a importância da adoção dessas ferramentas não se limita apenas à gestão da configuração, mas também a como essas ferramentas auxiliam o trabalho do time, seja no desenvolvimento ou na operação, além de fornecer à equipe envolvida um *feedback* do produto de software construído em tempo de desenvolvimento.

---

[111] Mais informações sobre tasks em <https://docs.gradle.org/current/dsl/org.gradle.api.Task.html>.

58. Integração contínua

Marcelo Henrique Diniz de Araujo

Independentemente das ferramentas utilizadas para desenvolvimento de software, do tamanho do projeto ou da equipe, todos nós almejamos entregar um produto com mais qualidade e rapidez.

A integração contínua ou CI (*Continuous Integration*) é uma prática de desenvolvimento de software onde a equipe de desenvolvedores compartilha o código-fonte em um repositório central e verifica periodicamente a qualidade e integralidade desse código.

O objetivo da integração contínua é ajudar a escalar a quantidade de pessoas nos times e a velocidade de entrega desses times de desenvolvimento. Um time que trabalha com CI consegue desenvolver em paralelo várias funcionalidades sem "quebrar" o código, pois ele é constantemente monitorado. A integração contínua também funciona muito bem com práticas de desenvolvimento ágil em que cada integrante do time pode resolver suas tarefas de forma independente, sem se preocupar com o que está sendo desenvolvido pelo restante do time.

O desenvolvimento com CI também nos ajuda a resolver o problema da comunicação e da dependência entre times com diferentes responsabilidades. Um projeto que usa CI não precisa mais coordenar com times de operação, produto e marketing sobre quando a aplicação vai estar "pronta" para uso, pois ela sempre está construída e pronta para entrega ou demonstração. Sem essa sobrecarga de comunicação entre times, os desenvolvedores podem gastar mais do seu tempo produzindo outras funcionalidades para a aplicação.

Quando falamos de CI é comum também falarmos de CD (*Continuous Delivery/ Deployment*), que são etapas distintas de uma linha de montagem (*pipeline*) de entrega do software. Vamos ver CD mais adiante, mas basicamente a fase de *delivery* é o próximo passo da integração contínua, que passa também a agrupar os artefatos produzidos durante a construção do software em pacotes prontos para serem disponibilizados para o usuário final. E, finalmente, a fase de *deployment* automatiza também a implantação desses pacotes.

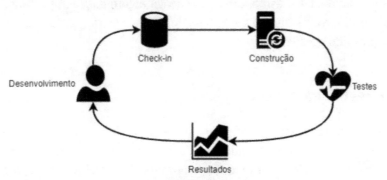

Figura 58.1. Integração contínua.
Fonte: o autor.

No entanto, adotar práticas que possibilitem o uso de CI exige que o time de desenvolvimento esteja comprometido com a qualidade do software que será entregue e que uma *pipeline* de construção desse código seja criada, o que pode ter um custo inicial alto dependendo da complexidade do projeto.

O que é preciso para trabalhar com integração contínua?

Sistema de versionamento de código (SVC)

Hoje não é muito comum encontrar um projeto cujo código-fonte não seja versionado utilizando um sistema de versionamento de código. Mesmo assim, é preciso ressaltar que, sem um SVC, como o Git, Mercurial ou SVN, não é possível fazer integração contínua.

Desenvolvimento orientado a testes

Assim que o projeto tiver uma *pipeline* de CI estabelecida, com execução automática de testes, é importante que o time de desenvolvimento esteja sempre atento à qualidade do código e dos testes automatizados, verificando aqueles que falham mais frequentemente, que são lentos ou que não fazem mais sentido para a aplicação.

O desenvolvimento orientado a testes (TDD – *Test Driven Development*) ajuda a garantir que os testes estejam funcionando e sempre atualizados, trazendo robustez para a *pipeline* de CI/CD.

Sempre que ocorrer refatoração de algum trecho de código também é uma boa oportunidade para adicionar testes que estejam faltando e corrigir aqueles que estiverem falhando. Da mesma forma, ao corrigir algum *bug*, é importante criar um teste que verifique a resolução desse *bug*, de forma a evitar que o *bug* em questão seja reintroduzido no código.

Pull request/Code review

Trabalhar com *pull requests* é extremamente recomendado para que tenhamos uma integração contínua efetiva. Quando um desenvolvedor finaliza um novo incremento de código e quer mesclar (*merge*) o que foi produzido, ele abre um *pull request* que notifica outros membros da equipe que um novo conjunto de mudanças está pronto para ser entregue. Dessa forma, o código produzido pode ser revisto e conferido antes de ser integrado permanentemente no repositório do projeto. Os *pull requests* também facilitam o compartilhamento de conhecimento entre as equipes, já que todos têm a oportunidade de ver o que está sendo entregue.

Monitorar e otimizar o tempo de execução das *pipelines*

Como as *pipelines* vão (e devem!) ser um processo frequentemente utilizado, é importante monitorar seu tempo de execução e otimizar esse processo constantemente. Como cada *commit* no repositório pode iniciar as *pipelines*, então qualquer problema nas suas execuções pode gerar atrasos cada vez maiores quando o tamanho da equipe, a quantidade de código e a velocidade de desenvolvimento crescem.

Pipelines rápidas diminuem o tempo de descoberta de erros durante o desenvolvimento, aumentam a velocidade de entrega de correções de *bugs* e possibilitam um fluxo de desenvolvimento iterativo, no qual é possível testar ideias e garantir que o software continue funcionando.

Integre o código o mais frequentemente possível

Qualquer que seja a estratégia de integração de código no repositório, linhas principais (*trunks*) ou ramos de funcionalidades (*feature-branches*), todos os desenvolvedores do projeto devem enviar suas contribuições para o repositório principal sempre que possível. Se o desenvolvedor mantém o código na própria máquina por muito tempo, as chances de conflitos e erros durante a integração aumentam muito.

Ao integrar o código o mais cedo possível, reduz-se o escopo das mudanças com as quais estamos trabalhando, facilitando a resolução de conflitos e a correção de *bugs*. Outro efeito positivo da integração rápida é facilitar o entendimento do que foi feito por todas as pessoas do time, contribuindo para a disseminação de conhecimento pela equipe.

A construção do projeto deve estar sempre funcionando!

Com uma *pipeline* de integração contínua construída, a percepção de alguma alteração no código que "quebra" a construção do projeto é quase instantânea. A correção do problema que causou essa quebra deve ser a prioridade máxima do time, mesmo que o desenvolvedor responsável pela mudança que originou a falha não esteja acessível para fazer a correção. Quanto mais tempo o projeto fica em um estado de falha, mais defeitos podem ser introduzidos, dificultando a correção do problema original e impossibilitando que as outras verificações da *pipeline* funcionem corretamente.

Organize os testes automatizados da *pipeline* para que os que executam rapidamente sejam executados primeiro, e tenha um mecanismo de notificação de erros para que os desenvolvedores sempre saibam qual é o último estado da construção do projeto.

Construindo sua primeira *pipeline* de CI/CD

Antes de qualquer outra coisa, é preciso que um sistema de versionamento de código esteja instalado e funcionado, pois essa ferramenta é a base de qualquer *pipeline* de integração contínua.

Assim que um repositório de código administrado por um versionador estiver funcionando, o próximo passo é buscar uma plataforma de hospedagem desse código para facilitar a construção das *pipelines*. Algumas dessas plataformas, como o Gitlab, Github, Bitbucket, entre outras, podem ser utilizadas gratuitamente na internet e até instaladas localmente em um servidor pessoal ou corporativo.

Com algum tempo utilizando versionamento, o próximo passo é adicionar etapas de aprovação de código a ser integrado. Uma dessas etapas deve ser a execução de testes automatizados. Mesmo que a obrigatoriedade de execução de testes automaticamente tome tempo de desenvolvimento, é imprescindível que isso seja feito para garantir a qualidade do código integrado. Existem outros passos que podem ser adicionados antes que uma contribuição de código seja "aceita", como, por exemplo, verificar sintaxe no código, formatação do código, procedência das dependências introduzidas e o que mais o time julgar necessário para melhorar o software.

A integração contínua ajuda tanto times pequenos quanto times maiores a produzir um produto baseado em software com mais qualidade, acelerando a detecção de falhas durante o desenvolvimento e diminuindo o tempo gasto com correção de *bugs*.

59. Entrega/Implantação contínua

Marcelo Henrique Diniz de Araujo

Entrega contínua (CD – *Continuous Delivery*) é um processo de entrega de software que utiliza automação para validar e testar contribuições de código e posteriormente implantá-las de maneira automática em ambientes de produção.

A implantação contínua (*Continuous Deployment*) entra logo após a integração contínua e depende de tudo que fizemos e aprendemos ao construir uma *pipeline* de CI que agora levará nosso código devidamente verificado e testado para o usuário final.

A sigla CD pode ser um pouco confusa devido à mistura dos termos em inglês *delivery* e *deployment* (entrega e implantação), que são duas fases distintas do processo de *release* de um software. A entrega vem logo antes da implantação e contempla os passos necessários para disponibilizar todos os artefatos que componham o produto em um ambiente/repositório de pré-produção. Já a implantação contempla os procedimentos necessários para levar os artefatos produzidos durante a entrega para um ambiente de produção oficial.

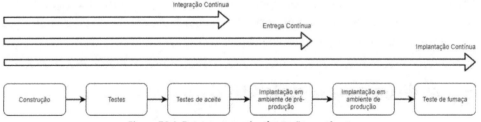

Figura 59.1. Entrega *versus* implantação contínua.
Fonte: adaptado de Atlassian (s.d.).

Todas as técnicas que utilizamos durante a integração contínua ainda são de suma importância nesta etapa final, pois agora que verificamos a integridade do código precisamos verificar também a integridade do software funcionando de fato. Durante a fase de implantação é importante que sejam executadas mais algumas baterias de testes que verifiquem se aquilo que foi implantado está de acordo com as expectativas criadas para o produto. Depois de mais essa rodada de testes o produto é considerado pronto e fica disponível para o cliente final.

Por que utilizar?

A construção de *pipelines* de CI/CD evita erros humanos durante a implantação do software e libera o tempo de desenvolvedores e operadores para que se preocupem com a evolução do software e da infraestrutura em vez de lidar com tarefas repetitivas e passíveis de erro, que são características dos métodos tradicionais de implantação.

Em grandes empresas é comum que a fase de implantação final seja feita após uma verificação manual do funcionamento do software. Apesar de esta ser uma prática comum, quando os times de desenvolvimento, operação, QA, entre outros, trabalham em conjunto para elaborar testes e validações robustas para o produto, a implantação pode ser feita automaticamente com confiança bem maior do que aquela fornecida por uma verificação manual simples.

Com uma *pipeline* completa de CI/CD levando o software desde sua criação até o usuário final, temos um ganho muito grande no tempo de resposta do produto em relação ao *feedback* dos usuários. Os desenvolvedores podem verificar os *bugs* ou melhorias apontadas pelos usuários e em questão de horas e até minutos as mudanças efetuadas ficam disponíveis.

Contudo, é importante lembrar que a implantação de uma *pipeline* de CI/CD completa pode ter um custo inicial alto, principalmente em grandes projetos. Para que a *pipeline* não caia em desuso é muito importante que ela receba melhorias e manutenção constante das equipes envolvidas no projeto.

Etapas de uma *pipeline* de CI/CD

Podemos dividir uma *pipeline* de CI/CD em algumas etapas gerais que devem sempre existir:

- ✓ **Construção:** envolve todo o processo necessário para compilar e produzir todos os artefatos para o funcionamento do produto. Esta etapa normalmente também é composta pelos testes mais rápidos (normalmente testes de unidade) no intuito de gerar *feedback* rápido para a equipe de desenvolvedores.

✓ **Testes:** logo após a construção do projeto devem ser executadas todas as outras baterias de testes que não dependam de o software estar em um ambiente totalmente análogo ao de produção. Testes de integração, funcionais, de fumaça e de fim a fim podem ser executados nesta etapa.
✓ **Teste de aceite:** nesta etapa é comum que o software já esteja em um ambiente próximo ao de produção que permita que testes funcionais, não funcionais e de fim a fim sejam executados, garantindo que ele está pronto para o usuário final.
✓ **Implantação em ambiente de pré-produção:** nesta fase normalmente entram as técnicas de distribuição (*rollout*) que consistem em disponibilizar o software em ambiente controlado antes de ficar totalmente disponível. Algumas dessas técnicas são:
  - **Implantação canário**, que visa garantir que o software está funcionando para um público pequeno antes de ser entregue ao público em geral.
  - **Implantação verde/azul**, que consiste em ter as duas últimas versões do software rodando em paralelo. Caso a mais nova falhe, é possível alternar para a versão anterior.
  - **Implantação gradual**, que é parecida com a implantação canário, mas a expansão para o público em geral é feita de acordo com algum parâmetro de aceitação.
✓ **Implantação em produção:** finalmente nesta fase o produto fica totalmente disponível para os usuários finais. É comum nessa fase rodar uma outra bateria de testes de fumaça, garantindo o caminho crítico da aplicação.
✓ **Monitoração:** assim que a primeira versão do software estiver implantada, ela é constantemente monitorada para que, caso surja algum erro, ele seja corrigido o mais rápido possível.

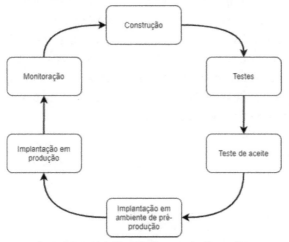

Figura 59.2. Ciclo de vida de uma *pipeline* CI/CD.
Fonte: adaptado de Atlassian (s.d.).

O que é preciso para trabalhar com entrega/implantação contínua?

Uma *pipeline* de CI/CD pode ser construída de várias formas, mas algumas das práticas recomendadas são:

- ✓ **TDD:** novamente, assim como foi falado no capítulo de integração contínua, é importante que, para todas as novas funcionalidades desenvolvidas, sejam construídos testes que serão executados automaticamente pela *pipeline*.
- ✓ **Diga não à implantação manual:** assim que a *pipeline* for capaz de levar o código para todos os ambientes necessários, evite ao máximo que seja feita uma implantação manual, pois assim podemos garantir que todos os testes desenvolvidos foram executados e evitamos erros operacionais.
- ✓ **Containers:** utilizar tecnologias de *container* como o Docker para efetuar a implantação do produto garante que nenhuma dependência externa fique faltando. Também facilita a substituição de uma versão com defeito por uma nova versão corrigida ou pela versão anterior que esteja se comportando adequadamente.
- ✓ **Revisar os testes de fumaça:** verificar o resultado e a eficácia dos testes de fumaça executados após cada implantação e efetuar correções conforme necessário.
- ✓ **Monitoração em tempo real:** como cada pequena contribuição de código pode gerar um incremento que será implantado em ambiente de produção, precisamos usar ferramentas que nos possibilitem acompanhar o funcionamento do software em tempo real e efetuar correções caso falhas sejam detectadas.
- ✓ **Mudança de cultura:** todos os envolvidos na elaboração e produção do software devem ter consciência de que cada pequeno incremento de código gera uma entrega automática para o usuário final. Os times de qualidade (QA), que tradicionalmente eram um gargalo para a entrega, agora têm que trabalhar junto com os times de desenvolvimento na elaboração de testes automatizados e na execução de testes exploratórios.

60. Ferramentas de automação: Jenkins, CircleCI, Travis CI

Luca Fenris Elert
Allan Rodrigo Leite

O advento do conceito ágil em produtos de software e a constante evolução dos modelos arquiteturais mudaram radicalmente o processo tradicional de desenvolvimento de software. Esses fatores também influenciaram mudanças no ciclo de vida e na entrega de produtos de software. Como consequência, se fez necessário o desenvolvimento de novos modelos de integração contínua e entrega contínua, assuntos estes já abordados anteriormente neste livro. Esses modelos trazem consigo diferentes ferramentas e práticas; entretanto, a essência deles é a automação.

A prática de automação vem ganhando destaque na indústria de software, sendo utilizada em diversas tarefas do processo de desenvolvimento, tais como execução de testes, validações estatísticas de código, criação de documentação, publicação dos artefatos de código, entre outras. A adoção de processos automatizados permite que as equipes evitem diversas inconsistências no produto de software, uma vez que esses processos são executados de forma contínua e seguindo um roteiro descrito. Dessa forma, evitamos que inúmeras falhas, provenientes de processos manuais, possam ocorrer durante o período de verificação e validação.

Para auxiliar as equipes de desenvolvimento de software e operação, existem ferramentas para a criação de processos automatizados, as quais possibilitam realizar diversas tarefas essenciais de forma ágil, segura e contínua. As ferramentas mais populares na indústria de desenvolvimento de software são: Jenkins, CircleCI e Travis CI. Veremos a seguir suas características e benefícios de forma mais detalhada.

Jenkins

O Jenkins é um ambiente de automação gratuito e de código aberto desenvolvido com a linguagem Java e mantido com a ajuda da comunidade. Sua utilização é destacada no mercado justamente por possuir licença gratuita e ser de código aberto, entretanto requer instalação *on-premise* para execução. Além disso, a ferramenta possui funcionalidades que trazem grandes benefícios para a automação de processos de desenvolvimento e operação, tais como compilação de binários, execução de tarefas de teste, integração com ferramentas de controle de versão, integração com ferramentas de comunicação, entre outras.

O Jenkins é extensível e possui um conjunto de *plugins* nomeados como **pipeline**[112], os quais oferecem suporte à integração contínua e entrega contínua. Uma *pipeline* tem como objetivo a automação de processos de software, tais como compilação, execução de testes, verificação e validação, produzindo relatórios com a situação de validação do projeto de software. O Jenkins utiliza o Groovy como DSL (*Domain Specific Language*) para construção das *pipelines*, possibilitando a separação em blocos para diferentes tarefas.

Durante o processo de *pipeline* é essencial criar diferentes etapas de execução. Essas etapas são chamadas de *stage*, possibilitando ao desenvolvedor criar separações em etapas conforme as necessidades do processo de engenharia de software.

```
Pipeline {
    agent { docker { image 'maven:3.3.1' } }
    stages {
        stage('build') {
            steps {
                sh 'mvn clean install'
            }
        }
stage('test') {
            steps {
                sh 'mvn test'
            }
        }
    }
}
```

Nesse trecho é possível identificar dois estágios, *build* e *test*, que executam diferentes tarefas para validação de um projeto. Note também que esses comandos serão executados em um ambiente Docker configurado pelo bloco **agent**.

---

[112] Mais informações em <https://circleci.com/docs/2.0/configuration-reference/>.

Além da criação de blocos de execução para validação de um projeto, é possível declarar etapas que serão executadas ao final da execução de uma *pipeline*. Esse bloco é chamado de *post* e possui diferentes etapas relacionadas à situação de execução. Essas etapas podem ser utilizadas para realizar diferentes ações de automação. É importante ressaltar que toda etapa, para ser executada, necessita ser declarada na *pipeline* com as seguintes nomenclaturas:

- ✓ *always*: esta etapa sempre será executada.
- ✓ *success*: esta etapa será executada quando a situação da validação for de sucesso.
- ✓ *failure*: esta etapa será executada quando o estado de validação for de falha.
- ✓ *unstable*: esta etapa será executada quando o estado da validação for de instabilidade; por exemplo, se um teste retornar um resultado diferente do esperado.
- ✓ *changed*: esta etapa será executada quando o estado de validação for alterado, por exemplo, de sucesso para falha.

As etapas são declaradas na arquitetura da *pipeline*, conforme exemplo a seguir.

```
Post {
    always {
        echo 'Executado'
    }
    success {
        echo 'Executado após o sucesso'
    }
    failure {
        echo 'Executado após a falha'
    }
    unstable {
        echo 'Executado após uma instabilidade'
    }
    changed {
        echo 'Executado após uma alteração de status'
    }
}
```

A construção de uma *pipeline* é desenvolvida e mantida na configuração de um *job*. Entretanto, é possível desenvolver um arquivo local denominado de **Jenkinsfile**. Esse arquivo é adicionado à configuração do *job*. Sua leitura é realizada no início da execução do processamento do *job*. Dessa forma, atualizações realizadas afetarão a nova execução do *job*.

Seguindo as convenções do Jenkins, uma *pipeline* está atrelada a um *job*, sendo que o *job* é responsável por centralizar as configurações necessárias para execução de uma *pipeline*, tais como configurações do repositório para leitura dos artefatos de código, configurações de servidores para criação de ambientes, configurações de canais de comunicação, entre outras.

Durante a execução de um *job*, as informações sobre o estado de execução serão apresentadas em tempo real e ao final da execução, fornecendo detalhes sobre a etapa da engenharia de software realizada pela *pipeline*. Por exemplo, durante a etapa de *build*, as ferramentas de compilação utilizadas irão capturar as mensagens sobre o processo de compilação e irão exibi-las durante a execução do *job*.

O Jenkins possibilita ao desenvolvedor criar *jobs* reutilizáveis e com execuções específicas, como, por exemplo, um *job* específico para construção do projeto, outro para execução dos testes de unidade e outro para publicação dos artefatos de código. Isso permite que a equipe possua uma estrutura de *jobs* menores e controlados que atenda às necessidades de todos os projetos.

Vistos os benefícios e facilidades que o Jenkins proporciona para automação de projetos, é perceptível o motivo pelo qual a ferramenta possui uma grande aceitação no mercado de software, levando aos times a possibilidade de seguir os modelos de integração contínua e entrega contínua, entregando como objeto final um produto compilado, testado, documentado e entregue de forma ágil e segura.

CircleCI

O CircleCI é um ambiente de automação pago, oferecido como serviço *cloud* ou *on-premise*. Esta ferramenta possui destaque de mercado por oferecer soluções de alto desempenho para integração contínua e entrega contínua, além de ser a ferramenta de automação mais adotada por grandes empresas do segmento de software. Quando utilizada como serviço em nuvem, a ferramenta oferece aos desenvolvedores uma infraestrutura robusta e diversificada, mantendo alta disponibilidade, performance, acesso para execução de automações em diferentes sistemas operacionais, entre outros benefícios disponibilizados.

Assim como no Jenkins, o CircleCI possui *pipelines* que oferecem integração contínua e entrega contínua, possibilitando a criação de diferentes processos de automação para um projeto. Exemplos de *pipelines* são a compilação de artefatos, execução de testes, publicação dos artefatos, etc. O CircleCI utiliza o formato YAML como DSL, fornecendo aos desenvolvedores um arquivo de automação de fácil criação e legibilidade.

Por ser um serviço oferecido em nuvem, é necessário realizar a integração do CircleCI com o projeto de software. Para isso, é necessária a criação do arquivo de *pipeline*, seguindo a nomenclatura **.circleci/config.yml**. Com esse arquivo criado no projeto e existindo a integração do projeto com o CircleCI, toda atualização realizada no projeto executará de forma automática a inicialização da validação do projeto.

A construção de uma *pipeline* no CircleCI é baseada em *jobs* e utiliza imagens Docker para execução das validações, assim oferecendo um ambiente controlado para as equipes realizarem as automações, além de possibilitar a utilização de imagens com os componentes essenciais para a automação. Em uma *pipeline* é possível dividir as execuções em *steps*, ou seja, pequenos passos que compõem uma *pipeline*. Toda *step* está atrelada ao bloco denominado *job*. Assim, em um arquivo de automação, é possível criar diferentes *jobs* e *steps*, cada um seguindo responsabilidades distintas para verificação e validação do projeto.

```
Version: 2
jobs:
  build:
    working_directory: ~/circleci-demo-java-spring

    docker:
      - image: circleci/openjdk:8-jdk-stretch

    steps:
      - checkout
      - run: mvn clean install
```

Nesse trecho temos as definições de execução de uma simples automação, onde a *tag jobs* centraliza as execuções e possui todas as demais *tags* atribuídas a ela. A *tag build* é o ponto padrão para iniciar a execução. Já a *tag working_directory* é a definição do diretório em que será executada a *pipeline*. Por sua vez, a *tag docker* define configurações de Docker (sendo a utilizada nesse trecho), onde a configuração *image* define qual será a imagem para execução. Por fim, a *tag steps* define os passos de execução para o projeto. Nesse caso, utilizou-se a *tag checkout* pela leitura de atualização dos artefatos e a *tag run* para executar uma ação dentro da imagem **docker**.

O CircleCI centraliza as *pipelines* em uma página de *jobs*, assim como no Jenkins. Nessa página é possível ver os estados de execução de cada *pipeline*, além de apresentar informações em tempo de execução, *branch* de validação, entre outras informações essenciais para as equipes de desenvolvimento de software. Também são mostradas informações de recursos consumidos, uma vez que é um serviço disponibilizado em nuvem.

Vistos os benefícios fornecidos pelo CircleCI, é nítida a relevância que esta ferramenta de automação possui no mercado, oferecendo um serviço com infraestrutura robusta e de alta disponibilidade. Oferece aos times de desenvolvimento e operação a possibilidade de seguir os modelos de integração contínua e entrega contínua.

Travis CI

O Travis CI é um ambiente de automação pago para projetos de softwares privados e com licença gratuita para projetos *open source*, sendo oferecido como serviço em nuvem. Esta ferramenta possui destaque no mercado por apoiar projetos *open source* e possuir suporte para plataformas de hospedagem de códigos-fonte como Github e Bitbucket.

Assim como o CircleCI, é necessário realizar a integração do Travis CI com o projeto hospedado em um repositório. Como o acesso para a ferramenta é realizado a partir do *login* do GitHub, a integração fica à parte do próprio Travis CI, sendo necessário apenas dar a permissão de leitura aos projetos em que se deseja rodar a automação. A partir de criada a integração, visões do estado de execução são geradas para o projeto contendo históricos, *pull requests*, validações de *branch*, etc.

Como em outras ferramentas, seu arquivo de automação é denominado *pipeline* e oferece diferentes *tags* para a execução da automação, possibilitando ao desenvolvedor criar diferentes validações para o seu projeto. Um ponto de destaque oferecido pelo Travis CI é a possibilidade de simular diferentes ambientes em uma execução. Por exemplo, em uma automação é possível executar um projeto Java em diferentes versões de JDK, permitindo a validação de suporte de um projeto em uma única execução. O Travis CI também utiliza o formato YAML como DSL para os arquivos de automação.

Para iniciar a construção de uma *pipeline* é necessária a criação de um arquivo nomeado **.travis.yml**, que será lido pelo Travis CI para verificação e validação do projeto. Por ser uma ferramenta que apoia projetos *open source*, seu suporte a diferentes linguagens de programação é vasto. Assim como o CircleCI, o Travis CI oferece suporte a diferentes sistemas operacionais para a sua execução.

```
Language:
  - java
jdk:
  - openjdk11
```

Esse trecho de código demonstra uma pequena execução utilizando a linguagem de programação Java e a OpenJDK 11. Com esse pequeno trecho no arquivo de *pipeline*, o Travis CI executa a validação de um projeto no padrão do Maven, demonstrando facilidade para integração com outras ferramentas utilizadas durante o desenvolvimento de software.

```
Mvn install -DskipTests=true -Dmaven.javadoc.skip=true -B -V
mvn test -B
```

Como citado anteriormente, o Travis CI permite criar diferentes configurações para a execução da automação. Esta etapa é denominada *matrix*[113] e possibilita uma execução paralela das validações descritas no arquivo **.travis.yml**. Nessa etapa é possível incluir e excluir validações, configurar uma execução rápida, dentre outras maneiras para execução paralela da automação.

Assim como em outras ferramentas de automação, o Travis CI permite criar blocos denominados *stage*[114]. Nesses blocos a automação pode ser separada em pequenas partes, tais como compilação, teste, criação de documentações, entre outras ações necessárias para auxiliar as validações.

Vistas as funcionalidades disponibilizadas pela ferramenta Travis CI, é possível compreender o motivo pela qual ela possui grande aceitação em projetos. Ela incentiva projetos *open source* e possibilita uma fácil configuração para os projetos, permitindo que estes sigam os modelos de integração contínua e entrega contínua.

---

[113] Mais informações sobre matrix em <https://docs.travis-ci.com/user/build-matrix>.
[114] Mais informações sobre stage em <https://docs.travis-ci.com/user/build-stages/>.

Conclusão

Neste capítulo vimos os benefícios que as ferramentas de automação oferecem para um projeto de software, possibilitando aos desenvolvedores e ao time de operação seguirem os modelos de integração contínua e entrega contínua. Além disso, as ferramentas de automação permitem que as equipes sigam as constantes evoluções dos modelos de ciclo de vida e entregas de um produto de software, possuindo como objeto final de cada automação um produto de software compilado, testado, documentado e entregue de forma ágil e segura.

PARTE X.
FUNDAMENTOS DE DESENVOLVIMENTO DE JAVA PARA *WEB*

61. Fundamentos da *web* e introdução a HTML

Tatiana Escovedo

Breve história da internet

Inicialmente exclusiva do mundo acadêmico, na década de 1990, vimos a internet se popularizar no Brasil, ainda no tempo da conexão discada. Com ela, surgiram os milhares de *web sites* e *home pages*, que se limitavam na época a páginas pessoais, corporativas e até mesmo de assuntos diversos (em substituição às enciclopédias), que eram indexadas através de mecanismos de busca como o **Cadê** ou o **Altavista** (KURTZ, 2016). Também surgiram ferramentas de comunicação assíncrona e síncrona, como e-mail e o mIRC. O *boom* da internet no Brasil chegou a ser registrado na música "Pela Internet", de Gilberto Gil, de 1996.

Neste contexto, os *websites* – que até então eram páginas com conteúdo estático construídas em HTML – começaram a evoluir e surgiram as primeiras aplicações de comércio eletrônico (*e-commerce*). Nos Estados Unidos, a primeira aplicação de *e-commerce* foi em 1995, a agora muito popular **amazon.com**, mas as primeiras aplicações brasileiras chegaram apenas alguns anos depois, já na década de 2000. Naturalmente, essas aplicações foram evoluindo bastante com o tempo, incorporando cada vez mais funcionalidades.

Atualmente, os usuários esperam que os sites e sistemas *web* sejam dinâmicos, interativos, especializados e com boa experiência de usuário (UX). Apenas HTML não é suficiente para construir aplicações *web* com regras de negócio complicadas e requisitos não funcionais, como persistência em banco de dados, acesso remoto, gerenciamento de *threads* e de sessão, etc. Se precisássemos tratar todos esses requisitos não funcionais através de código, teríamos muito mais trabalho a fazer.

Para lidar com essas questões e aproveitando o *boom* da internet, em 1999 a Sun Microsystems criou o conjunto de especificações J2EE, reutilizando toda a infraestrutura já pronta para aplicações corporativas, incluindo aplicações *web*. A especificação J2EE foi renomeada para JEE (*Java Enterprise Edition*) em 2006. Em 2009 a Sun Microsystems foi comprada pela Oracle e, em 2017, os direitos da especificação Java EE foram doados para a Eclipse Foundation, passando a usar o nome **Jakarta EE**. A marca que comandará este e outros projetos migrados da Oracle para a Eclipse Foundation é o EE4J (*Eclipse Enterprise for Java*).

A *web* e suas aplicações

Mas o que é a *web*, afinal? A *web*, apelido para WWW (*World Wide Web*), é formada por **clientes**, que usam *browsers* – como o Chrome e o Firefox – e **servidores**, que usam aplicações de servidores *web* – como o Apache e o IIS – conectados através de rede com ou sem fio. Como desenvolvedores de aplicações *web*, geralmente queremos construir aplicações que clientes pelo mundo todo consigam acessar. Servidores e clientes *web* se comunicam através de requisições e respostas usando o protocolo HTTP (*HyperText Transfer Protocol*).

Um servidor *web* recebe requisições dos clientes feitas pelo *browser* e retorna uma resposta para esse cliente. A **requisição** do cliente contém o nome e o endereço (URL – *Uniform Resource Locator*) do que o cliente procura. O servidor geralmente tem vários tipos de conteúdo que podem ser enviados para os clientes, tais como páginas *web*, imagens, músicas e outros arquivos. A resposta do servidor contém o conteúdo requisitado pelo cliente ou um código de erro caso a requisição não possa ser processada. Essa resposta é interpretada pelo *browser* e exibida visualmente na tela para o usuário.

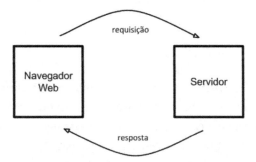

Figura 61.1. Comunicação entre cliente e servidor.
Fonte: a autora.

Quando um servidor responde a uma requisição, geralmente envia algum tipo de conteúdo para o *browser* exibir, usualmente instruções em HTML (*HyperText Markup Language*), uma linguagem que diz ao *browser* como apresentar o conteúdo para o usuário. Todos os *browsers* sabem o que fazer com HTML, mas um *browser* mais antigo pode não interpretar corretamente trechos de HTML mais recente.

Assim, o HTML define a interface do usuário na *web* e pode ser utilizado para definir a estrutura de textos de uma página, imagens, formulários e vínculos (*links*). HTML serve como base para aplicações rodarem dentro do *browser*, como as escritas em JavaScript. A seguir apresentaremos os principais elementos de HTML, mas recomendamos que você aprofunde seus estudos fazendo o tutorial de HTML gratuito da W3Schools[115].

HTML é uma linguagem de marcação que basicamente consiste em pares de *tags* que abrem e fecham para determinar um elemento específico. Um arquivo HTML pode ser escrito em editores de texto (como o Notepad e o Sublime) ou na própria IDE (como o Eclipse). Veja o exemplo a seguir:

```html
<html>
<head>
<title>Título da Página</title>
</head>
<body>

<h1>Cabeçalho da página</h1>
<br>
<hr>
<p>Um parágrafo.</p>

</body>
</html>
```

Neste exemplo, as *tags* **<html>** e **</html>** delimitam o documento HTML e as *tags* **<head>** e **</head>** o cabeçalho, que contém o título do documento entre as *tags* **<title>** e **</title>**. A seguir, vemos a seção delimitada pelas *tags* **<body>** e **</body>**, o corpo do documento, o que efetivamente será exibido no *browser*. Dentro dele, cabeçalhos de diversos tamanhos podem ser definidos pelas *tags* **<h1>** até **<h6>**, e neste exemplo vemos um cabeçalho maior, **<h1>**. A *tag* **
** (ou **
) define uma quebra de linha e a *tag* **<hr> (ou **<hr/>**) define uma linha separadora. Finalmente, o elemento **<p>** define um parágrafo de texto.

---

[115] Tutorial disponível em <https://www.w3schools.com/html/>.

Muitas vezes queremos colocar *links* dentro do corpo do documento. Para isso podemos usar a *tag* **<a>** como no exemplo a seguir:

```
<a href="https://www.google.com">Link para o Google</a>
```

Você pode notar que dentro da *tag* de abertura **<a>** temos o atributo **href**, que indica o endereço do *link*. O texto que será exibido no *browser* que quando clicado redirecionará a este *link* é definido entre o par de *tags* **<a>** e **</a>**.

Imagens são definidas em HTML pela *tag* **<img>**, e os atributos possíveis são **src** (o caminho físico do arquivo da imagem), **alt** (texto alternativo, caso a imagem não possa ser exibida), **width** (largura em *pixels*) e **height** (altura em *pixels*), como mostra o exemplo a seguir:

```
<img src="minhaImagem.jpg" alt="Minha imagem" width="50"
height="30">
```

Alguns elementos podem ser escritos de forma aninhada, ou seja, elementos contidos dentro de elementos. Um exemplo de elementos aninhados em HTML são as listas, que são definidas pelas *tags* **<ul>** (lista desordenada) e **<ol>** (lista ordenada), cujos itens são definidos pela *tag* **<li>**, como ilustra o exemplo a seguir:

```
<!-- Comentário -->
<ul>
  <li>Java</li>
  <li>HTML</li>
  <li>CSS</li>
</ul>
<ol>
  <li>Tatiana</li>
  <li>Rubens</li>
  <li>Adriano</li>
</ol>
```

Em aplicações *web*, utilizamos muitos formulários escritos em HTML para envio de valores do cliente para o servidor. Para tal, são utilizadas as *tags* **<form>** e **</form>** para delimitar um formulário. Veja o exemplo a seguir:

```
<form action="/CadastrarCliente.do" method="post">
  Nome: <input type="text" name="nome">
  <br>
```

```
Sobrenome: <input type="text" name="sobrenome">
<br><br>
Gênero:<br>
<input type="radio" name="genero" value="masc" checked>
Masculino<br>
<input type="radio" name="genero" value="fem"> Feminino<br>
<input type="radio" name="genero" value="outro"> Outro
<br><br>
<input type="submit" value="Cadastrar">
</form>
```

Observe que na *tag* **<form>** temos dois atributos. O elemento **action** define o que acontecerá quando o formulário for enviado (falaremos mais sobre isso nos próximos capítulos) e o elemento **method** define qual é o método HTTP utilizado (neste caso, *post* – também abordaremos esse assunto nos próximos capítulos).

Em seguida, podemos ver três campos no formulário definidos pela *tag* **<input>**: dois são do tipo texto (**type="text"**), identificados pelos nomes (atributo **name**) nome e sobrenome; e um do tipo *radiobox* (**type="radio"**), contendo três opções (agrupadas pelo mesmo valor identificador no atributo **name** e com valores distintos no atributo **value**). Finalmente, temos um botão para submissão do formulário, que é definido pelo **type="submit"**. Veremos, nos próximos capítulos, que o valor do atributo **name** será importantíssimo para podermos recuperar os valores preenchidos pelo usuário nos formulários das nossas aplicações *web*.

Vimos que quando um servidor responde a uma requisição, geralmente envia algum tipo de conteúdo em HTML para o *browser* exibir. Através de formulários HTML, é possível para o usuário enviar conteúdo do cliente (*browser*) para o servidor, o que também é feito através do protocolo HTTP. Assim, uma requisição (ou ***request***) HTTP contém o método HTTP que será utilizado (geralmente **GET** ou **POST**, como estudaremos nos próximos capítulos), a URL do recurso a ser acessado e os parâmetros do formulário. A resposta (ou ***response***), por sua vez, contém um código de status (sucesso ou erro), o tipo do conteúdo (texto, arquivo, HTML, etc.) e o conteúdo em si. Ou seja, uma *response* HTTP pode conter HTML, que adiciona informações no cabeçalho (***header***) no topo da *response*. O *browser* usa essa informação de *header* para ajudar no processamento da página HTML. Ou seja, HTML é parte da *response*.

62. *Container, Servlets* e JSPs

Tatiana Escovedo

No capítulo anterior vimos que a linguagem HTML define a interface do usuário na *web*. Porém, HTML é uma linguagem declarativa e interpretada pelo *browser*, que define apenas como a informação será organizada e apresentada para o usuário. HTML não define recursos de programação, não sendo possível construir aplicações *web* interativas e dinâmicas utilizando apenas HTML. Dessa forma, precisamos vincular os formulários criados em HTML a uma aplicação para que alguma ação seja realizada.

Uma das formas de prover funcionalidades às aplicações é utilizar tecnologias do lado do cliente, que estendem a funcionalidade básica do *browser*. Essas tecnologias permitem criar uma interface do usuário dinâmica, tratar eventos, realizar cálculos e alterar dinamicamente o conteúdo. Como exemplos de tecnologias do lado do cliente, podemos citar as extensões do HTML (*scripts*) como JavaScript e VBScript e extensões do *browser* (componentes) como *applets* e *plugins*. Os *scripts* são a forma mais flexível de estender o HTML e o código geralmente fica visível na página, sendo interpretado diretamente pelo *browser*.

Temos também as tecnologias do lado do servidor, que estendem as funções básicas de servidor HTTP, como a API de *Servlets* e os *scripts* JSPs. Como essas tecnologias rodam do lado do servidor, não dependem de suporte por parte dos *browsers*, que fornecem apenas a interface gráfica do usuário. Essas tecnologias interceptam o curso normal da comunicação, recebendo dados via requisições HTTP e devolvendo dados através de respostas HTTP.

Dentre os *scripts* de servidor mais populares podemos citar as *JavaServer Pages* (JSP). Nesse caso, a extensão **.jsp** possibilita que o servidor identifique a página como um programa. Assim, o servidor processa a página, seu roteiro é executado pelo servidor e no *browser* chega apenas a saída do programa, vista pelo usuário como uma página HTML. Na prática, o JSP é convertido em um *servlet* internamente.

Mas como o *servlet* indica que ação deve ser feita na aplicação? Fácil: como vimos no capítulo anterior, uma requisição (ou *request*) HTTP contém o método HTTP, que representa a ação a executar. O nome do método diz ao servidor o tipo de *request* que está sendo realizado e como o resto da mensagem será formatado. Quando queremos recuperar algo do servidor, geralmente usamos o método **HTTP GET**, que é uma requisição mais simples, e quando queremos enviar dados para o servidor, geralmente utilizamos o método **HTTP POST**. Também é possível enviar dados através do **GET**, porém, a quantidade de caracteres que pode ser enviada via **GET** é limitada, além dos dados enviados serem concatenados à URL, ficando expostos, o que pode ser perigoso caso dados como senhas sejam enviados dessa forma. Enquanto no **GET** os parâmetros enviados são concatenados na URL de requisição, no **POST** eles ficam escondidos dentro do corpo da requisição.

Vamos ver alguns exemplos para entendermos melhor esse conceito:

- ✓ Quando o usuário digita uma URL, o *browser* cria um *request* **HTTP GET**, que é enviado para o servidor. O servidor encontra a página adequada e gera uma *response* HTTP, que é enviada para o *browser*. O *browser* processa e exibe o HTML e o usuário vê o resultado da requisição.
- ✓ Quando o usuário envia parâmetros através de um formulário de uma aplicação *web*, o *browser* cria um *request* **HTTP POST**, que é enviado para o servidor. O servidor faz a ação adequada (por exemplo, gravar essas informações no banco de dados da aplicação) e gera uma *response* HTTP que é enviada para o *browser*. O *browser* processa e exibe o HTML e o usuário vê o resultado da requisição.

Porém, temos um problema: a aplicação do servidor *web* apenas serve páginas estáticas. Uma página estática, como o nome já diz, é apenas armazenada em um diretório, e, quando solicitada, o servidor a encontra e a devolve para o cliente da forma exata que ela é. Assim, todos os clientes têm o mesmo resultado, o que não é interessante na maioria das aplicações dinâmicas e interativas da *web*. O servidor *web* então precisa de alguma aplicação auxiliar para ser capaz de construir conteúdo dinâmico.

Outra coisa que o servidor *web* não faz sozinho é salvar dados no servidor, também sendo necessário usar uma aplicação auxiliar para processar e salvar em um arquivo ou em um banco de dados o conteúdo enviado pelo usuário através de um formulário. Nesse caso, o servidor passa os parâmetros recebidos para a aplicação auxiliar gerar uma resposta para o cliente.

Aí é que entram os **Servlets** e **JSPs**. *Servlet* é uma classe em Java que dinamicamente processa requisições e respostas, proporcionando novos recursos aos servidores, e uma página JSP tem conteúdo HTML, mas que também nos possibilita escrever código Java. É importante ressaltar que, em geral, no mercado de trabalho, não trabalhamos diretamente somente com *Servlets* e JSPs, mas utilizamos *frameworks* e bibliotecas que facilitam o trabalho (como, por exemplo, o Spring MVC). Ainda assim, é essencial para o desenvolvedor Java conhecer bem as especificações *Servlets* e JSPs, sendo também um diferencial para entender como as coisas funcionam.

Vamos então falar mais sobre o assunto! A *Java Servlet API*, disponível no pacote **javax.Servlet**, permite ao desenvolvedor adicionar conteúdo dinâmico em um servidor *web*. Isso se deve ao fato de *Servlet* ser uma classe especial escrita em Java, chamada via protocolo HTTP, que dinamicamente processa requisições e respostas. Isso proporciona novos recursos aos servidores. Como curiosidade, o termo "let" é um sufixo diminutivo no inglês e uma tradução livre de *Servlet* seria "servidorzinho", o que faz muito sentido, pois o *Servlet* opera de forma semelhante e auxiliar ao servidor *web*. Veja a seguir um exemplo de *Servlet* que imprime a data no *browser* de forma dinâmica:

```java
// imports suprimidos

@WebServlet("/MeuPrimeiroServlet")
public class MeuPrimeiroServlet extends HttpServlet {

    protected void doGet(HttpServletRequest request,
HttpServletResponse response) throws ServletException, IOException {
        PrintWriter out = response.getWriter();
        Date hoje = new Date();
        out.println("<html><body><h1>Meu primeiro Servlet</h1><br>" + hoje + "</body></html>");
    }
}
```

O trecho de código **@WebServlet("/MeuPrimeiroServlet")** indica como o *Servlet* será acessado pela URL do *browser*. Antigamente (até a versão 2 da API de *Servlets*), era necessário declarar e configurar as classes de *Servlets* através de um arquivo XML (**web.xml**). A partir da versão 3 da API de *Servlets*, disponível em meados de 2010, passou a ser possível a utilização de anotações para a configuração, o que simplificou bastante!

Observe que a classe **MeuPrimeiroServlet** estende a classe **HttpServlet**. Esse relacionamento de herança é que permite o suporte ao protocolo HTTP. Veja também que o método implementado se chama **doGet**, indicando que estamos nos referindo ao método **HTTP GET** (caso estivéssemos usando o **HTTP POST**, o método se chamaria **doPost**). Tanto **doGet** quanto **doPost** recebem dois atributos representando o *request* e a *response*, respectivamente, das classes **HttpServletRequest** e **HttpServletResponse**.

Nesse exemplo, simplesmente estamos pegando o *PrintWriter* de saída para gerar uma resposta para o navegador, que é simplesmente um conteúdo HTML! Nesse caso, o comando **out.println** não imprime no console, como fazíamos nos exemplos dos capítulos iniciais deste livro, mas sim no *browser*. Porém, apesar de ser possível escrever HTML a partir do *Servlet*, isso é difícil e deselegante, o que veremos com mais detalhes nos próximos capítulos.

Mas apenas o servidor *web* e a API de *Servlets* e JSPs ainda não são suficientes para construir aplicações *web* dinâmicas! Um servidor de aplicações *web* disponibiliza um ambiente para a instalação e execução das aplicações. Seu objetivo é disponibilizar uma plataforma que abstraia do desenvolvedor de software algumas das complexidades de um sistema computacional, respondendo a algumas questões comuns a todas as aplicações, como segurança, garantia de disponibilidade, balanceamento de carga e tratamento de exceções.

Precisamos também de um **Container**, uma aplicação Java regida pelas especificações *Servlet* API e JSP. O *Container* controla os *Servlets*, uma vez que em uma aplicação *web* não existe o método **main()**. Quando o servidor de aplicação *web* recebe um *request* para um *Servlet*, ele o encaminha para o *Container* no qual foi feito o *deploy* desse *Servlet*. Por trás dos panos, é o *Container* que entrega ao *Servlet* o *request* e a *response* e chama os métodos **doGet** e **doPost**.

Resumidamente, o *Container* oferece uma maneira simples para os *Servlets* se comunicarem com o servidor *web* e controla o ciclo de vida dos *Servlets*. Ele também cria automaticamente uma nova *thread* em Java para cada *request* recebido pelo *Servlet* (quando o *Servlet* conclui a execução do método HTTP para o *request* daquele cliente, a *thread* termina). Além disso, traduz o código JSP para Java e possibilita o uso de um arquivo XML, chamado **deployment descriptor**, para configurar e modificar a segurança da aplicação sem precisar alterar o código.

Mas como exatamente o *Container* trata um *request*? Imagine que o usuário clique em um *link* que tenha uma URL para um *Servlet*. Nesse momento, o *Container* identifica qual *Servlet* atenderá ao *request* com base na URL e cria dois novos objetos – *request* e *response*. Em seguida, cria ou aloca uma nova *thread* para aquele *request* e associa os objetos *request* e *response* a ele. O *Container* chama então o método **service** do *Servlet*, um método herdado de **HttpServlet** que, dependendo do tipo do *request* HTTP, chama o **doGet** ou o **doPost**. O método é executado e, ao finalizar, pode, por exemplo, gerar uma página dinâmica para o objeto *response* (cuja referência o *Container* ainda possui). A *thread* é completada, o *Container* converte o objeto *response* em um **HTTP** *response*, envia de volta para o cliente e finalmente exclui os objetos *request* e *response*.

Para finalizar o capítulo, vamos agora ver um exemplo simples de JSP, que faz algo muito parecido com o nosso primeiro *Servlet*:

```
<%@ page language="java" contentType="text/html; charset=UTF-8"
pageEncoding="UTF-8"%>
<!DOCTYPE html PUBLIC "-//W3C//DTD HTML 4.01 Transitional//EN"
"http://www.w3.org/TR/html4/loose.dtd">
<html>
<head>
<meta http-equiv="Content-Type" content="text/html; charset=UTF-8">
<title>Insert title here</title>
</head>
<body>
   <h1>Meu primeiro JSP</h1>
   <br>
   <%=new java.util.Date()%>
</body>
</html>
```

Observe que a primeira linha do JSP tem algumas configurações que indicam que o arquivo é um JSP com código Java. Veja também que escrevemos um trecho de código Java entre os símbolos <%= e %>. Resumidamente, é possível escrever Java em um JSP dentro dos símbolos <% e %>, o que chamamos de *scriptlet*. No exemplo, o sinal <%= indica que o que virá depois será uma expressão, algo similar ao que entraria dentro dos parênteses do comando **System.out.println()**.

Apesar de escrever código Java dentro do JSP com *scriptlets* ser um recurso muito útil, seu uso excessivo não é recomendado, pois pode prejudicar a legibilidade, a manutenção e a divisão de responsabilidades da nossa aplicação. Uma alternativa para os *scriptlets* que pode ajudar bastante nesse sentido é o uso de **JSTL**[116] (*JavaServer Pages Standard Text Library*) e *Expression Language*[117], assunto que está fora do escopo deste livro.

---

[116] Saiba mais sobre JSTL em <https://www.oracle.com/technetwork/java/index-141251.html>.
[117] Saiba mais sobre *Expression Language* no seguinte link: <https://www.devmedia.com.br/jstl-aplicacoes-web-simples-e-facil-em-java/3746>.

63. Modelo MVC – *Model View Controller*

Tatiana Escovedo

No capítulo anterior, vimos que é possível gerar HTML dentro do *Servlet* e colocar código Java dentro do JSP, mas que isso não é uma boa prática. Mas por que não? Porque isso estaria dando tanto ao *Servlet* quanto ao JSP duas responsabilidades muito grandes e distintas: a lógica de negócio (regras de negócio) e a lógica de apresentação (o que é exibido visualmente para o usuário). Teríamos um código confuso e de difícil manutenção. Assim, o ideal é usarmos o melhor de cada um: os *Servlets* cuidarem da camada de negócio e os JSPs da camada de apresentação da nossa aplicação.

Para ilustrar esse conceito, vamos começar a construir uma miniaplicação *web*, que consiste em apenas um formulário simples onde o usuário seleciona um tipo de vinho (branco, tinto ou *rosé*) e a aplicação recomenda alguns vinhos de acordo com essa escolha. Nossa página inicial da aplicação, **index.jsp**, seria mais ou menos assim:

```
<%@ page language="java" contentType="text/html; charset=UTF-8"
    pageEncoding="UTF-8"%>
<html>
<head>
<meta http-equiv="Content-Type" content="text/html; charset=UTF-8">
<title>SisAdega 1.0</title>
</head>
<body>
    <h1 align="center">JSP de Seleção de Vinhos</h1>

    <form method="post" action="SelecionarVinhos">

        <p>Selecione o tipo do vinho:</p>

        <p>Tipo:</p>
        <select name="tipo" size="1">
            <option value="branco">Branco</option>
```

```
                <option value="tinto">Tinto</option>
                <option value="rose">Rose</option>
            </select>
            <br><br>
            <input type="submit" value="Consultar">
        </form>
    </body>
</html>
```

Vamos entender melhor o que temos nesse JSP. Você já sabe que dentro do HTML são utilizadas as *tags* **<form>** e **</form>** para delimitar um formulário – nesse caso, temos um formulário que, quando submetido, será enviado para o que estiver mapeado para a ação **SelecionarVinhos**, e fará isso via requisição **HTTP POST**. No formulário, apenas um campo será enviado, que será identificado por **tipo**, ou seja, o tipo do vinho que o usuário selecionar. Vamos agora escrever um *Servlet* para receber esse formulário e exibir como resposta o tipo de vinho escolhido:

```java
// imports omitidos

@WebServlet("/SelecionarVinhos")
public class SelecionarVinhosServlet extends HttpServlet
{
    protected void doPost(HttpServletRequest request,
HttpServletResponse response)
            throws ServletException, IOException
    {
        response.setContentType("text/html");
        PrintWriter out = response.getWriter();
        out.println("Recomendação de vinhos<br>");
        String tipo = request.getParameter("tipo");
        out.println("<br>Escolheu o tipo " + tipo);
    }
}
```

Repare que estamos indicando na anotação **@WebServlet** que a requisição que será atendida por esse *Servlet* será a **/SelecionarVinhos**. Além disso, estamos implementando o método **doPost**, indicando que a requisição recebida deve ser do tipo **HTTP POST**. Nesse método, leremos o parâmetro identificado por tipo no formulário, através do comando **request.getParameter("tipo")**. O resultado de **request.getParameter** sempre será uma *string*, independentemente do tipo de dado passado no formulário. Nesse caso, não precisamos nos preocupar, pois o parâmetro **tipo** é mesmo uma *string*.

Se rodarmos essa aplicação, ela funcionará corretamente, mas acabamos de falar que não é boa prática misturar lógica de negócio com lógica de apresentação! Sendo assim, vamos modificar nosso *Servlet* para redirecionar a resposta para um novo JSP:

```
// imports omitidos

@WebServlet("/SelecionarVinhos")
public class SelecionarVinhosServlet extends HttpServlet
{
    protected void doPost(HttpServletRequest request,
HttpServletResponse response)
            throws ServletException, IOException
    {
        String tipo = request.getParameter("tipo");

        request.setAttribute("tipo", tipo);

        RequestDispatcher view = request.
getRequestDispatcher("resultado.jsp");
        view.forward(request, response);
    }
}
```

Repare que, após recebermos o parâmetro **tipo**, como fizemos anteriormente, agora colocamos novamente o tipo de vinho selecionado no *request*, através do comando **request.setAttribute("tipo", tipo)**. Isso fará com que o próximo componente da aplicação (no caso, o JSP que ainda iremos criar) consiga ler o valor de **tipo**, através do identificador **"tipo"** (estamos usando o mesmo nome por facilidade, mas você poderia escolher qualquer identificador).

Em seguida, o *Servlet* redirecionará a resposta através das últimas duas linhas de código, usando a classe **RequestDispatcher**, que redireciona a requisição. Ainda não podemos rodar a aplicação, pois falta criarmos o JSP de resposta, que se chamará **resultado.jsp** e é exibido no exemplo a seguir:

```
<%@ page language="java" contentType="text/html; charset=UTF-8"
    pageEncoding="UTF-8"%>
<html>
```

```html
<head>
<meta http-equiv="Content-Type" content="text/html; charset=UTF-8">
<title>SisAdega 1.0</title>
</head>
<body>
<%
    String tipo = (String) request.getAttribute("tipo");
%>
    <h1 align="center">JSP de Recomendação de Vinhos</h1>
    <p>Você escolheu o tipo <%=tipo%></p>
</body>
</html>
```

Observe que nesse JSP estamos recuperando o valor de tipo a partir do *request*: no *Servlet* fizemos **request.setAttribute("tipo", tipo)**, então agora no JSP basta fazermos **request.getAttribute("tipo")**. Não confunda: usamos **getParameter** para ler um parâmetro de formulário, mas usamos **getAttribute** para ler um atributo que colocamos no *request* para ser recuperado no componente seguinte. Além disso, o método **getParameter** retornava sempre uma *string*, mas **getAttribute** retorna sempre um **Object**, sendo necessário fazer o *cast* para *String*. Se executarmos nossa aplicação e escolhermos o tipo "branco", teremos o seguinte resultado:

Figura 63.1. JSP resultado.
Fonte: a autora.

Funciona, mas nossa aplicação não está fazendo nada de interessante! Vamos então alterar nosso *Servlet* para que recomende vinhos de acordo com o tipo escolhido:

```java
// imports omitidos

@WebServlet("/SelecionarVinhos")
public class SelecionarVinhosServlet extends HttpServlet
{
    protected void doPost(HttpServletRequest request,
HttpServletResponse response)
            throws ServletException, IOException
    {
```

```java
            String tipo = request.getParameter("tipo");
            request.setAttribute("tipo", tipo);

            List<String> vinhos = new ArrayList<String>();
            if( tipo.equals("branco") ) {
                vinhos.add("Chardonnay");
                vinhos.add("Sauvignon Blanc");
            } else if( tipo.equals("tinto") ) {
                vinhos.add("Brunello di Montalcino");
                vinhos.add("Cabernet Sauvignon Santa Helena");
            } else if( tipo.equals("rose") ) {
                vinhos.add("Casillero Del Diablo Rosé");
                vinhos.add("Casa Valduga Naturelle Rosé");
            }
            request.setAttribute("vinhos", vinhos);

            RequestDispatcher view = request.
getRequestDispatcher("resultado.jsp");
            view.forward(request, response);
    }
}
```

Repare que a única modificação que fizemos foi um teste *if*, que adiciona os vinhos de acordo com o tipo escolhido na lista que criamos identificada por **vinhos**. Em seguida, colocamos a lista de vinhos como um atributo do *request* para que seja possível acessá-la no JSP seguinte. Agora precisamos alterar o JSP **resultado.jsp** para que ele exiba a lista de vinhos de acordo com o tipo selecionado:

```jsp
<%@ page language="java" contentType="text/html; charset=UTF-8"
    pageEncoding="UTF-8"%>
<%@ page import="java.util.*"%>
<html>
<head>
<meta http-equiv="Content-Type" content="text/html; charset=UTF-8">
<title>SisAdega 1.0</title>
</head>
<body>
<%
   String tipo = (String) request.getAttribute("tipo");
%>
```

```
        <h1 align="center">JSP de Recomendação de Vinhos</h1>
        <p>Você escolheu o tipo <%=tipo%></p>

        <p>
        <%
            List<String> vinhos = (List<String>) request.getAttribute("vinhos");
            Iterator it = vinhos.iterator();
            while (it.hasNext()) {
                out.print("<br>Experimente: " + it.next());
            }
        %>
        </p>
</body>
</html>
```

Veja que a modificação feita consiste em primeiro recuperar o atributo identificado como **"vinhos"** do *request*, fazer a conversão para o tipo **List<String>** e, em seguida, percorrer a lista imprimindo os vinhos recomendados. O resultado visto na tela ao rodar a aplicação agora será o seguinte:

Figura 63.2. JSP resultado.
Fonte: a autora.

A aplicação está funcionando e conseguimos separar bem a camada de negócio da camada de apresentação usando *Servlet* e JSP. Porém, nosso *Servlet* agora contém duas responsabilidades grandes e distintas: ele está atuando como uma camada de **controle**, quando recebe parâmetros do formulário, coloca atributos no *request* e redireciona para o componente seguinte, e também como uma camada de **negócio**, quando usa regras de negócio para decidir quais vinhos recomendar (na prática, provavelmente teríamos uma regra mais complexa do que simplesmente indicar vinhos apenas pelo tipo).

Modelo MVC – *Model View Controller*   375

Seria muito melhor se conseguíssemos separar essas duas camadas. Para isso, vamos criar a classe **VinhoManager.java**, que funcionará como uma classe de modelo, decidindo quais vinhos recomendar. Se no futuro as regras de negócio mudarem, ou a forma de recuperar os vinhos recomendados mudar (por exemplo, consultando em um banco de dados), fazemos uma alteração apenas nessa classe, não afetando as demais camadas da aplicação. Veja como seria a classe **VinhoManager.java**:

```java
// imports omitidos

public class VinhoManager
{
    public List<String> selecionarVinhosPorTipo(String tipo)
    {
        List<String> vinhos = new ArrayList<String>();
        if( tipo.equals("branco") ) {
            vinhos.add("Chardonnay");
            vinhos.add("Sauvignon Blanc");
        } else if( tipo.equals("tinto") ) {
            vinhos.add("Brunello di Montalcino");
            vinhos.add("Cabernet Sauvignon Santa Helena");
        } else if( tipo.equals("rose") ) {
            vinhos.add("Casillero Del Diablo Rosé");
            vinhos.add("Casa Valduga Naturelle Rosé");
        }
        return vinhos;
    }
}
```

Simplesmente movemos a lógica de negócio do *Servlet* para essa classe. Agora, precisamos fazer o *Servlet* referenciar essa classe e receber a recomendação de vinhos através do método **selecionarVinhosPorTipo**. Veja como fica então a nova versão do nosso *Servlet*:

```java
// imports omitidos

@WebServlet("/SelecionarVinhos")
public class SelecionarVinhosServlet extends HttpServlet
{
    protected void doPost(HttpServletRequest request,
HttpServletResponse response)
```

```
             throws ServletException, IOException
    {
        String tipo = request.getParameter("tipo");
        request.setAttribute("tipo", tipo);

        VinhoManager vm = new VinhoManager();
        List<?> resultado = vm.selecionarVinhosPorTipo(tipo);
        request.setAttribute("vinhos", resultado);

        RequestDispatcher view = request.
getRequestDispatcher("resultado.jsp");
        view.forward(request, response);
    }
}
```

Bem mais simples, não? Repare que nossa aplicação agora está bem dividida em três camadas:

- ✓ **Camada de apresentação ou *View*: JSPs index.jsp e resultado.jsp.**
- ✓ **Camada de controle ou *Controller*: *Servlet* SelecionarVinhosServlet.java.**
- ✓ **Camada de negócio (modelo) ou *Model*: classe VinhoManager.java.**

A grande vantagem dessa arquitetura é a separação de responsabilidades. Com isso, temos uma aplicação mais clara de se entender e bem mais fácil de dar manutenção. Acabamos de aplicar o padrão **MVC (*Model View Controller*)**, um padrão de arquitetura que garante a separação de tarefas. No MVC, temos as camadas:

- ✓ *View*, responsável pela apresentação. Recebe os *inputs* do usuário (parâmetros do formulário) e recebe o estado do *Model* através do *Controller*.
- ✓ *Controller*, responsável pelo controle. Recebe os *inputs* do usuário da camada *View* através do *request* e os verifica antes de enviar para o *Model*. Solicita ao *Model* que faça alguma operação de negócio para enviar para a *View* o novo estado do *Model*.
- ✓ *Model*, responsável pelo negócio. Guarda as lógicas de negócio e o estado e sabe as regras de negócio para atualizar o estado. É a única parte do sistema que se comunica com o banco de dados.

No próximo capítulo aprenderemos como rodar a aplicação *web* que acabamos de criar usando o padrão MVC. Para isso, usaremos o Tomcat como *Container*. Até lá!

64. Tutorial: nossa primeira aplicação *web*

Tatiana Escovedo

Neste tutorial, você aprenderá como criar e executar nossa aplicação de vinhos. Os exemplos serão apresentados usando a IDE Eclipse, mas você pode usar a IDE da sua preferência.

Você pode acompanhar o tutorial e baixar os códigos diretamente do repositório do livro no GitHub[118].

---

[118] <https://github.com/jornada-java/livro>

PARTE XI.
TÓPICOS AVANÇADOS PARA O DESENVOLVIMENTO *WEB*

65. Introdução à API REST

Roan Brasil Monteiro
Otavio Santana
Bruno Kaufmann

API (*Application Programming Interface*) é uma camada de software intermediária que permite que aplicativos se comuniquem entre si em um idioma comum que ambos possam entender.

De maneira geral, é uma ponte que conecta dois ou mais programas, e é por meio dessa ponte que é possível fazer com que empresas realizem interações, por exemplo, pelo meio de pagamento. É um termo bastante genérico que se aplica desde a métodos públicos de *frameworks* até a integração com microsserviços.

Representational State Transfer (REST) é um estilo de arquitetura de software que define um conjunto de restrições a ser usado para a criação de serviços *web*. É um termo que vem sendo bastante discutido nos últimos tempos. Foi introduzido pela primeira vez por Roy Fielding em 2000 em sua dissertação de doutorado intitulada "Architectural Styles and the design of network-based software architectures". Nela, Roy apresentou o conceito de REST como uma maneira de os sistemas de computadores se comunicarem entre si (interoperar) pela internet, fazendo uso correto do já então protocolo HTTP (*HyperText Transfer Protocol*).

> *A abstração chave das informações no REST é um recurso. Qualquer informação que possa ser nomeada pode ser um recurso: um documento ou imagem, um serviço temporal (por exemplo, "clima de hoje em Los Angeles"), uma coleção de outros recursos, um objeto não virtual (por exemplo, uma pessoa) e assim por diante. Em outras palavras, qualquer conceito que possa ser alvo de referência de hipertexto de um autor deve se enquadrar na definição de um recurso. Um recurso é um mapeamento conceitual para um conjunto de entidades, não a entidade que corresponde ao mapeamento em um determinado momento. (FIELDING, 2000)*

O REST é baseado no HTTP, que é um protocolo para troca de informações distribuídas, colaborativas e de sistemas de hipermídia baseado no paradigma solicitação/resposta, ou seja:

- ✓ Um cliente estabelece uma conexão com um servidor e envia uma solicitação para o servidor na forma de um método de solicitação, URI (*Uniform Resource Identifier*) e versão do protocolo, seguida por uma mensagem contendo modificadores de solicitação, informações do cliente e o conteúdo no corpo da requisição.
- ✓ O servidor responde com o código de sucesso ou erro, seguido de informações do servidor, metainformações e o conteúdo da resposta da requisição.

Para projetarmos uma API precisamos ter um bom entendimento de como funcionam as diretrizes de comunicação entre cliente e consumidor e os tipos de chamadas e respostas que podemos ter no intercâmbio de informações entre as aplicações.

O HTTP define um conjunto de métodos para realizar as solicitações indicando a ação a ser executada para um determinado recurso. Cada um desses métodos implementa uma semântica diferente, mas alguns recursos são compartilhados.

Os principais métodos suportados pelo protocolo HTTP são:

GET	Utilizado para recuperar informações
POST	Utilizado para criação de um novo item
PUT	Utilizado para atualização de um item
DELETE	Utilizado para exclusão de um item
OPTIONS	Retorna os métodos HTTP suportados pelo servidor para a URL especificada

Não obstante, o protocolo HTTP também possui um conjunto de códigos que indicam o status da requisição realizada pelo cliente. São dezenas de status possíveis, categorizados de acordo com o primeiro número.

- ✓ **Status 200** – OK. Significa que a resposta do servidor foi bem-sucedida.
- ✓ **Status 201** – Criado. Resultado de uma resposta do tipo **POST** que é resultado da criação.
- ✓ **Status 204** – Sem conteúdo. Resposta de um recurso bem-sucedido, porém não será retornado algo no corpo da resposta da requisição.
- ✓ **Status 301** – Redirecionamento permanente. Significa que o recurso foi movido permanentemente para outro local. É muito comum ser utilizado para mudança de endereço de páginas ou domínios.

- ✓ **Status 302** – Encontrado. Apesar de o nome ser "encontrado", o status 302 é similar ao 301 e podemos até chamá-lo de redirecionamento temporário. Significa que o recurso foi encontrado, mas está temporariamente em outro endereço.
- ✓ **Status 401** – Não autorizado. Significa que a solicitação não foi aplicada porque o usuário não possui credenciais de autenticação válidas ou não está autenticado.
- ✓ **Status 403** – Proibido. Acontece quando o cliente não tem os direitos de acessar aquele recurso e o servidor se recusa a completar a requisição.
- ✓ **Status 404** – Não encontrado. Acontece quando o cliente tenta acessar um recurso que não foi encontrado pelo servidor, então ele não conseguiu enviá-lo.
- ✓ **Status 405** – Método não permitido. Quando é realizada uma requisição para um método que um usuário autenticado não pode acessar.
- ✓ **Status 500** – Erro interno. Quando o servidor encontra uma situação com a qual ele não sabe lidar. Ocorre geralmente com erros não tratados no servidor.
- ✓ **Status 503** – Serviço indisponível. Significa que o servidor do site simplesmente não está disponível no momento. Na maioria das vezes, isso ocorre porque o servidor está muito ocupado ou porque há manutenção sendo executada nele.

Além dos conceitos idealizados pelo Roy Fielding em sua tese de doutorado (2000), onde ele descreveu como um design de arquitetura de software deve ser construído para servidor de aplicações em rede, foram especificados também os princípios do REST, que são:

- ✓ **Interface uniforme:** significa que devemos utilizar os verbos HTTP (**GET, PUT, POST, DELETE**). Sempre usamos URIs como nossos recursos e sempre obtemos uma resposta HTTP com um status e um corpo.
- ✓ **Sem estado:** significa que cada solicitação é autodescritiva e tem contexto suficiente para o servidor processar essa mensagem.
- ✓ **Cliente-servidor:** cada mensagem HTTP contém toda a informação necessária para realizar a requisição. Como resultado, nem o cliente nem o servidor necessitam gravar nenhum estado das comunicações entre mensagens.
- ✓ **Armazenáveis em *cache*:** a menos que indicado, um cliente pode armazenar em *cache* qualquer representação.

Mas afinal quais são os requisitos mínimos para se criar ou manter uma API? Quais são os *trade-offs*, estratégias para uma API e como devemos projetá-las?

API Design

No momento, APIs REST são um dos tipos mais comuns na troca de informação que temos disponível na *web*, e a grande maioria dos aplicativos modernos expõe seus serviços de modo que possamos interagir com eles. Portanto, é muito importante saber como projetá-las para que não tenhamos problemas no futuro levando em consideração desempenho, segurança, se são de fácil uso e se possuem uma boa documentação.

A seguir, alguns pontos de grande importância que devemos considerar no projeto de uma API:

- ✓ Independência de plataforma, ou seja, qualquer aplicativo ou cliente da API deve ser capaz de chamá-la independentemente da forma ou da linguagem como ela foi implementada, de modo que a troca de informação seja através de protocolos ou formato padrão, como, por exemplo, XML ou JSON.
- ✓ Evolução do serviço, no qual a API deve ser capaz de evoluir sem que os consumidores parem de funcionar com novas funcionalidades, mantendo assim a retrocompatibilidade com os serviços.
- ✓ Comportamentos preestabelecidos através de uma especificação, contrato ou simplesmente convenção.

Uma API permite a interação entre um ou mais aplicativos diferentes; um *endpoint*, por outro lado, é o local de interação entre os aplicativos. A API se refere a todo o conjunto de protocolos que permite a comunicação entre dois sistemas, enquanto o *endpoint* é uma URL que permitirá que a API obtenha acesso a recursos de um serviço.

Simplificando, um *endpoint* é uma extremidade de um canal de comunicação. Quando uma API interage com outro sistema, os pontos de contato dessa comunicação são considerados os *endpoints*. Os *endpoints* especificam onde as APIs podem acessar recursos e ajudam a garantir o funcionamento adequado do software incorporado. O desempenho de uma API depende de sua capacidade de se comunicar com sucesso com os *endpoints* da API.

Para cada API que projetamos, devemos ter em mente que, para cada serviço, existirão um provedor de serviços (o que provê o serviço) e um consumidor do serviço (o que consumirá o serviço). O consumidor precisa saber dos detalhes do serviço através do qual se comunicará. Por esse motivo, devemos considerar a criação de um contrato especificando quais são as entradas e saídas do serviço, quais são as URLs que serão utilizadas para a comunicação e como será o processo de autenticação e autorização.

Considerando a criação a partir desse contrato, existem duas formas para se começar uma API: *Contract First* e *Contract Last*.

Contract First

O *Contract First* é a estratégia de criação em que a concepção da API se dá iniciando pelo contrato ou condições de funcionamentos da API. Como toda estratégia de engenharia de software, existem *trade-offs*. A maior vantagem dessa abordagem é que, uma vez a API totalmente especificada, é possível paralelizar os trabalhos – por exemplo, enquanto o time *mobile* e *front-end* simulam os serviços, o time responsável pelo *backend* consegue implementar a regra de negócio. Porém, essa abordagem traz algumas desvantagens, como, inicialmente, o grande esforço para fechar o escopo da API, de modo que diversos times tenham que esperar por isso. Outro ponto é que, na era das metodologias ágeis e softwares em constante mudança, fechar o escopo da API pode ser uma tarefa difícil e que demanda bastante tempo.

Contract Last

O *Contract Last* tem uma estratégia oposta ao do *Contract First*, ou seja, começa com o código e a partir deste se cria a API. A maior vantagem dessa abordagem, certamente, é a possibilidade de reaproveitar as classes e os métodos já existentes. Porém, existe o problema de manter compatibilidade entre o código existente e o serviço.

66. Boas práticas de API REST

Roan Brasil Monteiro
Otavio Santana
Bruno Kaufmann

À medida que sua API cresce de tamanho e o número de clientes aumenta, se faz necessário aplicar um conjunto de boas práticas e convenções para que haja uma comunicação efetiva. Pontuamos a seguir alguns dos padrões mais utilizados e aceitos na comunidade, tais como: formatos, autenticação, versionamento e outros.

Utilize JSON

O REST permite o uso de diferentes formatos de saída, como texto simples, JSON, XML e até mesmo HTML. Devemos escolher o formato JSON para a comunicação, tanto como entrada das solicitações ou resposta. Ademais, o JSON é amplamente utilizado, sendo também um tipo MIME genérico que o torna uma abordagem mais prática e simples para uso.

Identificação dos recursos

Um recurso é uma abstração sobre um determinado tipo de informação que uma aplicação irá gerenciar. Todo recurso deve possuir uma identificação, e isso serve para que a aplicação consiga diferenciar qual dos recursos deve ser manipulado em uma determinada solicitação. A identificação deve ser feita utilizando o conceito de URI, que é um dos padrões utilizados na *web*.

Plural *versus* singular

O uso de substantivos plurais e singulares para definir recursos não afeta a forma como a API funcionará; no entanto, existem convenções comuns usadas em todas as boas APIs RESTful. Uma dessas convenções é o uso de substantivos plurais para definir recursos.

A forma **/pessoas** é melhor do que **/pessoa**. E **/pessoas/50** é melhor do que **/pessoa/50**.

Granularidade

Apesar da regra "um recurso = uma URL", é importante termos uma quantidade de número de recursos e de URLs dentro de um limite razoável. O nível de granularidade deve satisfazer as necessidades específicas de funções de negócios ou casos de uso.

Granularidade nível 1

```
/pessoas/{idPessoa}
```

Granularidade nível 2

```
/pessoas/{idPessoa}/titulos
```

Granularidade nível 3

```
/pessoas/{idPessoa}/titulos/{idTitulo}/lancamentos
```

> **Recomendações:**
> - ✓ Agrupar somente os recursos que serão utilizados juntos.
> - ✓ Não agrupar coleções que possam ter muitos componentes.
> - ✓ Ter no máximo dois níveis de objetos alinhados.

Versionamento

O controle de versão ajuda a iterar mais rapidamente quando as alterações necessárias são identificadas, permite retrocompatibilidade com clientes da sua API que não podem seguir o fluxo de atualizações e proporciona melhor gerenciamento da complexidade.

A mudança é inevitável no desenvolvimento de software e gerenciar o impacto dessas mudanças pode ser um grande desafio quando estas ameaçam interromper a integração de um cliente existente. A seguir enumeramos quatro boas práticas para versionarmos nossas APIs.

Versionamento URI

De uma maneira ou de outra, essa é a forma mais pragmática e direta de se versionar uma API, apesar de ela ferir o princípio de que uma URI deve se referir a um único e exclusivo recurso. A seguir, temos um exemplo de como poderíamos versionar.

```
http://suaapi.domain.com/api/v1/facaAlgo
```

Nesse exemplo, fica claro que a versão faz parte do conteúdo da API e não pode ser apenas numérica. Deve seguir um padrão utilizando o **v** de versão e **x** que seria o número da versão, como "**vx**". Há quem diga que essa não é a melhor maneira, mas, como mencionado anteriormente, para cada escolha, uma renúncia. A vantagem de versionar a API é permitir uma liberdade para alterar e evoluir o código sem impactar o legado.

```
http://suaapi.domain.com/api/v1/facaAlgo
http://suaapi.domain.com/api/v2/facaAlgo
```

Outro ponto importante é ter um *alias* da URI principal sempre para a última versão da URI, ou seja, se a versão mais atual de sua API é a 2, então o *alias* deve estar apontando para essa versão. No caso de uma atualização da versão 1 para a 2, deve-se comunicar aos clientes para alterar apenas a URI, pois a URI principal seria para a versão corrente. Se a intenção é tornar essa API obsoleta, é necessário descontinuá-la, então com essa maneira tudo fica bem mais pragmático para ser descontinuado.

Query parameters

Query parameters são outra forma de versionarmos uma API, porém esse método não é recomendado por não seguir as definições do REST. É criado um parâmetro, e a versão da API é passada como argumento. No caso de estar utilizando o verbo **POST** do HTTP, esse uso pode não fazer muito sentido.

```
http://suaapi.domain.com/api/facaAlgo?version=1
```

Customizando *request-header*

APIs REST podem utilizar essa outra maneira de versionar com *headers* customizados e o número de versão sendo utilizado como um atributo do *header*. Sua principal vantagem é que a URI original é preservada.

```
curl -H "Accepts-version: 1.0" http://suaapi.domain.com/api/facaAlgo
```

Versionando o *accept header*

Apesar desse modelo também deixar livre a URL do versionamento, ela tem um certo grau de complexidade de gerenciar versões e acaba jogando a responsabilidade para os *controllers* da API. No final temos uma API supercomplexa, e com isso nossos clientes precisam saber quais cabeçalhos enviar antes de solicitar uma requisição.

```
Accept: application/vnd.example.v1+json
Accept: application/vnd.example+json;version=1.0
```

Modelo de maturidade de Richardson

Apesar de Roy Fielding (2000) deixar claro o que é preciso para uma API ser considerada RESTful, é necessário seguir algumas definições mais simples. O modelo de maturidade proposto por Leonard Richardson divide os principais elementos de uma abordagem REST em quatro etapas de maturidade para um bom design de uma API REST sobre o protocolo HTTP. A "Glória do Rest" introduz recursos, verbos HTTP e controles de hipermídia. Quando você atinge o nível máximo, ou seja, o nível 3, é sinal de que você está utilizando o REST da maneira mais apropriada em sua API.

Nível 0 – O pântano do POX (*Plain Old XML*)

É o ponto de partida do modelo para aplicações que estão utilizando o HTTP apenas como sistema de transporte para interações remotas, mas sem o uso de nenhum dos mecanismos da *web*. É o que Richardson chamou de uma URI e um método/verbo HTTP.

O nível 0, apesar de fazer o uso do HTTP como um sistema de transporte para interações remotas, não utiliza várias URIs ou métodos/verbos HTTP ou a capacidade do HATEOAS (*Hypertext As The Engine Of Application State*), que temos nos níveis superiores. É o nível mais básico de maturidade e não utiliza nenhum recurso extravagante a não ser o HTTP, usando mecanismo de tunelamento como interação remota. Mas repare que não necessariamente quer dizer que você está utilizando REST por estar utilizando HTTP.

Um exemplo disso é o SOA em sua forma mais primitiva, que utiliza o verbo **POST** e usa uma estrutura de XML como corpo de comunicação entre serviços. Isso faz com que todos os verbos definidos por Roy Fielding em sua tese (2000) não sejam utilizados. Ou seja, todas as funções são acessadas enviando uma solicitação **POST** para um único URI. Essa maneira nos faz lembrar de serviços baseados em XML-RPC enviando dados como POX – *Plain Old XML*.

Vamos assumir a necessidade de fazer um agendamento em uma barbearia com um barbeiro específico. Temos uma aplicação que busca a disponibilidade de horários de uma determinada data para um barbeiro específico.

```
POST /servicoAgendamentoBarbeiro

{
    "requisicaoAgendamento":{
        "data":"2020-08-19",
        "barbeiro":"catatau"
    }
}
```

Ao submeter essa requisição com **POST**, o retorno será conforme segue:

```
HTTP/1.1 200 OK

{
    "listaHorarioDisponiveis":[
        {
            "inicio":"14:00",
            "fim":"15:00",
            "barbeiro":"catatau"
        },
        {
            "inicio":"16:00",
            "fim":"17:00",
            "barbeiro":"catatau"
        }
    ]
}
```

Ao escolher o horário de agendamento, uma nova requisição deve ser realizada utilizando o mesmo verbo HTTP e a mesma URI.

```
POST /servicoAgendamentoBarbeiro

{
    "requisitaAgendamento": {
        "inicio":"14:00",
        "fim":"15:00",
        "barbeiro":"catatau",
        "cliente":"zecolmeia"
    }
}
```

Supondo que o agendamento foi confirmado, uma resposta de confirmação deve ser retornada, como o exemplo a seguir.

```
HTTP/1.1 200 OK

{
    "agendamento": {
        "inicio":"14:00",
        "fim":"15:00",
        "barbeiro":"catatau",
        "cliente":"zecolmeia"
    }
}
```

Em um cenário em que um agendamento foi realizado antes da solicitação feita anteriormente, uma mensagem utilizando o status HTTP 200 deve ser retornada informando que não foi possível concluir o agendamento.

```
HTTP/1.1 200 OK

{
    "FalhaRequisitaAgendamento":{
        "inicio":"14:00",
        "fim":"15:00",
        "barbeiro":"catatau",
        "cliente":"zecolmeia",
        "motivo":"Horario não está mais disponível"
    }
}
```

Esse é um exemplo muito simples de uma API básica e não muito evoluída.

Nível 1 – Recursos individuais

Aborda a questão de como lidar com a complexidade dividindo um grande ponto de extremidade de serviço em vários recursos – é o que chamamos de URI baseada em múltiplos recursos e um método/verbo HTTP. A sua gama de URIs começa a aumentar e ter uma diversidade, mas o seu verbo HTTP ainda é único. Ao ter uma API com essas características, podemos considerar que ela está no nível 1 de maturidade. No contexto de APIs modernas, não chega a ser algo ideal, porém melhor que o nível 0. Ainda não chega a ser uma API REST, apesar de estar chegando mais próximo, com múltiplos *endpoints* mais individuais para determinados propósitos.

Voltando ao exemplo da barbearia, a seguir, um exemplo de agendamento com o barbeiro catatau.

```
POST /barbeiro/catatau HTTP/1.1

{
    "requisicaoAgendamento":{
        "data":"2020-08-19"
    }
}
```

Como resposta da requisição anterior:

```
HTTP/1.1 200 OK

{
  "listaHorarioDisponiveis":[
    {
      "id":"1234",
      "inicio":"14:00",
      "fim":"15:00",
      "barbeiro":"catatau"
    },
    {
      "id":"1235",
      "inicio":"16:00",
      "fim":"17:00",
      "barbeiro":"catatau"
    }
  ]
}
```

No fluxo de navegabilidade, deve-se escolher um horário e submeter à URI diferente, conforme a seguir:

```
POST /horario/1234 HTTP/1.1

{
    "requisitaAgendamento":{
        "cliente":"zecolmeia"
    }
}
```

Se a consulta for confirmada, a seguir, uma possível forma de resposta:

```
HTTP/1.1 200 OK

{
    "agendamento": {
        "inicio":"14:00",
        "fim":"15:00",
        "barbeiro":"catatau",
        "cliente":"zecolmeia"
    }
}
```

Nessa situação não temos mais apenas um recurso, e, sim, para cada ação, URIs diferentes.

Nível 2 – Verbos HTTP

Introduz um conjunto padrão de verbos para que possamos lidar com situações semelhantes da mesma maneira, removendo variações desnecessárias. Este é um nível de maturidade mais completo, onde não há apenas recursos individuais, mas também várias URIs e diversos verbos HTTP. Este é um nível de maturidade já considerado REST. Temos verbos para cada ação dentro do CRUD (*Create-Read-Update-Delete*). Nos modelos de maturidade anteriores o único verbo utilizado, mesmo para consulta, era o **POST**.

Vamos seguir com o exemplo para verificar uma data para agendamento disponível. Desta vez, deixamos de utilizar o **POST** e começamos a utilizar o **GET**.

```
GET /barbeiro/catatau/agenda?date=20200819&status=open
```

Nesse caso, receberemos um JSON com o formato a seguir.

```
HTTP/1.1 200 OK

{
    "listaHorarioDisponiveis":[
        {
            "id":"1234",
            "inicio":"14:00",
            "fim": "15:00",
            "barbeiro":"catatau"
        },
        {
            "id":"1235",
            "inicio":"16:00",
            "fim":"17:00",
            "barbeiro":"catatau"
        }
    ]
}
```

Como o REST mesmo define, para consultas no banco de dados devemos utilizar o verbo **HTTP GET**. Isso é muito importante, pois começamos a ter um padrão na requisição das funcionalidades disponíveis.

O próximo passo para reservar um horário na barbearia deve utilizar o **POST**, pois você irá inserir uma informação nova no banco de dados.

```
POST /horario/1234 HTTP/1.1

{
    "requisitaAgendamento": {
        "cliente":"zecolmeia"
    }
}
```

Ao realizar a requisição, o HTTP *Status* da resposta HTTP não é mais 200 OK: recebemos um 201 *Created*.

```
HTTP/1.1 201 Created

{
    "Agendamento": {
        "id":"1234",
        "inicio":"14:00",
        "fim":"15:00",
        "barbeiro":"catatau",
        "cliente":"zecolmeia"
    }
}
```

Em caso de insucesso, teríamos um HTTP *Status* diferente, pois uma exceção será lançada. Isso indica que a requisição com HTTP *Status* diferente de 201 não foi realizada com sucesso. Provavelmente alguém conseguiu agendar um horário um pouco antes na barbearia. Devemos respeitar aqui o REST, onde introduzimos nesse modelo de maturidade verbos HTTP e códigos de resposta HTTP.

```
HTTP/1.1 409 Conflict

{
    "listaHorarioDisponiveis":[
        {
            "id":"1235",
            "inicio":"16:00",
            "fim":"17:00",
            "barbeiro":"catatau"
        }
    ]
}
```

Nível 3 – Controles hipermídia

Introduz a capacidade de descoberta, fornecendo uma maneira de tornar um protocolo mais autodocumentado. É o topo da cadeia de maturidade do modelo denominada de HATEOAS. Ela provê um recurso de navegação; com isso, todo fluxo de navegação acaba ficando documentado no próprio metadado.

Seguindo com o exemplo da barbearia.

```
GET /barbeiro/catatau/agenda?date=20200819&status=open
```

Neste caso receberemos um JSON com o formato a seguir.

```
HTTP/1.1 200 OK

{
    "listaHorarioDisponiveis":[
        {
            "id":"1234",
            "inicio":"14:00",
            "fim":"15:00",
            "barbeiro":"catatau",
            "links":[
                {
                    "href":"/horario/1234",
                    "rel":"agendamento",
                    "type":"POST"
                }
            ]
        },
        ... outros blocos de agendamentos
    ]
}
```

Cada horário disponível possui um *link* que contém uma URI para nos mostrar como agendar um horário e qual o próximo passo do fluxo.

```
POST /horario/1234 HTTP/1.1

{
    "requisitaAgendamento":{
        "cliente":"zecolmeia"
    }
}
```

Após realizar um POST para fazer o agendamento, a resposta do agendamento nos retorna diversos controles de *hypermedia*, ou simplesmente fluxos de diferentes cenários que podemos fazer em seguida. Como no exemplo a seguir, que retorna uma URI de como cancelar o agendamento.

```
{
    "Agendamento":{
        "id":"1234",
        "inicio":"14:00",
        "fim":"15:00",
        "barbeiro":"catatau",
        "cliente":"zecolmeia",
        "links":[
            {
                "href":"/horario/1235/cancel",
                "rel":"cancelaAgendamento",
                "type":"DELETE"
            }
        ]
    }
}
```

O topo do nível de maturidade REST é o nível 3, onde podemos utilizar bastante recursos do HTTP que Roy Fielding acabou sugerindo em seu projeto (2000). A *Glory of Rest*, ou a Glória do *Rest*, é alcançada nesse nível de maturidade.

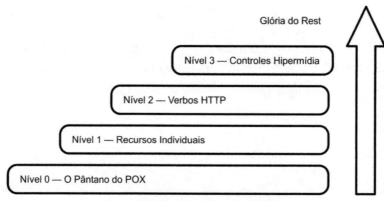

Figura 66.1. Passos em direção ao REST.
Fonte: Fowler (2010).

Documentação

Documentação de software é todo material que tem a finalidade de explicar como um software opera ou o que é necessário para utilizá-lo. É uma das partes mais importantes da engenharia de software. Existem boas ferramentas que podem nos ajudar nessa jornada de documentação. O **Swagger**[119], por exemplo, simplifica bastante esse processo.

Existe também o **Open API**[120], cujo objetivo é criar uma especificação para as APIs. Isso tem diversas vantagens: além da documentação, por exemplo, é possível gerar um SDK para diversas linguagens a partir da Open API.

É possível também adicionar a geração de código através de um *plugin* do **Maven**. Além de gerar automaticamente os SDKs das APIs, existe a opção de criar manualmente. Apesar do trabalho, é possível lapidar esse SDK com, por exemplo, conceitos de DSL e *Fluent APIs*. Nessa abordagem vale a pena utilizar a documentação da linguagem. No caso do Java, devemos utilizar o JavaDoc para isso.

Retorno de erros

Nossas APIs devem retornar erros quando a aplicação apresenta um comportamento inesperado. Como boa prática, é indicado retornar códigos de status do HTTP. São utilizados dois grupos de códigos para retornar erros: códigos de status da série 400, para problemas de cliente, e códigos de status da série 500, para problemas de servidor.

```
{
  "code": 555,
  "message": "Erro de validação",
  "errors": [
    {
      "code": 444,
      "field": "nome",
      "message": "Campo obrigatório"
    },
    {
      "code": 333,
      "field": "senha",
      "message": "Campo obrigatório"
    }
  ]
}
```

---

[119] <https://swagger.io/>
[120] <https://www.openapis.org/>

67. Jakarta EE 8

Vitor Vieira

Como já vimos neste livro, a evolução do universo Java transformou a linguagem em uma das opções mais viáveis para construção de aplicações empresariais. Essa evolução deixou claro que os conceitos que não tinham relação com o negócio precisavam ser desenvolvidos por meio de bibliotecas, agilizando o processo de desenvolvimento e trazendo foco para apenas aquilo que traz valor.

Para conceitos mais comuns, como comunicação via HTTP ou utilização com o banco de dados, surgiram diversas soluções, o que foi importante para o desenvolvimento de diversos conceitos no universo Java. No entanto, esse cenário é ruim para ambientes empresariais devido à dificuldade de contratação de desenvolvedores, já que estes não conhecerão todas as bibliotecas com as quais a empresa trabalha, gerando um custo muito grande de treinamento.

Outro problema é que o conceito de Java é a independência de plataforma, o que já não era mais verdade, já que as aplicações estavam ficando reféns de bibliotecas e muitas vezes de *vendors*, no chamado *vendor lock-in*[121].

Para resolver esse problema, em 1999 foi anunciado o **Java Enterprise Edition** (**JEE**)[122], formalmente chamado de **Java 2 Platform, Enterprise Edition** (**J2EE**), com os objetivos de tornar o ambiente Java mais homogêneo e evitar o *vendor lock-in*. Para atingir tais objetivos, um conjunto de especificações determinou como deveriam ser as interfaces providas por essas soluções. Isso permitiria que fossem desenvolvidas várias soluções que atendessem a esse conjunto de especificações, cada uma com suas vantagens, e que a aplicação pudesse ser migrada entre elas.

---

[121] Também chamado de "aprisionamento tecnológico". Para mais detalhes, consulte: <https://pt.wikipedia.org/wiki/Aprisionamento_tecnol%C3%B3gico>.

[122] A primeira versão ficou conhecida como J2EE 1.2. Para saber mais sobre as versões mais recentes, consulte <https://www.oracle.com/java/technologies/java-ee-glance.html>.

E assim, desde 1999, essa especificação evolui de forma a atender às demandas de mercado, permitindo que empresas tenham como foco agregar valor ao negócio, deixando itens comuns e muitas vezes complexos para serem resolvidos por uma das soluções que implementem a especificação Java EE. Em 2019, a Oracle decidiu que era o momento de transformar esse projeto em *open source*, passando o direito da especificação para a Eclipse Foundation, que rebatizou o projeto de **Jakarta EE**.

A Eclipse Foundation, ao adotar o projeto, prometeu continuar o legado, mantendo as mesmas premissas do Java EE, de forma a garantir que a especificação se encaixe a ambientes empresariais, com uma promessa de modernização do projeto por meio de *releases* mais frequentes e com adoções de novas tecnologias de forma mais rápida, no primeiro momento com um foco em ambientes *cloud*[123].

Depois de entender um pouco mais da história do Jakarta EE, a seguir serão mostrados alguns dos problemas que essa tecnologia resolve. Como já foi dito, Jakarta EE é um conjunto de especificações que define as interfaces para lidar com pontos críticos de uma aplicação empresarial. Esse conjunto de especificações pode ser encontrado no site do Jakarta[124], com descrições específicas que vão desde problemas de *parse* de XML até conexões com o banco de dados.

Como o conjunto de especificações é muito grande, este livro abordará apenas os mais relevantes para o cenário de aplicações atuais e seus principais problemas.

Exemplo RESTful Server

O primeiro exemplo é a criação de uma aplicação RESTful, que será desenvolvida por meio do subconjunto *Java API for RESTful Web Services* (JAX-RS). Essas especificações determinam que o servidor de aplicação deve disponibilizar anotações para simplificar a criação de *endpoints* de uma interface REST.

A seguir, uma breve explicação das anotações que utilizaremos no exemplo:

✓ **@Path:** anotação que define qual será o *endpoint* de um determinado recurso.
✓ **@GET, @PUT, @POST, @DELETE:** anotações que permitem definir para qual método HTTP o método Java anotado responderá.

---
[123] Mais sobre o foco do projeto em <https://jakarta.ee/about/>.
[124] Informações sobre as especificações do projeto em <https://jakarta.ee/specifications/>.

- ✓ **@Consumes, @Produces:** anotações que definem o tipo de recurso HTTP de entrada e saída, respectivamente.
- ✓ **@PathParam:** anotação que mapeia um parâmetro de URL em uma entrada do método.

Dadas essas anotações, a seguir veremos um exemplo de um *endpoint* que controla os livros de uma biblioteca. O exemplo implementa itens básicos de uma interface REST, como salvar, recuperar, atualizar e apagar o estado de um livro.

```java
//package e imports

@ApplicationScoped
@Path("livros") //define que a nossa aplicação irá responder em /livros
@Produces(MediaType.APPLICATION_JSON) //define que a nossa aplicação irá gerar resposta em JSON
@Consumes(MediaType.APPLICATION_JSON) //define que a nossa aplicação irá receber objetos JSON
public class LivroResource {
    static List<Livro> livros = new ArrayList<Livro>();

    @GET //Define que o método abaixo irá responder o get
    public Response buscarLivros() {
        //retorna os livros da lista
        return Response.ok(livros).build();
    }

    @POST //Define que o método abaixo irá responder ao post
    public Response criarLivro(Livro livro) {
        //adiciona um novo livro a lista
        livro.setId(UUID.randomUUID().toString());
        livros.add(livro);
        return Response.ok().build();
    }

    @GET //Define que o método abaixo irá responder o get
    @Path("{id}") //Define que o método tem como entrada um parâmetro de url
    public Response buscarLivro(@PathParam("id") String id) {
```

```java
        //busca por um livro específico
        Livro livro = livros
            .stream()
            .filter(e -> id.equals(e.getId()))
            .findAny()
            .orElse(null);

        //caso o livro não seja encontrado retorna 404
        if (livro == null) {
            return Response.status(Status.NOT_FOUND).build();
        }
        return Response.ok(livro).build();
    }

    @PUT //Define que o método abaixo irá responder ao put
    @Path("{id}") //Define que o método tem como entrada um
parâmetro de url
    public Response atualizarLivro(@PathParam("id") String id,
Livro livro) {
        //busca por um livro específico
        Livro livroLocal = livros.stream()
            .filter(e -> id.equals(e.getId()))
            .findAny()
            .orElse(null);

        //caso o livro não seja encontrado retorna 404
        if (livroLocal == null) {
            return Response.status(Status.NOT_FOUND).build();
        }
        //atualiza os livros
        livro.setId(id);
        livros = livros.stream()
            .map(e -> id.equals(e.getId()) ? livro : e)
            .collect(Collectors.toList());

        return Response.ok().build();
    }

    @DELETE //Define que o método abaixo irá responder ao delete
```

```
    @Path("{id}") //Define que o método tem como entrada um
parâmetro de url
    public Response deletarLivro(@PathParam("id") String id) {
        Integer tamanhoAntigo = livros.size();

        //remove um livro da lista
        livros = livros.stream()
            .filter(e -> !id.equals(e.getId()))
                .collect(Collectors.toList());

        //caso nenhum livro tenha sido removido retorna 404
        if (tamanhoAntigo == livros.size()) {
            return Response.status(Status.NOT_FOUND).build();
        }
        return Response.ok().build();
    }
}
```

> É importante observar que o exemplo anterior utiliza apenas uma lista estática para fins didáticos, levando em conta que não existe nenhuma conexão de banco de dados previamente configurada.

A seguir a representação da classe **Livro**:

```
//package e imports

public class Livro implements Serializable {
    private static final long serialVersionUID = 1L;

    private String id;
    private String nome;
    private String autor;

    public Livro() {}

    public Livro(String id, String nome, String autor) {
        this.id = id;
        this.nome = nome;
```

```
        this.autor = autor;
    }

    //setters e getters
}
```

Adicionando a capacidade de banco de dados a um RESTful Server

Após essa demonstração de como funciona um servidor RESTful simples, o próximo exemplo adiciona a biblioteca do *Java Persistence API* (JPA). Esse subconjunto é responsável por mapear as anotações relacionadas à comunicação com banco de dados.

A seguir, uma breve explicação das anotações que utilizaremos no próximo exemplo:

- ✓ **@Entity:** anotação que define que a classe é um mapeamento de uma entidade do banco de dados.
- ✓ **@Table:** permite informar a tabela mapeada por esta anotação.
- ✓ **@Id:** anotação que informa a variável que está mapeando a chave primária da tabela.
- ✓ **@NamedQueries, @NamedQuery:** variáveis utilizadas para definir *queries* relacionadas a determinada entidade.

A seguir vamos modificar a aplicação anterior para utilizar uma conexão com banco de dados. A primeira modificação será transformar a classe do livro em uma entidade. Essa alteração define a classe que irá mapear a tabela **Livro**.

```
//package e imports

@Entity //Define que esta classe representa uma entidade de
banco de dados
@Table(name = "Livro") //define o nome da tabela que esta
entidade representa
@NamedQueries({ //Consultas
    @NamedQuery(name = "Livro.findAll", query = "SELECT l FROM
Livro l")
})
public class Livro implements Serializable {
```

```
    private static final long serialVersionUID = 1L;

    @Id //Define que esta variável será a representação do id do
banco de dados
    @GeneratedValue //define que este id é gerado automaticamente
    private Long id;
    private String nome;
    private String autor;

    public Livro() {}

    public Livro(Long id, String nome, String autor) {
        this.id = id;
        this.nome = nome;
        this.autor = autor;
    }

    //setters e getters
}
```

Agora que já temos uma entidade capaz de mapear uma determinada tabela, será necessário criar uma classe responsável por gerenciar o acesso ao banco de dados. Esses objetos são chamados de DAO (*Data Access Object*). A seguir, a classe DAO com as regras de acesso à tabela **Livro**.

```
//package e imports

@Stateless
public class LivroDAO {

    @PersistenceContext
    EntityManager gerenciadorEntidades;

    public List<Livro> getAll() {
        return gerenciadorEntidades.createNamedQuery("Livro.findAll", Livro.class).getResultList();
    }

    public void create(Livro livro) {
```

```
        gerenciadorEntidades.persist(livro);
    }

    public Livro findById(Long id) {
        return gerenciadorEntidades.find(Livro.class, id);
    }

    public void update(Livro livro) {
        gerenciadorEntidades.merge(livro);
    }

    public void delete(Livro livro) {
        if (!gerenciadorEntidades.contains(livro)) {
            livro = gerenciadorEntidades.merge(livro);
        }
        gerenciadorEntidades.remove(livro);
    }
}
```

Para finalizar, modificaremos a classe de recurso favorecendo o uso do DAO, em vez da lista estática. A seguir, o resultado da alteração:

```
//package e imports

@RequestScoped // Muda para escopo de request
@Path("livros") // define que a nossa aplicação irá responder em /livros
@Produces(MediaType.APPLICATION_JSON) // define que a nossa aplicação irá gerar resposta em JSON
@Consumes(MediaType.APPLICATION_JSON) // define que a nossa aplicação irá receber objetos JSON
public class LivroResource {

    @Inject
    LivroDAO livroDAO;

    @GET // Define que o método abaixo irá responder o get
    public Response buscarLivros() {
        // retorna os livros da lista
```

```java
        return Response.ok(livroDAO.getAll()).build();
    }

    @POST // Define que o método abaixo irá responder ao post
    public Response criarLivro(Livro livro) {
        // adiciona um novo livro a lista
        livroDAO.create(livro);
        return Response.ok().build();
    }

    @GET // Define que o método abaixo irá responder o get
    @Path("{id}") // Define que o método tem como entrada um parâmetro de url
    public Response buscarLivro(@PathParam("id") Long id) {
        // busca por um livro específico
        Livro livro = livroDAO.findById(id);

        // caso o livro não seja encontrado retorna 404
        if (livro == null) {
            return Response.status(Status.NOT_FOUND).build();
        }
        return Response.ok(livro).build();
    }

    @PUT // Define que o método abaixo irá responder ao put
    @Path("{id}") // Define que o método tem como entrada um parâmetro de url
    public Response atualizarLivro(@PathParam("id") Long id, Livro livro) {
        // busca por um livro específico
        Livro livroBanco = livroDAO.findById(id);

        // caso o livro não seja encontrado retorna 404
        if (livroBanco == null) {
            return Response.status(Status.NOT_FOUND).build();
        }

        livroBanco.setNome(livro.getNome());
        livroBanco.setAutor(livro.getAutor());
```

```
        // atualiza os livros
        livroDAO.update(livroBanco);
        return Response.ok().build();
    }

    @DELETE // Define que o método abaixo irá responder ao delete
    @Path("{id}") // Define que o método tem como entrada um
parâmetro de url
    public Response deletarLivro(@PathParam("id") Long id) {
        // busca por um livro específico
        Livro livro = livroDAO.findById(id);

        // caso o livro não seja encontrado retorna 404
        if (livro == null) {
            return Response.status(Status.NOT_FOUND).build();
        }

        livroDAO.delete(livro);

        return Response.ok().build();
    }
}
```

Conclusão

Com os exemplos demonstrados, fica mais claro o objetivo do Jakarta EE. A especificação permite a implementação de código sem ter que considerar um *vendor* específico. No entanto, os exemplos mostram apenas funcionalidades básicas da implementação, que, por sua vez, possui diversas outras capacidades, descritas na documentação da especificação[125], além de diversos outros tutoriais[126].

---

[125] <https://jakarta.ee/specifications/>
[126] <https://docs.oracle.com/javaee/7/tutorial/index.html>

68. Spring Boot

Gabriela Moraes
Bruno Kaufmann

Desenvolvedores mais experientes que nos últimos anos trabalharam na criação de aplicações *web* Java conhecem a complexidade de configurar um Bean[127]. O tempo que se tomava para disponibilizar uma aplicação em produção era muito longo, devido às diversas configurações durante o desenvolvimento. O *framework* Spring surgiu em 2002 (EFRAIM, 2012) e trouxe uma proposta de inversão de controle, onde são delegadas ao *container* algumas funções como configurações e definições de *beans* através de *factories*. O Spring rapidamente ganhou atenção por fornecer também bibliotecas para desenvolvimento *web*, suporte JDBC, acesso JNDI, *scheduling*, envio de e-mails, tudo isso visando facilitar o desenvolvimento de aplicações.

Porém, ainda assim, o *framework* necessitava de uma grande quantidade de configurações para que tudo pudesse funcionar corretamente. Eram necessários diversos arquivos XML para registrar *beans*, definir dependências, exclusões, mapeamentos, etc. Isso tornava o processo de desenvolvimento oneroso e complexo, pois, caso um pequeno erro ocorresse ou se o desenvolvedor esquecesse de registrar um *bean* em um desses XMLs, a aplicação já não funcionava mais, e mais tempo era perdido em procurar a causa do erro. Outro grande problema era que muita informação contida nesses arquivos XML era repetida com muita frequência, tornando o processo entediante. Após muito aprendizado, os desenvolvedores do Spring consolidaram no Spring Boot uma sequência de funcionalidades que facilitam o desenvolvimento rotineiro de aplicações Java, com a possibilidade de autoconfiguração, escalabilidade, diversos *starters* (veremos mais detalhes em seguida) e toda implementação concentrada em um único local, que permite reusabilidade e diminui a chance de erros de código *boilerplate* – e isso tudo, é claro, acarretando um tempo menor de produção.

---

[127] *Enterprise Java Beans* (ou EJB) – uma especificação do Java EE destinada a fornecer um padrão para implementação de regras de negócio *server-side*, geralmente necessárias em grandes organizações.

O Spring Boot é considerado um *framework* opinativo, pois, para que possa fornecer toda a conveniência que permite ao desenvolvedor criar uma aplicação com o mínimo esforço, ele possui sua própria visão do que seria uma configuração básica ideal, sem que o usuário precise interferir.

O Spring Boot se tornou ainda mais famoso recentemente com a popularização de microsserviços e é atualmente a escolha mais óbvia para os desenvolvedores quando necessitam criar uma aplicação Java de propósito geral. Trata-se de um *framework* tão adorado pela comunidade Java que conquistou um capítulo exclusivo neste livro. Recentemente tem ganhado alguns concorrentes relevantes, como Quarkus, Micronaut, Helidon e outros, que reconheceram sua importância e começam a disputar esse espaço.

Utilização do *framework*

O Spring Boot é um *framework* opinativo, mas o que isso significa? Para que se possa ter toda essa facilidade no desenvolvimento, existe um preço a se pagar, e há sempre que se avaliar se esse preço é justo ou não. O Spring Boot toma algumas decisões sem que seja necessária interferência alguma do programador. O próprio *framework* decide quais *beans* carregar para o contexto da aplicação, baseando-se apenas em uma anotação ou uma propriedade em um arquivo de configuração. Isso é positivo, pois acelera o tempo de desenvolvimento ao diminuir a quantidade de código que o programador precisa escrever para que a aplicação simplesmente comece a funcionar. Além disso, o Spring usa *proxies* para que possa interceptar as chamadas da aplicação – para adicionar um *log* ou a configuração de uma transação de banco de dados, por exemplo. Todo esse trabalho inteligente do *framework* é feito na inicialização da aplicação e considera diversos fatores para decidir quais configurações devem ser aplicadas ou não.

Seguindo na linha de que o Spring Boot busca trazer maior agilidade ao desenvolvimento de aplicações, este fornece um *website* para um início rápido, o **Spring Initializr**[128]. Ao utilizar essa facilidade, é possível criar um projeto com todas as dependências de acordo com a sua necessidade, de forma fácil e rápida. A figura a seguir mostra como seria a configuração para um projeto que utiliza o Gradle para gerência de dependências e última versão estável do *framework* no momento da escrita deste livro. Nessa mesma página também é possível escolher se deseja que o executável do código seja gerado no formato **war** ou **jar**, sendo **jar** o padrão.

---

[128] Mais informações sobre o Spring Initializr em <https://start.spring.io/>.

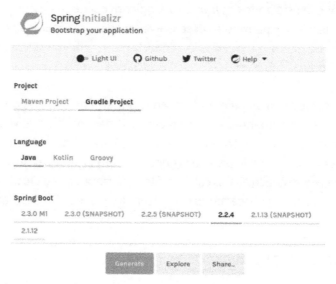

Figura 68.1. Configuração de um projeto Gradle através do Spring Initializr.
Fonte: os autores.

Apesar de ser muito simples, ao clicar em "Generate" você já possui em poucos minutos uma aplicação Spring Boot funcionando, e essa é a intenção do *framework*. Ao navegar pelo arquivo baixado, podemos ver que este projeto possui uma única classe, chamada **DemoApplication.java**, que podemos ver no próximo bloco de código. Esta classe possui um método *main* que é o ponto de entrada da sua aplicação e é responsável pela sua inicialização, através da execução do *snippet* de código **SpringApplication.run(DemoApplication.class, args)**. A anotação @SpringBootApplication habilita a configuração automática, ao herdar comportamento de outras anotações que fornecem configurações padrão do Spring para o contexto da aplicação, tais como:

- ✓ **@Configuration**: identifica a classe como uma fonte de definições de *beans* de configuração para o contexto da aplicação.
- ✓ **@EnableAutoConfiguration**: esta anotação é a responsável por adicionar *beans* ao contexto da aplicação com base nas configurações do *classpath*. No exemplo anterior, adicionamos o *starter* de JPA, mas não adicionamos nenhum conector de banco de dados. Nesse caso, o Spring Boot vai adicionar uma configuração padrão do Hibernate e um banco em memória H2 por padrão, sem que você precise adicionar nada explicitamente.
- ✓ **@ComponentScan:** esta anotação é necessária para que o Spring possa identificar os componentes existentes no seu projeto e adicioná-los ao *classpath* da aplicação.

Método *main* da classe principal da aplicação gerada com Spring Initializr:

```
@SpringBootApplication
public class DemoApplication {

    public static void main(String[] args) {
        SpringApplication.run(DemoApplication.class, args);
    }
}
```

É importante ressaltar que o Spring Boot não gera código e não altera as classes da sua aplicação. Ao iniciar a aplicação, o Spring Boot injeta *beans* e configurações dinamicamente e os aplica ao contexto da sua aplicação. Tudo isso é fornecido por padrão pelo próprio *framework*, mas se você optar por criar seus próprios *beans* e classes de configuração, ele é esperto o suficiente para não subir para o contexto essas definições padrão e utilizar as suas no lugar.

Para rodar essa aplicação você tem algumas opções, como rodar diretamente pela IDE, executar o arquivo .jar, mas a mais simples delas é executar o seguinte comando do Gradle:

```
$ gradlew bootRun
```

Será possível ver na saída do console algo como o *log* a seguir:

```
o.s.b.w.embedded.tomcat.TomcatWebServer: Tomcat started on
port(s): 8080 (http) with context path ''
com.example.demo.DemoApplication: Started DemoApplication in
4.096 seconds (JVM running for 4.636)
```

Conforme o prometido, fácil e rápido! É interessante notar que a linha de *log* diz que a aplicação está rodando em um servidor de aplicação Tomcat. Esse é um dos pontos-chave que permitem ao Spring Boot um início tão rápido – de zero código até ter a aplicação rodando. É importante ressaltar que o Spring Boot não é um servidor de aplicação, é apenas um *framework* que possui um servidor de aplicação embutido nas suas configurações. Obviamente, você pode alterar isso: basta adicionar a dependência de outro servidor de aplicação de sua preferência (Jetty ou Undertow).

Funcionalidades mais importantes

O Spring Boot fornece diversos *starters* para adicionar mais conveniência para o dia a dia do programador. Os *starters* existem para fornecer uma forma padrão e plugável de utilizar algumas funcionalidades Spring, como Spring Data JPA, Spring MVC, Spring Security, sem que sejam necessárias muitas configurações da parte do desenvolvedor, como gerenciar as dependências necessárias, verificar compatibilidade, identificar *beans* que precisam ser registrados etc. Dessa forma, é possível simplesmente definir no arquivo de *build* quais *starters* serão utilizados e deixar a cargo do próprio Spring a responsabilidade de baixar dependências e registrar *beans*.

Em seguida, vamos falar sobre os *starters* mais relevantes, mas é possível ver a lista completa no *website* do *framework*[129].

Web starter

O *starter* de *web* traz funcionalidades de conveniência para desenvolvimento de aplicações *web*. Algumas das anotações mais utilizadas são:

- ✓ **@RestController:** marca a classe como um *controller web*. Esta anotação define que os métodos declarados no escopo da classe irão produzir um retorno @ResponseBody, ou seja, os métodos são limitados a um *body* de resposta da *web*. Isso é útil para que os *handlers* do Spring possam processar o retorno do método de forma adequada.
- ✓ **@RequestMapping:** esta anotação serve para definir uma rota *web*, um ponto de entrada. Esta anotação pode aparecer em diferentes escopos: classe e método. Em nível de classe, ou seja, se colocada logo acima da declaração da classe **UsuarioController**, como está sendo feito no próximo bloco de código, ela define que todos os *endpoints* daquela classe iniciarão com um *path* específico, no caso "/usuarios". Se colocada a nível de método, ela define uma rota para algum método específico após a rota definida na classe. Se não for especificado o método HTTP, o padrão é **GET**.
- ✓ O Spring fornece anotações de atalho para **@RequestMapping** para definição de cada *endpoint* HTTP, que podem ser utilizadas em nível de método: **PostMapping, GetMapping, PutMapping, PatchMapping** e **DeleteMapping**. Portanto, em vez de utilizar **@RequestMapping(name="/usuarios"**,

---

[129] <https://docs.spring.io/spring-boot/docs/current/reference/htmlsingle/#using-boot-starter>

method=[RequestMethod.POST]), é possível simplesmente definir **@GetMapping("/usuarios")**, como podemos ver também no mesmo bloco de código a seguir. É apenas uma facilidade do *framework* para melhor leitura do código, visto que ambas as formas funcionarão.

✓ **@RequestBody:** define que o objeto passado como parâmetro é parte de uma requisição *web*.
✓ **@RequestParam:** define um parâmetro de requisição. Este tipo de parâmetro vai aparecer na URL após o sinal de interrogação. No exemplo a seguir do método **listaUsuarios** a URL seria **/usuarios?ativo=true**.
✓ **@PathVariable:** define um parâmetro que faz parte da URL. Por exemplo, se o id do usuário for 123, a URL do método de delete abaixo seria **/v2/usuarios/123**.

Controller **principal da aplicação**

```
@RestController
@RequestMapping("/usuarios")
public class UsuarioController {

    @Autowired
    private UsuarioRepository usuarioRepository;

    @PostMapping
    public ResponseEntity<Usuario> criaUsuario(@RequestBody Usuario user) {
        return ResponseEntity.status(HttpStatus.CREATED).body(usuarioRepository.save(user));
    }

    @GetMapping
    public ResponseEntity<List<Usuario>> listatUsuarios(@RequestParam Boolean ativo) {
        List<Usuario> resultado = new ArrayList<>();
        Iterable<Usuario> usuarios = usuarioRepository.findAllByAtivo(ativo);
        usuarios.forEach(resultado::add);
        return ResponseEntity.ok(resultado);
    }

    @DeleteMapping("{id}")
```

```
    public ResponseEntity deleteUser(@PathVariable Long id) {
        usuarioRepository.deleteById(id);
        return ResponseEntity.noContent().build();
    }

}
```

JPA *starter*

O *starter* Spring Data JPA adiciona à aplicação algumas configurações básicas para facilitar a utilização da camada de banco de dados.

Com Spring Data JPA é necessário apenas configurar uma interface e anotá-la com @**Repository**. Conforme mostra o bloco de código a seguir, iremos um pouco mais longe e estenderemos também a interface **CrudRepository**, que já traz uma variedade de métodos "pré-prontos" para operações de CRUD[130]. @**Repository** é uma anotação de *stereotype* e serve para demarcar uma classe que é um componente – usualmente definida como @**Component** – como um *bean* do tipo Repositório[131], significando que esta classe fornece mecanismos para manipulação e busca de recursos – no nosso caso, em um banco de dados. E ainda podemos estender sua funcionalidade criando métodos abstratos que funcionam como filtros da nossa entidade. Nesse caso, é preciso respeitar o padrão da interface **CrudRepository + By + Atributo da entidade** que deseja filtrar.

Código da classe de repositório

```
@Repository
public interface UsuarioRepository extends
CrudRepository<Usuario, Long> {
   Iterable<Usuario> findAllByAtivo(Boolean ativo);
}
```

Na figura a seguir, podemos observar os métodos definidos pela interface **CrudRepository**. É interessante ressaltar que não há necessidade de implementar esses métodos em uma classe concreta, pois a configuração automática do Spring injetará um *bean* com a implementação concreta em tempo de execução (em tempo de inicialização,

---

[130] Da sigla *Create, Retrieve, Update, Delete*, as operações básicas de todo banco de dados relacional.
[131] Conceito de Repositório conforme definido por Evans (2016).

mais especificamente), tornando-a uma interface plugável e removendo a necessidade de implementar esse tipo de código, que tende a ser repetitivo e maçante.

Figura 68.2. Interface CrudRepository na documentação.
Fonte: os autores.

O *starter* do Spring Data JPA já traz no seu *classpath* o Hibernate. Caso você não defina uma URL de conexão com banco de dados e desejar um banco em memória, basta adicionar a dependência do H2 que o Spring faz toda a configuração automática. Caso você adicione ao seu *classpath* algum banco NoSQL, como o MongoDB, o Spring também irá escanear seus componentes e injetar o *bean* para configuração da conexão automaticamente. Dependendo da dependência adicionada, será necessário configurar parâmetros adicionais, tais como endereço, porta, usuário e senha do banco de dados.

Podemos então chamar nosso *controller* da seguinte forma (através da linha de comando) para criar um recurso:

```
$ curl -d '{"id":"10", "nome":"John Doe", "ativo": true}'
-H "Content-Type: application/json" -X POST http://
localhost:8080/usuarios
```

E então podemos buscar todos os usuários ativos:

```
$ curl 'http://localhost:8080/usuarios?ativo=true'
```

Conclusão

No final do dia, o Spring Boot é um compilado de funcionalidades que o Spring já fornece, porém organizado de forma lógica, visando maximizar produtividade no desenvolvimento de aplicações, diminuindo a necessidade de escrita de código verboso. Por baixo dos panos, o Spring Boot faz as mesmas configurações que fazíamos antes com o Spring. Felizmente, o *framework* abstrai muitas configurações que tornavam o processo de desenvolvimento maçante e nos permite focar em regra de negócio, que é o que de fato adiciona valor a uma aplicação.

Toda essa "mágica" tem algum custo, como uma possível perda de performance devido aos *proxies* que são executados a cada chamada e talvez um *startup time* mais demorado.

Fato é que o Spring Boot veio para ficar, pois traz muitas funcionalidades que facilitam a vida dos desenvolvedores, removendo a necessidade de escrever código *boilerplate*, acelerando o processo de desenvolvimento e diminuindo a incidência de *bugs*. Além disso, o *framework* também está em constante desenvolvimento, com uma vasta comunidade e uma grande empresa que o suporta e contribui para que este esteja sempre a par das necessidades do mercado.

PARTE XII.
SEGURANÇA DE APLICAÇÕES

69. Como as APIs são protegidas

Bruno Kaufmann
Jonas Santos

API REST e API SOAP

Assim como sistemas *desktop*, *web* e aplicativos precisam ser protegidos de alguma forma. As APIs também precisam ter essa camada de proteção, para assim evitar violações de dados causadas principalmente por *hackers*. A abordagem de segurança a ser utilizada vai depender de cada API, empresa e do tipo de dado que é transferido.

As APIs normalmente são implementadas usando REST (*Representational State Transfer* ou Transferência de Estado Representacional) ou SOAP (*Simple Object Access Protocol* ou Protocolo Simples de Acesso a Objetos).

Vejamos a seguir o que são:

- ✓ **APIs REST:** usa-se o HTTP (*Hypertext Transfer Protocol* ou Protocolo de Transferência de Hipertexto), que é compatível com as tecnologias de criptografia TLS (*Transport Layer Security* ou Segurança da Camada de Transporte) e com SSL (*Secure Sockets Layer* ou Camada Segura de Soquetes). Porém, o SSL atualmente está sendo descontinuado em favor do TLS. O protocolo SSL/TLS verifica se os dados de uma determinada transferência entre dois sistemas (por exemplo: "cliente-servidor") estão inalterados e criptografados. Conseguimos saber se um site ou uma API estão protegidos quando a URL inicia com HTTPS (*Hypertext Transfer Protocol Secure* ou Protocolo de Transferência de Hipertexto Seguro).
- ✓ **APIs SOAP:** usam-se protocolos incorporados chamados de *WS Security* (*Web Services Security* ou *Web Service* Seguro), onde é definido um conjunto de regras de autenticação e confidencialidade. As APIs SOAP usam combinação de criptografia e assinaturas XML e *tokens* SAML.

No mundo real, é comum buscarmos sites seguros para realizarmos a compra de um produto. Quando deparamos com um site não conhecido e não seguro de vendas *on-line*, já ficamos com a pulga atrás da orelha. Por isso, nada mais justo usarmos um ambiente confiável, protegido e assim fortalecermos a segurança das nossas APIs.

Métodos de autenticação

Existem algumas maneiras de realizar autenticações e autorizações nos seus serviços das APIs. Vejamos a seguinte analogia:

- ✓ **Autenticação:** você chega em um *meetup* de tecnologia e na recepção do prédio foi pedido seu RG para confirmar seus dados na lista dos participantes. Em caso positivo, você recebe um cartão de acesso e uma credencial e está **autenticado** a participar do evento.
- ✓ **Autorização:** com o cartão de acesso em mãos, você passa pela catraca do prédio, mostra para o segurança sua credencial e ele **autoriza** sua entrada na sala do evento.

Nas APIs, essa autenticação *versus* autorização não é muito diferente. Veremos a seguir os principais métodos de autenticação.

API *Keys*

API *Keys* é apenas para métodos de autenticação, e não para autorização. É simples. Na prática, o servidor gera uma chave única para o cliente e o cliente envia essa chave às requisições para se autenticar. Vejamos a seguir um exemplo de como ficaria o *header* da requisição:

```
Api-key: jonKey27979sajsi
```

Basic authentication (autenticação básica)

Autenticação simples especificada na chamada do cliente contendo no *header* "Authorization" com a palavra "Basic" separados por dois pontos (:) e no formato *base64*.

Suponhamos que, ao logar no servidor de autenticação com o usuário "jornada.colaborativa" e a senha "123456", recebemos do servidor o seguinte texto: "**am9ybmFkYS5jb2xhYm9yYXRpdmE=**", codificado em *base64*. Vejamos a seguir como ficaria o *header* da requisição:

```
Authorization: Basic am9ybmFkYS5jb2xhYm9yYXRpdmE=
```

OAuth

O **OAuth** é muito útil para o processo de autenticação e autorização, e por isso o próximo capítulo é dedicado exclusivamente ao seu entendimento.

SAML

O SAML (*Security Assertion Markup Language* ou Linguagem de Marcação de Asserção de Segurança) é um padrão que permite que provedores de identidade forneçam credenciais de autorização para os provedores de serviços, ou seja, as mesmas credenciais podem ser usadas em aplicações diferentes.

Práticas de segurança

Algumas das práticas mais comuns usadas na segurança de APIs são:

- ✓ **Assinatura:** usar assinaturas é muito importante para garantir que os usuários certos possam descriptografar e modificar os dados.
- ✓ **Criptografia:** como vimos anteriormente, o protocolo TLS permite criptografar os dados, dificultando a leitura de pessoas não autorizadas.
- ✓ *Gateway* **de API:** nesta arquitetura, conseguimos centralizar todo o tráfego em uma camada inteligente de segurança conhecida como API *Gateway*. Alguns *gateways* nos permitem autenticar, controlar e analisar os tráfegos e o uso da API.
- ✓ **Limite:** criar regras para estabelecer limites das chamadas da API também é uma boa prática. O uso excessivo de uma chamada de uma API pode indicar ataques mal intencionados.
- ✓ **Monitoramento:** existem algumas ferramentas e/ou serviços que nos permitem monitorar o acesso das APIs.
- ✓ *Token*: o uso de *tokens* é de suma importância. Eles nos permitem estabelecer identidades confiáveis e controle ao acessar os serviços e recursos. Os *tokens*

de acesso podem ser de vários formatos. O mais usado em APIs é o *JSON Web Token* (JWT). Iremos abordá-lo mais à frente.

✓ **Validação:** para aumentar a segurança, usar validações nas requisições antes de executar uma regra de negócio evita ataques maliciosos. Se a requisição não estiver com os parâmetros de acordo com sua documentação, rejeite imediatamente.

JWT – *JSON Web Token*

O famoso *JSON Web Token*, mais conhecido como JWT[132] e documentado por **RFC-7519**[133], é um padrão aberto de troca de informações com base em JSON, usado principalmente em APIs e microsserviços.

A imagem a seguir ilustra um funcionamento do fluxo do JWT:

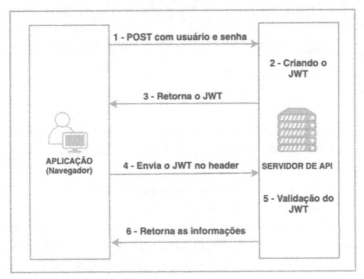

Figura 69.1. Fluxo do JWT.
Fonte: os autores.

Na figura anterior, podemos ver que o fluxo teve seis interações:

1. A aplicação envia um POST com as informações de *login* e senha do usuário.
2. API valida os dados do usuário e gera um *token* com o JWT.

---

[132] <https://jwt.io>
[133] <https://tools.ietf.org/html/rfc7519>

3. API retorna o *token* de acesso para a aplicação.
4. Nas próximas requisições, a aplicação envia o *token* no *header* da requisição.
5. A cada requisição, a API valida se o *token* está válido.
6. Se o *token* é válido, a API retorna as informações para aplicação.

O JWT é dividido em três partes: *header, payload* e assinatura (*signature*), separados por ponto (.). Vejamos a seguir o que são cada uma delas:

Header

O *header* é um JSON com a definição do tipo *token* "typ", no nosso caso o JWT, e o algoritmo de criptografia "alg". As criptografias mais usadas são: HMAC, SHA256 e RSA. A seguir, um exemplo do *header*:

```
{
  "alg": "HS256",
  "typ": "JWT"
}
```

Payload

O *payload* contém as informações da entidade, normalmente o usuário logado. Essas informações também são conhecidas como "claims". As *claims* podem ser de três tipos:

- ✓ **Reserved claims**: esses atributos são reservados pela RFC. Os atributos têm como padrão uma sigla de três letras, por exemplo: *sub, aud, exp, iat, iss, jti* e *nbf*. Os mais usados são: **sub (subject)**, utilizado para informar dados públicos do usuário logado, como ID ou *login*; **iss (issuer)**, utilizado para informar o emissor do *token*; e **exp (expiration)**, que indica o tempo que o *token* irá expirar.
- ✓ **Public claims**: atributos usados normalmente para armazenar informações do usuário autenticado, por exemplo: *name* (nome), *permissions* (permissões) e *roles* (papéis).
- ✓ **Private claims**: atributos para compartilhar informações entre as aplicações.

A seguir, um exemplo de um *payload*:

```
{
"sub": "1",
"exp": 123456897897,
```

```
    "iss": "https://www.jornadas.io",
    "name": "Jornada Colaborativa",
    "admin": true
}
```

Assinatura

A assinatura (*signature*) é o *header* com *payload* criptografado para uma chave secreta. Essa assinatura evita que ataques de invasores possam capturar a requisição e modificar os dados do usuário.

O algoritmo de encriptação do JWT segue esse padrão: *header*, convertido em *base64*, concatenado com um ponto simples (.), mais o *payload*, também convertido em *base64*, mais a chave de decriptação *secret*. O algoritmo ficaria da forma a seguir:

```
HMACSHA256(
  base64UrlEncode(header) + "." +
  base64UrlEncode(payload),
  secret
)
```

Token

Como vimos anteriormente, com base na assinatura, a estrutura do *token* JWT é composta por três partes: *header*, *payload* e *signature*. Veja a seguir um exemplo de um *token* codificado em *base64* com todas essas informações:

```
eyJ0eXAiOiJKV1QiLCJhbGciOiJIUzI1NiJ9.eyJzdWIiOiIxIiwiaXNzI
joiaHR0cHM6Ly93d3cuam9ybmFkYXMuaW8iLCJuYW1lIjoiSm9ybmFkYSBD
b2xhYm9yYXRpdmEiLCJhZG1pbiI6dHJ1ZSwiZXhwIjoxNTgxNjE4OTMwfQ.
ARkwZXIn4NMZcRU3u-wiNv7_wjzDE54rwcMX4wglIPA
```

Para usar o *token* nas nossas requisições, devemos informar no *header Authorization* a flag *Bearer*, conforme o exemplo a seguir:

```
Authorization: Bearer eyJ0eXAiOiJKV1QiLCJhbGciOiJIUzI1NiJ9.eyJzd
WIiOiIxIiwiaXNzIjoiaHR0cHM6Ly93d3cuam9ybmFkYXMuaW8iLCJuYW1lIjoiS
m9ybmFkYSBDb2xhYm9yYXRpdmEiLCJhZG1pbiI6dHJ1ZSwiZXhwIjoxNTgxNjE4O
TMwfQ.ARkwZXIn4NMZcRU3u-wiNv7_wjzDE54rwcMX4wglIPA
```

Usando o JWT com Java

Agora que você já conhece um pouco mais sobre o JWT, chegou a hora de praticar esse aprendizado com Java através de uma API simples[134].

Os exemplos a seguir vão simular um *login* em uma requisição **POST** para gerar um *token* e depois uma requisição **GET** enviando o *token* no *header*, para assim obter os dados do usuário logado.

Seguindo o passo a passo de como iniciar nossa API, disponibilizado no GitHub, o endereço ficará disponível em **http://localhost:8080**.

Para usarmos o JWT em nosso projeto, precisamos baixar a implementação da biblioteca para ser usada com o Java, o **java-jwt**[135]. Caso opte por seguir o exemplo disponibilizado no repositório do GitHub deste livro, essa dependência já é declarada no arquivo **pom.xml** e baixada automaticamente pelo Maven.

Considerando que faremos algumas requisições testes em nossa API de exemplo, utilizaremos o Postman[136] para nos auxiliar nessa tarefa.

A URL do *login* da nossa API é: **http://localhost:8080/api/v1/login**. Nessa requisição será necessário enviar dois atributos, *login* e senha, seguindo o formato do JSON a seguir:

```
{
    "login": "jornada.colaborativa",
    "senha": "123456"
}
```

No Postman, nossa chamada ficaria semelhante à imagem a seguir:

---

[134] <https://github.com/jornada-java/livro>
[135] Biblioteca disponível no Maven: <https://mvnrepository.com/artifact/com.auth0/java-jwt>
[136] <https://www.postman.com>

Como as APIs são protegidas 425

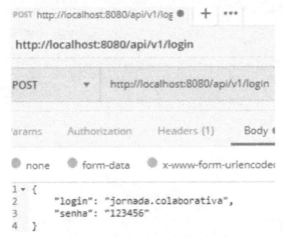

Figura 69.2. Requisição POST do *login*.
Fonte: os autores.

Ao enviar a requisição para API, o *token* será gerado retornando uma resposta parecida com essa:

```
{
"token": "eyJ0eXAiOiJKV1QiLCJhbGciOiJIUzI1NiJ9.eyJzdWIi
OiIxIiwiaXNzIjoiaHR0cHM6Ly93d3cuam9ybmFkYXMuaW8iLCJuYW
1lIjoiSm9ybmFkYSBDb2xhYm9yYXRpdmEiLCJhZG1pbiI6dHJ1ZX0.
I8KcbW7zYDN0DyNdlvMWgOkUll4sN-P1zk_nzMWpH7A"
}
```

No Postman também conseguimos visualizar o retorno:

Figura 69.3. Resposta da requisição POST do *login*.
Fonte: os autores.

Agora que temos nosso *token*, vamos recuperar os dados do usuário logado fazendo uma requisição **GET**. No *header* da requisição, utilize a chave "Authorization" e o valor "Bearer token", igual vimos anteriormente. A URL ficou assim: **http://localhost:8080/api/v1/usuario**. Agora observe no Postman o *header* da nossa requisição:

Figura 69.4. Requisição GET do usuário.
Fonte: os autores.

A resposta ficou assim:

```
{
    "id": 1,
    "nome": "Jornada Colaborativa",
    "login": "jornada.colaborativa",
    "email": "contato@jornadas.io"
}
```

Perceba que não passamos nenhum parâmetro na URL da requisição. Apenas o *token* é o suficiente para autenticar e autorizar o usuário na API.

Agora vamos alterar nosso *header* para simular um erro de *token* inválido e ver como a API vai se comportar:

Figura 69.5. Requisição GET do usuário com um erro intencional no valor do *token*.
Fonte: os autores.

A resposta com erro ficou assim:

```
{
    "status": 401,
    "mensagem": "Token inválido."
}
```

Saindo do cenário das requisições e indo para o código, vamos entender a seguir o funcionamento de cada passo que foi executado de acordo com o código Java.

Ao efetuar o *login* com sucesso, executamos um método para criar nosso *token* com as informações desejadas. O código ficou da seguinte forma:

JWTUtil.java

```java
public static String gerarToken(Usuario usuario) {
    try {
        // Chave secreta
        final Algorithm algorithm = Algorithm.HMAC256("secret");
        final Builder builder = JWT.create();

        // Tempo de vida: data atual + 30min
        final Date tempo = new Date(System.currentTimeMillis() + 1800000);
        builder.withExpiresAt(tempo);

        // Payload
        builder.withSubject(usuario.getId().toString());
        builder.withIssuer("https://www.jornadas.io");
        builder.withClaim("name", usuario.getNome());
        builder.withClaim("login", usuario.getLogin());
        builder.withClaim("admin", true);

        return builder.sign(algorithm);
    } catch (JWTCreationException exception) {
        return "Erro ao gerar o token";
    }
}
```

Para validação do *token*, usamos o *filter* do **javax.servlet.Filter** para interceptar as chamadas das requisições. Dessa forma, conseguimos realizar validações antes da requisição chegar nos nossos *controllers*. No nosso exemplo, o código ficou da seguinte forma:

JWTFilter.java

```
@Override
public void doFilter(ServletRequest request, ServletResponse
response, FilterChain filter) throws IOException,
ServletException, TokenExpiredException {
    try {
        HttpServletRequest httpRequest = (HttpServletRequest)
request;
        String URI = httpRequest.getRequestURI();
        if (!URI.equals("/api/v1/login"))
            JWTUtil.verificaToken(recuperaToken(httpRequest));
        filter.doFilter(request, response);
    } catch (Exception ex) {
        throw new TokenException("Token inválido");
    }
}

public static String recuperaToken(HttpServletRequest request) {
    String token = request.getHeader("Authorization");
    if (StringUtils.hasText(token) && token.startsWith("Bearer
")) {
        return bearerToken.substring(7, token.length());;
    }
    return null;
}
```

JWTUtil.java

```
public static boolean verificaToken(String token) {
    try {
        if (token == null)
            throw new JWTVerificationException("Token inválido.");
        final Algorithm algorithm = Algorithm.HMAC256("secret");
```

Como as APIs são protegidas 429

```
        final JWTVerifier jwtVerifier = JWT.
require(algorithm).build();
        jwtVerifier.verify(token);
        return true;
    } catch (TokenExpiredException exception) {
        throw new TokenExpiredException("Token expirado.");
    } catch (JWTVerificationException exception) {
        throw new JWTVerificationException("Token inválido.");
    }
}
```

O JWT tem um método chamado *verify*, que faz todas as validações do nosso *token*. Perceba que no trecho de código anterior estamos verificando se nosso *token* está inválido ou expirado. Na criação do nosso *token*, determinamos que ele terá um tempo de vida de 30 minutos, conforme a seguir:

```
// Tempo de vida: data atual + 30min
final Date tempo = new Date(System.currentTimeMillis() + 1800000);
```

Ou seja, depois de 30 minutos, se enviarmos uma requisição para nossa API, receberemos o erro com a mensagem de *token* expirado. Vejamos a seguir:

```
{
    "status": 401,
    "mensagem": "Token expirado."
}
```

Como vimos neste capítulo, existem diversas maneiras de proteger nossas APIs, algumas mais simples e outras mais complexas. O ideal é analisar com calma, testar as possibilidades e ver a forma que mais se adequa ao seu cenário ou ao da sua empresa. O importante é manter nossas APIs seguras.

70. OAuth 2.0 como solução

Bruno Kaufmann
Jonas Santos

História

Antes de começarmos a falar sobre OAuth 2.0, vamos voltar no tempo para entendermos um pouco da história (HAMMER-LAHAV, 2007).

Em 2006, Blaine Cook, um grande engenheiro de software canadense, junto com outros engenheiros, trabalhavam em uma implementação de segurança para o Twitter. Na implementação, Cook percebeu que faltava um padrão estipulado de acesso às APIs. Partindo desse princípio, Cook iniciou um grupo de planejamento onde foi discutido o desenvolvimento de um protocolo aberto de autenticação. Em 2007 foi lançada a primeira versão do protocolo: OAuth 1.0. Desde então passou por evoluções e em 2012[137], também liderado por Blaine Cook, foi lançado o OAuth 2.0. Importante lembrar que o OAuth 1.0 não é compatível com o OAuth 2.0.

O que é OAuth 2.0?

O OAuth 2.0[138] é um protocolo de autorização seguro. Também conhecido como *framework*, permite que usuários tenham acesso restrito a recursos de uma determinada API. Com esse protocolo, não há necessidade de os usuários exporem suas credenciais. O protocolo OAuth 2.0 define alguns papéis (*roles*): **Cliente (*Client*), Proprietário do Recurso (*Resource Owner*), Servidor de Autorização (*Authorization Server*)** e **Servidor do Recurso (*Resource Server*)**. Mais à frente abordaremos cada um deles.

OAuth 2.0, por ser um protocolo de segurança, requer o uso de HTTPS entre cliente e servidor de autorização devido à transação de dados confidenciais.

---

[137] <https://tools.ietf.org/html/rfc6749>
[138] <https://auth0.com/docs/protocols/oauth2>

O OAuth usa uma analogia de manobrista para explicar o funcionamento do protocolo. Vejamos o trecho a seguir, retirado do site do OAuth:

> *Hoje, muitos carros de luxo vêm com uma chave de manobrista. É uma chave especial que você fornece ao atendente de estacionamento e, diferentemente da chave normal, não permitirá que o carro dirija mais de uma milha ou duas. Algumas chaves de valet não abrirão o porta-malas, enquanto outras bloquearão o acesso ao seu catálogo de endereços de celular a bordo. Independentemente das restrições impostas pela chave do manobrista, a ideia é muito inteligente. Você concede a alguém acesso limitado ao seu carro com uma chave especial, enquanto usa a chave normal para desbloquear tudo.*

De acordo com a analogia, a **chave especial** tem acesso limitado ao veículo e a **chave normal** tem acesso completo. No OAuth 2.0, essa chave é um *token* **de acesso**. O que são esses *tokens*?

Token de acesso é uma credencial usada para acessar um determinado recurso. Ele informa ao recurso que o dono do *token* está autorizado a acessá-lo e a executar ações de acordo com o escopo concedido.

Para utilizar o OAuth em uma aplicação, precisamos registrar a aplicação como um serviço. Normalmente isso é feito através de um formulário onde informamos **nome da aplicação, site da aplicação e URI de redirecionamento**.

Os papéis (*roles*)

O OAuth 2.0 define quatro papéis para realizar o fluxo de comunicação.

- ✓ **Proprietário do Recurso (*Resource Owner*)**: é o usuário responsável por autorizar uma aplicação a acessar um recurso protegido limitado ao escopo concedido. Por exemplo: acesso de escrita ou leitura.
- ✓ **Servidor do Recurso (*Resource Server*)**: responsável por hospedar o recurso protegido. Por exemplo, uma API exposta na internet. Para acessá-la, é preciso do *token* emitido pelo **Authorization Server**.
- ✓ **Servidor de Autorização (*Authorization Server*)**: responsável pela autenticação e emissão dos *tokens* de acesso.
- ✓ **Cliente (*Client*)**: é a aplicação responsável por se comunicar com o *Resource Owner*. Por exemplo, um navegador *web*.

Segue uma ilustração dos papéis do OAuth 2.0:

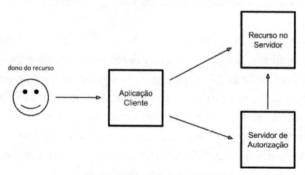

Figura 70.1. Papéis do OAuth 2.0.
Fonte: os autores.

Fluxo da comunicação

Agora que conhecemos o OAuth 2.0 e seus papéis, vejamos a seguir o fluxo de como geralmente é a comunicação e suas interações:

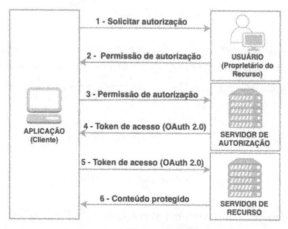

Figura 70.2. Fluxo de comunicação.
Fonte: adaptado de Auth0 (s.d.).

Na figura anterior, podemos ver que o fluxo teve seis interações:

1. Cliente solicita autorização ao Proprietário do Recurso para ter acesso aos seus recursos.
2. Se Proprietário do Recurso autorizar, retorna ao Cliente uma permissão de autorização, conhecida por: *Authorization Grant* (garantia de autorização).

3. Caso a autorização seja concedida, o Cliente envia a garantia de autorização para o Servidor de Autorização e pede seu *token* de acesso.
4. Se a permissão de autorização for válida, o Servidor de Autorização retorna o *token* de acesso para o Cliente.
5. Cliente envia seu *token* de acesso ao Servidor de Recurso e solicita o recurso protegido.
6. Se o *token* de acesso for válido, o Servidor de Recurso retorna o conteúdo protegido para o Cliente.

O fluxo desse processo pode ser diferente de acordo com o tipo de autorização concedida. Perceba que na etapa 2 desse fluxo o Cliente recebe uma Garantia de Autorização do Proprietário do Recurso. O Proprietário do Recurso pode devolver diferentes tipos de garantias de autorização. Isso vai depender do *grant type* (tipo de garantia de autorização) que o Cliente está utilizando. De acordo com o que está definido na especificação do protocolo OAuth 2.0, existem quatro fluxos para obter o *access token*. Esses fluxos são conhecidos como *grant types*, são eles: *Authorization Code*, *Implicit*, *Resource Owner Password Credentials* e *Client Credentials*[139]. Antes de abordar cada um deles, precisamos entender alguns parâmetros comuns utilizados nos fluxos de solicitações:

- ✓ **grant_type:** tipo de autorização.
- ✓ **client_id:** publicamente exposta, é uma chave sequencial usada pelo serviço de API para identificar a aplicação e também para construir URLs de autorização.
- ✓ **client_secret:** segredo do cliente que foi disponibilizado no momento da criação da sua aplicação, utilizado para autenticar a aplicação no serviço de API.
- ✓ **redirect_uri:** endereço para o qual o usuário será redirecionado, caso a autenticação seja executada com sucesso.
- ✓ **response_type:** indica que a sua aplicação está solicitando um código de autorização.
- ✓ **scope:** indica o nível de acesso.

Código de autorização (*authorization code*)

Grant type mais comum, usado em aplicações que executam nos servidores, onde a publicação do código-fonte não é exposta publicamente e o **segredo do cliente** pode ser mantido. Plataformas como Facebook, Google, GitHub e Twitter usam esse

---
[139] <https://tools.ietf.org/html/rfc6749>

recurso como *login*. Esse fluxo é baseado em redirecionamento, onde a aplicação deve ser capaz de realizar interações com o **agente do usuário** (navegador *web* do usuário) e receber autorização da API.

A seguir, um exemplo dos passos para sua utilização:

```
https://jornadas.io/v1/oauth/authorize
    ?client_id=ID_CLIENTE
    &redirect_uri=URI_REDIRECIONAMENTO
    &response_type=code
    &scope=LEITURA
```

Partindo do princípio de que a permissão foi concedida com sucesso, o serviço redireciona a aplicação para a URI de redirecionamento que foi cadastrada durante o registro, junto com o código de autorização. Por exemplo:

```
https://meuapp.com.br/callback?code=CODIGO_AUTORIZACAO
```

Agora que temos o código de autorização, conseguimos solicitar nosso *token* de acesso. Vamos ao exemplo:

```
https://jornadas.io/v1/oauth/token
    ?client_id=ID_CLIENTE
    &client_secret=SEGREDO_CLIENTE
    &grant_type=authorization_code
    &code=CODIGO_AUTORIZACAO
    &redirect_uri=URI_REDIRECIONAMENTO
```

Caso a autorização seja válida, a API retornará uma resposta com o *token* de acesso e o *token* de atualização. A resposta será parecida com o exemplo a seguir:

```
{"access_token":"TOKEN_ACESSO","token_type":"bearer","expires_in":12365478,"refresh_token":"TOKEN_ATUALIZACAO","scope":"read"}
```

Implícito (*Implicit*)

Usado em aplicativos móveis e aplicações *web* que rodam em um navegador *web*. Neste tipo de *grant type* o segredo do cliente não é garantido. E também não suporta *tokens* de atualização.

No exemplo a seguir, observe que a URL é parecida com a URL do código de autorização, mas nesse caso solicitamos um *token* em vez de *code*. Vejamos:

```
https://jornadas.io/v1/oauth/authorize
    ?response_type=token
    &client_id=ID_CLIENTE
    &redirect_uri=URI_REDIRECIONAMENTO
    &scope=LEITURA
```

A URL de redirecionamento ficaria parecida com o exemplo a seguir:

```
https://meuapp.com.br/callback#token=TOKEN_ACESSO
```

Credenciais de senha do proprietário do recurso (*resource owner password credentials*)

Este tipo de *grant type* fornece credenciais do serviço diretamente para a aplicação e deve ser acionado no servidor de autorização. Por exemplo: nome do usuário e senha.

Vejamos a seguir um exemplo de URL:

```
https://jornadas.io/v1/oauth/token
    ?grand_type=password
    &username=NOME_USUARIO
    &password=SENHA
    &client_id=ID_CLIENTE
```

Caso a autorização seja válida, a API retornará uma resposta com o *token* de acesso. A resposta será parecida com o exemplo a seguir:

```
{"access_token":"TOKEN_ACESSO","token_type":"bearer","expires_in":12365478,"refresh_token":"TOKEN_ATUALIZACAO"}
```

Credenciais do cliente (*client credentials*)

Este tipo de *grant type* fornece uma forma de acessar sua própria conta de serviço.

```
https://jornadas.io/v1/oauth/token
    ?grant_type=client_credentials
    &client_id=ID_CLIENTE
    &client_secret=SEGREDO_CLIENTE
```

Caso a autorização seja válida, a API retornará uma resposta com o *token* de acesso. A resposta será parecida com o exemplo a seguir:

```
{"access_token":"TOKEN_ACESSO","token_type":"bearer","expires_
in":12365478,"refresh_token":"TOKEN_ATUALIZACAO"}
```

Usando o *token* de acesso

No sucesso da solicitação do *token* de acesso, podemos acessar os serviços de uma determinada API. A seguir, um exemplo de uma solicitação através do comando **curl**:

```
curl -X POST -H "Authorization: Bearer TOKEN_ACESSO" "https://
api.jornadas.io/v1/$PATH"
```

Observe que adicionamos no nosso header o "**Authorization**" junto com tipo do *token* "**Bearer**" e o *token* de acesso "**TOKEN_ACESSO**".

Usando o *token* de atualização

Quando um *token* de acesso expira, ao acessar um serviço é retornada uma mensagem de erro, normalmente com o texto "*token* expirado" ou "*token* inválido". Porém, se no momento da emissão do *token* de acesso foi gerado o *token* de atualização (*Refresh Token*), este pode ser usado para solicitar um novo *token* de acesso ao servidor de autorização. Vejamos um exemplo:

```
https://jornadas.io/v1/oauth/token
    ?grant_type=refresh_token
    &client_id=ID_CLIENTE
    &client_secret=SEGREDO_CLIENTE
    &refresh_token=TOKEN_ATUALIZACAO
```

71. Aplicação com Spring Security

Gabriela Moraes
Bruno Kaufmann

Ao adicionar a dependência do **spring-boot-starter-security** ao *classpath* da aplicação, o Spring automaticamente configura todos os *endpoints* para aceitar uma autenticação simples via usuário e senha, chamada de *basic*. Ao fazê-lo, a aplicação já está segura, e um erro 401 (*Unauthorized*) deve ser lançado ao tentar acessar algum *endpoint* sem fornecer as credenciais. O Spring Boot configura automaticamente as credenciais. Por padrão, o nome de usuário é "user" e a senha é gerada na inicialização e escrita no console de saída da aplicação. Deve aparecer algo como a linha a seguir:

```
Using generated security password: bbfcabb4-8d4b-43e8-9b4f-bf64451c9c1a
```

Porém, essa abordagem nem sempre é a melhor e mais prática. Muitas vezes temos diferentes demandas nas aplicações, como necessidade de utilizar um diretório que mantém as informações dos usuários, redirecionar para uma tela de *login* ou até mesmo restringir acesso a caminhos específicos da aplicação. Por isso, para esses cenários mais complexos, é possível desabilitar a autoconfiguração do Spring Boot e criar uma classe de configuração para customizar tais requisitos, como mostra o código a seguir:

```
@Configuration
@EnableWebSecurity
public class SecurityConfig extends WebSecurityConfigurerAdapter {

    @Override
    //Configurações de autenticação
    protected void configure(AuthenticationManagerBuilder auth)
throws Exception {
        auth.inMemoryAuthentication()
                .withUser("jornada.colaborativa")
                .password(passwordEncoder().encode("123456"))
                .roles("USER");
    }
```

```
@Override
//Configurações de autorização
protected void configure(HttpSecurity http) throws Exception {
    http.csrf().disable()
            .authorizeRequests()
            .antMatchers("/api/v1/usuario/**").hasRole("USER")
            .anyRequest()
            .authenticated()
            .and()
            .httpBasic();
}

@Bean
public PasswordEncoder passwordEncoder() {
    return new BCryptPasswordEncoder();
}
}
```

O exemplo define uma implementação simples do *Authentication Manager* em memória e define um usuário, com papel *USER*. Em seguida, é configurado um objeto **HttpSecurity** onde definem-se quais requisições precisam de autenticação e que para acessar o *path* **/api/v1/usuario** é necessário que o usuário logado tenha o papel *USER*. No exemplo anterior configuramos uma autenticação básica e simples em memória, mas é possível configurar mecanismos de autenticação mais robustos como LDAP, OAuth, banco de dados, entre outros.

Para realizar o acesso à URI **/api/v1/usuário**, é necessário fornecer um usuário e senha através do *header*. Usuário e senha devem ser passados no formato *base64*, por exemplo:

```
Authorization: Basic am9ybmFkYS5jb2xhYm9yYXRpdmE6MTIzNDU2
```

Esse código decodificado significa "jornada.colaborativa:123456", que é nosso usuário e senha. A seguir, um exemplo utilizando o comando **curl** para realizar a requisição:

```
curl -X GET "http://localhost:8080/api/v1/usuario" -H "accept: application/json" -H "Authorization: Basic am9ybmFkYS5jb2xhYm9yY XRpdmE6MTIzNDU2"
```

Conclusão

Os aplicativos *web* são suscetíveis a ameaças e ataques, podendo ser acessados por qualquer pessoa na internet. Segurança é um assunto amplo e abrangente, que requer cuidados para que nossas aplicações não sejam violadas. Muitas instituições possuem uma equipe dedicada que busca encontrar vulnerabilidades em suas aplicações.

O Spring Security é um *kit* completo de proteção que fornece recursos simples e avançados altamente customizáveis e que permite adaptar novos módulos facilmente, suportando de forma abrangente os protocolos de segurança atuais. Escolher o Spring Security como solução para proteger seus dados é uma ótima opção para manter a confiabilidade das informações das suas aplicações.

PARTE XIII.
CLOUD E *DEPLOY*

72. Introdução à computação em nuvem (*cloud*)

Dorival Querino
Fábio Braga

A computação em nuvem é uma forma de oferecer recursos computacionais, armazenamento, aplicações e outros recursos em forma de serviço, disponibilizando-os via internet. Esses serviços são entregues sob demanda, no formato *self-service*, de forma que o cliente pague somente o que necessita utilizar, muito semelhante a serviços de concessionárias ofertados nas casas dos clientes, como água e energia elétrica. É possível instanciar ou finalizar serviços em minutos ou até mesmo segundos. O pagamento é feito na modalidade *pay-as-you-go*, ou seja, pagando somente o que utilizar, sem a necessidade de pagamentos adiantados, reservas ou encomendas de recursos.

Na nuvem, recursos de alto poder computacional, armazenamento praticamente ilimitado e ambientes de alta disponibilidade e tolerantes a falhas podem ser instanciados pelo usuário comum com alguns cliques de mouse ou execução de algum *script*.

Tipos de nuvem

Nuvem pública (*public cloud*) é aquela onde os serviços são disponibilizados pela internet para qualquer cliente que tenha interesse em utilizá-la.

Nuvem privada (*private cloud*) geralmente pertence a grandes corporações e seu uso é restrito a empresas e departamentos do próprio grupo via intranet. Como exemplo, podemos citar grandes bancos e instituições financeiras que precisam cumprir contratos com regras muito rígidas de acesso e segurança.

Nuvem híbrida ou mista (*hybrid cloud*) é um modelo escolhido por empresas que possuem alguns recursos de segurança crítica e que precisam de um ambiente restrito e controlado enquanto outros mais flexíveis podem utilizar a nuvem pública, que tem menor custo e maior flexibilidade.

As modalidades dos serviços de nuvem

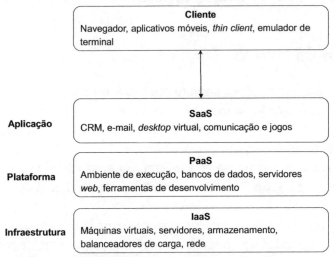

Figura 72.1. As modalidades dos serviços de nuvem (IaaS, PaaS, SaaS).
Fonte: adaptado de Bluepi (2015).

IaaS (*Infrastructure as a Service*): são os serviços de infraestrutura e recursos de hardware que são disponibilizados como serviço. Estes formam a estrutura de recursos básicos, sobre os quais podem ser criados sistemas mais complexos. Estes serviços são os recursos de rede, computadores (virtualizados ou dedicados) e dispositivos de armazenamento, bem familiares aos profissionais de TI. A grande diferença é a alta flexibilidade oferecida, uma vez que o recurso pode ser dimensionado facilmente para atender à necessidade de cada profissional ou empresa. Como exemplo, podemos citar o Google Compute Engine (GCE), da Google, o EC2, da Amazon (AWS), entre outros.

PaaS (*Platform as a Service*): são serviços voltados principalmente para desenvolvedores. Nesta modalidade, o provedor oferece, além dos recursos de hardware, sistema operacional com suas atualizações e *patches*, bem como recursos de software para sustentar o desenvolvimento de aplicações. O cliente, geralmente um desenvolvedor, fica livre para se dedicar inteiramente ao desenvolvimento de sua aplicação. Como exemplos de PaaS podemos citar o Elastic Beanstalk, da AWS, o Google App Engine, Openshift, da Red Hat, e Heroku.

SaaS (*Software as a Service*): são as aplicações que ficam totalmente hospedadas no provedor. Estas são oferecidas já prontas para uso via internet e são mais voltadas ao usuário final. Seu uso se torna muito interessante, pois o usuário não precisa instalar nenhum software em seu computador. Muitas vezes ele apenas se registra no site do provedor e já está apto a utilizar o software. São exemplos de SaaS o S3, da AWS, o Office 365, da Microsoft, o Gmail, entre outros.

Benefícios da nuvem

Self-service: esta característica permite que o próprio cliente escolha e instancie o serviço que deseja utilizar, no momento que necessitar. Por exemplo, quando você cria uma conta no Gmail, está usando o hardware e o software da Google. Quando cria uma instância EC2 (máquina virtual da Amazon), está usando a infraestrutura da Amazon. No entanto, não precisa do auxílio ou permissão de nenhum administrador de infraestrutura para isso. Tudo está disponível a alguns cliques de mouse.

Mensurável: os provedores de nuvem conseguem medir os recursos utilizados com alto nível de granularidade, permitindo que o cliente pague somente pelo tempo que utilizar o recurso instanciado. Como exemplo de recursos mensuráveis, podemos citar uma máquina virtual criada na nuvem, onde o provedor consegue medir e cobrar por horas, minutos ou até segundos de utilização, semelhante à energia elétrica ou água encanada, onde você paga a medida exata do que consome. Esse modo de consumir recursos tem permitido às empresas, principalmente pequenas *startups*, diminuírem drasticamente o investimento inicial de implantação de sistemas, aumentando o investimento à medida que o negócio se torna mais lucrativo.

Elástica: os recursos podem ser escalados rapidamente pelo cliente à medida que demandam mais utilização, podendo adicionar novas instâncias, aumentar a capacidade de armazenamento, memória ou processamento em minutos ou segundos com alguns cliques do mouse ou a execução de algum *script*. É diferente do modelo tradicional, onde o redimensionamento de hardware, por exemplo, exigia semanas ou meses de antecedência para aquisição de recursos. Como exemplo, podemos citar um cliente que cria um *e-commerce* com pouquíssimos acessos, podendo fazer o *deploy* em uma VM de baixo custo na nuvem. Quando o negócio começar a crescer e os lucros aumentarem, ele pode entrar no console do provedor de nuvem e trocar essa máquina virtual por uma de alto desempenho em minutos, podendo fazer o mesmo com armazenamento e banco de dados. Pode ainda criar *clusters* com escala automática, de forma que VMs sejam adicionadas ou removidas do *cluster* automaticamente, conforme aumenta ou diminui a demanda.

73. Java na nuvem

Dorival Querino

Considerando que a linguagem Java está presente nas maiores empresas do mundo e sendo executada tanto em projetos legados quanto nos mais inovadores, veio a necessidade desses projetos serem disponibilizados na nuvem. Isso demandou que a linguagem evoluísse em um ritmo mais acelerado e, assim, fosse capaz de gerar aplicações nativas para a nuvem (*cloud native*) com mais performance e melhor gerenciamento de recursos.

Observe algumas das muitas mudanças no Java focadas na execução em nuvem:

- ✓ **Módulos**: introduzidos com o Java 9, trouxeram o benefício de permitir empacotar apenas os módulos necessários para a aplicação, o que diminui o tamanho dos pacotes e o uso de recursos, tornando-se mais adequados para rodar na nuvem.
- ✓ **Melhorias para rodar em *containers***: versões anteriores do Java apresentavam alguns comportamentos inesperados ao rodar em *containers* e ignorar os limites de recursos destinados à aplicação. Melhorias para resolver este problema foram implantadas a partir do Java 10 e aplicadas retroativamente, já estando presentes, também, nas versões mais atualizadas do Java 8.
- ✓ **Os *frameworks*** Java também estão em ritmo acelerado de mudanças para atender às particularidades da nuvem. Dentre vários exemplos, podemos citar a evolução do Spring (Spring Boot e toda a *stack* Spring Cloud, que implementa os principais padrões para aplicações nativas para a nuvem). Temos também o Micronaut, que, apesar de ser semelhante ao Spring em alguns aspectos, traz, entre outros benefícios, uma proposta de menor consumo de memória e inicialização muito mais rápida. O Microprofile tem a proposta de aproveitar *features* do JEE, altamente confiáveis e estáveis, para utilizá-las como *baseline* para um *framework* otimizado para a arquitetura de microsserviços. Temos também o GraalVm, que é um *kit* de desenvolvimento que permite compilar aplicações Java para rodar como um executável nativo do sistema operacional,

melhorando drasticamente a velocidade de execução, o tempo de resposta e o uso de memória.

O investimento dos provedores de nuvem em Java

Praticamente todos os grandes provedores de nuvem reconhecem a importância do Java e dedicam atenção especial à linguagem.

Além disso, alguns têm uma participação mais ativa ainda. A Amazon oferece gratuitamente uma distribuição própria – o Java Corretto – com suporte de longo prazo, já em uso em produção pela própria Amazon. Em um momento de agitação no mercado e boatos sobre o Java não ser mais livre, a Red Hat, um dos líderes mundiais em soluções *open source*, provedora de toda uma suíte de serviços de nuvem, inclusive o Openshift, se propôs a atuar como administradora dos projetos OpenJDK 8 e OpenJDK 11, trazendo uma dose extra de estabilidade e confiabilidade à linguagem. A Oracle, embora tenha sua versão Java com suporte pago, disponibiliza essas versões sem custo adicional em sua infraestrutura de nuvem, tanto para máquinas Linux quanto Windows.

74. *Deploy* de uma aplicação na nuvem da AWS

Dorival Querino
Rodrigo Sobral

Para ficar mais interessante, nada como colocar a mão na massa mesmo. Hora de fazer o *deploy* de uma aplicação Spring Boot na nuvem da AWS.

Primeiramente, você precisa ter uma conta criada. Se você ainda não tem, pode criar uma seguindo as instruções disponíveis no repositório do livro[140]. A criação da conta é muito simples, e você só precisa fornecer dados pessoais, e-mail e um endereço físico. Um outro detalhe é que você precisa cadastrar um cartão de crédito, mas só será cobrado se usar serviços não gratuitos ou ultrapassar o limite mensal.

Configurar alertas

Para evitar cobranças inesperadas, após criar sua conta é importante definir um **alerta de uso de nível gratuito** e também criar **alertas de orçamento**. Considerando o mesmo repositório do livro citado anteriormente, siga o guia montado especialmente para o livro.

Criando uma instância EC2 e fazendo um *deploy*

É importante, também, saber como criar uma instância EC2 para, posteriormente, fazer o *deploy* de uma aplicação. O guia completo para realizar essa configuração também se encontra no GitHub do livro.

Acessando uma instância EC2 via SSH

Quando o status *check*, na tela de criação da instância, indicar "OK", você já pode acessar a instância via SSH. Ao selecionar a instância e clicar em "Connect", abrirá um *pop-up*

---

[140] <https://github.com/jornada-java/livro>

com algumas instruções para o acesso, mostrando um comando semelhante a este (**ssh -i "livro-java-key.pem" ec2-user@ec2-3-87-48-154.compute-1.amazonaws.com**).

Esse acesso via SSH precisa ser feito de um console Linux. No Windows pode ser feito de várias formas: através do software Putty ou utilizando o WSL (*Windows Subsystem for Linux*), que é um Linux que roda dentro do Windows, ou ainda o que utilizaremos a seguir, o Git Bash, que é instalado junto com o Git para Windows[141] e emula um terminal Linux.

Abra o **Git Bash**, vá para a pasta onde baixou a chave de acesso (*key pair*) e acesse a instância com o comando a seguir, trocando o endereço depois do "@" – neste exemplo, representado por "ec2-3-87-48-154". Perceba que não é necessário alterar o usuário "ec2-user", considerando que este já é o usuário padrão da máquina.

```
ssh -i "livro-java-key.pem" ec2-user@ec2-3-87-48-154.compute-1.amazonaws.com
```

De dentro da EC2, execute os comandos de atualização dos pacotes, instalação do Git, Java e Maven.

```
sudo yum update -y
sudo yum install git java maven -y
```

Para criar a aplicação de exemplo, vamos acessar a página do Spring Initializr[142].

Escolha o tipo de projeto "Maven Project", linguagem "Java" e deixe as demais opções com os valores iniciais. Mais abaixo, na seção de dependências, utilize a barra de busca para encontrar a dependência "Spring Web" e clique no botão "Generate".

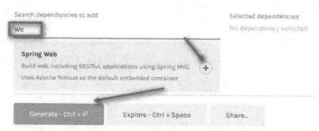

Figura 74.1. Spring Initializr – adicionando dependências ao projeto.
Fonte: os autores.

---

[141] Para baixar o Git para Windows: <https://git-scm.com/download/win>. A instalação pode ser feita utilizando as configurações sugeridas pelo software.
[142] <https://start.spring.io>

Será gerado um arquivo zip para *download*. Após baixar e descompactar o arquivo, faça algumas alterações na classe gerada adicionando a anotação **@RestController** e criando o novo método **hello()** seguindo o modelo a seguir:

```
package com.example.demo;
import org.springframework.boot.SpringApplication;
import org.springframework.boot.autoconfigure.SpringBootApplication;
import org.springframework.web.bind.annotation.*;

@RestController
@SpringBootApplication
public class DemoApplication {
    public static void main(String[] args) {
        SpringApplication.run(DemoApplication.class, args);
    }
    @GetMapping
    public String hello(){
        return "Olá Livro Java";
    }
}
```

Agora faça a compilação e execução do seu código na raiz do seu projeto ainda na máquina local, para ter certeza de que tudo funciona como o esperado.

```
mvn clean package
java -jar target\demo-0.0.1-SNAPSHOT.jar
```

Agora teste a aplicação acessando pelo navegador o endereço *localhost* na porta 8080. Sua tela deverá mostrar a frase retornada pelo *Rest Controller*, "Olá Livro Java".

Na sequência, envie o arquivo jar gerado para a instância na nuvem, abrindo o Git Bash e executando o comando **scp**, semelhante ao exemplo a seguir:

```
scp -i "~/Downloads/livro-java-key.pem" target/demo-0.0.1-SNAPSHOT.jar ec2-user@ec2-3-88-215-186.compute-1.amazonaws.com:/home/ec2-user
```

Agora conecte-se à instância EC2 via SSH utilizando a chave de acesso e entre na pasta **home** do usuário **ec2-user**, sendo este o local para o qual foi enviado o arquivo jar. Em seguida, inicie a aplicação. Todos esses passos estão representados na sequência de comandos a seguir:

```
ssh -i  "~/Downloads/livro-java-key.pem" ec2-user@ec2-3-88-215-
186.compute-1.amazonaws.com
cd /home/ec2-user
java -jar demo-0.0.1-SNAPSHOT.jar
```

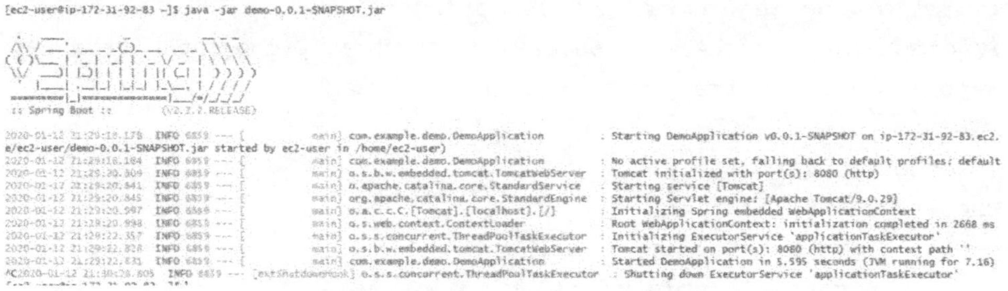

Figura 74.2. *Log* de inicialização do Spring Boot.
Fonte: os autores.

Com a aplicação em execução, abra o navegador utilizando o mesmo endereço usado no SSH (neste exemplo, "ec2-3-88-215-186.compute-1.amazonaws.com", na porta 8080) e acesse nossa aplicação. A página deverá mostrar o mesmo conteúdo do teste que executamos na máquina local.

Parabéns, você agora tem sua primeira aplicação rodando na nuvem.

Existem várias outras formas mais elaboradas e até automatizadas de fazer *deploy* na nuvem da AWS que não estão no escopo deste livro. Mas esse passo a passo simples permitiu executar a primeira aplicação Java na nuvem. A partir daqui, podemos replicar essa instância (AWS AMI), criar um balanceador de carga (AWS ELB – *Elastic Load Balancer*), um *cluster* de escala automática (AWS Auto Scaling), entre outras opções, que você poderá pesquisar para se aprofundar no assunto.

75. Boas práticas para construção de aplicações nativas para nuvem

Eduardo Costa

Aplicações nativas para nuvem (*cloud-native*) se referem a aplicações construídas para serem executadas nos provedores de computação na nuvem (*cloud providers*) e tirarem vantagem de todos os recursos que esses provedores proporcionam. Essas aplicações são criadas para usar de forma nativa os recursos de infraestrutura ou plataforma como serviço (IaaS/PaaS) disponíveis. Isso significa que os componentes da aplicação são desenvolvidos para lidar com falhas, escalabilidade e alta disponibilidade, além de serem inteiramente automatizados em uma esteira (*pipeline*) de integração e implantação contínua (CI/CD).

Quando construímos esse tipo de aplicação podemos usar um conjunto de boas práticas conhecidas como *Twelve Factor App*[143]. Essa metodologia é uma compilação de dicas úteis criadas pelos engenheiros da empresa Heroku. Ela se tornou referência para construção de aplicações que nascem prontas para serem implantadas na nuvem e servirá como base para este capítulo.

Faça o versionamento da sua aplicação

O código da sua aplicação deve ser rastreável por meio de um repositório em um sistema de versionamento como o Git ou equivalente. Em um sistema de gerenciamento de versões você terá o histórico de todas as mudanças na base de código, podendo reverter mudanças incorretas, fazer análises da causa-raiz de problemas, além de gerar versões (*releases*) para diversas implantações (*deploys*).

Aplicações *cloud-native* normalmente utilizam uma arquitetura distribuída formada por diversos serviços menores e independentes que se comunicam entre si. A organização e o versionamento dessas diversas aplicações podem estar em um único

---
[143] Mais informações em <https://12factor.net/>.

repositório (*mono-repo*) ou cada serviço/aplicação possuir o seu próprio repositório (*multi-repo*). É comum ter o código organizado em uma estrutura de múltiplos repositórios, visto que esses microsserviços costumam ser pequenos, especializados em resolver determinado problema e em alguns casos ter times diferentes responsáveis por cada um dos serviços.

Seja em uma estrutura de mono ou múltiplo repositório, é importante que os diversos serviços não compartilhem código diretamente, evitando um acoplamento entre eles. É recomendado criar bibliotecas para esse fim.

Explicitamente declare e isole suas dependências

Sua aplicação Java certamente usa bibliotecas em formato **jar** de terceiros (*third-party libraries*). Elas permitem que você escreva menos código para execução de tarefas complexas. Mantenha explícitas todas as dependências que sua aplicação usa, incluindo as versões nas quais elas se encontram. No caso de bibliotecas **jar**, use um gerenciador de dependências como o Maven ou Gradle para catalogá-las e um gerenciador de repositório como o JFrog Artifactory, por exemplo, para armazená-las. Não armazene os arquivos de biblioteca **jar** junto com a base de código da sua aplicação.

No caso de dependências de outros recursos como imagem de *containers*, banco de dados, etc., evite o uso de declarações que não identifiquem especificamente a versão usada, como a versão mais recente disponível (*latest*). A versão mais recente no momento do desenvolvimento pode não ser a mesma quando a aplicação sofrer manutenções, podendo acarretar diferenças de comportamento e falhas.

Não confie que o ambiente em que sua aplicação será implantada terá todas as dependências necessárias disponíveis. Isole suas dependências e distribua junto com sua aplicação o que for necessário para o seu funcionamento.

Configurações devem pertencer ao ambiente

Configurações são todas as informações que mudam entre os diferentes ambientes onde sua aplicação é implantada. Endereço de banco de dados ou de outros serviços, nome do *host*, número atribuído à porta da aplicação e credenciais são alguns exemplos.

Evite ter essas informações de forma estática em seus arquivos de configuração e não favoreça grupos que se diferenciam por ambiente em um mesmo arquivo ou diferentes arquivos separados por ambiente. Ter essas informações de forma estática ou separadas por ambiente irá forçá-lo a gerar versões diferentes de acordo com o ambiente ou alterar o código quando essas informações mudarem.

Armazene as informações que mudam em variáveis de ambiente relacionadas ao ambiente em que a aplicação será implantada e faça referência a essas variáveis nos arquivos de configuração. Essa medida tornará a *release* mais fácil de ser implantada em diversos ambientes sem a necessidade de mudança no código. Outra alternativa é externalizar suas configurações em um servidor de configuração central que irá gerenciar suas configurações entre os diversos ambientes. O **Spring Cloud Config** é uma ferramenta usada para esse fim.

Credenciais de acesso como usuário e senha são informações que, por questões de segurança, você não deve armazenar no repositório do sistema de armazenamento e gerenciamento de versão.

Trate serviços de apoio como recursos que possam ser facilmente anexados

Serviços de apoio são recursos que sua aplicação acessa por meio da rede, como banco de dados, sistemas de filas ou outros serviços. Se sua aplicação possui algum roteamento estático ou endereço de um recurso externo para concluir alguma operação, então esse recurso pode ser considerado um sistema de apoio. Não há diferença entre serviços locais ou de terceiros, ambos são acessíveis por meio de um endereço.

Sua aplicação deve ser capaz de anexar ou desanexar recursos sem a necessidade de mudar o código, mudando apenas parâmetros de configuração. Se houver um problema no banco de dados, por exemplo, você deve ser capaz de inicializar um novo banco de dados e sua aplicação deve passar a usá-lo sem mudanças no código.

O uso de *service discovery* (descoberta de serviços) como o **Eureka Service Discovery** facilita a troca de serviços de forma transparente. Com isso, os serviços podem se registrar a ele e ser "descobertos" por outros serviços que dependem do *service discovery*. Essa técnica diminui o acoplamento entre sua aplicação e outros serviços, uma vez que não é necessário manter referências estáticas de seus endereços.

Crie *releases* versionadas e imutáveis que possam ser facilmente implantadas e retiradas de produção

Release é o binário da sua aplicação pronto para ser implantado em produção ou em qualquer outro ambiente. Esses binários devem ser versionados com uma identificação única e ser imutáveis, de forma que, uma vez gerados, seu conteúdo não seja modificado. Não gere *releases* distintas para os diversos ambientes que a aplicação será implantada. A mesma *release* deve estar pronta para ser executada em um ambiente de desenvolvimento, teste ou produção sem modificações. As especificidades de cada ambiente devem estar separadas da aplicação.

Use os estágios de *Build*, *Release* e *Run* de forma que: no estágio de *Build*, a base de código deve ser compilada junto com suas dependências, gerando um artefato imutável; no estágio de *Release*, esse artefato é "tagueado" com um identificador único, como uma data e hora ou número incremental, e opcionalmente pode ser combinado com informações de configuração, gerando um novo artefato imutável; no estágio de *Run*, a aplicação é executada no ambiente de destino. Normalmente, a aplicação é empacotada em um *container*, onde é iniciada automaticamente na nuvem. Ferramentas de *deploy* usualmente possuem recursos onde é possível retornar as aplicações para *releases* anteriores em caso de falha.

Aplicações não devem possuir estado

Sua aplicação não deve armazenar dados permanentes em memória. Esses dados devem ser usados em serviços externos como um banco de dados ou sistemas de *cache*.

Esse tipo de aplicação é conhecido como aplicação sem estado (*stateless*). Altamente escalável, possibilita a execução em várias instâncias sem comprometer a consistência dos dados permanentes. Vale lembrar que uma aplicação que faz várias requisições em sequência para outra nem sempre terá sua requisição processada pela mesma instância que recebeu a requisição original. Portanto, armazenar estados para o uso em requisições subsequentes pode trazer falhas e inconsciências. Outra desvantagem do armazenamento de estado é que aplicações com estado (*stateful*) exigem maior quantidade de memória e estão mais vulneráveis a vazamentos de memória (*memory leaks*), situação na qual o consumo de memória da sua aplicação cresce de forma linear infinita, ocasionando sua derrubada.

A própria memória ou os sistemas de arquivos podem ser utilizados para dados temporais, como o *download* de grandes arquivos ou o resultado de uma operação. No entanto, não assuma que dados mantidos em memória ou disco estejam disponíveis para uso futuro.

Permita que a infraestrutura gerencie atribuições de *hosts* e portas

Provedores de infraestrutura na nuvem possuem a capacidade de gerenciar certos aspectos da comunicação de rede que mantêm as aplicações disponíveis, seguras e tolerante a falhas. Alguns desses aspectos são o nome do *host* e a porta na qual a aplicação executada fica disponível. Removendo a responsabilidade de manter de forma estática essa configuração, sua aplicação ganha mais flexibilidade para ser executada em diversos ambientes.

Em ambiente de desenvolvimento certamente sua aplicação é executada em um servidor local (*localhost*), mas em produção assumirá outros valores. É importante suportar essa flexibilidade sem mudança no código.

Maximize a robustez da sua aplicação com inicializações rápidas e desligamentos seguros

Sua aplicação deve ter a capacidade de ser iniciada e interrompida a qualquer momento. Ter a inicialização rápida aumenta a velocidade na implantação quando algo for corrigido ou configurações mudarem.

Evite tarefas demoradas na inicialização e implemente desligamentos seguros de forma que as requisições em execução terminem antes do desligamento e as novas requisições, realizadas durante o desligamento, sejam recusadas ou redirecionadas. Também é importante que as instâncias em execução da sua aplicação sejam descartáveis, podendo ser ligadas e desligadas a qualquer momento sem que ocorra o comprometimento dos dados. Instâncias descartáveis são fáceis de ser substituídas.

Mantenha seus ambientes similares

É comum ter diversos ambientes para validar a qualidade da sua aplicação até que ela seja implantada em produção. Ambientes de desenvolvimento (*dev*), testes (*quality assurance* ou QA), homologação (*staging*) e produção (*prod*) são alguns exemplos.

Mantenha a disparidade entre esses ambientes no menor nível possível. O ideal é que elas sejam semelhantes com as mesmas ferramentas, sistema operacional, base de dados, regras de segurança e *firewall*. Isso trará mais confiança na implantação e eliminará a possibilidade de a aplicação funcionar em um ambiente e em outro não.

O distanciamento entre seu ambiente de desenvolvimento e de produção também deve ser o menor possível. Evite o uso de ferramentas mais leves durante o desenvolvimento que não sejam usadas em produção. Por exemplo, usar um banco de dados SQLite em vez de um banco de dados MySQL que sua aplicação utiliza. Caso a configuração do seu ambiente esteja complexa, alternativas para agilizar esse procedimento devem ser encontradas.

Ambientes similares aceleram o tempo de implantação. A implantação rápida de novas mudanças em produção permite uma recuperação mais rápida de falhas. Normalmente as pessoas se esquecem de quais mudanças foram feitas e desenvolvedores esquecem como o código se parece. Por isso, quanto mais rápido elas entrarem em produção, mais fácil será providenciar correções. A automação e o envolvimento dos desenvolvedores na implantação ajudam a acelerar esse processo de melhoria.

Escale sua aplicação horizontalmente

Para que aplicações tradicionais, que ainda não rodam na nuvem, absorvam o aumento da demanda, é comum adicionar mais recursos aos servidores. Essa abordagem com aumento da capacidade de processamento e quantidade de memória é conhecida como escalabilidade vertical.

Escalar uma aplicação horizontalmente significa ter várias instâncias dessa mesma aplicação sendo executadas de forma concorrente e respondendo a requisições externas. Aplicações que já surgiram na nuvem com as características de não armazenar estado, altamente descartáveis e de inicialização rápida, tiram proveito do poder computacional em nuvem para criar diversas instâncias concorrentes e conseguir atender ao aumento de demanda.

Sistemas que administram a execução das diversas instâncias da sua aplicação, como o Kubernetes, permitem escalar horizontalmente sua aplicação sem intervenção humana, iniciando ou destruindo novas instâncias quando necessário.

Trate seus *logs* como um fluxo de eventos

Certamente você já deparou com algum tipo de *log*. Ele é um conjunto de textos desestruturados que contêm informações de erros, requisições ou mensagens. Normalmente são armazenados em disco em um arquivo de texto rotativo. *Logs* são extremamente importantes para entender o comportamento da sua aplicação e investigar problemas.

Armazenar *logs* em disco em um sistema implantado na nuvem nem sempre é possível. Disponibilidade dos discos, capacidade de armazenamento e configurações inerentes a *logs* são preocupações que devem estar de fora de sua aplicação e não impactar seu funcionamento. Você não espera que sua aplicação deixe de funcionar devido à falta de espaço para armazenamento de *logs*.

Logs devem ser tratados como fluxos de eventos, não havendo início ou fim, fluindo continuamente redirecionados para a saída padrão (*stdout*) do ambiente. Como boa prática, todo o redirecionamento deve ser analisado por ferramentas agregadoras, permitindo o armazenamento e a indexação das informações para possibilitar sua visualização de forma histórica. A maioria dos provedores *cloud* possui alguma ferramenta de análise de *logs*, como Stackdriver, FluentD e Logstash, que são ótimas opções para coletar e gerenciar os *logs* do seu ambiente em nuvem de forma eficiente.

Criar mecanismos de rastreamento e propagação de *logs* MDC (*Mapped Diagnostic Context*) permite enriquecer as mensagens com informações que podem não estar disponíveis no escopo onde o *log* é gerado e vai ajudá-lo a rastrear a execução da aplicação.

Tenha atenção às tarefas de administração

Tenha um cuidado adicional com eventuais *scripts* que são executados uma única vez ao implantar seu sistema. Eles devem ser mantidos e distribuídos junto com o código da aplicação para evitar problemas de sincronização e compatibilidade. Conhecidos como *scripts* de administração ou gerenciamento, são responsáveis por tarefas como a migração de banco de dados ou carga inicial de dados da aplicação.

Tarefas administrativas relacionadas à manutenção periódica que necessitam de agendamento exigem uma atenção especial, como limpeza de *cache*, atualização de dados, etc. A aplicação *cloud-native* não pode ser responsável pelo agendamento e disparo dessas tarefas, uma vez que podem existir diversas instâncias em execução de uma mesma aplicação, o que poderia acarretar a execução de uma mesma tarefa de forma concorrente, trazendo resultados indesejáveis. Nesse tipo de cenário o ideal é permitir que uma aplicação externa dispare e gerencie o agendamento dessas ações.

76. Docker

Rodrigo Sobral

Em 2008, Solomon Hykes fundou a empresa DotCloud. Em 2013, após aprender bastante sobre *containers*, a empresa fez com que esse conhecimento se tornasse *open source*. A partir daí, a DotCloud passou a se chamar Docker.

Assim, o Docker, desde o seu surgimento até os dias atuais, passou a garantir maior facilidade na criação e administração de ambientes isolados, assegurando, dessa forma, que programas se tornem disponíveis para o usuário final de forma mais rápida.

Para tanto, o Docker cria pacotes de software, denominados de *images*. A partir daí, são criados os *containers*, que são ambientes isolados onde são armazenadas todas as dependências necessárias (biblioteca, ferramentas do sistema, código, *runtime*) para que o software seja executado. Assim, aplicações serão implantadas em qualquer ambiente com a certeza de que o código será executado corretamente e os *containers* se manterão consistentes em diferentes etapas do desenvolvimento da aplicação, incluindo testes e implantação.

Para que possamos conhecer melhor o Docker, devemos entender detalhadamente os seus principais recursos: **imagem**, **registro** e **container**.

Uma **imagem** Docker é um pacote que pode conter diversos elementos, tais como: um sistema operacional, um serviço, uma aplicação. O sistema operacional que faz parte da imagem não é o sistema completo, uma vez que a virtualização compartilha o *kernel* do *host*. Ou seja, o compartilhamento do *kernel* exige que os sistemas sejam executados de forma isolada uns dos outros. Tal isolamento é realizado utilizando um recurso do *kernel* Linux denominado *namespace*, que é capaz de isolar recursos, como, por exemplo, PID e *hostname* de um grupo de processos.

As imagens Docker são compostas por camadas empilhadas sobre uma camada base, a qual corresponde geralmente ao sistema operacional. Cada uma dessas camadas que são adicionadas à camada base é uma instrução (inclusão/exclusão de um arquivo ou diretório, definição de variáveis de ambiente, por exemplo) que é definida no momento da criação da imagem.

O Docker utiliza um método de endereçamento de armazenamento de conteúdo baseado em criptografia *hash*, ou seja, um identificador único e seguro é atribuído para cada camada de dados no disco.

O sistema de camadas apresenta algumas vantagens. Por exemplo, qualquer alteração que for realizada em uma imagem resulta na criação de uma nova camada que será adicionada no topo da imagem, garantindo que o processo de distribuição de uma atualização seja mais simples e rápido do que em uma máquina virtual tradicional, pois, se o servidor já possui a imagem, ele irá baixar somente a camada referente à atualização. Uma outra vantagem é que o Docker pode compartilhar camadas comuns entre duas imagens distintas. Por exemplo, alterando uma imagem do sistema operacional Ubuntu, uma nova camada será adicionada ao topo da pilha e as camadas subjacentes serão compartilhadas entre as duas imagens, a nova e a original.

Para o sistema de arquivos do *host*, uma imagem Docker é um conjunto de arquivos. Diante disso e para que o Docker consiga apresentar a imagem como um bloco único, é utilizado o sistema de arquivos unificado (*unionfs*), fazendo com que arquivos e diretórios que estejam em locais distintos sejam apresentados como um único item.

O **registro** é o serviço de armazenamento das imagens e é considerado o componente de distribuição do Docker, uma vez que as imagens são armazenadas em um ponto central, de onde podem ser baixadas e para onde podem ser enviadas.

O serviço padrão fornecido pelo Docker é o *Docker Hub*, com armazenamento público ou privado. O primeiro permite que qualquer pessoa possa baixar e utilizar as imagens armazenadas. Já o segundo restringe o acesso às imagens somente aos usuários que possuam as permissões necessárias.

O **container** é o componente de execução do Docker, pois é o local onde uma aplicação ou um serviço é executado, juntamente com todos os binários e bibliotecas que são necessários para tornar a aplicação ou serviço disponível para os usuários.

Um *container* não hospeda a aplicação; logo, é necessário que ele seja criado a partir de uma imagem onde a aplicação foi construída. Tal imagem é conhecida como imagem base. Essa imagem é a responsável pela definição dos comandos que serão utilizados. Por fim, o *container* permite que seja realizada a interação com os recursos da imagem.

Como já foi mencionado anteriormente, uma imagem é uma pilha de camadas adjacentes à camada base. A criação dos *containers* segue o mesmo raciocínio, ou seja, o Docker cria uma camada para cada *container* e esta é adicionada ao topo da pilha correspondente à imagem base e recebe um identificador *hash*. Entretanto, devido ao armazenamento utilizado no Docker, somente a camada do *container* é gravável, enquanto as camadas que compõem a imagem possuem acesso somente de leitura. Isso significa que qualquer alteração realizada em um *container* é salva na sua própria camada, enquanto os dados armazenados na imagem permanecem inalterados. Assim, vários *containers* são criados e executados utilizando uma mesma imagem base e, de forma simultânea, possuem dados comuns entre si (hospedados na imagem) e seus próprios dados alterados.

A técnica utilizada para manipular os dados é a estratégia de compartilhamento e cópia (*copy-on-write*), na qual um dado é compartilhado entre processos distintos que precisam acessá-lo. Quando um processo precisa alterar o conteúdo desse dado, apenas este processo fará cópia do dado, para que, dessa forma, este possa ser modificado.

Os procedimentos adotados por essa estratégia variam de acordo com o *driver* de armazenamento utilizado. O AUFS, que é o *driver* padrão do Docker, busca na pilha de camadas da imagem, de forma *top-down*, o arquivo que será modificado. Ao encontrar o arquivo, copia-o para a camada do *container*, onde poderá ser modificado. Esta última operação é chamada de *copy-up*. Vale ressaltar que esta cópia é realizada apenas na primeira vez, já que o arquivo que foi copiado será mantido na camada do *container* para alterações posteriores.

Quando o *container* precisar excluir um arquivo, o AUFS utilizará o *whiteout file*, arquivo criado na camada do *container* para "ocultar" a existência do arquivo original nas camadas subjacentes. Por exemplo, um determinado processo no *container* excluiu o arquivo **file1** que pertence à imagem. Com isso, o *driver* de armazenamento cria nessa mesma camada um arquivo denominado **.wh.file1**, o qual informará aos processos do *container* que o arquivo em questão foi excluído.

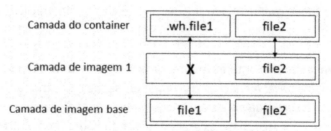

Figura 76.1. Processo de exclusão de um arquivo.
Fonte: o autor.

Tão importante quanto o início de novos processos é a capacidade de um processo defeituoso ser finalizado na mesma velocidade que iniciou, pois um processo que demora para finalizar pode comprometer toda a solução. Diante disso, a boa prática indica que as aplicações devem ser descartáveis, ou seja, a ação de desligar uma de suas instâncias não deve afetar a solução como um todo.

Para isso, o Docker possui o mecanismo de descartar automaticamente um *container* após a sua utilização, que pode ser acionado no *docker container run* por meio da opção **-rm**.

Entretanto, caso seja necessário preservar os dados de um *container*, o Docker possui dois mecanismos para a realização de tal ação. O primeiro é por meio da criação de uma imagem a partir de um *container* e o segundo através da exportação de um volume de dados (arquivo ou diretório no *filesystem* do *host* montado diretamente no *container*).

Para que possamos entender melhor o conceito do Docker, devemos conhecer como surgiu o processo de virtualização. Primeiramente, temos que saber que virtualizar significa simular o comportamento físico de um computador por meio de um software. Assim, antes do processo de virtualização acontecer, era necessário dedicar todos os recursos de um servidor para a execução de uma única aplicação, para que ela funcionasse isolada das demais. Com o conceito de virtualização, várias aplicações podem ser executadas no mesmo servidor, criando um isolamento lógico entre elas.

A primeira tecnologia que utilizou o conceito de virtualização foi a máquina virtual (*virtual machine*), a qual possui um software denominado de *Hypervisor*. Ele é o responsável por criar uma ponte entre a máquina virtual e o hardware físico, para que, dessa forma, possa distribuir os recursos da máquina física entre as máquinas virtuais. Nesse tipo de virtualização, as máquinas virtuais possuíam um servidor completo com seu próprio *kernel* e sistema operacional.

Outra tecnologia que utiliza o conceito de virtualização é a do *Docker Container*, que, como mencionado antes, compartilha o *kernel* do *host* (máquina física) em vez de simular todos os componentes do servidor físico.

O Docker realiza o empacotamento de uma aplicação ou ambiente inteiro dentro de um *container*. Com isso, esse ambiente se torna portável para qualquer outro *host*, desde que este tenha o software do Docker instalado.

Com isso, o Docker permite que o código seja executado de forma padronizada, ou seja, da mesma forma que uma máquina virtual virtualiza o hardware do servidor, os *containers* virtualizam o sistema operacional do servidor. Com o Docker instalado em cada servidor, é possível criar, iniciar ou interromper os *containers*.

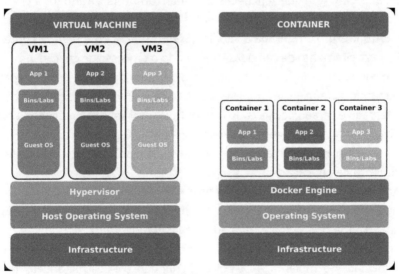

Figura 76.2. Comparativo entre *virtual machine* e *container*.
Fonte: o autor.

O Docker pode ser instalado tanto no Mac quanto no Linux ou no Windows. Para cada sistema operacional, deve ser seguido um determinado procedimento. Tais ações estão detalhadas neste link do **Docker Engine overview**[144].

O Docker possui diversas linhas de comando para que possam ser realizados diferentes tipos de ações. Cada comando está detalhado neste link[145].

---

[144] <https://docs.docker.com/engine/>
[145] <https://docs.docker.com/engine/reference/run/>

A utilização do Docker possui alguns benefícios e vantagens:

- ✓ Redução do tempo de *deploy* de infraestrutura ou de aplicação, uma vez que não existe a necessidade de ajustes de ambiente para o funcionamento correto do serviço. O ambiente será sempre o mesmo, por isso sua configuração só deverá ser realizada uma única vez. Depois disso, esse ambiente poderá ser multiplicado quantas vezes for necessário.
- ✓ Otimização no uso de memória, necessitando de menos consumo.
- ✓ Diminuição do volume de incompatibilidades entre os sistemas.
- ✓ Um software poderá ser disponibilizado mais rápido, se comparado ao método de virtualização tradicional.
- ✓ O desenvolvedor pode desabilitar uma parte da aplicação, seja para reparo ou atualização, sem que seja necessário interrompê-la totalmente.
- ✓ Compartilhamento de processos entre diferentes aplicativos, como é realizado na Arquitetura Orientada a Serviço (SOA ou *Service-Oriented Architecture*).
- ✓ Reaproveitamento de camadas, acelerando o processo de criação. As alterações são compartilhadas entre as imagens, o que melhora ainda mais a velocidade, o tamanho e a eficiência. Toda vez que é realizada uma alteração, um *changelog* integrado é gerado, fornecendo um controle total sobre as imagens do *container*.
- ✓ Caso a iteração de alguma imagem não tenha atendido às expectativas, basta reverter para a versão anterior, sem que haja perda na eficiência do desenvolvimento da aplicação.
- ✓ Ao criar um *container* para cada processo, é possível compartilhar tais ações similares com os novos aplicativos. Como não existe a necessidade de inicializar um sistema operacional para adicionar ou mover um *container*, o tempo de implantação diminuirá de forma considerável. Além disso, com o aumento da velocidade de implantação, é possível criar dados e destruir aqueles que foram criados pelos *containers* com facilidade e economia.

Consulte a documentação para saber mais sobre a instalação[146] e a utilização do Docker[147].

---

[146] <https://docs.docker.com/install/>
[147] <https://docs.docker.com/engine/reference/commandline/docker/>

77. Monitoramento

Dorival Querino

Acontecimentos do cotidiano talvez sejam a melhor forma de entender a importância do monitoramento de aplicações. Já ocorreu de você estar finalizando uma compra *on-line* e, de repente, o site de compras sai do ar? Ou está comprando uma passagem para viagem de última hora e o sistema fica lento justo na hora da sua compra, causando estresse e risco de perder a viagem? Pois é, além de serem situações muito desagradáveis, esses acontecimentos têm causado grandes prejuízos às empresas, além de grande estresse nos times de desenvolvimento e suporte, que são surpreendidos com comportamentos inesperados e misteriosos após implantar um sistema em produção. Para ajudar a solucionar e prevenir esses problemas é que entram em cena as ferramentas de monitoramento, também chamadas de ferramentas de *profiling*. Elas permitem conhecer o que se passa internamente nas aplicações, principalmente quanto ao uso de processador, memória, *garbage collector* e interação entre as *threads*. Neste capítulo, abordaremos o monitoramento de aplicações Java e algumas das ferramentas que facilitam esse trabalho.

No monitoramento, é importante saber o que deve ser observado e analisado. O que mais causa problemas nos sistemas são, geralmente, uso excessivo de memória, de processador, lentidão excessiva ou travamentos provocados por uso inadequado de *threads* (*deadlocks* e erros de programação). Assim, as ferramentas de monitoramento costumam vir por padrão com alguma forma de monitorar esses itens – análise dos objetos no *heap*, da atuação do *garbage collector*, uso do processador pelas *threads*. A maioria mostra o estado e o ciclo de vida das *threads*, ajudando a identificar bloqueios que travam a aplicação.

As ferramentas de monitoramento para Java

Desde as versões mais antigas do Java, as distribuições da JDK já ofereciam, por padrão, as ferramentas de linha de comando JStat, JInfo, JStack e JMap. Estas forneciam monitoramento de *logs* e estatísticas de execução, informações de processos na JVM, *stack trace* de *threads* e processos, e o mapeamento de uso de memória, respectivamente. Além dessas, temos as ferramentas visuais, que veremos a seguir.

JConsole

A ferramenta JConsole realiza o monitoramento de forma visual e já acompanha o Java há vários anos. É uma ferramenta gráfica JMX (*Java Management Extensions* ou Extensões de Gerenciamento Java), que permite monitorar JVMs locais e remotas e interagir com *beans* gerenciados (*managed beans*), que são classes de serviço que possuem métodos e parâmetros que podem receber comandos e alterações de valores em tempo de execução.

Para utilizar o JConsole, estando com as configurações de **PATH** e **JAVA_HOME** já definidas, basta abrir um *prompt* de comando e digitar o comando **jconsole** para abrir a ferramenta.

Figura 77.1. Tela inicial do JConsole.
Fonte: o autor.

Ao abrir o JConsole, ele mostra aplicações Java sendo executadas na JVM. Se não houver nenhuma em execução, aparecerá o próprio JConsole, que é uma aplicação Java também. Para visualizá-lo, basta dar um duplo clique na linha em que aparece o processo. Se aparecer a caixa de diálogo informando que não foi possível estabelecer conexão segura, basta clicar em "Insecure Connection" para visualizar as opções de monitoramento. Já para monitorar aplicações remotas previamente configuradas, basta preencher os parâmetros requeridos no campo "Remote Process".

Na figura a seguir você pode ver o painel com o resumo de utilização de recursos pela aplicação.

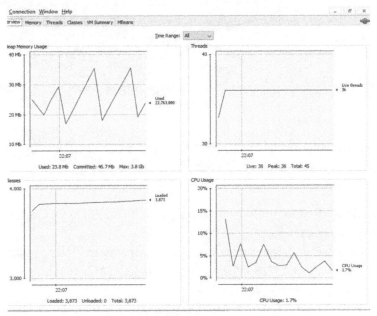

Figura 77.2. Painel de monitoramento do JConsole.
Fonte: o autor.

Na aba "Overview" você terá um painel com os gráficos de utilização de memória, processador, classes e *threads* carregadas na memória. Ao navegar para as outras abas, você poderá ter o detalhamento de cada um desses itens. Além disso, na aba "VM Summary", existe um relatório detalhado de todos os parâmetros de execução da JVM.

Java Mission Control

Java Mission Control (JMC) é uma suíte *open source* da Oracle para monitoramento da JVM. Ela facilita bastante a tarefa de monitorar e otimizar aplicações. Sua proposta de causar baixíssimo *overhead* torna-a perfeita para análise de problemas em ambiente de produção. É oferecida junto com a JDK da Oracle a partir da JDK7u40 até a JDK8 – em versões posteriores do Java ela não está presente e deve ser baixada separadamente, além de poder ser instalada como *plugin* no Eclipse. Ela se destaca por permitir coleta e análise de dados em ambientes Java com baixíssimos níveis de impacto nos sistemas monitorados, além de uma interface intuitiva e de fácil utilização.

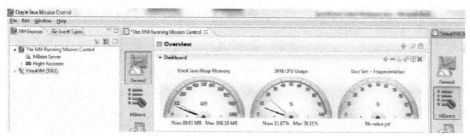

Figura 77.3. Um dos painéis de monitoramento do *Java Mission Control* – o JMX console.
Fonte: o autor.

As principais ferramentas que compõem a suíte são:

JMX console

- ✓ Permite o gerenciamento e monitoramento de múltiplas instâncias de aplicações Java em execução.
- ✓ Permite a captura e apresentação de dados em tempo real do *garbage collector*, uso de memória e CPU e informações de qualquer *MBean* JMX gerenciável que esteja implantada na JVM.
- ✓ Configuração de alertas em *MBeans* para serem disparados quando determinados eventos acontecem.

Java Flight Recorder

É uma funcionalidade de registro de eventos em tempo real que, entre outras coisas, permite:

- ✓ Produzir registros detalhados sobre a JVM e aplicações em execução.
- ✓ Coleta de dados de *profiling*, *garbage collector*, parâmetros de otimização, alocação de objetos, estatísticas de utilização do *heap*, latência e bloqueios de I/O.
- ✓ Análise *off-line* dos dados coletados. A funcionalidade pode ser executada diretamente em ambiente de produção com parâmetros para coletar dados de *profiling* por um intervalo de tempo. Posteriormente, esses dados podem ser importados e analisados no JMC fora do ambiente produtivo.

Com toda a facilidade de *download* e instalação, esta é uma ferramenta que não deve faltar na caixa do desenvolvedor que precisa analisar e resolver problemas com aplicações Java em ambiente de produção.

Eclipse MAT – *Eclipse Memory Analyzer*

Eclipse MAT é um monitor e analisador de memória para a IDE do Eclipse, sendo muito útil na identificação e solução de consumo excessivo de memória. Ele permite analisar *dumps* de memória, encontrar objetos que estejam travando o *garbage collector* e ainda gerar relatórios dos objetos suspeitos de *memory leaks*.

JVM *Debugger Memory View* – IntelliJ

É um analisador de memória para o IDEA IntelliJ que estende o próprio *debug* da IDE e, assim, já fica disponível ao iniciar uma sessão de *debug*. Isso permite acompanhar mais detalhadamente a chamada de cada método e como esta afeta os objetos no *heap*.

JProfiler

JProfiler é uma ferramenta de mercado que se destaca pela facilidade de uso e engloba várias soluções de análise e monitoramento em um só lugar. Tem integração com praticamente todas as IDEs mais populares. Apresenta resultados visuais de fácil entendimento e gráficos que permitem rastrear objetos que estejam bloqueando o trabalho do *garbage collector*. É capaz de analisar aplicações *web*, filas JMS, bancos de dados, serviços SOAP e muito mais. É uma ótima opção para quem quer investir em uma solução paga.

PARTE XIV.
A JORNADA CONTINUA

78. O que vem depois?

Sandro Giacomozzi

Meus parabéns por ter percorrido essa jornada até aqui. Agora temos duas notícias para você (uma boa e outra melhor ainda). A boa é que, lendo este livro e praticando com os códigos de exemplo, você estará apto a desenvolver a maioria dos projetos utilizados em empresas de todo o mundo (e pagando ótimos salários). A melhor ainda é que você escolheu a linguagem certa para isso. Temos milhares de desenvolvedores espalhados pelo mundo prontos para ajudá-lo (incluindo os autores aqui) e muitos materiais como livros, vídeos, conferências e cursos. Java é uma linguagem madura e ao mesmo tempo atual.

Uma das melhores coisas que você pode fazer agora (se é que já não fez) é criar um repositório no GitHub. Faça experimentos e projetos de exemplo. Estude as tecnologias. Monte um portfólio. Compartilhe com colegas e também ajude outros desenvolvedores. Participe de projetos *open source*, comunidades e eventos. Quando menos perceber, já estará envolvido nesse maravilhoso ecossistema de desenvolvimento de software.

Quando for desenvolver software, faça com carinho, como se estivesse escrevendo uma carta, um livro ou uma música. Use sua criatividade, seja engenhoso, crie códigos limpos e de fácil manutenção (seus colegas irão agradecê-lo lá na frente). Não se limite a este livro. Busque sempre mais conhecimento. E lembre-se de que nossa missão é resolver problemas e construir um mundo melhor através da tecnologia.

Boa sorte, sucesso e nos vemos por aí!

Referências bibliográficas

ADZIC, Gojko. **Specification by Example:** how successful teams deliver the right software. Shelter Island: Manning, 2011.

AGILE ALLIANCE. **Acceptance Test Driven Development (ATDD).** Disponível em: <https://www.agilealliance.org/glossary/atdd/>. Acesso em: 06 jan. 2021.

ATLASSIAN. **About Code Coverage.** June 30, 2017. Disponível em: <https://confluence.atlassian.com/clover/about-code-coverage-71599496.html>. Acesso em: 07 jan. 2021.

ATLASSIAN. Site. Disponível em: <https://www.atlassian.com/>. Acesso em: 07 jan. 2021.

AUTHO. Site. Disponível em: <https://auth0.com/>. Acesso em: 07 jan. 2021.

BAELDUNG. **Differences Between Oracle JDK and OpenJDK.** Aug. 05, 2020. Disponível em: <https://www.baeldung.com/oracle-jdk-vs-openjdk>. Acesso em: 07 jan. 2021.

BECK, Kent. **Programação extrema (XP) explicada:** acolha as mudanças. Porto Alegre: Bookman, 2004.

BECK, Kent. **Test Driven Development:** by example. Upper Saddle River, NJ: Addison-Wesley Professional, 2002.

BECODE. **Manifesto Ágil e as TOP 3 Metodologias Ágeis de Desenvolvimento!** 16 out. 2017. Disponível em: <https://becode.com.br/manifesto-agil-e-top-metodologias-ageis/>. Acesso em: 07 jan. 2021.

BLUEPI. **Different Types of Cloud Computing Service Models.** Dec. 10, 2015. Disponível em: <https://www.bluepiit.com/blog/different-types-of-cloud-computing-service-models/>. Acesso em: 07 jan. 2021.

CHAN, Denise. Sunsetting Mercurial support in Bitbucket. **Bitbucket**, Apr. 21, 2020. Disponível em: <https://bitbucket.org/blog/sunsetting-mercurial-support-in-bitbucket>. Acesso em: 07 jan. 2021.

CONCEIÇÃO, Bárbara Cabral da. Introdução a Metodologias de Desenvolvimento Orientadas a Testes. **Slideshare.** 25 de jan. 2018. Disponível em: <https://www.slideshare.net/barbaracabral/introduo-metodologias-de-desenvolvimento-orientadas-testes-com-exemplor-prtico-86706817>. Acesso em: 06 jan. 2021.

DEITEL, Paul; DEITEL, Harvey. **Java:** como programar. 4.ed. Porto Alegre: Bookman, 2003.

DEVMEDIA. **JSTL – Aplicações web simples e fácil em Java.** Disponível em: <https://www.devmedia.com.br/jstl-aplicacoes-web-simples-e-facil-em-java/3746>. Acesso em: 07 jan. 2021.

EFRAIM. Introdução ao Spring Framework. **DevMedia**, 2012. Disponível em: <https://www.devmedia.com.br/introducao-ao-spring-framework/26212>. Acesso em: 07 jan. 2021.

ESTAS são as 10 linguagens de programação mais utilizadas em 2019. **Computerworld**, 08 nov. 2019. Disponível em: <https://computerworld.com.br/carreira/estas-sao-as-10-linguagens-de-programacao-mais-utilizadas-em-2019/>. Acesso em: 07 jan. 2021.

EVANS, Eric. **Domain-Driven Design:** atacando as complexidades no coração do software. Rio de Janeiro: Alta Books, 2016.

FIELDING, Roy Thomas. **Architectural Styles and the design of network-based software architectures.** Dissertation for the degree of Doctor of Philosophy in Information and Computer Science. University of California, Irvine, 2000.

FOWLER, Martin. **GivenWhenThen**. Aug. 21, 2013. Disponível em: <https://www.martinfowler.com/bliki/GivenWhenThen.html>. Acesso em: 07 jan. 2021.

FOWLER, Martin. **IntegrationTest**. Jan. 16, 2018. Disponível em: <https://martinfowler.com/bliki/IntegrationTest.html>. Acesso em: 07 jan. 2021.

FOWLER, Martin. **Is High Quality Software Worth the Cost?** May 29, 2019. Disponível em: <https://martinfowler.com/articles/is-quality-worth-cost.html>. Acesso em: 07 jan. 2021.

FOWLER, Martin. **Richardson Maturity Model:** steps toward the glory of REST. Mar. 18, 2010. Disponível em: <https://martinfowler.com/articles/richardsonMaturityModel.html>. Acesso em: 07 jan. 2021.

FOWLER, Martin. **TestPyramid.** May 1st, 2012. Disponível em: <https://martinfowler.com/bliki/TestPyramid.html>. Acesso em: 07 jan. 2021.

FREEMAN, Steve; PRYCE, Nat. **Growing Object-Oriented Software, Guided by Tests.** Upper Saddle River, NJ: Addison-Wesley Professional, 2009.

GALLAGHER, Jesse. Lessons From Writing a JNoSQL Driver. **Frostillic.us**, Dec. 30, 2017. Disponível em: <https://frostillic.us/blog/posts/CB3FED16EF19D48B85258206005915D7>. Acesso em: 07 jan. 2021.

GIT. **1.2 Começando – Uma Breve História do Git.** Disponível em: <https://git-scm.com/book/pt-br/v2/Come%C3%A7ando-Uma-Breve-Hist%C3%B3ria-do-Git>. Acesso em: 07 jan. 2021.

HAMMER-LAHAV, Eran. A Little Bit of History. **OAuth 2.0**, Sep. 05, 2007. Disponível em: <https://oauth.net/about/introduction/>. Acesso em: 07 jan. 2021.

HENDRICKSON, Elizabeth. Introduction to Acceptance Test Driven Development. **Slideshare**, 21 mar. 2010. Disponível em: <https://www.slideshare.net/ehendrickson/introduction-to-acceptance-test-driven-development-3491703>. Acesso em: 06 jan. 2021.

JAVA CHAMPIONS. Java Is Still Free 2.0.3. **Medium**, Mar. 3rd, 2019. Disponível em: <https://medium.com/@javachampions/java-is-still-free-2-0-0-6b9aa8d6d244>. Acesso em: 07 jan. 2021.

JREBEL. **How to Mock Test with Mockito.** Dec. 2nd, 2016. Disponível em: <https://www.jrebel.com/blog/mock-unit-testing-with-mockito>. Acesso em: 07 jan. 2021.

KURTZ, João. Além do Google; Cadê, Aonde, Altavista e outros fizeram história. **TechTudo**, 19 mar. 2016. Disponível em: <https://www.techtudo.com.br/listas/noticia/2016/03/alem-do-google-cade-aonde-altavista-e-outros-fizeram-historia.html>. Acesso em: 07 jan. 2021.

MICROSOFT compra GitHub por US$ 7,5 bilhões e anuncia mudanças. **G1**, 04 jun. 2018. Disponível em: <https://g1.globo.com/economia/tecnologia/noticia/microsoft-compra-github-por-us-75-bilhoes.ghtml>. Acesso em: 07 jan. 2021.

MUNIZ, Antonio et al. **Jornada Ágil de Qualidade.** Rio de Janeiro: Brasport, 2020.

NAGY, Gáspár; ROSE, Seb. **The BDD Books – Discovery:** explore behaviour using examples. Birmingham: Packt Publishing, 2019.

NORTH, Dan. Introducing BDD. **Better Software**, mar. 2006. Disponível em: <https://dannorth.net/introducing-bdd/>. Acesso em: 07 jan. 2021.

NORTH, Dan. Introduzindo o BDD. Trad. Gabriel Olivério. **BroncoDev**, 11 out. 2016. Disponível em: <http://broncodev.com/2016-10-11-introduzindo-o-bdd/>. Acesso em: 07 jan. 2021.

OPENJDK. **JEP 330:** Launch Single-File Source-Code Programs. Disponível em: <https://openjdk.java.net/jeps/330>. Acesso em: 07 jan. 2021.

OPENJPA. **Chapter 3. Java Persistence API Architecture.** Disponível em: <https://openjpa.apache.org/builds/1.2.3/apache-openjpa/docs/jpa_overview_arch.html>. Acesso em: 07 jan. 2021.

ORACLE. **Java Platform Standard Edition 8 Documentation.** Disponível em: <https://docs.oracle.com/javase/8/docs/>. Acesso em: 07 jan. 2021.

PRABHU, Rishabh. Dynamic Memory Allocation in C using malloc(), calloc(), free() and realloc(). **Geeks for Geeks,** May 24, 2020. Disponível em: <https://www.geeksforgeeks.org/dynamic-memory-allocation-in-c-using-malloc-calloc-free-and-realloc/>. Acesso em: 07 jan. 2021.

RANI, Shweta; SURI, Bharti; KHATRI, Sunil Kumar. Experimental Comparison of Automated Mutation Testing Tools for Java. 4th **International Conference on Reliability, Infocom Technologies and Optimization (ICRITO) (Trends and Future Directions),** Noida, India, Sep. 02-04, 2015.

REBELO, Paulo. Acceptance Test-Driven Development (ATDD), passo a passo. **InfoQ**, 19 fev. 2014. Disponível em: <https://www.infoq.com/br/articles/atdd-passo-a-passo/>. Acesso em: 07 jan. 2021.

RONALDO. Classes Anônimas e Aninhadas em Java. **DevMedia**, 2014. Disponível em: <https://www.devmedia.com.br/classes-anonimas-e-aninhadas-em-java/31167>. Acesso em: 07 jan. 2021.

ROSE, Seb; WYNNE, Matt; HELLESOY, Aslak. **The Cucumber for Java Book:** behaviour-driven development for testers and developers. S.l.: Pragmatic Programmers, 2015.

SANTANA, Otavio. Eclipse JNoSQL: A Quick Overview of Redis, Cassandra, Couchbase, and Neo4j. **DZone**, Mar. 16, 2018. Disponível em: <https://dzone.com/articles/eclipse-jnosql-a-quick-overview-with-redis-cassand>. Acesso em: 07 jan. 2021.

SANTANA, Otavio. Making Graph Databases Fun Again With Java. **DZone**, Dec. 20, 2017. Disponível em: <https://dzone.com/articles/have-a-fun-moment-with-graph-and-java>. Acesso em: 07 jan. 2021.

SMART, John Ferguson. **BDD in Action:** behavior-driven development for the whole software lifecycle. Shelter Island, NY: Manning Publications, 2014.

SMITH, Donald. Update and FAQ on the Java SE Release Cadence. **Java Platform Group, Product Management Blog,** May 3rd, 2018. Disponível em: <https://blogs.oracle.com/java-platform-group/update-and-faq-on-the-java-se-release-cadence>. Acesso em: 07 jan. 2021.

SOFTDESIGN. **Testes Automatizados – Parte 1: tipos de teste.** 26 maio 2015. Disponível em: <https://softdesign.com.br/blog/testes-automatizados-parte-1-os-tipos-de-testes/>. Acesso em: 07 jan. 2021.

SOUZA, Bruno – JavaMan. Interview with Brian. **YouTube**, 18 set. 2019. Disponível em: <https://www.youtube.com/watch?v=dNqVXKd_YLI>. Acesso em: 07 jan. 2021.

TORRES, Wagner Silva. Gherkin: o dia em que entendi que estava escrevendo errado. **Medium**, 04 maio 2020. Disponível em: <https://medium.com/@wstorres/gherkin-o-dia-em-que-entendi-que-estava-escrevendo-errado-220a84520819>. Acesso em: 06 jan. 2021.

WONG, W. Eric. (ed.). **Mutation testing for the new century.** (Advances in Database Systems Series). Vol. 24. New York, NY: Springer Science & Business Media, 2001.

YAP, Kelvin. Celebrating 10 million Bitbucket Cloud registered users. **Bitbucket**, Apr. 17, 2019. Disponível em: <https://bitbucket.org/blog/celebrating-10-million-bitbucket-cloud-registered-users>. Acesso em: 07 jan. 2021.

Dedicatória e agradecimentos

Dedico mais um livro colaborativo aos amores da minha vida: meus filhos Lucas e Luisa e minha esposa Keila. Agradeço a Deus essa nova conquista e parabenizo o time organizador e coautores pela dedicação e excelência que resultou nesta obra incrível. Agradeço meus familiares e amigos da SulAmérica, Jornada Colaborativa e AdaptNow pelas oportunidades de aprendizado e aos milhares de alunos, leitores e participantes das minhas palestras pela grande receptividade e troca de experiências que me tornam uma pessoa melhor a cada dia. Agradecimento especial para o amigo Rodrigo Moutinho de quem sou grande fã e que pratica a colaboração na essência desde o primeiro livro "Jornada DevOps" e contribuiu fortemente para a conclusão deste livro.

Antonio Muniz
Idealizador, organizador e coautor da Jornada Java

Dedico este livro à minha família e minha esposa Raquel, que me concedeu um dos maiores presentes que alguém pode ter em sua vida, a nossa filha Rebecca. Vocês são a engrenagem que me mantém firme e forte para seguir em frente. Aos novos amigos desta comunidade incrível que é a Jornada Colaborativa, que se uniram para concretizar esta obra.

Bruno Kaufmann
Idealizador, organizador e coautor da Jornada Java

Agradeço a todos os amigos, novos e antigos, que estiveram comigo nesta Jornada Colaborativa! É uma honra conhecê-los e trabalhar com todos vocês! Dedico este livro à minha esposa Roseany e minha família: mãe, pai e irmãos, que me apoiam e me suportam continuamente, em todos os meus trabalhos e desafios da vida. Obrigado por darem sentido a todo esse esforço, além de razões para continuar! Deixo também um agradecimento aos amigos Rodrigo Moutinho e Bruno Souza, que me apoiaram tanto nessa fase da minha carreira. E, por fim, um abraço a todos os amigos que me encorajam tanto nessas iniciativas! Muito obrigado a todos vocês!

Rinaldo Pitzer Júnior
Organizador e coautor da Jornada Java

Gratidão por essa conquista! Dedico este livro à minha esposa Flavia, parceira de vida e pessoa fantástica que está sempre ao meu lado, não importando o tamanho do desafio à frente. Dedico também a toda a comunidade Java por todo o esforço em fazer a linguagem ser cada vez melhor, aos meus parceiros(as) de jornada, pelo comprometimento incrível no desenvolvimento deste livro, e aos grandes amigos(as) que fiz para a vida ao longo da minha carreira como desenvolvedor Java. Obrigado Universo!

Rodrigo Moutinho
Organizador e coautor da Jornada Java

Primeiramente, agradeço a oportunidade de estar rodeado de pessoas incríveis, que proporcionam um ambiente saudável, positivo e de crescimento. Minha família, que sempre me deu o suporte necessário para que pudesse correr atrás dos meus sonhos. Minha esposa Adriana e filha Isabela, que amo demais e são exemplos de organização e disciplina. Sem elas não teria forças para desempenhar o trabalho da mais alta qualidade exigido por este livro. Vocês duas me inspiram e me fornecem a energia necessária para essa escalada diária. Agradeço aos amigos da Jornada Colaborativa e em especial ao amigo Antonio Muniz pela confiança depositada.

Sandro Giacomozzi
Organizador e coautor da Jornada Java

Muita gratidão por estar fazendo parte deste projeto incrível, repleto de pessoas maravilhosas; em especial, ao amigo Antonio Muniz, pela idealização do projeto e pela confiança depositada em mim, e aos meus amigos organizadores e coautores deste livro, pela parceria. Agradeço à minha família, por sempre ter zelado para que eu tivesse a melhor educação possível, e a todos os professores que fizeram parte da minha trajetória de aprendizado. Um agradecimento especial ao meu marido e maior apoiador de todas as horas, Marcos Kalinowski, e para todos os meus alunos e ex-alunos, que me motivam diariamente a ser uma pessoa e profissional cada vez melhor.

Tatiana Escovedo
Organizadora e coautora do Jornada Java

Sobre os autores

Alisson Medeiros
Apaixonado por entregar software de qualidade aos clientes, sempre buscando fazer melhor e mais rápido. Atua há mais de 10 anos com tecnologia, tanto em *startups* como em grandes corporações. Também é membro de comunidades e organizador de eventos. Foca em uma visão do todo, que olha desde o *commit* até o uso do cliente.
<https://www.linkedin.com/in/alisson-medeiros-8bb67830/>

Allan Rodrigo Leite
Gerente de desenvolvimento de software, professor e doutor em Ciência da Computação. Possui mais de 17 anos de experiência em engenharia de software e atualmente está envolvido com práticas modernas de desenvolvimento de software, com foco em desenvolvimento ágil, testes automatizados, *DevOps*, padrões de arquitetura de software e sistemas distribuídos.
<https://www.linkedin.com/in/allan-rodrigo-leite-67b34252/>

André Felipe Joriatti
Desenvolvedor Java na TOTVS com sete anos de experiência. Trabalhou com vários tipos de projetos, desde ERP a projetos Java com servidores de aplicação em diferentes produtos e equipes. Hoje trabalha com microsserviços em Java/Spring Boot e Docker.
<https://www.linkedin.com/in/joriatti>

Antonio Muniz
Apaixonado pela liderança colaborativa que une pessoas, agilidade e tecnologia para entrega de resultados inovadores. Idealizador da Jornada Colaborativa e JornadaCast. Curador, palestrante, professor de MBA, *workshops* e videoaulas.
<https://www.linkedin.com/in/muniz-antonio1/>

Bárbara Cabral da Conceição
Consultora e especialista em qualidade ágil e testes de software com mais de 15 anos de experiência em TI, grande parte com *agile testing*. Entusiasta da cultura ágil, *DevOps* e automação de testes. Apaixonada por comunidades, organizadora e palestrante voluntária, mentora em qualidade e blogueira. Colaborou também na escrita dos livros "Jornada DevOps" e "Jornada Ágil e Digital", dentre outros. Organizadora do livro "Jornada Ágil de Qualidade".
<https://www.linkedin.com/in/barbaracabral/>

Bruno Kaufmann
Especialista em Java e *tech lead* na Comexport, focado na plataforma Java EE, Spring e líder de JUG do SouJava. Possui mais de dez anos de experiência em Java trabalhando em áreas de consultoria, desenvolvimento, treinamento, design de arquiteturas de software e metodologias ágeis com foco nas melhores práticas do mercado.
<https://www.linkedin.com/in/bruno-kaufmann/>

Bruno Souza
Desde 1995 Bruno ajuda desenvolvedores Java a crescer na carreira e a trabalhar em projetos fantásticos com times excelentes. Evangelista Java na ToolsCloud e líder da Sociedade de Usuários Java, SouJava, Bruno é criador do projeto https://code4.life, onde discute Java e a carreira do desenvolvedor.
<https://www.linkedin.com/in/brjavaman/>

Diego de Medeiros Rocha
Engenheiro de Qualidade especialista em automação de testes em Java e apaixonado por tecnologia. Ajuda empresas e pessoas a entregar produtos com mais qualidade.
<https://www.linkedin.com/in/diego-rocha/>

Dorival Querino
Há mais de dez anos tem ajudado empresas a desenvolver sistemas Java EE, utilizando os *frameworks* mais populares do mercado. Entusiasta por soluções de *cloud* e inovação, tem um canal no YouTube (cloud4java) onde ajuda desenvolvedores a trabalhar com *cloud* e aumentar sua relevância no mercado. Hoje atua como desenvolvedor e arquiteto de software na empresa Kerix Soluções, em Valinhos. Tem a missão atual de liderar a migração dos sistemas da empresa para a nuvem, trazendo aos clientes a simplicidade de implantação e utilização e, para a empresa, as melhores opções de desempenho, segurança e otimização de custos.
<https://www.linkedin.com/in/dorivalq/>

Edson Yanaga
Diretor de Experiência do Desenvolvedor da Red Hat, é *Java Champion* e Microsoft MVP. Também é um autor reconhecido internacionalmente e palestrante frequente em eventos internacionais, discutindo Java, Kubernetes, Quarkus, microsserviços, computação em nuvem e *DevOps*. Yanaga acredita que tudo o que fazemos, pouco ou muito, faz diferença – e que todos nós desenvolvedores podemos criar um mundo melhor para as pessoas através de software melhor. Seu propósito de vida é entregar software bom e ajudar desenvolvedores do mundo todo a entregar software melhor cada vez mais rápido e de modo mais confiável. Hoje seu trabalho, seu hobby e seu objetivo de vida são uma coisa só: e é feliz por ter encontrado o seu *Ikigai*.
<https://www.linkedin.com/in/yanaga/>

Eduardo Costa
Desenvolvedor Java apaixonado por tecnologia. Gosta de ler, escrever e principalmente ajudar outros desenvolvedores a construir e implantar aplicações *cloud-native* que sejam seguras, escaláveis e resilientes para que possamos juntos crescer em nossas carreiras.
<https://www.linkedin.com/in/educostadev/>

Sobre os autores **483**

Fábio Braga
Possui 11 anos de experiência em análise e desenvolvimento de sistemas Java baseados nas plataformas J2EE.
<https://www.linkedin.com/in/fabio-braga-85080624/>

Gabriela Moraes
Graduada em Sistemas de Informação pela Unisinos, programadora Java desde 2011 e apaixonada pela linguagem desde então. Hoje aventurando-se em outros projetos, porém sempre em busca de devolver à comunidade Java todo o conhecimento que adquiriu.
<https://www.linkedin.com/in/gabrielaomoraes/>

Jonas Santos
Engenheiro de Software na TopDown com quase dez anos de experiência, membro da comunidade SouJava, formado em análise e desenvolvimento de sistemas, cursando pós-graduação em arquitetura de software distribuído, entusiasta de *cloud* e *DevOps*. Apaixonado por tecnologia e música.
<https://www.linkedin.com/in/jonasvsantos/>

Kamila Santos
Desenvolvedora *backend* na Ame Digital, bacharel em ciência da computação e co-organizadora das comunidades Perifacode, WomakersCode, DevsJavaGirl e Nerdzao.
<https://www.linkedin.com/in/kamila-santos-oliveira/>

Leonardo de Moura Rocha Lima
Possui mais de 15 anos de experiência em arquitetura e desenvolvimento de sistemas com foco no gerenciamento e na operação de soluções de telemetria e redes de comunicação de alto desempenho. Aplica esse conhecimento criando soluções de tecnologia de ponta para empresas que precisam de arquiteturas de longo prazo para seus desenvolvimentos!
<https://www.linkedin.com/in/leomrlima/>

Luca Fenris Elert
Engenheiro de Pesquisa e Desenvolvimento na TOTVS, com cinco anos de experiência em sistemas ERP. Atualmente atua com desenvolvimento Java para construção de microsserviços e aplica práticas *DevOps*. Cursando bacharelado em Engenharia de Software. Entusiasta de desenvolvimento ágil, sistemas distribuídos e jogos.
<https://www.linkedin.com/in/lucaElert/>

Marcelo Henrique Diniz de Araujo
Desenvolve software desde 2010. Já trabalhou com várias linguagens e *frameworks* (Java, JavaScript, C++, Python, Bash, entre outros). Está sempre em busca do que é novo, analisando o que pode ser aplicado nos projetos dos quais participa. Gosta de automatizar processos e escrever código legível e extensível.
<https://www.linkedin.com/in/marcelo-hda/>

Marcos Paulo
Engenheiro de pesquisa e desenvolvimento de software na TOTVS, com dez anos de experiência na área de desenvolvimento de software. Atualmente trabalha na construção de componentes reutilizáveis em um *framework* pensado para aplicações em nuvem nativas que utilizam tecnologia Java e práticas *DevOps*.
<https://www.linkedin.com/in/marcospds/>

Otavio Santana
Otávio é engenheiro de software, com grande experiência em desenvolvimento *open source*, com diversas contribuições ao JBoss Weld, Hibernate, Apache Commons e outros projetos. Focado em desenvolvimento poliglota e aplicações de alto desempenho, trabalhou em grandes projetos nas áreas de finanças, governo, mídias sociais e *e-commerce*. Membro do comitê executivo do JCP e de vários *Expert Groups* de JSRs, é também *Java Champion* e recebeu os prêmios JCP *Outstanding Award* e *Duke's Choice Award*.
<https://www.linkedin.com/in/otaviojava/>

Rafael Buzzi de Andrade
Analista desenvolvedor *fullstack* multidisciplinar com 17 anos de experiência no mercado atuando em empresas de pequeno porte e multinacionais, bem como em projetos próprios. Possui experiência com várias linguagens e tecnologias, sendo Java o foco dos últimos dez anos (principalmente no *backend*). Já atuou como líder e *agile master* de pequenas equipes e é um disseminador da cultura ágil.
<https://www.linkedin.com/in/rafaelbuzzi/>

Raphael Vitorino da Silva
Graduado em Sistemas de Informação pelo Centro Universitário – Católica de Santa Catarina e com as certificações CTFL e CTFL-AT da instituição BSTQB (*Brazilian Software Testing Qualification Board*). Entusiasta ágil, apaixonado por tecnologia e qualidade de software. Tem a missão de disseminar práticas e conceitos de testes, com o intuito de promover a busca pela excelência na qualidade do software.
<https://www.linkedin.com/in/raphael-vitorino-da-silva-12910781/>

Rhuan Henrique
Desenvolvedor Java especialista em Jakarta EE e no desenvolvimento de aplicações distribuídas utilizando Java. É contribuidor de projetos *open source* e já contribuiu para projetos do mundo Java como Wildfly, TomEE e JNoSQL. Além disso, é autor do livro "Java EE 8 Design Pattern and Best Practices", lançado em 2018.
<https://www.linkedin.com/in/rhuan-rocha-96505870/>

Sobre os autores

Rinaldo Pitzer Júnior
Trabalha há mais de 10 anos com projeto e desenvolvimento de soluções de software, principalmente *backends* com Java e Java EE. É consultor de TI na Caixa Econômica Federal e também ajuda outros desenvolvedores Java através do seu canal no YouTube, RinaldoDev. Apresenta palestras e escreve artigos, livros e publicações nas redes sociais. Sempre se empolga com novas tecnologias e também é entusiasta de jogos, liderança e desenvolvimento ágil.
<https://www.linkedin.com/in/rinaldodev/>

Roan Brasil Monteiro
Bacharelado em Sistemas de Informação na UNIME, com especialização em Engenharia de Software na Unicamp e MBA em Gestão em Tecnologia da Informação na FGV. Trabalha com TI há mais de 14 anos (já trabalhou na IBM, Getnet, FATEC-Americana, Cielo, Comexport e FIAP) e vive hoje em Montreal trabalhando alocado pela Astek Canada em um grande banco canadense. Está envolvido no projeto Eclipse NoSQL na revisão da documentação e escreve artigos. Além disso, é JCP *Member* e um dos organizadores do Jornada Summit.
<https://www.linkedin.com/in/roanbrasil/>

Rodrigo Moutinho
Engenheiro de software e entusiasta *DevOps*, dedica sua carreira a ajudar desenvolvedores a automatizar a entrega do projeto sem precisar perder fins de semana ou depender de uma única pessoa no time (o herói do time). Palestrante e coordenador em eventos como Campus Party, The Developer's Conference e Oracle CodeOne, compartilha dicas de *DevOps* e automação de software no projeto <https://cyborgdeveloper.tech/>.
<https://www.linkedin.com/in/rcmoutinho/>

Rodrigo Sobral
Formado em Ciência da Computação, com pós-graduação em Análise e Projeto de Sistemas e MBA em Gestão em Projetos. Apaixonado por novas tecnologias, novos conhecimentos, novos desafios e com experiência em diversas empresas nas áreas de desenvolvimento, análise e liderança de equipe. Atua hoje em desenvolvimento de sistemas pela empresa Capgemini na área de seguros, no cliente Bradesco Seguros, e aplica metodologia ágil junto com os companheiros da equipe.
<https://www.linkedin.com/in/rodrigo-sobral-64092886/>

Sandro Giacomozzi
Engenheiro de Software na TOTVS. Trabalha com desenvolvimento de sistemas há vinte anos e há 14 na TOTVS com Java. Ajuda os desenvolvedores Java que trabalham em aplicativos corporativos a se tornarem especialistas em Java e *DevOps*, praticando as habilidades certas. Procura compartilhar o conhecimento através de blogs e palestras. Participa do TDC como palestrante desde 2017. Voluntário da ONG Code Club, que ensina crianças a programar.
<https://www.linkedin.com/in/sandrogiacomozzi/>

Silvio Buss
Engenheiro de software na Zup Innovation. Possui oito anos de experiência na área de desenvolvimento de software. Atua em definições técnicas, análises de requisitos e desenvolvimento tanto da arquitetura quanto de novos produtos baseados em serviços e microsserviços, com foco em desenvolvimento ágil, testes automatizados, *DevOps* e padrões de projeto de software.
<https://www.linkedin.com/in/silviobuss/>

Tatiana Escovedo
Cientista de Dados, Engenheira de Software e Agilista apaixonada por ensinar e aprender. Doutora em Inteligência Artificial, Mestre em Engenharia de Software, Bacharel em Informática, Professora da PUC-Rio e Analista de Sistemas da Petrobras. Nas horas vagas, é bailarina e pensa em maneiras de mudar o mundo.
<https://www.linkedin.com/in/tatiana-escovedo/>

Vitor Vieira
Bacharel em Engenharia de Computação pela Universidade de Brasília, desenvolvedor e entusiasta de programação orientada a performance, utilizando o tempo livre em desenvolvimento de projetos em C++ e NodeJS, voltado a plataformas com pouca capacidade de hardware. Atualmente trabalha com Java no projeto de Loterias Online, que visa disponibilizar loterias em canais eletrônicos. Tal sistema sustenta em média 20 mil usuários simultâneos, atingindo até 35 mil em momentos de pico.
<https://www.linkedin.com/in/vitor-araujo-3678b498/>

Zair Ramos
Instrutor oficial Java e correlatos desde os primórdios até os dias atuais, em instituições como Sun Microsystems, BEA Systems, Oracle, SAP, INFNET, PUC-Rio, entre outras. Especialista em integração e implementação de sistemas, processos e projetos complexos. Participante do gerenciamento de grandes projetos, como Jogos Mundiais Militares, Rio+20, SISFRON, entre outros de igual magnitude. Entusiasta e implementador de métodos ágeis no trabalho e na vida!
<https://www.linkedin.com/in/ZairRamos>

Acompanhe a BRASPORT nas redes sociais e receba regularmente informações sobre atualizações, promoções e lançamentos.

 @Brasport

 /brasporteditora

 /editorabrasport

 /editoraBrasport

Sua sugestão será bem-vinda!

Envie uma mensagem para **marketing@brasport.com.br** informando se deseja receber nossas newsletters através do seu e-mail.